edition suhrkamp 2219

Aesthetica
Herausgegeben von Karl Heinz Bohrer

Die Kunst unserer Zeit entzieht sich in weiten Teilen dem Zugriff einer klassischen, d. h. werkorientierten Ästhetik, die letztlich auf der Auffassung von Kunst als Sprache und Text beruht. Dieter Mersch setzt – im Rückgriff u. a. auf Benjamin und Lévinas – diesem Paradigma eine »Ästhetik des Performativen« entgegen, die zwar auf zeitgenössische Phänomene der Kunst zugeschnitten ist, von dort aus aber den Bogen zurück zur »klassischen« Kunst schlägt, um im kritischen Dialog mit den avanciertesten Positionen der ästhetischen Theorie (Danto, Goodman) in nichts weniger als eine Theorie der Kunst der Moderne (mit den Exponenten Cage und Beuys) einzumünden.
Dieter Mersch, geb. 1951, ist mit Publikationen u. a. zu Wittgenstein, Eco, Foucault, »Art & Pop« und zur Kunst- und Zeichentheorie hervorgetreten und hat an der Universität Potsdam den Lehrstuhl für Medienwissenschaft inne.

Inhalt

Vorwort ....

AURA

I. Wahrnehmung und Medialität
Überlegungen zur Undarstellbarkeit

Einleitung 27

1. Aisthetik 30
1.1 Wahrnehmung und Denken 30
1.2 Aporien 34
1.3 Bruchstellen 43
1.4 Aura und Responsivität 47

2. Medialitäten 53
2.1 Äquivokationen im Begriff 53
2.2 Materialitäten: Aporie und Reflexion 61
2.3 Technische Medien:
    Repräsentationalität und Digitalität 69
2.4 Phantasmen des Realen:
    Glanz und Elend der Simulakra 77
2.5 Grenzverläufe 84

3. Anästhesien
   Paradigmen zu einer Phänomenologie medialer
   Wahrnehmung 90
3.1 Technische Zurüstung der Wahrnehmung 90
3.2 Blendräume 98
3.3 Verlust der Aura 106

II. Die Form und die Blöße
Ästhetische Erfahrungen des Unbestimmten

1. Dreifache Wurzel des Ästhetischen 115
2. Schönheit oder die »Blöße« der Form 119
3. Das Erhabene und die Präsenz als »Blöße« 131
4. Aura und das Ereignis der »Blöße« 142

PERFORMATIVITÄT UND EREIGNIS

III. Vom Werk zum Ereignis
Zur »performativen Wende« in der Kunst 157

IV. Aisthesis, Ekstasis, Askesis
Überlegungen zur Ethik ästhetischer Performanz

1. Performativität und Verbum 245
2. Archäologien des Performativen 1:
   Der Dadaismus 251
3. Archäologien des Performativen 2:
   Der Surrealismus 260
4. Schamane und Seher: Beuys 266
5. Das Nichts, die Zeit und die Fülle: Cage 278
6. Ethik des Performativen: Ereignis und Responsivität ... 289

Literatur 299

»Ich bin der Überzeugung, daß unsere besten Gedanken allemal die sind, die wir nicht ganz denken können.«

Adorno an Benjamin

Vorwort

Die folgenden Texte sind aus zahlreichen Einzeluntersuchungen hervorgegangen, die im Rahmen des von der Deutschen Forschungsgemeinschaft finanzierten Projekts »Reauratisierung in performativer Kunst« entstanden sind. Aus demselben Projekt ist etwa zeitgleich die Publikation *Was sich zeigt. Materialität, Präsenz, Ereignis* hervorgegangen. Was diese fundamentalphilosophisch entwickelte, findet hier seine Anwendung auf Ästhetik im weitesten Sinne. Viele Motive, die dort systematisch entfaltet wurden, werden hier einerseits vorausgesetzt, andererseits weitergeführt. Beide Textsorten gehören daher, obzwar eigenständig, in den gleichen diskursiven Kontext: Kritik der Hermeneutik, der Semiotik, des französischen Strukturalismus und Poststrukturalismus sowie die Neubegründung der Ästhetik aus der *Aisthesis*, des *Sich-Zeigens*, der Materialität, der Begegnung mit Andersheit, schließlich die Verbindung von Ethik und Ästhetik aus der Umkehrung von Intentionalität zur »Responsivität«. Gedacht wird also vom Vorrang der Alterität her, als eines *Zuvorkommenden*, das sich dem Sinn, dem Verstehen gleichwie den Prozeduren der Signifikation, der Schrift und der Differenz verweigert. Für diesen elementaren Entzug steht der Begriff des »Ereignens«.

Im näheren suchen die vorliegenden Studien in die klassische Formästhetik Verschiebungen einzutragen, die mit dem Titel des »Performativen« angezeigt sind. Performativität meint zunächst Akt, Vollzug, Setzung. Setzungen gründen nicht vorrangig in Handlungen, sondern in Ereignissen. Handlungen sind durchweg intentional bestimmt; sie werden mit Zielen, Plänen und Motiven verbunden. Dagegen geschehen Ereignisse nichtintentional. Unter einer »Ästhetik des Performativen« wäre entsprechend eine Ereignisästhetik zu verstehen, die nicht so sehr im Medialen, also in den Prozessen der Inszenierung und Darstellung wurzelt, als vielmehr in Geschehnissen, die widerfahren. Widerfahrnisse wiederum begegnen von einem Anderen, einem Ungemachten oder Unverfügbaren her. Ihnen kommt die Dimension der »Aura« zu. So schließen sich *Ereignis und Aura* zusammen. Dabei bedeutet das Auratische nichts anderes als das Ereignis im Modus von Wahrnehmung, von *Aisthesis*. Damit ist nicht, wie Brecht polemisch gegen Benjamin einwandte, ein Mystisches bezeugt, sondern die schlichte Erfahrung von *Ex-sistenz* im Wortsinne eines »Aus-sich-Haltenden« oder »Aus-sich-Heraussstehenden«. Ihm eignet *Ekstasis*: Hervortreten in der Bedeutung eines Erscheinens. Beide bedeuten dasselbe: *Sich-Zeigen*. Das Ästhetische hat darin seinen Ort. Ereignisästhetik fußt also in auratischen Erfahrungen, und zwar so, daß in ihr das *»Daß« (quod) des Erscheinens* vorrangig berührt wird. Maßgeblich mündet sie in einer Revision von *Aisthesis* als der Anrührung durch eine Alterität, auf die es, gewahrend, zu antworten gilt. Antwort setzt Aufmerksamkeit, Achtung voraus. Im Antwortcharakter entdeckt sich so zugleich ein ethisches Potential. Im Fokus des Ereignisses gehören also *Ethik und Ästhetik* zusammen. Damit bilden die Überlegungen ebenfalls einen Beitrag zu jenem verworrenen Feld, das einerseits die Ethik von einer »Ästhetik der Existenz« her zu lesen trachtet, zum anderen die Ästhetik von den Ansprüchen einer Ethik her zu entwickeln sucht, die ihr von vornherein normative Grenzen setzt. Dagegen wird hier die Verbindung ganz anders vorgenommen. Sie führt auf eine »Ethik der Responsivität«, deren Unbedingtheit das Antworten mit Ver-Antwortung verknüpft. Überall bildet freilich das Aisthetische ihre Grundlage. Alle drei Begriffe: Aisthesis, Alterität und Responsivität binden, wie Aura, Ereignis und Ex-sistenz, einen einträchtigen Knoten.

Insbesondere wollen die Untersuchungen das weite Gebiet zwischen »Aisthetik«, »Ästhetik« und »Artistik« abstecken. Die »Aisthetik« betrifft die *Theorie der Wahrnehmung* als eine Theorie des Erscheinens,[1] die »Ästhetik« im eigentlichen Sinne die Theorie der Künste, wohingegen die »Artistik« von der Kunst als Praxis handelt. Die vorliegenden Texte umspielen deren vielfältige Relationen. Zur Aisthetik gehört dabei vor allem das Verhältnis von Wahrnehmung und Medium, die Frage nach der Medialität sinnlicher Erscheinungen und der Möglichkeit eines Hervorspringens »amedialer« Momente. Die zentralen Fragen lauten: Gibt es überhaupt Amediales in der Wahrnehmung, und wenn, was »gibt« deren Ereignen? Wie verhalten sich solche Augenblicke zu jenen Erfahrungen, die die Kunst stiftet? Erfüllt sich diese im Objekt, im Werk oder vielmehr in den Wirkungen, den Effekten artistischer Inszenierung? Und schließlich: Gehen sol-

---

[1] Vgl. Seel, Erscheinen; Böhme, Aisthesis.

che Effekte im Darstellbaren, den herstellbaren Szenen, Installationen und Arrangements von Environments auf – oder liegt ihnen grundsätzlich ein Nichtkonstruierbares, ein Zufall oder eine Unbeherrschbarkeit zugrunde? Ist, anders gefragt, die ästhetische Erfahrung der Künste ein Produkt ihrer Medien, oder springt sie, quer zu ihnen, aus diesen heraus? Die These unseres Versuchs über *Ereignis und Aura* geht von letzterem aus. Dann wäre die »Artistik« eine Praktik des Unterschieds, die inmitten der Medien amediale Brüche oder Überschreitungen auszulösen trachtet, und entsprechend die »Ästhetik«, als Theorie und Geschichte ihrer spezifischen Techniken (*technai*), zugleich die Historie solcher Differenzsetzungen. Kunst wäre also nichts, was gemäß des ästhetischen Kanons von Hegel bis Adorno und Heidegger als Wahrheitsvollzug zu bestimmen wäre, sondern als »Spiel« oder Experiment der Ausnahme, der Erfahrbarmachung von Sprüngen und Plötzlichkeiten. Diese fallen sehr unterschiedlich aus, je nachdem, ob ihr Milieu der Raum, das Werk oder die Zeit und das Ereignis sind. Die Ästhetik des Performativen, die nicht mehr als Werkkunst zu beschreiben ist, partizipiert an letzterem. Sie beschreibt die Bemühung, auf neue Weise wieder das »Auratische« aufscheinen zu lassen.

Ersichtlich sind dies alles Fragestellungen, die rasch an den Rand des Ausdrückbaren geraten. Um ihnen dennoch eine, wenn auch inadäquate Sprache zu verleihen, wird auf die Begriffsbildung verschiedener Philosophien zurückgegriffen, vor allem auf die von Merleau-Ponty, Benjamin, Heidegger, Adorno, Barthes, Derrida und Lévinas – ohne damit schon eine Konvergenz zwischen ihnen zu behaupten. Leitfaden der verzweigten Erörterungen bildet vielmehr überall die Sache, von der angenommen wird, daß sie ebenfalls das Anliegen der genannten Philosophen darstellt, die sie freilich unterschiedlich angehen. Die »Sache« aber, die nicht eigentlich als eine »Sache« bezeichnet werden kann, ist das »Andere« des Denkens, das, was sich nicht seinen Kategorien und Zeichen fügt: das »Entgegenkommende«, das in die Wahrnehmung hineinsteht, die »Einzigartigkeit des Augenblicks«, die sprachlos macht, oder die »Differenz«, die keinen Namen duldet, vielmehr aus der Fassung bringt und entsprechend Begriff und Zugriff entmächtigt. Nirgends treten dabei die Untersuchungen in eine direkte Auseinandersetzung mit den angeführten Positionen, sondern sie ringen, wie diese, mit deren Mysterien, um sie im gewandelten Vokabular zu erneuern oder ihre je verschiedenen Begrifflichkeiten so lange aufeinander zu beziehen, bis diese ihre verdeckten Verwandtschaften preisgeben. Wenn demnach immer wieder so heterogene Ausdrücke wie »Aura«, »Ereignis«, »Differenz« oder »Ex-sistenz« (Daß) und Alterität fallen, so nicht im Sinne der Autoren, mit denen sie assoziiert werden, sondern mit Blick auf jene Problemstellung, die ihre Bemühungen gleichermaßen leiteten, wie sie sie vergeblich zu lösen trachteten.

Bei aller Nähe zu Heidegger, Benjamin oder Derrida, Lévinas und anderen betreten dabei die Überlegungen einen eigenen, unabhängigen Raum. Er umzirkelt die schwer austarierbaren Beziehungen zwischen Wahrnehmung und Medium, Diskurs und *Aisthesis* oder Kunst, Performanz und Ereignis. Die Kritik gilt bevorzugt der Dekonstruktion, deren Denken der *différance* überall das unausdrückliche Zentrum der Untersuchungen ausmacht und der diese – neben Heideggers Ereignisphilosophie und Lévinas' Ethik der Alterität – ebensoviel verdanken, wie sie sich von ihr abzusetzen suchen. Zwar teilen sie Derridas Differenzgedanken, nicht aber den Vorrang der Schrift, wie ihn die *Grammatologie* postuliert, weil sie statt dessen um den Vorrang der Wahrnehmung und die Phänomenalität des Daß (*quod*), der *Ex-sistenz* selbst ringen, die jeder Bezeichnung und Unterscheidung, jeder Markierung oder Spur schon »zuvorkommt«. Sie drängen insofern auf eine Restitution der Begriffe »Präsenz«, »Singularität« und »Augenblick«, ohne damit schon eine zweifelhafte Authentizität aufrufen zu wollen. Denn handelt es sich bei Derrida ausdrücklich um ein Denken der Nichtpräsenz, der »Nachträglichkeit« und »Supplementarität«, so geht es unseren Anstrengungen gerade um eine Rettung des Präsentischen im Modus von *Aisthesis* – freilich einer, die noch des *Kairos*, des »Nichts« als Ort sowohl eines Entzugs als auch der Fülle bedarf.

Dafür stehen die immer wieder beschworenen Begriffe der »Aura« und des »Ereignisses« ein, aber auch »Materialität« oder »Performativität« und »Setzung«. Sie kontrastieren einem Denken, das sie ausschließlich im Modus von Negativität einzuholen vermag, eben weil es allein auf deren Markierung oder »Schneidung« setzt. Zwar verwendet auch Derrida die Ausdrücke »Materialität« und »Performativität«, doch meinen sie hier anderes. Denn wenn Derrida von »Materialität« spricht, so im Sinne einer Oberfläche, die sich als »Spur« im Bezeichneten nachzeichnet oder als mediale Textur mitschreibt (*graphein*). Sie tritt einzig hervor vermöge ihrer Markierung, die freilich in dem, »was« sie selbst »ist«, entzogen bleibt. Es handelt sich also um einen »Rest« oder »Rückstand«, der inmitten der Signifikanzen ein Unbestimmtes oder Nichteinholbares anzeigt. So kann von ihm lediglich auf eine indirekte Weise gesprochen werden. Dagegen setzen unsere Überlegungen bei der sinnlichen Präsenz des »Rückständigen« selbst an, das heißt bei seiner Erscheinung, seiner *Exsistenz*. Es geht der Struktur vorweg. Das bedeutet im Näheren: Materialitäten »zeigen sich« nicht nur als Form – *sie zeigen sich vor allem der Wahrnehmung*. Sie »gibt es« nicht allein als Textur – *sie erscheinen*. Ihr Erscheinen »gibt sich« der *Aisthesis*. Ihnen entspricht ein Aisthetisches: darin liegt die Differenz zu den »Materialitäten der Kommunikation«.[2] Folglich enthüllt sie sich nicht als ein Negatives, sondern umgekehrt als Fülle, als Positivität, auch wenn diese erst durch eine Negativität hindurch exponiert werden kann – denn die Wahrnehmung (*Aisthesis*) konfrontiert uns mit dem »Daß« (*quod*) der Erscheinungen. So offenbart sich ihr, was im Bereich der Zeichen, der Schrift und der »Spur« bestenfalls als Entzug darzustellen ist.

Ähnlich verhält es sich mit dem Begriff des »Performativen«. Im Register der Dekonstruktion beschreibt er die Praktiken der Dekontextuierung und Rekontextuierung von Marken (*marques*) und damit die Singularität in Wiederholungen, soweit Zeichen stets an ihre »Iterabilität« gebunden sind.[3] Hingegen wird er in unserem Kontext in jene Akte oder Vollzüge zurückgestellt, die als »Akte« immer schon »Setzungen« enthalten, die mit Materialitäten und Präsenzen verbunden sind, die wiederum »Existenzen« statuieren. Ihre Performativität verleiht ihnen das Gewicht einer unumstößlichen Anwesenheit. Es ist dieses Gewicht, die Kraft der Gegenwart, von der erneut ihre Wahrnehmung kündet – im Gegensatz zu ihrer »Skriptur«. Anstatt also von Schrift und Spur oder von Wiederholung und Differenz zu sprechen, geht es den vorliegenden Studien überall um das, was »an-geht«, was im buchstäblichen Sinne »an-fällt« und seine Irreversibilität behauptet und die Texturen der Signifikanz verwirrt. Aufmerksam gemacht wird auf diese Weise auf jene »Intensitäten« (Lyotard), die

---

2 Vgl. Gumbrecht/Pfeiffer (Hg.), Kommunikation.
3 Vgl. Derrida, Randgänge, S. 325 ff.

zu denken »geben« und erst nachträglich zur »Spur« oder zum »Graphem« werden. Die Verhältnisse von »Vorträglichkeit« und »Nachträglichkeit«, die die gesamten Unternehmungen der Dekonstruktion leiten, werden so auf den Kopf gestellt: Wo diese von »Supplementarität« redet, wird hier von einem »Zuvorkommenden« gesprochen, das zwar nicht bezeichnet oder »als etwas« festgehalten und ausgewiesen werden kann, das jedoch die Zeichen und folglich auch das Symbolische und mit ihm seine »Zeichnungen« terminiert. Der entscheidende Kritikpunkt an Derrida besteht dann im Beharren auf der Evidenz der Wahrnehmung (*Aisthesis*), die derartige Momente aufweist und plausibel macht und deren Möglichkeit dieser, getreu dem Diktum von der »ursprünglichen Verspätung«, in Abrede stellt – denn die »Gegenwart ist niemals gegenwärtig. Die Möglichkeit – oder das Vermögen – der Gegenwart ist nur ihre eigene Grenze, ihre innere Falte, ihre Unmöglichkeit – oder ihr Unvermögen.«[4]

Insbesondere haben wir es bei Derrida, wie ich an anderer Stelle ausführlich darzulegen versucht habe,[5] mit einer Radikalisierung der Saussureschen Zeichentheorie zu tun. Sie reformuliert die »ontologische Differenz« Heideggers im grammatologischen Repertoire. Die Dekonstruktion beerbt damit den Rahmen struktureller Semiologie, um noch das darin Ausbleibende, das »Ereignis der Differenz« zu denken. Der Neologismus *différance* bezeichnet den Ort (*Chora*) dieses Ereignens im Terrain der Schrift. Sie »geschieht« dabei als fortwährende Versetzung und Verschiebung (Metonymie) ihrer »Marken« (*marques*). Und dies gilt zu gewissem Grade auch noch für das Denken der Alterität, dem sich Derrida von Lévinas her seit *Falschgeld: Zeit geben* zunehmend geöffnet hat. Denn die »Gabe« als die reine Singularität, die jede Annahme oder Rück-Gabe untersagt, bleibt gleichermaßen auf der Ebene der *différance*, die sie sozusagen ins Ethische fortsetzt. Hingegen argumentiert Lévinas, wenn er die Erfahrung der Exteriorität aus der Gewahrung des »Antlitzes« bezieht, strikt phänomenologisch, das heißt wiederum von der Wahrnehmung her. Ja, es ist sogar die »auratische« Präsenz der Nacktheit oder »Blöße« dieses Antlitzes, die für Lévinas die Alterität *auftauchen* läßt. Er formuliert daher nicht eigentlich – wie die Ethik der Gabe – eine

---

4 Derrida, Dissemination, S. 340.
5 Mersch, Was sich zeigt, S. 357ff.

»Ethik der Differenz«, sondern eine »Ethik der Alterität«, die den Begriff positiv umwendet: Herkommen von einem Anderen, das sich ebenso gegen Erkenntnis und Verstehen sperrt, wie es umgekehrt den Augen-Blick einer Fülle benennt, der das Denken gleichwie die Zeichen in Bann zieht und »wach« hält: »Diese Weise des Anderen, um meine Anerkennung nachzusuchen und dennoch zugleich das *Inkognito* zu wahren, die Zuflucht zum einverständlichen oder komplizenhaften Augenzwinkern zu verschmähen, diese Weise in Erscheinung zu treten, ohne zu erscheinen, nennen wir [...] *Enigma*, Rätsel. [...] das Rätsel ist die Transzendenz selbst, die Nähe des Anderen als eines Anderen.«[6] Dem entspricht allerdings noch eine Theorie der Wahrnehmung, die diese nicht von der Seite der Intentionalität oder der Identifikation von etwas »als« etwas her entfaltet, sondern im Wortsinne von der *Aisthesis* aus, der Empfänglichkeit oder »Aufnahme«, daß (*quod*) ist. Nichts anderes bedeutet »Aufmerksamkeit«: Aufmerken, wiederum nicht auf »etwas«, sondern *daß geschieht*. Deshalb geht es auch nicht darum, die Alterität »als« Alterität auszuzeichnen oder anzuerkennen, sondern ihr *Zuvorkommen* zuzugestehen – darum, daß sie gewissermaßen schon da ist, *bevor* sie angenommen und bezeichnet oder auch beschämt und zurückgewiesen werden konnte.

Zwischen Derrida und Lévinas wiederholt sich so dieselbe Kluft zwischen Dekonstruktion und Phänomenologie, auf die ebenfalls unsere Untersuchungen abzielen. Buchstäblich findet an ihr das »apriorische Perfekt« seine Aussetzung. Entsprechend wird, jenseits von Nachträglichkeit im Modus »ekstatischer« Alterität, auf die sich nicht zu entschlagende Vorgängigkeit des *exsistere* verweisen: Ex-sistenz, dessen Ex- ebenso wie das Ek- der Ekstasis ein Unverfügbares anspricht, das nicht durch das Denken erzwungen wird, sondern es – gleichwie die Wahrnehmung – erzwingt. Gleichermaßen bleibt es undarstellbar, wie es die Prozesse der Auslegung oder des Bezeichnens und Unterscheidens terminiert. Es erscheint so der Skandierung durch die Schrift allererst »aufgetragen«. Kunst bezieht daraus ihre vorzüglichste Quelle. Gewiß ließe sich davon in einer nämlichen Volte sagen, es sei jenes »Außerhalb« der Zeichen oder des Symbolischen, das damit erst recht hervorgehoben und markiert, also allemal Skrip-

---

6 Lévinas, Spur des Anderen, S. 246, 254.

tur ist, doch hat man auf diese Weise die Schrift schon in den Primat gesetzt. Denn die Bewegung folgt selbst noch der Figur »diagonaler Selbstanwendung«, deren Berechtigung insofern fraglich bleibt, als sie das Herzuleitende bereits zur Voraussetzung macht und sich somit in eine *petitio principii* verwickelt. Statt dessen geht es, zumal in den Praxen der Künste, um eine »Wendung des Bezugs«, die freilich nicht begründet, wohl aber *vollzogen* werden kann. Die gesamten Anstrengungen der vorliegenden Überlegungen sind solcher Umwendung gewidmet.

Im Ganzen betreten diese damit den Zwischenraum zwischen Semiologie und Phänomenologie. Beide werden auf eine Negativität verweisen, der der Wechsel von der Leere zur Fülle bereits immanent ist. Das bedeutet, jenem »Nichts« den Vorrang erteilen, der »Sein« allererst als »Ereignen« denken läßt. Dabei schreiten die Untersuchungen von der Wahrnehmung (*Aisthesis*), die im Begriff der Aura fundiert wird, zur »performativen Wende« der Künste fort, die jenseits aller »Zertrümmerung der Aura« durch die Avantgarde noch einmal im Gewand des »Ereignens« Elemente auratischer Erfahrung restituieren. Der Konnex zwischen *Ereignis und Aura* wird so zunächst vom Auratischen her geschlossen, um ihn anschließend auf Augenblicke ästhetischen Ereignens anzuwenden. Entsprechend gliedert sich die Abhandlung in zwei Teile, deren erster der »Aisthetik« und deren zweiter der »Artistik« angehört. Erst beide zusammen enthalten das, was man eine »Ästhetik des Performativen« nennen könnte. Sie wird insgesamt entlang von vier Einzelsträngen entwickelt, die aufeinander aufbauen und einen Stufengang bilden, der den genannten Kreis abstecken soll. Obgleich den einzelnen Arbeiten jeweils Selbständigkeit zukommt, beziehen sie sich doch insoweit aufeinander, als sie die gestellte Aufgabe aus verschiedenen Blickwinkeln betrachten, die die liegengelassenen Fäden immer wieder aufnehmen und in andere Richtungen weiterspinnen. Notwendig ergeben sich so Überschneidungen. Gleichwohl sind die Beiträge als Stationen einer kontinuierlichen Reise konzipiert: Schritte, die vom Aisthetischen zur Kunst, vom Verhältnis zwischen Medium und Wahrnehmung zum ästhetischen Ereignis, zur Setzung und zuletzt zum Ethischen führen. Sie nehmen ihren Ausgang beim »Sprung« der Wahrnehmung, der buchstäblich aus ihrer Mediatisierung herausspringt, um schließlich in eine Geschichte der Kunst von der Avantgarde bis zur Gegenwart und deren ethischer

Konsequenz zu münden, die sich nicht auf Theorien beruft, sondern auf die Objekte und Ereignisse selbst. Überall verstehen sich dabei die Texte als Beiträge zur philosophischen Ästhetik, zur Wahrnehmungs- und Kunsttheorie ebenso wie zur Debatte um das Problem des Undarstellbaren, der Gewahrung des Plötzlichen, des Anderen sowie der schwer zu fassenden Beziehung zwischen Ethik und Ästhetik, die im Modus des Performativen eine neue Brisanz gewinnt.

Insonderheit versucht der *erste Teil* eine Grundlegung der Ästhetik aus der *Aisthesis*. Ihr Zentrum bildet der *Aura*-Begriff, wie er von Benjamin her bezogen, aber völlig neu ausgelegt wird. Die Referenzen der Deutung finden sich in Heideggers Ereignisdenken, Lévinas' Philosophie der Alterität und Lyotards Revision der Kategorie des Erhabenen. Im näheren beinhaltet dabei der *erste* Beitrag *Wahrnehmung und Medialität. Überlegungen zur Undarstellbarkeit* ein Ringen um die Grundlagen einer Wahrnehmungstheorie (Aisthetik), wie sie gleichermaßen der Ästhetik und Artistik zugrunde liegt. Die Erörterungen dienen sowohl der Entwicklung eines Verständnisses von Aura über Benjamin hinaus als auch einer Medienkritik, die die etablierten Medientheorien gegen den Strich bürsten, um die Bedeutung der Künste im Zeitalter »technischer Mediatisierbarkeit« neu auszuloten. Der Text argumentiert in Konstellationen – sie bestimmen seine Form. Von unterschiedlichen Seiten her suchen sie sich der Beziehung zwischen Wahrnehmung, Medium und Kunst anzunähern, und zwar so, daß sie ähnliche Themen immer wieder von neuem und von veränderten Gesichtswinkeln aus angehen. Zwischen den einzelnen Momenten bildet sich ein Kreis, der von »Augen-Blikken« amedialer Gewahrung ausgeht, um in deren Restitution durch die Kunst zu münden. Die Klammer bildet eine besondere Medientheorie. Sie faßt Medien als »materielle Dispositive« mit dem Doppelaspekt von Materialität und Konstituens. Medien eröffnen, ermöglichen; sie strukturieren, ordnen und erweisen sich darin als höchst produktiv – doch finden sie im Materiellen ihre Grenze, an der sie zugleich umbrechen und ihr Ungenügen offenlegen. Das ist zugleich der Gedanke, an dem unsere Medienkritik ansetzt. Denn das chronische Ungenügen der Medien forciert das, was man, als ihr Monströses, die »Wut der Überschreibung« nennen könnte. Gleichzeitig gestattet die Grenze der Materialität der Medien ihre Reflexion *als* Medien, indem sie ihnen gegenüber

Distanz erlaubt. Kunst beutet diese Grenze aus, um in immer neuen Experimenten, die sich als Strategien einer »Reauratisierung« lesen lassen, eben das zu enthüllen und erfahrbar zu machen, was der Forcierung des Mediums entgeht. Die Experimente haben statt in Ereignissen, die sich dem Medienparadigma *nicht* fügen. Kunst fällt insofern die besondere Rolle eines Widerstandes zu, wodurch elementare Sensibilitäten und Bezüge zurückgewonnen werden können.

Daran schließt sich die *zweite* Untersuchung *Die Form und die Blöße. Ästhetische Erfahrungen des Unbestimmten* als Reflexionen über Schönheit und Erhabenheit an, die das Thema der Aura vertieft. Sie entfaltet den Reigen klassischer Fragen, die die Ästhetik seit Edmund Burke, Kant, Schelling und Hegel dominierten, vom Phänomen des Auratischen her, um zwischen den drei Begriffen – das Schöne, das Erhabene und die Aura – eine charakteristische Verwandtschaft aufzudecken. Sowohl das Schöne als auch das Sublime, dieses im Modus der Form, jenes in Momenten der Formlosigkeit, werden als genuin auratische Erfahrungen interpretiert. Verwiesen wird dabei auf basale begriffliche Paradoxa, die die semantischen Bestimmungen leiten, freilich so, das die Gewahrung des Schönen und des Erhabenen letztlich im »An-Spruch« der Aura wurzelt. Die Lektüre gestattet auf diese Weise, die klassische Ästhetik als eine »Aisthetik« der Aura zu rekonstruieren. Verbunden ist damit abermals ein Hinweis auf die Mängel der Dekonstruktion. Denn die Dekonstruktion verbleibt ausschließlich im Hof der *Theoria*. Sie geht einzig von Texten aus. Folglich spricht sie von den Diskursen, nicht von den Erfahrungen. Sie kann darum als eine Metatextur beschrieben werden: Wo sie Ästhetisches behandelt, spricht sie von ästhetischen Theorien, und wo sie die Kunst zum Thema macht, handelt sie von den Theorien über Kunst. Entsprechend hat sie für das Schöne oder Erhabene keinen Sinn, vielmehr lediglich für die Voraussetzungen, die Kant macht, wenn er deren Begriffsarchitektur entfaltet, sowenig, wie sie die Werke selbst gewahrt, sondern allenfalls jene Wahrheitsansprüche, die Hegel oder Heidegger ihnen zuschreiben.

Demgegenüber gilt es, an der spezifischen Differenz zwischen Theorie und ästhetischer Erfahrung oder Diskurs und *Aisthesis* festzuhalten. Das wird vor allem für den *zweiten Teil* relevant, der das Thema der *Performativität* im eigentlichen Sinne behandelt und der Frage nach dem Verhältnis von Kunst und »Ereignis« nachgeht. Er entwickelt im ganzen Bausteine einer »Ästhetik des Performativen«. Den Ausgangspunkt der Studien des *dritten Teils, Vom Werk zum Ereignis. Zur »performativen Wende« in der Kunst*, bilden Überlegungen zum Zusammenhang von (bildender) Kunst, Raum, Zeit, Performation und Gedächtnis. Es handelt sich um eine Kunsttheorie, die zwei disparate Linien miteinander verschränkt: Erstens die These einer »Wende« in der Kunst der Moderne seit den 60er Jahren, die zugleich eine Wende von der selbstreferentiellen Avantgarde zur »Performativität« der Postavantgarde anzeigt. Letztere orientiert sich, statt eine »Metakunst« zu sein, an der Erzielung von Wirkungen, an Interventionen und *Events*. Ist diese These vornehmlich kunsthistorischer Art, geht es zweitens um die philosophische Analyse dessen, was eine »performative Artistik« genannt werden kann. Sie wird aus dem Begriff des *Ereignens* begründet. Insbesondere ist, anstelle von »Ereignis«, die Rede vom »Ereignen« im Sinne eines *Verbums*. Es handelt sich also nicht um ein bestimmtes Ereignis, nicht einmal um ein Bestimmbares, ein Geschehen im Modus des »Was« (*quid*), sondern allein um Augenblicke des Auftauchens selbst, um das Entspringende, das noch kein »Als« oder »Was« bei sich trägt und im selben Moment wieder verlöscht. Es bleibt somit allein verwiesen auf ein »Daß« (*quod*). Die Differenz trennt die Ästhetik des Performativen entschieden von jeder Werkästhetik. Spätestens seit Hegel fußt die Kunsttheorie auf der Kategorie des Werks, verstanden aus der *Poiesis*, der Herstellung und entsprechend der Form, der Gestaltung und damit der Originalität, der Imagination und dem Genie als Quelle. Dieses Ensemble von Begriffen bildet insbesondere jenes Bedingungsgefüge, das als »Dispositiv« der klassischen Kunst verstanden werden kann und das gleichermaßen das Repertoire der klassischen Ästhetik als deren Theorie umreißt. Performative Kunst tritt aus diesem Gefüge heraus. Sie stürzt die Gültigkeit der Kategorien um und etabliert eine alternative Ästhetik, wie sie vor allem für Happening und Fluxus, die zeitgenössische Performance-Art, den Event, aber auch die Konzept- und zeitlich terminierte Installationskunst gilt. Dabei beruht die Eigenart der hier entwickelten Gedanken und Ideen darin, sich quer zu den üblichen Lesarten zu positionieren und anstelle von einer Ästhetik als Theorie der Kunst umgekehrt von einer Artistik als deren Praxis aus zu argumentieren. Statt also, wie der Philosoph, sich *vor* die Bilder und damit auch *vor* die Kunst zu stellen und ihr seine Begriffe zu oktroyieren, sprechen die Überlegungen von der Selbstentfaltung der künstlerischen Objekte, Prozesse und Aktionen her. Dann werden nicht Urteile und Überzeugungen zu Argumenten, sondern die Ereignisse selbst und die Erfahrungen, die sie stiften.

Der Bogen, der auf diese Weise gespannt wird, reicht von der Geburt der Avantgarde über die Archäologie des Performativen in *Dadaismus* und *Action Painting* bis zur gegenwärtigen Projekt- und Performancekunst sowie der Frage nach ihrer Stellung zu Erinnerung und Geschichtlichkeit. Gleichzeitig implizieren solche Künste eine eigene *Ethik*. Anders als die Werkästhetik, die Kunst allein aus dem vollendeten Monument versteht und deren höchster Ausdruck vielleicht in der Selbstgenügsamkeit des *l'art pour l'art* lag, situiert sich performative Kunst von vornherein im Praktischen, mithin auch im Ethischen. Zwar eignet auch jedem Bild im Prinzip eine ethische Frage über die Zulässigkeit des Dargestellten, doch liegt sie allein im Rahmen von Anschauung; jetzt gewinnt sie eine andere Brisanz, weil es fortan nicht länger Rezipienten oder Zuschauer gibt, sondern nur mehr *Beteiligte – Komplizen* eines Geschehens, in das alle verwickelt sind und das folglich gemeinsam »ver-antwortet« werden muß. An diesen Umstand knüpft schließlich der *vierte* und letzte Beitrag, *Aisthesis, Ekstasis, Askesis. Überlegungen zur Ethik ästhetischer Performanz*, an: Er widmet sich ganz dem sich neu stellenden Problem einer »Ethik der Ästhetik« am Beispiel der Kunstpraktiken von Josef Beuys und John Cage. Beide verstanden Kunst als eine ganzheitliche Lebensaufgabe, die *entweder* jede Handlung oder Alltagssituation als Teil einer »großen« Übung der persönlichen und gesellschaftlichen Evolution auffaßt *oder* als ein nicht minder umfassendes Projekt der Sensibilisierung oder Wendung von Aufmerksamkeit. Entsprechend trennte Beuys nicht zwischen dem Ästhetischen und dem Politischen, sondern begriff die Kunst als unmittelbaren Eingriff in den sozialen Raum, während Cage sich jeder Wahl und Intervention und folglich auch der Ordnung und Hierarchie einer Verbesserung, einer menschlichen Progression widersetzte. Beide Alternativen stecken das Terrain einer Ethik performativer Ästhetik zwischen *actio* und »Gelassenheit« ab. Letztere probt mit Bezug auf die »Gabe« des Zu-Falls den »Sprung« zu einer *Ethik des Antwortens*, die Responsivität und

Responsibilität miteinander vereint. Cages Eventkunst bildet damit ein Exempel dessen, was hier überhaupt als notwendige »Wendung des Bezugs« apostrophiert werden soll: Vom Anderen her zu denken statt auf es zu.

Die Arbeiten und Texte wären ohne die mannigfache Unterstützung und Hilfe anderer gewiß so nicht zustande gekommen. Zu Dank verpflichtet bin ich in erster Linie der Deutschen Forschungsgemeinschaft für die großzügige Förderung meines Projekts im Rahmen des Schwerpunktprogramms »Theatralität«. Mein Dank gilt ebenfalls Frau Erika Fischer-Lichte für ihr weitreichendes Interesse. Unter ihrer Leitung und Koordination entstanden die jährlichen Gesamttagungen des Schwerpunktes, ohne deren Fülle von Anregungen das Vorliegende anders ausgefallen wäre. Vieles hat darin seine Spur hinterlassen, was nicht explizit gemacht werden kann, vor allem die Kritiken und Debatten am Rande, die mich zwangen, meine Thesen immer wieder aufs Neue in Frage zu stellen, zu überprüfen und zu schärfen. Danken möchte darüber hinaus dem Darmstädter Philosophischen Institut für die Schaffung von Arbeitsmöglichkeiten und ganz besonders Gernot Böhme für die Freigebigkeit eines regelmäßigen Gedankenaustauschs. Er hat mir eine Vielzahl von Wegen erschlossen, an die ich vorher nicht gedacht habe und die für mich um so reicher und wertvoller waren, je stärker sie von meinen eigenen vorgezeichneten Plänen abwichen. Schließlich danke ich Gregor Schiemann, Simone Mahrenholz und dem Berliner Philosophenkreis *Momo* für ihre zahlreichen Hinweise und Anregungen. Mein innigster Dank gehört jedoch Martina Heßler für ihre produktiven Interventionen, ihre beharrliche Einmischung sowie ihre geduldige Begleitung und Ermutigung bei allen philosophischen Zweifeln.

Aura

I. Wahrnehmung und Medialität
Überlegungen zur Undarstellbarkeit

> »Diese so verbreitete Idee, daß alles gesagt werden muß und alles sich in der Sprache löst, daß jedes wahre Problem Stoff für Debatten gibt, daß die Philosophie sich auf Fragen und Antworten reduziert, deren man sich nur sprechend annehmen kann, daß Lehre allein über den Diskurs erfolgt, dieser geschwätzige, theatralische, schamlose Gedanke verkennt, daß es Wein und Brot, ihren sanften Geschmack und ihren Geruch wirklich gibt, er übersieht, daß kaum merkliche Gesten gleichfalls lehren können, er vergißt das stillschweigende Einverständnis und die Komplizenschaft, er vergißt, was sich von selbst versteht, ganz ohne Worte, das stille Bitten um Liebe, die Eingebung, die einschlägt wie ein Blitz, die Anmut einer Bewegung [...]; ich kenne so viele Dinge ohne Text und Menschen ohne Grammatik, Kinder ohne Wortschatz und Greise ohne Vokabular, ich habe so lange im Ausland gelebt, stumm und verschreckt hinter dem Vorhang der Sprachen. Hätte ich wirklich vom Leben gekostet, wenn ich mich aufs Hören und Reden beschränkt hätte? Das Kostbarste unter allem, was ich weiß, bleibt umfangen von Stille.«[1]

---

[1] Serres, Sinne, S. 137.

Einleitung

Die folgenden Überlegungen suchen den Prozeß des Wahrnehmens in jenen Grund des Auratischen zurückzustellen, dem er wesentlich angehört. Sie knüpfen dabei an die grundlegenden Erfahrungen des Verwunderns (*thaumazein*) und Schrecklichen (*tremendum*) an, wie sie gleichermaßen Platon und Aristoteles an den Beginn des metaphysischen Denkens stellen und die für Martin Heidegger an den Ausgangspunkt dessen gehören, was er als »anderen Anfang« bezeichnet: Überwindung der Metaphysik aus dem Denken des »Ereignisses«.[2] Die Verwunderung kündet dabei vom Rätsel des »Daß« (*quod*), der Existenz der Welt, das in die Wahrnehmung ruft, um ihr »Wie« und »Was« (*quid*) zu erkunden; die Erschütterungen des Erschreckens vom Ent-Setzen (*transponare*) der »Seinsverlassenheit« und der »Not der Notlosigkeit«, die die Wahrnehmung nicht minder zu verwirren vermag. Beide aber nötigen zu einer Ent-Stellung (*transposition*) und Überprüfung der gewohnten Haltung. Sie erweisen sich damit als verknüpft mit jenen Momenten, aus denen Anderes überhaupt begegnet und die Rudolf Otto im *mysterium tremendum et fascinosum* in der Gewahrung des »Heiligen« ausmachte.[3]

Versucht wird entsprechend, den Prozeß der Wahrnehmung nicht vom Verhältnis zwischen Sinnlichkeit und Signifikanz her zu verstehen, sondern aus der ursprünglichen Erfahrung eines »Entzugs«. Entzug bedeutet dabei zugleich einen »Zug«. Ihm haftet eine Anziehung an. Wahrnehmen geht dann nicht schon in einem »Unterscheiden« und »Identifizieren« auf; was ich gewahre, untersteht nicht primär der Struktur des »Etwas-als-etwas«, sondern zunächst der Begegnung mit einem »Außer-mir«, das in der Tendenz steht, meine Begriffe und Signifikationsschemata zu entgrenzen oder zu verwirren und umzustürzen. Dann *richtet* sich der Blick – wenn man den Gedanken aufs Sehen appliziert – nicht »auf etwas«, vielmehr wird die Anschauung durch Anderes berührt oder angegangen, und zwar so, daß es sich nicht um eine Referenz handelt, die noch der Intentionalität meiner An*sicht* unterstünde, sondern um die Zumutungen eines Ge-

---

2 Platon, Theätet, 155; Aristoteles, Metaphysik I 2, 982 b; Heidegger, Grundfragen, S. 12.
3 Vgl. Otto, Das Heilige, S. 13 ff.

schehnisses, das mir vor aller Spekulation und Bezeichnung widerfährt. Es obliegt bereits den »Verführungen der Grammatik«, wie Nietzsche gesagt hätte, Anderes, das derart an*spricht* und be*trifft*, sogleich von »etwas« her zu bestimmen. Was nämlich anspricht, ist nicht schon ein Sprechendes, sondern ein *(Sich)zeigendes, (Sich)gebendes*, das nicht einmal auf die Reflexivität eines »Sich« verweisen kann, sondern gänzlich unbestimmt bleibt: Kein »Etwas« also, sondern »Ereignen«. Andernfalls ließen sich Brüche oder Umstürze in der Anschauung nicht verstehen. Folglich erscheint für den Prozeß der Wahrnehmung die Struktur einer Alterität wesentlich: Ereignen beinhaltet in erster Linie kein »Was«, sondern ein Fremdes oder Anderes in der Bedeutung, wie Lévinas den Ausdruck verwendet hat: »An-gehen«. Wahrnehmen meint mithin: Entgegenkommenlassen, wobei der unspezifische Titel der Alterität über den konkreten Anderen hinaus als »Name« für »Ge-Gebenes« schlechthin fungiert: als »Gabe«, im Sinne einer Einzigartigkeit, einer Singularität, die in Bann zieht, besticht oder sich aufdrängt und dabei eine Antwort einfordert.

In diesem Sinne wird auch vom »Auratischen« gesprochen und damit der Benjaminsche Ausdruck ebenso revidiert wie transformiert. Entsprechend gehen die folgenden Bemühungen auf die Entzifferung der »Spur« des Auratischen in der Wahrnehmung, wie sie auf der anderen Seite eine Entschlüsselung der Wahrnehmung vom Auratischen her versuchen. Solche Entzifferungsarbeit ent*springt* vornehmlich einer Differenzerfahrung, dem Riß oder der Lücke, die zwischen den Zeichen klafft und sich der Bezeichnung oder der Sagbarkeit sperrt. Im Wahrnehmungsgeschehen wird also nicht nur ein Sichentziehendes ausgemacht, vielmehr wird die Wahrnehmung umgekehrt von einem Sichentziehenden her erschlossen. Das impliziert zugleich eine Umgestaltung nahezu sämtlicher Kategorien der Beschreibung, die üblicherweise entweder am Fokus der Anschauung orientiert sind und den Blick auszeichnen oder dem Gehör und damit der Sprache, dem Verstehen oder dem »Lesen« den Vorzug schenken; statt dessen wird die Erfahrung eines Fremden oder vielmehr: das Fremdwerden der Erfahrung selbst betont. Denn die Wahrnehmung konfrontiert in bevorzugter Weise mit einem »Nicht-beisich«; sie ent-rückt die eigene Position und ver-setzt (*transponat*) sie aus den eingeschriebenen Ordnungen des Denkens und Auffassens. Nichts anderes bezeichnet Aura: Das Phänomen einer Bemächtigung durch Anderes, dem ebenso ein Entmächtigtwerden des Subjekts entspricht, dem wiederum die genannten Gefühle des Verwunderns (*thaumaton*) und des Schrecklichen (*tremendum*) korrespondieren. Nichts anderes besagt das Wort Aufmerksamkeit, wie es Novalis gebraucht: Wir merken auf, noch bevor wir »etwas« bemerkt haben; der Blick wird aufgeschlagen, das Ohr geöffnet, der Tastsinn alarmiert, ohne daß wir bereits wüßten, worauf wir achteten, was uns aufhorchen ließ oder was wir gerade fühlten. Die Aufmerksamkeit erscheint dann genuin mit dem Auratischen verwoben: Im Aufmerken geschieht etwas, das den Sinn zu sich hin lenkt: Es ereignet sich von einem Überraschenden, »Zu-Fallenden« oder Unverfügbaren her, das als solches aufgenommen (*aisthanesthai*) und erwidert werden muß.

Mit anderen Worten: Anderes zwingt in seine Gewahrung, »heißt« zu antworten. Zur Struktur der Alterität in der Wahrnehmung gehört demnach gleichermaßen die Struktur von »Responsivität«. Sie ersetzt die von Husserl und den analytischen Wahrnehmungstheorien exponierte Struktur von Intentionalität.[4] Aufmerken impliziert ein Antworten-auf; mithin bedeutet die Wahrnehmung vom Auratischen her zu rekonstruieren gleichzeitig, jenes elementare Format des Bezugs aufdecken, das nicht intentional bestimmt ist, sondern responsiv. Es entfällt unter den Bedingungen einer Mediatisierung, die die *Aisthesis* durch Erweiterungsmedien wie Teleskop und Mikroskop oder Aufzeichnungs-, Speicherungs- und Übertragungsmedien der Informationstechnologie technisch zurichtet. Sie vernichtet das Ereignis gerade in dem Maße, wie sie es als darstellbares oder inszenierbares feiert. So laufen die Überlegungen auf eine Variation der Benjaminschen These vom Auraverlust »im Zeitalter technischer Reproduzierbarkeit« hinaus, freilich unter den veränderten Bedingungen »technischer Mediatisierbarkeit« und der wesentlichen Maßgabe, daß diese im Kontext digitaler Medien in einer nahezu beliebigen Verfügbarkeit von Bildern, Musiken, Dokumenten und Geschichten und der damit einhergehenden Über-

---

4 Die hier angestellten Überlegungen koinzidieren über weite Strecken mit jener Verbindung von Wahrnehmung, Alterität und Responsivität, die Waldenfels zieht; vgl. ders., Sinnesschwellen, bes. S. 102 ff. Waldenfels bezieht sich allerdings auf Merleau-Ponty, weniger auf Benjamins Aura-Begriff als Differenzerfahrung eines Fremdwerdens.

forderung der Sinne mündet. Doch wiederum gegen das affirmative Benjaminsche Implikat, eine materialistische Ästhetik des Films und der Fotografie (als neue politische Künste der Massenmobilisation) begründen zu wollen, die die alte auratische Kunst ablösen, wird an der grundlegenden Erfahrung der Aura festhalten, die durch die Technik und das Technische überhaupt ausgeblendet wird. Es wird also darum gehen, am Prozeß der Wahrnehmung die Signatur des Augen-Blicks, gleichsam die Ekstatik des Nichts, den Zauber des Sichentziehenden und damit die Unverfügbarkeit irreduzibler Präsenzen zu wahren, die unter den Voraussetzungen gesteigerter digitaler Verfügung gerade verlorengehen. Beschrieben wird entsprechend, wie die technischen Strukturen sich parasitär in die Sinnlichkeit einschreiben und die Wahrnehmung zu einer Dynamik der Steigerung und Übersteigerung reizen, die sie umgekehrt monströs und steril werden lassen.[5] Anders ausgedrückt: Was sich verändert, ist das Zusammenspiel von Alterität und Responsivität selbst, das zuletzt die ethische Relevanz der Sinne tangiert. So bilden die Überlegungen schließlich auch eine Variante des alten Topos vom Bilderverbot: Es gilt dem »Nichts«, der Leere als Fülle, dem Schweigen oder der Stille als eigentlichem Konstituens unverfügbaren Ereignens.

1. Aisthetik

1.1 Wahrnehmung und Denken

1.1.1 Eine monochrome Farbfläche wie Barnett Newmans *Who's Afraid of Red, Yellow and Blue III* (1967) ist »rot« im Sinne eines Wahrnehmungsurteils; gleichwohl ist das Attribut »rot« keineswegs verantwortlich dafür, daß das Bild bei naher Betrachtung, die seine blauen und gelben Ränder verschwinden läßt, rot *erscheint*. Deutlich wird so die Differenz zwischen Prädikation und Erscheinen, die für die sinnliche Wahrnehmung konstitutiv ist. Erstere gilt in bezug auf die Sprache, das apophantische Urteil, das etwas so oder so beschreibt oder es »als dieses« qualifiziert, letzteres für den sinnlichen Eindruck. Frege neigt in seinen spo-

---

5 So hat schon Aristoteles gesagt, daß ein »Übermaß an Wahrgenommenen« die Wahrnehmung zerstöre; vgl. De anima II 12, 424a25 ff.

radischen Bemerkungen über die Sinneswahrnehmung dazu, Erscheinung auf Sein zu reduzieren:[6] Der Eindruck entsteht nicht, weil sich – wie sich in Abwandlung eines Satzes von Merleau-Ponty sagen ließe – »in mir« Röte »ereignet«, sondern weil die Farbfläche rot »ist«. Die Operation ist charakteristisch für jenen analytischen Reduktionismus, der dem Wissen, dem *logos* immer schon den Vorrang erteilt hat: Was interessiert, ist die Struktur des Satzes oder die Signifikation, mit denen Sinneseindrücke verbunden sind, nicht diese selbst. Folglich schließt Wahrnehmen Urteilen ein; andernfalls könnte nicht etwas »als« etwas gesehen, gehört, geschmeckt oder gefühlt werden – ein Argument, das insofern zirkulär verläuft, als es die Als-Struktur bereits voraussetzt. Sie wird der Wahrnehmung apriorisch zugeschrieben, so daß es keine andere Wahrnehmungsform gibt als eben diese. Augenscheinlich gründet, daß etwas so erscheint, darin, daß durch Anschauen, Hinhören, Abschmecken oder Berührung usw. ausgesagt werden kann, daß es rot *ist*, so daß wir zum Beispiel den Eindruck »rot« nur besitzen, insofern wir auch über einen Begriff von »rot« verfügen.[7] So konstituiert das Denken die Empfindung – was freilich selbst nur unter Rekurs auf Wahrnehmungen bemerkt werden kann, da ja die Erkenntnis, daß etwas »rot« *ist*, wiederum der Sinnlichkeit bedarf, der »Röte« *erscheint*. Alle Grundlegung der Wahrnehmung durch ein Wissen führt auf die Begründung des Wissens durch die Wahrnehmung, so daß der *Begriff des Rotseins* nur in bezug auf den Eindruck, also auf die *Erscheinung des Rotseins* erklärbar ist. Die klassische *petitio principii* erhellt die Sinnlosigkeit, Wahrnehmungen auf Diskurse zu reduzieren, zumal sich die Evidenz des jeweils Gesehenen oder Gehörten nur unter Bezugnahme auf eben denselben Wahrnehmungsmodus überprüfen läßt: »Schau!« oder »Hör!«

1.1.2 Erscheinung meint indessen sowenig eine bloß subjektive Empfindung wie die objektive Eigenschaft oder Beschaffenheit eines Gegenstandes: Erscheinen bedeutet vor allem ein *Mir-Erscheinen*. Der grammatische Modus des Dativs betont dabei nicht die Subjektivität von Wahrnehmung, etwa wenn gesagt wird, daß ein Eindruck einzig mir selbst zustehe: Seinem Wesen nach nicht

---

[6] Vgl. Frege, Arithmetik, § 26, S. 58 f.
[7] Vgl. Dummett, Ursprünge, S. 71.

intersubjektiv, lasse er sich nicht mit anderen teilen, also auch nicht mitteilen – eine Annahme, die schon deswegen sinnlos ist, weil sie systematisch unentscheidbar bleibt und sich trotz aller vermuteten ideosynkratischen Nuancen sehr wohl über Farbtöne, Gerüche, Klänge oder Geschmacksnoten verständigen und sogar ein Konsens erzielen läßt. Vielmehr will der Dativ in erster Linie andeuten, daß mir hier etwas *zustößt*: Weder subjektiv noch objektiv, handelt es sich vor allem um ein Geschehen. Das heißt, für Wahrnehmungen gilt, ganz im Gegensatz zum Begriff, zum Diskurs oder zur prädikativen Rede, das Konstituens einer Widerfahrnis, dasjenige, was Aristoteles in *Peri hermeneias* die *pathemata*, »Erleidnisse«, genannt hat, die den Zeichen vorausgehen.[8] Und das bedeutet auch: In bezug auf die Sinne ist eine *Nichtintentionalität* maßgeblich und nicht eine Nichtkommunikabilität. Entscheidend ist zudem, daß mich Erfahrungen angehen, das heißt, mir zusetzen, mich berühren, und zwar so, daß ich von ihnen in Anspruch genommen werde, daß sie mich nicht loslassen. Gewiß habe ich meine Schmerzen alleine; kein anderer vermag sie zu tragen oder mir abzunehmen; aber diese Einsamkeit zieht nicht ihre Mitteilbarkeit oder Sagbarkeit in Zweifel, sondern verweist auf eine Nichtsubstituierbarkeit, die anzeigt, daß ich ihnen nicht ausweichen kann. So gehört zur Struktur der Widerfahrung eine Unausweichlichkeit, die der Wahrnehmung qua Eindruck einen affirmativen Zug erteilt: Sein Faktum läßt sich nicht verweigern. Solche Nichtnegierbarkeit trifft nicht den Inhalt des Eindrucks – es gibt stets die Möglichkeit der Täuschung oder des Irrtums –, sondern die Tatsache seiner Widerfahrnis selbst: *daß* mir geschieht, *daß* ich gewahre, *daß* sich Gegebenes mir zeigt. Ihrem Geschehnis ist das Ereignis des »Daß« (*quod*) immanent; es beglaubigt sich selbst, wie bereits Aristoteles gesagt hat, denn eine Täuschung besteht nicht über das »Ob«, sondern höchstens über das »Was« (*quid*).[9] So ist die Wahrnehmung, bevor sie Wahrnehmung-von-etwas ist, allem voran Wahrnehmung-daß, wie schon Kant bemerkte.[10] Auf einzigartige Weise ist sie mit der Gewahrung von Existenz verbunden. Zwar kann ich bestreiten, daß das, was ich gerade sehe oder fühle, real ist, aber ich kann nicht be-

---

8 Aristoteles, Peri hermeneias, 16a-17a.
9 Ders., De anima, II, 6, 418a 15f.
10 Kant, K. r. V, A 225, B 272f.

streiten, daß ich gesehen oder gehört habe, berührt worden bin oder verletzt wurde: Die Wahrnehmung duldet keine Negation. Entsprechend läßt sich Existenz sowenig erschließen wie widerlegen; sie läßt sich weder konstruieren noch transzendental konstituieren, sondern muß als unableitbar vorausgesetzt werden. Ihr Erscheinen ist nicht der Akt oder das Ereignis einer Erkenntnis: Es bedeutet nicht, daß Wahrnehmungen immer wahr sind, sondern daß das Maß ihrer Evidenzen allein ihren Bezug zur *Existenz* betrifft. Sie bergen den Vollzug einer elementaren Anerkenntnis.

1.1.3 Somit erweist sich für die Wahrnehmung das Rätsel des »Daß« fundamental. Wittgenstein verband es mit der Mystik des *Sich-Zeigens*: Offenbarung, die sich dem Wort entzieht und der Sprache verwehrt. Das Rätsel weist die Sinnlichkeit auf ein Außer-mir. Es bezeugt, daß der Prozeß der Wahrnehmung stets woanders beginnt als beim Wahrnehmenden: Sehen ist sowenig wie das Gehör oder der Tastsinn subjektiv konstruiert; vielmehr empfangen sie ihre unablässige Beunruhigung oder Verstörung von einem Anderen her, das die Gewißheiten des Denkens immer wieder von neuem bestürzt. Weder geht deshalb Wahrnehmung auf Einzelnes noch auf Allgemeines; sie wird angerührt durch die Plötzlichkeit eines »Augen-Blicks«. Sie enthüllt nicht ein »Dieses«, auf das sich deiktisch hinweisen ließe – was voraussetzte, auf es bereits gezeigt zu haben, mithin auf der Seite der Zeichen, der Wiederholung und der Nachträglichkeit zu stehen; vielmehr läßt sie uns die Ungeheuerlichkeit der *Ex-sistenz* als ein »Ekstatisches« entdecken. Anders ausgedrückt: Die Wahrnehmung konfrontiert mit dem Schock des Ungemachten, des Unverfügbaren. Er sprengt die Fesseln des Symbolischen und zerreißt das Gewebe diskursiver Konstruktionen. Darin besteht wohl die schärfste Frontstellung zum Wissen: Im Sinnlichen impliziert die Feststellung eines Erscheinens nicht schon Erkenntnis, sondern allenfalls die Konstatierung einer »Gabe«. Daß etwas in die Sicht gelangt, aufgenommen oder gespürt wird, kommt der Bestimmung des »Als« zuvor, andernfalls gäbe es nichts Überraschendes, nichts Neues oder Unbekanntes. Es bezeichnet ein »Zuvorkommendes« (Schelling). Deshalb hatte Merleau-Ponty von der »Erregung« (*sollicitation*) des Sinnlichen gesprochen: Das Wort assoziiert die Bedeutung der Berührung mit allen Konnotationen einer Passivität des »Ersuchens«. Die Ersuchung rührt an, sie attackiert die Sinne, fordert zuzuhören, bedrängt die Aufmerksamkeit. Sie bewirkt, daß ich nicht vorbeischauen, die Nötigung nicht überhören kann. Sie ruft herbei, bindet ein und stellt mich als Antwortenden mitten hinein in die Fülle des Augenblicks.

1.2 Aporien

1.2.1. »Nichts ist schwerer zu wissen, als was wir eigentlich sehen«, heißt es ebenfalls bei Merleau-Ponty.[11] Der Satz unterläuft die geläufige Auffassung von der Intentionalität der Wahrnehmung. Sie dominiert nahezu sämtliche Wahrnehmungstheorien seit der Antike und setzt sich fort bis zu den Hauptströmungen analytischer Philosophie und Ästhetik. Zwar nimmt die *Aisthesis* bei Platon noch keinen Platz in der Reihe der Kognitionen ein: Sie wird als *alogon* charakterisiert, das heißt, sie enthält nicht schon den Riß einer Verdopplung, wie sie dem »Etwas-als-etwas« zukommt. Sie markiert vielmehr ein Einfaches. Folglich geht sie dem *logos*, der Fähigkeit zur Unterscheidung, zur Zerlegung der Dinge in Eigenschaften voraus: Dem Bereich des Vorprädikativen zugehörig, betrifft sie ein ungeschiedenes Ganzes, das im *Timaios* mit dem Unsteten, dem beständigen Werden und Vergehen in Zusammenhang gebracht wird.[12] Dennoch gilt sie bereits als ausgezeichnete Quelle für Erkenntnis (*gnosis*):[13] Das Denken nimmt von ihr seinen Ausgang, weshalb sie Aristoteles im Gegensatz zu Platon direkt mit dem *logos* verbindet, wie den *logos* mit Wahrnehmung.[14] Der *Aisthesis* kommt damit ein genuin theoretischer Rang zu: Sie erfaßt einen Gegenstand, wie dieser erst durch sie hervortritt, wie wiederum Platon im *Theätet* vermerkt, denn »das eine [ist] ein Wahrgenommenes, das andere Wahrnehmung, die immer aus dem Wahrgenommenen zugleich [...] erzeugt wird«.[15] Entsprechend erscheint die Wahrnehmung als ein »Erfassen von«, weswegen Wolfgang Welsch die Aristotelische Sinneslehre überhaupt als eine »Aisthesio-logie« kennzeichnet: »Funktion,

11 Ders., Wahrnehmung, S. 82.
12 Platon, Timaios 28a.
13 Vgl. Böhme, Platon, S. 203.
14 Vor allem Aristoteles, De anima, II 5-12; III 1-2; 12-13, bes. 426bff.
15 Platon, Theätet, 156a.

Bedeutung und Zuschnitt der aisthesis ist bei Aristoteles grundlegend logisch bestimmt. [...] Aristoteles inszeniert eine fundamentale Logomorphie des Aisthetischen.«[16] Ihr sei eine Struktur von Unterscheidung und Klassifikation zu eigen, vermöge deren etwas bezeichnet, eingeteilt oder gegen anderes abgehoben wird.[17] Das heißt, die Wahrnehmung erscheint immer schon artikuliert, denn der *logos* beinhaltet für Aristoteles ein dihairetisches Vermögen. So werden Sehen, Hören und Fühlen jeweils von dem her betrachtet, *was* in die Sicht gelangt und *was* das Ohr vernimmt oder das Gefühl bemerkt. Insbesondere geht die Wahrnehmung »auf das Einzelding«, wie es bei Aristoteles heißt, nicht auf das Allgemeine.[18] Das birgt allerdings das Vertrackte, damit bereits ein »Dieses«, also ein »Nicht-Anderes« ausgezeichnet zu haben. Es setzt die Möglichkeit deiktischer Verweisung voraus: »Dieses« meint schon ein Bestimmtes; es wäre nicht zeigbar, wäre es nicht »als« solches hervorgehoben und identifiziert oder gegen anderes abgegrenzt. Deixis meint freilich nicht schon Prädikation, wohl aber *Signifikation*: Der Zeichencharakter erweist sich als in die Prozesse der Wahrnehmung eingeschrieben. Fast alle weiteren Wahrnehmungstheorien argumentieren so, spitzen sie in Richtung einer Medialität der Sinnlichkeit zu, betonen ihre Intentionalität.

1.2.2 Es wäre allerdings verfehlt, die Aristotelische – und auch Platonische – *Aisthesis* in Richtung subjektiver Wahrnehmung bereits neuzeitlich zu lesen; vielmehr versteht Aristoteles das Wahrnehmungsgeschehen vornehmlich als eine *energeia*.[19] Es wird beschrieben als eine Art »Wandlung«: »Wahrnehmen bedeutet ein Bewegtwerden und Erleiden«.[20] Angesprochen ist damit, daß die Gewahrung ihren Ausgang bei einem Anderen, dem Wahrgenommenen findet; denn es liegt nicht bei uns selbst, ob wir wahrnehmen wollen; vielmehr sind wir als Wahrnehmende

---

16 Welsch, Aisthesis, S. 45.
17 Der gleiche Gedanke findet sich noch in Luhmanns Systemtheorie: Was dort unter dem Titel »Beobachtung« rangiert und eine sinnliche Konnotation aufweist, umfaßt die Duplizität des Unterscheidens und Bezeichnens; vgl. ders., Kunst, S. 13 ff., 92 ff.
18 Vgl. ders., De anima, II, 5, 417b, 22; Metaphysik I, 1981 b.
19 Aristoteles, Metaphysik IX 6, 1048b 18-35.
20 Ders., De anima II 5, 415b 24; 416b 33.

zugleich immer schon *Empfangende*.[21] Das heißt, wir können nicht umhin zu sehen, zu hören oder zu fühlen. Dem entspricht eine Wahrnehmungsausfassung als Öffnung der Sinne *für* etwas. Sein »Gnostisches« erfüllt sich nicht in Kognition, sondern im »Ereignis« des Augen- und Ohrenöffnens selbst. Der Gesichtspunkt bricht mit dem Topos einer strikten Intentionalität von Wahrnehmung: Erst der Akt des Sehens macht sehend wie der Akt des Hörens hörend, aber so, daß beiden eine Empfänglichkeit vorausgeht. Folglich geschieht Sehen und Hören von dem her, was in die Sicht oder zu Ohren kommt: Die Grundbedeutung der *Aisthesis* ist eine ontologische, keine epistemologische, wenngleich im Begriff der Ontologie Dingklassen immer schon mitgedacht sind. Daraus folgt auch: Die Wahrnehmung nimmt von der Sache, den bestehenden Tatsachen der Außenwelt ihren Ausgang, und zwar so, daß sie zunächst ein »Nehmen« bedeutet, das im Vollzug des Wahrnehmens gewendet wird, um es als Wahrgenommenes allererst hervorzubringen. Der Sinnlichkeit fällt also eine aktive Rolle zu: Die *Aisthesis* ist ein kreatives Geschehen, wie auch Welsch herausstellt. Doch beschreibt sie keinen Vorgang eines selbstbestimmten Subjekts, das sieht oder hört und sich entsprechend auf einen Gegenstand richtet, sondern sie ist Ereignis des Wahrnehmbaren, das der Subjektivität vorausgeht, sich »eindrückt« und auf diese Weise erst zu dem wird, was es ist: »Nicht ist das Sinnliche zuerst einmal für sich und kann dann, wenn es wahrnehmungsfähige Wesen gibt, auch wahrgenommen werden [...], sondern es ist von Grund auf ein Sichzeigendes.«[22] Welsch versteht demnach die Aristotelische Wahrnehmungstheorie aus einem Herkommen, das des Sehens, Hörens, Tastens, Riechens und Schmeckens bedarf, um anzukommen. Er übersetzt so den Heideggerschen Topos vom »herkommenden Überholen«[23] ins *Aisthetische*, wobei offenbleiben muß, ob sich seine Aristoteles-Deutung an Heidegger orientiert oder sich umgekehrt Heideggers philosophische Grundfigur einer Umdeutung der Aristotelischen Sinneslehre verdankt. Die Wahrnehmung wäre entspre-

---

21 Ebd., II 5, 417b, 23f.; auch: Welsch, Aisthesis, S. 76ff.
22 Welsch, Aisthesis, S. 81.
23 Die Figur gehört von Anfang an zu den Grundtopoi des Heideggerschen Denkens und schlägt die Brücke zwischen Existentialontologie und Ereignisdenken. Vgl. insb. ders., Sein und Zeit, § 53, S. 260ff., sowie Grundprobleme, S. 425f.

chend ein »Zwischen«, wie auch Aristoteles ausdrücklich die Sinne als *mesotes* faßt[24] – wobei jedoch die Fundierung in antiker Ontologie unterhalb jener Radikalität verbleibt, zu der Heidegger im Zeichen der »Kehre« vorzudenken wagte: Herkommen aus einem Unverfügbaren her. Über Welschs Aristoteles-Lektüre hinaus wäre statt dessen eine radikalisierte »Aisthetik« aus dem »Ereignis« zu denken. Indem dagegen die Gewichtung allein auf die Mitte, die »Medialität« im Sinne eines Agens fällt, ermangelt dieser rekonstruktiven Wahrnehmungstheorie ebenso die Dimension des Augen-Blicks wie die Struktur der Responsivität.

1.2.3 Indessen haben neuzeitliche Wahrnehmungstheorien den Charakter der Aktivität des Sehens und Hörens einseitig zum passiven *Organon*, zur Instrumentalität abgeflacht und damit die Sinne technisch vorentschieden. Das Auge öffnet sich nicht einem Sichtbaren, das Ohr nicht einem Hörbaren, vielmehr dienen sie als bloße Organe, wie Sehen und Hören wiederum ihren Grund in der Subjektivität des Wahrnehmenden finden, der sich souverän einer Welt zuwendet. Dann wären deren Kategorien und Formen leitend; sie sind bereits ins Spiel gelangt, wenn Wahrnehmung geschieht: als einer Logik der Einordnung und Markierung, der Prägung und Klassifizierung, die einem herrschaftlichen Geist entspringen, um sich dem Geschauten oder Gehörten wie ein Siegel einzubrennen. Nichts erscheint danach wahrnehmbar, was nicht zuvor schon durchs Nadelöhr des Verstandes gelangt war – der Gedanke reicht von Kants »Schematismus« bis zu Husserls »kategorialer Anschauung« und gipfelt in der analytischen These von der »Theoriegeleitetheit« der Wahrnehmung, ihrer durchgängigen Konstruktivität. Doch sei in Erinnerung gerufen, daß Kant durchweg einen Dualismus unterstellt, der der Wahrnehmung gleichwohl ihre eigene Nobilität zubilligt: Seine transzendentale Erkenntnislehre operiert zwischen »Rezeptivität« der Anschauung und »Spontaneität« des Verstandes, zwischen denen die produktive Einbildungskraft als kreatives Bindeglied vermittelt, das fortan die verwaiste Rolle des Agens übernimmt. Die Dualität markiert keinen Mangel, keine philosophische Unentschiedenheit, vielmehr wird auf diese Weise der Unverzichtbarkeit wie Eigenständigkeit des Aisthetischen gegenüber dem

---

24 Aristoteles, De anima II 11, 424a 4f.

Diskursiven ein grundsätzlicher Respekt gezollt, wie auch die *Kritik der reinen Vernunft* zunächst mit einer »transzendentalen Ästhetik« anhebt, worin Raum und Zeit als apriorische Anschauungsformen jenen Horizont aufspannen, in dem überhaupt etwas gedacht und bezeichnet werden kann: »Unsere Erkenntnis entspringt zwei Grundquellen [...], so daß weder Begriffe, ohne ihnen auf eigene Art korrespondierende Anschauung, noch Anschauung ohne Begriffe, ein Erkenntnis abgeben können.«[25] Kant weigert sich, eines aufs andere zurückzuführen; er erkennt, wenn auch kein Gegebenes-an-sich, so doch zumindest eine negativ bestimmte Irreduzibilität an, insofern »die Sinne den ersten Anlaß geben, die ganze Erkenntniskraft in Ansehung ihrer zu eröffnen«: »die Anschauung bedarf der Funktionen des Denkens auf keine Weise«.[26] Daraus folgt auch: Die Wahrnehmung kann nicht völlig subjektiv konstruiert gedacht werden; es muß, wie später im *Opus postumum* ausgeführt, ein Anderes, ein Nicht-Ich vorausgesetzt werden, das sie »affiziert« und die Möglichkeit der Sicht erst stiftet – ohne, wie später bei Fichte, als ursprüngliche Teilung aus sich selbst erzeugt zu sein. Freilich impliziert die Supposition eine metaphysische Spaltung in disparate Bereiche oder Regionen, die die Differenz zwischen Subjekt und Objekt im Medium von Begriff und Sinnlichkeit wiederholt, doch so, daß beide aufeinander angewiesen sind: Denn »Gedanken ohne Inhalt sind leer, Anschauungen ohne Begriffe sind blind«.[27]

1.2.4 Zum Ort der Spontaneität des Subjekts avanciert dabei die Einbildungskraft, die, wie wiederum Heidegger herausgestellt hat, vor allem in der »ersten« Deduktion der *Kritik der reinen Vernunft* eine zentrale Position einnimmt.[28] Wahrnehmung schrumpft damit zur bloßen Resonanz, der Verstand zur formalen Apparatur. Freilich verdoppelt sich deren Dualität im Gewand des Imaginären noch einmal: Als Instanz der Mitte oder des »Zwischen« birgt die Einbildungskraft das Problem der Übersetzung, so daß sich Kant zu jenem Regreß genötigt sah, die Imagination zu spalten. Als Synthesis und »Aktus der Spontaneität« kann sie nämlich »nicht als zur Sinnlichkeit gehörig angesehen

---

25 Kant, K. r. V, A 50, B 74.
26 Ebd., A 86, B 118 sowie A 91, B 123.
27 Ebd., A 51, B 76.
28 Heidegger, Kant, § 17, S. 72 ff., §§ 31 ff., S. 155 ff.

werden«;²⁹ erst das Denken verleiht ihr eine begriffliche Identität. Umgekehrt kann diese der Anschauung nur korrespondieren, wenn die Wahrnehmung eine spontane Synopsis vollzieht, andernfalls bliebe sie reine Willkür und Erfindung – so daß schließlich Kant im Begriff der Einbildungskraft die weitere Unterscheidung zwischen *synthesis speciosa* und *synthesis intellectualis* einfügen mußte.³⁰ Sie bildet den Kern des Wahrnehmungsproblems der Kantischen Philosophie, ihr Ungelöstes, das zur Revision zwingt und erneut das Dilemma von Intentionalität aufscheinen läßt, die ungeklärte Relation zwischen »daß« (*quod*) und »was« (*quid*), die auf die Struktur der Signifikation führt. Entsprechend hatte Ernst Cassirer die *synthesis speciosa* als ursprüngliche Symbolisierungsleistung interpretiert und sie auf diese Weise unmittelbar mit der *synthesis intellectualis* verknüpft: Bild und Begriff entspringen der gleichen »geistigen Grundfunktion« des Symbolischen.³¹ So wird die Beziehung zwischen Wahrnehmung und Denken wieder intellektualisiert und einer genuinen Zeichenfunktion untergeschoben, die die Frage ihrer Vermittlung zum Akt einer ursprünglich symbolischen Konstruktionalität präzisiert – freilich zum Preis einer Tilgung jeglicher Autonomie des Aisthetischen. Daran enthüllt sich zugleich die Widersprüchlichkeit des Postulats: Nirgends vermag sich der Prozeß der Wahrnehmung einsinnig in die Texturen der Zeichen aufzulösen, mit denen er verwoben ist; vielmehr bewahrt er gegen diese ein Irreduzibles, das weder auf Semiotik noch auf die Ordnung der Signifikanten zurückgeführt werden kann. So gibt auch Umberto Eco zu, daß jede signifikante Struktur semantische Prinzipien enthält, die den leiblichen Koordinaten im Raum entnommen sind, die ihrerseits elementaren Wahrnehmungen entstammen und als solche nicht zu relativieren sind.³² Zudem entsteht die Paradoxie, daß die Zeichen, die die Wahrnehmung formieren, selbst wahrgenommen werden müssen; ihrer »Schrift« eignet die Doppelstruktur von Lesbarkeit und Erscheinung, die

---

29 Kant, K. r. V, B 132.
30 Ebd., A 94.
31 Vgl. Cassirer, Symbolische Formen, Bd. 1, S. 9, 42. Ausdrücklich konstatiert Cassirer im *Davoser Disput* mit Heidegger, daß seine Arbeit am Symbolischen ihren Ausgang bei Untersuchungen zur Synthesis der Einbildungskraft genommen hat; in: Heidegger, Kant, S. 248.
32 Vgl. Eco, Moralische Schriften, S. 75, sowie Grenzen, S. 11 ff.

der Duplizität von Bedeutung und Materialität entspricht. Sinn ist an Sinnlichkeit gebunden, wie schon Cassirer bemerkt hat; gleichwohl kann letztere nicht ohne Zirkel auf die Strukturen des Sinns reduziert werden, weil ihnen dieselbe Doppelstruktur zukäme, so daß beständig ein Entziehendes im Rücken bleibt, das sich seiner Bezeichnung verweigert. So behauptet sich die Irreduzibilität von Aisthetik gegenüber dem Diskursiven selbst da noch, wo im Sinne von Charles Sanders Peirce »alles Denken [...] ein Denken in Zeichen sein [muß]«,[33] insofern in deren Formation eingeht, was nicht mehr strikt einem Bezeichnen untersteht, auch wenn der Vorrang des einen vor dem anderen in einem positiven Sinne nicht zu entscheiden ist.[34]

1.2.5 Rigoroser als Kant hat jedoch Husserl Zugangsweisen und Gegebenheitsweisen miteinander identifiziert und damit jeden Dualismus vermieden. Jenseits unschuldiger Präsenz formuliert die Phänomenologie eine aufs Kategoriale gerichtete Anschauungslehre und schlägt insofern eine ähnliche Richtung ein wie Cassirers Symboltheorie: Inferiorisierung der Sinne gegenüber dem Bewußtsein.[35] Was dann erscheint, bildet nichts Vorgegebenes mehr, nicht einmal die negative Auszeichnung eines Unverzichtbaren, vielmehr ist das Gemeinte immer schon das Kategoriale, was davon entbindet, überhaupt noch von einer Selbstgegebenheit der Dinge zu sprechen. Wahrnehmen bedeutet entsprechend eine in Modalitäten erfassende Aufmerksamkeit: Farben entstehen im Akt des Sehens, wie Klänge im Prozeß des Hörens oder Topographien von Oberflächen im Moment ihres Ertastens, und zwar so, daß ihnen eine »Bedeutung« beigelegt wird. Noch in der schlichtesten Wahrnehmung liegt ein Abzielen und Vermeinen, eine »Zuwendung [...] auf das Seiende«,[36] wobei

33 Peirce, Schriften I, S. 175, 198, 223; Schriften II, S. 470.
34 Mit der These der Logosgebundenheit der Wahrnehmung kritisiert Serres das gesamte abendländische Denken: »Sehen heißt wissen, und wissen reduziert sich auf sagen. [...] Es ist nichts zu sehen, jenseits des Sagbaren; es gibt nichts jenseits des Sagbaren. [...] Wir geben uns dem Gesagten hin. [...] ich will keine Drogen, weder solche der Pharmazie noch solche der Sprache. Ich will hören, wer kommt.« Vgl. ders., Sinne, S. 119-121 u. passim.
35 Husserl, Untersuchungen, II, 2; §§ 40ff., S. 128ff.
36 Ders., Erfahrung, § 19, S. 86. Insbesondere spricht hier Husserl der Wahrnehmung einen »doxischen« Charakter zu.

die Struktur der Wahrnehmung das Wahrgenommene in einer »unendlichen Erfüllungssteigerung« allererst konzeptualisiert. Nicht Dinge kommen in die Sicht, sondern »Abschattungen« und »Ansichten«, die sie darstellen. So tritt die sinnliche Anschauung gegenüber der Vorstellung zurück: Sehen entspringt Akten des Bedeutens, und Wahrnehmen heißt Entwerfen. Husserl nimmt auf diese Weise die analytische These von der Konstruktivität der Wahrnehmung phänomenologisch vorweg. Die Position gilt programmatisch bereits für die *Logischen Untersuchungen*: »Fingieren wir ein Bewußtsein vor aller Erfahrung, so empfindet es der Möglichkeit nach dasselbe wie wir. Aber es schaut keine Dinge und dinglichen Ereignisse an, es nimmt nicht Bäume und Häuser wahr, nicht den Flug des Vogels oder das Bellen des Hundes [...]: Einem solchen Bewußtsein bedeuten die Empfindungen nichts, sie gelten ihm nicht als Zeichen [...]; sie werden schlechthin erlebt, ermangeln aber einer [...] objektivierenden Deutung.«[37] Favorisiert wird das »Als-was«: Wahrnehmung geschieht intentional; sie meint immer ein Wahrnehmen-als, das »etwas« auf »etwas als etwas« fokussiert, mithin kategorial bindet. Husserl versieht die Wahrnehmung von Anbeginn an mit einer konstitutiven Als-Struktur. Nicht das »Daß« (*quod*) von Eindrücken zählt, sondern ihre lesbaren Attribute. Evidenzen ohne Bedeutungen oder Vermittlungen sind dem Wahrnehmenden verwehrt: »Sprechen wir von Tieren, von Pflanzen, von Städten, Häusern usw., so meinen wir damit von vornherein Dinge der Welt [...]. Die Dinge sind erfahren als Baum, Strauch, Tier, Schlange, Vogel; im besonderen als Tanne, als Linde, als Holunderstrauch [...] usw.«[38]

1.2.6 Die auf diese Weise antizipierte Semantisierung der Wahrnehmung läßt jede auratische Gewahrung obsolet erscheinen. Wie sich ihr Konstruktivismus nach Paul Virilio einer durchgängigen Technisierung verdankt, spiegelt sich umgekehrt in ihrer Semantisierung eine tiefgreifende Mediatisierung der Lebenswelt.[39] Das Sinnliche zeigt sich immer schon als sinnhaft erschlossen und von den Registern der Interpretation, ihren Lektüren und Relek-

---

37 Ders., Untersuchungen, I, § 23, S. 75.
38 Husserl, Erfahrung, § 83, S. 398f. Ähnlich heißt es bei Gadamer: »Wahrnehmung erfaßt immer Bedeutung«; vgl. ders., Wahrheit und Methode, S. 22.
39 Virilio, Stillstand, S. 97.

türen beherrscht. Unterstellt wird ein Zeichenuniversum, dem alles zur Kodierung, zur Kommunikation, zum Diskurs oder zum Medium wird: Triumph einer Immaterialisierung, die aus Sehen und Hören selbst noch eine Textur macht und das Sichtbare wie Hörbare in eine diskrete Reihe von Schnitten zerlegt, die sie zuletzt der Schrift anähneln.[40] Dann betreibt der Sehende oder Hörende nur mehr Symbolisierungen: Wesentlich erscheinen allein die manipulativen Effekte, das Spiel von Signifikanzen oder die Muster ihrer Inszenierung, die zwar deren prinzipielle Variation und Veränderbarkeit konstatieren, die gleichwohl ihr Aisthetisches so weit entsinnlichen, daß es, wie schließlich bei Derrida, in eine generelle Absenz gerät: »Nun ich weiß nicht, was Wahrnehmung ist, und ich glaube nicht, daß es so etwas wie Wahrnehmungen gibt.«[41] Entsprechend erweisen sich die Zeichenketten als »dicht«; ihnen eignet eine Undurchdringlichkeit, aus der Blick und Ohr sowenig herauszuführen vermögen wie die taktile oder haptische Sensibilität; vielmehr erblicken, hören oder fühlen diese immer nur schon Gesehenes, Gehörtes oder Ertastetes, das heißt Wahrgenommenes im Modus von Wiederholung und Verspätung. Folglich erscheinen auch das Ereignis der Wahrnehmung, die Augenblicke der Affektion, des Eindrucks selbst nachträglich. Es setzt die rückhaltlose Totalisierung von Signifikation bereits voraus: Aisthetik nimmt einen Platz inmitten der unabschließbaren Serien von Differenzen und Vermittlungen ein, unterliegt ihrer Struktur, partizipiert an der Selbstreferentialität der Marken, die nicht einmal elementare Erfahrungen wie Ekel oder Schmerz als zerreißende und jede signifikante Ordnung sprengende Kraft zulassen.[42] Dem korreliert ein *Verschwinden von Materialität*. Angezeigt wäre somit eine Krise der *Aisthesis*, die mit dem Regime des Symbolischen, seiner Formate und Gewebe zusammenfällt und die auch da noch besteht, wo auf die vermeintliche Authentizität von Wahrnehmungen ausdrücklich wieder gepocht wird.

40 Vgl. etwa Tholen, Platzverweis, S. 122 f.
41 Derrida, in: Rötzer, Gespräch, S. 85. Der Passus impliziert eine Dementierung jeglicher Form von Präsenz in der Wahrnehmung, doch wird hier Wahrnehmung verstanden als Weg, als Strecke, als Durchquerung im Sinne einer Passage.
42 Gerade in bezug auf Folter hat Scarry, Schmerz, auf das prekäre Verhältnis zwischen Sprache und gefühltem Schmerz hingewiesen. Vgl. auch die entsprechenden Berichte in Millett, Entmenschlicht.

1.3 Bruchstellen

1.3.1 Statt dessen wäre daran zu erinnern, daß Wahrnehmungen stets einen privilegierten Zugang zu einem Nichtkonstruierten, einem gleichermaßen Unbeherrschten wie Unbeherrschbaren unterhalten: Unverfügbarkeit des Daß, der Andersheit, die entgegenkommt, und an ein Jenseits der *techne*, der Zeichen und ihrer Bedeutungen gemahnt. Ihr ausgezeichnetes Terrain bietet die Kunst, im klassischen Gewand als Gewahrung von Schönheit und Erhabenheit, avantgardistisch in den Provokationen des Unverständlichen und Undarstellbaren. Zwar gehorcht das Schöne der Form, nicht jedoch das Erhabene; beide sind zudem nicht als Merkmale von Gegenständen aufzufassen, sowenig wie sie begrifflich konstruiert werden können; vielmehr handelt es sich um Transformationserfahrungen, denen die Modi des »Nicht« und der Verweigerung von Darstellung zukommen. Deshalb konnte Lyotard die Erfahrung des Erhabenen mit der »experimentellen Kunst« der Moderne überhaupt in Verbindung bringen und im Undarstellbaren schlechthin deren eigentliches Spezifikum ausmachen.[43] In der Konfrontation mit dem »Auftauchen« selbst, der *Blöße*, die noch nicht markiert ist, geschehen Überschreitungen und Grenzerfahrungen, denen wiederum die Faszination des Wunderbaren (*thaumaton*) ebenso korrespondieren wie das *tremendum* von Furcht und Zittern: Schock und Erschütterung als Orte des Skandalösen durch ein gleichermaßen Aufstörendes wie Betörendes, die den dionysischen Verzückungen des Sexuellen wie den nicht minder abgründigen Entgrenzungen des Abscheus und der Angst entnommen sind. Sie ver-setzen (*transponant*) ins Andere, ins Nicht-Ich. Unvermittelt taucht ein Riß inmitten der Wahrnehmung wie ein »Einschlag« auf: »Unterbrochener Kontakt, die Dunkelphase, die Pause: die Fremdheit«.[44] Freigelegt werden so Wegbahnen einer Gewahrung, die sich dem öffnet, was *nicht* gesagt oder repräsentiert werden kann, was in Erscheinung

---

43 Lyotard, Avantgarde, S. 152. Mit dem Ereignis (*occurence*) im Sinne der Frage, der Fraglichkeit des »Geschieht-es?« *vor aller Bestimmung* ist in der Tat das Grundproblem des Lyotardschen Denkens berührt; vgl. Widerstreit, S. 16.
44 Vgl. Strauß, Die Erde ein Kopf, S. 65. Auf die ästhetische Rolle solcher Sprünge ist vielfach hingewiesen worden: vgl. z. B. Bohrer, Unmündigkeit, S. 864; Wellmer, Versöhnung, S. 165 f.; vorsichtiger Seel, Ästhetik, bes. S. 88 ff., 92 ff.

tritt, wo die Sprache *schweigt*. *Aisthesis* im eigentlichen Sinne bedeutet die Sensibilität für solche Augenblicke. Sie sind von Präsenz nicht zu trennen. Denn die Wahrnehmung unterhält, wie schon Husserl bemerkt hat, eine besondere Beziehung zum Zeitmodus der Gegenwart: »Im Wahrnehmen steht mir das Objekt als jetzt seiend gegenüber.«[45] Mehr noch: Ihr inhäriert die unmittelbare Evidenz einer Gegenwärtigkeit im Sinne des »Daß« (*quod*) – ein Umstand, den verwechselt zu haben die eigentliche Crux der Kritik der Präsenz bei Derrida ausmacht. Freilich läßt sich eben darauf nicht selbst wieder rekurrieren; das »Daß« kommt nicht reflexiv zum Vorschein; es taucht lediglich auf in der Störung, der Plötzlichkeit eines Anderen, das ebenso unvermittelt einbricht, wie es verwirrt. Seine favorisierten Domänen sind die *Paradoxa einer Nichtwahrnehmung in der Wahrnehmung*. Beispiele wären Irritationen der Vexierung und des *trompe d'œil*, an denen der Blick irre wird, insofern er mit sich in Widerstreit gerät. Die poetische Malerei des Surrealismus hat damit bevorzugt gearbeitet: Sehen, als sähen wir zum ersten Mal. Ähnliches ergibt sich bei extremem Lärm oder aggressiven Geräuschüberlagerungen, wie sie Cage in seinen multimedialen Spektakeln benutzte: die Kapazität des Hörens wird überfordert und die Möglichkeit jeglicher Differenzierung vereitelt. Desgleichen gilt von Berührungen, die sich dem Anderen preisgeben, wie in jenen erotischen Exzessen, die die Sinne ebenso erregen wie für Augenblicke zum Stillstand bringen. Sie bilden Quellen einer Entfremdung (*alienation*), die die Gewißheit der raum-zeitlichen Ordnung und Orientierung unterläuft: Auge, Gehör wie auch der taktile Sinn sehen sich einer Bodenlosigkeit ausgesetzt, die entpositioniert und darum eine Umwendung des Intentionalen einfordert. Sie bringen das scheinbar klare Verhältnis zwischen Wahrnehmung und Wissen oder Sinnlichkeit und Kognition ins Wanken und lösen Anschauung und Ohr aus ihren vertrauten Bezügen, entsetzen (*transponant*) sie aus ihren angestammten Plätzen und halten wach für eine andere Aufmerksamkeit.

1.3.2 Die Semiotisierung der Wahrnehmung unterschlägt mithin gerade jene extremen Momente, die im »Durchriß« durch die Konstruktion der Gestalten und Zeichen auf einen Punkt weisen,

---

45 Husserl, Zeitbewußtsein, S. 48.

der nicht mehr Wahrnehmung »von etwas« ist, sondern Ereignis: Indirektheit der Erscheinung einer Präsenz durch das hindurch, »was« erscheint. Ihr Movens ist »Plötzlichkeit«,[46] wie der Einbruch einer Störung, die unerklärlich ins Blickfeld rückt und dabei in Bann schlägt oder sich der Wahrnehmung gleichsam »von der Seite« her aufdrängt: Gegenwärtigkeit eines Fremden oder Anderen, entblößtes »Fleisch« oder die Eigentümlichkeiten eines Geruchs und Geschmacks, die sich ihrer Bestimmung verwehren. Sie deuten auf ein Erscheinen, das sich der wahrnehmenden Intentionalität *nicht* fügt. Dazu bedarf es der Hingabe. Nishida nannte derlei Erfahrung »rein«; sie ist den Übungen der Meditation verwandt.[47] Was sich ihr »gibt«, gleicht dem, was Benjamin im Begriff der Aura auszumachen trachtete: Die Wahrnehmung wird angesprochen. Gewahrt wird dabei die Blöße eines *Sich-Zeigens*, das (sich) »gibt«, ohne »als etwas« gegeben zu sein, das dennoch nirgends auszublenden ist. Angezeigt ist damit ein »Zuvorkommendes«, das zwar nur durch die Wahrnehmung hindurch bemerkbar oder erfahrbar ist, das sich jedoch jeglicher Identifizierung-als entzieht: Unzugänglichkeit, die gleichwohl die Wahrnehmung nicht losläßt. Sowenig wir ihre Wirkung abzutun wissen, vermögen wir sie umgekehrt heraufzubeschwören. Sie setzt vielmehr einen »Sprung« in der Aufmerksamkeit voraus, eine »Wendung im Bezug«: Überlassung an das, was Michel Serres mit »Gnade« und mit »Grazie«/»Gratia« in Verbindung gebracht hat: »Man könnte sie das Gegebene nennen.«[48] Für sie wird jede Zuständigkeit der Sprache bestritten: »Wer ständig spricht, leidet: mit Drogen betäubt, anästhesiert, addicted, dem dictum, dem Gesagten verfallen. [...] Stumm dagegen gehe ich dem Schweigen entgegen [...], ich setze mich der Welt aus. Sensibel, rezeptiv, feinfühlig erkennt der Sinnesfühler das bereits Gesagte, Wiederholte, und zieht sich rasch zurück, wartet, aufmerksam, aus dem Lot oder nicht im Gleichgewicht gegenüber der Sprachmasse, wie eine empfindliche Antenne wartet er auf das Unerwartete, erkennt er das Unkenntliche, sensibel in die Stille hinein. Geduldiger Wächter [...], nach einem Durchblick suchend, einer Lücke,

---

46 Von dort her entwickelt Bohrer seine Ästhetik des Schreckens; vgl. Plötzlichkeit, bes. S. 43 ff., 180 ff.
47 Nishida, Über das Gute, S. 29-71. Handke hat ähnliches in der »Streuung« bei Übermüdung ausgemacht; vgl. ders., Versuch über die Müdigkeit.
48 Vgl. Serres, Sinne, S. 275.

einem Spalt, einem Riß, einem Fenster in der kompakten Mauer der Sprache.«[49]

1.3.3 Wesentlich erscheint daher, die Sinnlichkeit an den Erfahrungen ihrer Grenzzonen umzukehren: Die Wahrnehmung geschieht von ihnen her. Dann rückt das Ereignis des »Daß« (*quod*) als ursprüngliche *Ekstasis* in den Rang eines Konstituens, demgegenüber das Gewahren-als in die Sekundarität zurücktritt. Es untersteht der Ankunft des Anderen. Wahrnehmen heißt nicht Erkennen, Unterscheiden, Bezeichnen oder Verstehen, sondern in erster Linie Antworten. Dessen Struktur ist zumal für die Kunst der Moderne zentral. In diesem Sinne hatte Wols gesagt: »Sehen heißt, die Augen schließen.«[50] Die paradoxe Formulierung ähnelt Roland Barthes' Figur des *punctum*, jenem Stachel, der in dem Maße in die Augen sticht, wie er seine Greifbarkeit verweigert: »[N]ichts sagen, die Augen schließen, das Detail von allein ins affektive Bewußtsein aufsteigen lassen.«[51] Ebenso hat Jackson Pollock darauf bestanden, daß man »überhaupt nichts suchen, sondern passiv schauen« soll: »Auf-sich-wirken-lassen«, was ein Gemälde »zu bieten hat«.[52] Manche Objekte von James Turrell sind von der gleichen Art: reine Emanation eines Erscheinens, das die Wahrnehmung in eine Indifferenz stürzt.[53] Sie erfordern eine Wahrnehmung des Wahrnehmens, ohne »etwas« zu gewahren – wie die Hingabe an den Augenblick der Erscheinung selbst. Was sich auf diese Weise gewahrt, ist die Irreduzibilität einer Präsenz – Gegenwart, nicht verstanden als Authentizität oder Zeugenschaft, worauf die Dekonstruktion allein ihre kritischen Impulse richtet, sondern Flüchtigkeit des *kairos*, dem das »Daß« (*quod*) der *Ex-sistenz* selbst zufällt. Den Abenteuern der Kunst entnommen, hat es gleichermaßen Heidegger gegen Husserl eingewandt: Am Geschauten oder Gehörten zeigt sich etwas, das sich der Kategorialität der Sicht oder des Gehörs verschließt. Darum macht uns die Kunst in gewisser Weise verrückt: Sie versetzt uns an einen anderen Ort, stellt ins Ungewisse und entreißt uns der Nähe, so daß »wir jäh anderswo gewesen, als wir gewöhnlich zu sein pfle-

---

49 Ebd., S. 122, 125.
50 Wols, Aphorismen, S. 716.
51 Barthes, Kammer, S. 65; auch S. 60, 62.
52 Pollock in: Kunst/Theorie, S. 702.
53 Zur Kunst Turrells vgl. Schürmann, Erscheinen.

gen«.⁵⁴ Das Kunstwerk markiert dann im wörtlichen Sinne einen *atopos*, wie ihn Waldenfels überhaupt in der Konfrontation mit Neuem ausmacht: »Neuartiges Sehen, das vom gewohnten Sehen abweicht, läßt sich [...] keineswegs als Akt denken, der sich auf etwas richtet, was schon da ist. Es beginnt damit, daß uns etwas auffällt, einfällt, zufällt, zustößt. Blick- oder Gedankeneinfälle, die *mir* kommen, sind keine Akte, die *ich* vollziehe: *Es* fällt mir ein, *es* fällt mir auf, *es* springt ins Auge.«⁵⁵ Hervorstechend ist die Häufung der Metaphern des »Fallens« und »Stürzens«, desgleichen die Betonung des »Es«: Sie deuten auf die Abgründigkeit des Phänomens, seine Unrückführbarkeit auf schon Bestimmtes. Überhaupt nehmen Prädikate wie »neu«, »anders« oder »künftig« eine Sonderstellung in der Grammatik der Rede ein, weil sie weder der Wiederholung noch den Modi der Gewesenheit und des Gedächtnisses unterliegen, ohne ihren Sinn zu verlieren. Ihnen eignet selbst schon das Schema eines Paradoxons, weil ihre Bestimmungen im selben Maße, wie sie getroffen werden, sich wieder durchstreichen müssen. Einzig genügen sie der Katachrese, freilich gleichsam einer negativen Katachrese, weil jeder Vergleich einbüßte, was er zu vergleichen trachtete. Und erneut erweist sich ihr Gebrauch an die Struktur des Dativs gekoppelt: Nicht ich nehme Neues oder Anderes wahr; vielmehr geschieht es mir in Form einer Fassungslosigkeit, einer Beunruhigung, die auf die Entgrenzungen durch eine Alterität verweist.

1.4 *Aura und Responsivität*

1.4.1 Inmitten eines Vernehmens-als entdeckt sich so die Spur einer anderen Gewahrung, die nicht in der Wahrnehmung »von etwas« aufgeht. Sie ist philosophisch nicht ohne Vorbild. Schiller hat sie, ebenso wie Schopenhauer, in der »Betrachtung« bzw. der »Kontemplation« erblickt. Die Unterscheidung zwischen »Betrachtung« und »Beobachtung«, die Schiller trifft – diese »leidend-tätig«, jene als Objektivation⁵⁶ – entspricht der Trennung zwischen medialer und auratischer Wahrnehmung. Ähnliches gilt für die Auszeichnung der *contemplatio* gegenüber der diskursi-

---

54 Heidegger, Kunstwerk, S. 32.
55 Waldenfels, Sinnesschwellen, S. 126.
56 Schiller, Erziehung, 23. Brief, S. 398 ff.

ven Erkenntnis in Schopenhauers Ästhetik. Ihr ist die Umwendung des Willens zum Lassen immanent: gelassene Aufnahme des »Getriebes« der Welt in seiner ganzen Vergeblichkeit, die den Blick plötzlich umstürzen läßt und uns »aus dem endlosen Strome des Wollens heraushebt […], die Dinge frei von ihrer Beziehung auf den Willen auffaßt, also ohne Interesse, ohne Subjektivität, […] ihnen ganz hingegeben«.[57] Dann erfährt sich die Kontemplation gleichsam aus dem »gestreuten Blick«: Er verdankt sich der Gleichzeitigkeit von Unbestimmtheit und Genauigkeit, die jener Aufmerksamkeit entstammt, die sich offenhält für das Entlegene und Disparate, statt einen einzelnen Punkt zu fixieren: »Ihr gelingt es, sooft sie mit einem Male unserem Blicke sich aufthut, fast immer, uns, wenn auch nur auf Augenblicke, der Subjektivität, dem Sklavendienste des Willens zu entreißen und in den Zustand des reinen Erkennens zu versetzen. […] Denn in dem Augenblicke, wo wir, vom Wollen losgerissen, uns dem reinen willenlosen Erkennen hingegeben haben, sind wir gleichsam in eine andere Welt getreten, wo Alles, was unsren Willen bewegt und dadurch uns so heftig erschüttert, nicht mehr ist. Jenes Freiwerden der Erkenntniß hebt uns aus dem Allen ebensosehr ganz heraus, wie der Schlaf und der Traum.«[58] Schopenhauer beschreibt damit die *contemplatio* als Ausnahmeerkenntnis, deren »Seligkeit des willenlosen Anschauens« der Welt in ihrem reinen »Daß« gleichsam unbeteiligt zuschaut, wobei das »Versetzen in (ihren) Zustand […] am leichtesten (eintritt), wenn die Gegenstände demselben entgegenkommen.«[59] Alle wesentlichen Momente auratischer Erfahrung sind hier versammelt und vorgeprägt: Umsturz der Wahrnehmung, Augenblickshaftigkeit, Hingabe an das »Daß« (*quod*) und Erfahrung eines Entgegenkommenden, das sich der Ankunft überläßt, ohne es in Besitz zu nehmen. Gleichermaßen hat Benjamin das Auratische als »Ausnahme« konzipiert. Es duldet keine Allgemeinheit, höchstens ein Exemplarisches: »An einem Sommernachmittag ruhend einem Gebirgszug am Horizont oder einem Zweig folgen, der seinen Schatten auf den Ruhenden wirft – das heißt die Aura dieser Berge, dieses Zweiges atmen.«[60] Sie setzt mithin – wie bei Scho-

---

57 Schopenhauer, Wille, § 38, S. 265.
58 Ebd., § 38, S. 267.
59 Ebd., § 38, S. 268 u. § 39, S. 271.
60 Benjamin, Kunstwerk, S. 18.

penhauer – »Gelassenheit« voraus: Ablassen von allem Tätigsein und ein Sichöffnen für das, was jeweils geschieht. Erst angesichts solcher Gelassenheit offenbart sich, was Schelling in anderer Weise die »Gottheit des Existierenden«[61] und Heidegger in seinem Festvortrag über *Gelassenheit* die »Offenheit für das Geheimnis« genannt haben.[62]

1.4.2 Gegen ihre Engführung durch das Paradigma des gerichteten Blicks wird somit der Wahrnehmung die genuine Bedeutung von *Aisthesis* zurückerstattet: »Anblick«, der »zu sehen gibt« und sich »der Verwandlung in ein bloßes Aussehen widersetzt«.[63] Er bietet (sich) dar, wie (sich) ihm umgekehrt die Wahrnehmung überläßt: (Es) zeigt (sich), ohne selbst schon ein Angezeigtes – mithin auch ein Gezeichnetes, ein Unterschiedenes oder Markiertes – zu sein. Was (sich) dabei zeigt, geschieht. Es ist: »Ereignis«. Es ereignet sich als Sprung in dem Sinne, daß plötzlich Anderes aufspringt: Erscheinen, das unvermittelt »angeht« oder »anspricht« und fortreißt, bevor »etwas« erscheint oder ein Ausdruck gegeben ist. Nichts anderes beinhaltet Benjamins Aura-Begriff. Er verbindet sich auf diese Weise mit dem romantischen Motiv der *contemplatio*: »Hier und Jetzt« einer unverwechselbaren Präsenz – als ein gleichermaßen Blendendes wie Sichentziehendes, das in dem Maße Abstand gebietet, wie es den Blick fesselt. Der Aura inhäriert so ein Bannendes, das seine Macht, wie der Gesang der Sirenen, über den Gewahrenden verhängt, der sich ihr aussetzt. Ausdrücklich hatte Benjamin das Auratische in Opposition zum Zeichen gestellt und darin den Schlüssel zu seinem Verständnis gesehen: »Die Spur ist Erscheinung einer Nähe, so fern das sein mag, was sie hinterließ. Die Aura ist Erscheinung einer Ferne, so nah das sein mag, was sie hervorruft. In der Spur werden wir der Sache habhaft; in der Aura bemächtigt sie sich unser.«[64] Beschreibbar allein auf der Ebene der Wirkung, die sie auslöst, evoziert sie ein Ereignis, das »aufklafft«: Es tritt ein, »über-

---

61 Schelling, Offenbarung, S. 158.
62 Heidegger, Gelassenheit, S. 24 ff.
63 Waldenfels, Sinnesschwellen, S. 131, 137. Der Ausdruck »Anblick« schließt die Wechselwirkung von Schauen und Angeschautwerden ein. Benjamin verweist dazu auf Valéry: »Die Dinge, die ich sehe, sehen mich ebensowohl wie ich sie sehe.« Vgl. Benjamin, Baudelaire, S. 647.
64 Benjamin, Passagenwerk, S. 560, sowie an Adorno am 9.12.1938, in: Gesammelte Schriften I.3, S. 1102.

kommt«, ohne herbeigerufen zu sein. Ähnliches hatte Lyotard im Rekurs auf den Begriff des »Sublimen« ausgemacht. Jenseits seiner spirituellen Note, die Hegel ihm zuschrieb, versucht ihn Lyotard von der Kunst des *Minimal* her neu lesbar zu machen: Ankunft eines Geschehnisses, das noch nicht angekommen ist, sondern im Geschehen gerade erst aufbricht. Die Bilder Barnett Newmans, Mark Rothkos oder Ad Reinhardts bestürzen; sie konfrontieren nicht so sehr mit einer Leere, als vielmehr mit einem Unfaßlichen: Sie entrahmen das Sehen, bringen außer Fassung. Bevor dann gefragt werden kann: »Was ist das?«, vor dem *Quid*, ereignet sich schon ihr »Daß«, *Quod*. Es geht der Frage nach seiner Bestimmung, seinem Grund voraus: »Denn *daß es geschieht*: das ist die Frage als Ereignis; ›danach‹ erst bezieht sie sich auf das Ereignis, das soeben geschehen ist. Das Ereignis vollzieht sich als Fragezeichen, noch bevor es als Frage erscheint. *Es geschieht, Il arrive* ist ›zunächst‹ ein *Geschieht es? (Arrive-t-il) Ist es, ist das möglich?* Dann erst bestimmt sich das Fragezeichen durch die Frage: geschieht dies oder das, ist dies oder das, ist es möglich, daß dies oder das geschieht?«[65] Verwiesen auf die Unverfügbarkeit des »Daß« ereignet sich folglich das Auratische wie Erhabene als *Ekstasis* des Seins (*Ex-sistenz*): »Zuvorkommen« (Schelling) oder »Gebung des Anderen« (Lyotard), das nur so lange »nichts« bleibt, wie es vom Denken, der Reflexion oder den Texturen der Zeichen her gefaßt wird; andernfalls erscheint es als »das Seyn selber«, als Fülle: »Es zeigt sich«.[66]

1.4.3 *(Es) zeigt (sich) – (es) gibt (sich) als »Gabe« einer ursprünglichen Alterität*. Bezeichnet wird damit die Ausrichtung auf Anderes, die, vom Anderen herkommend, sich auf es einläßt. Lyotard hatte Verwandtes in bezug auf das Erhabene zu explizieren versucht: Spannung zwischen Erfahrung und Vernehmung (*aisthetos*), die eine Marge im Sinnlichen zieht, an der die Gewahrung »von etwas« umschlägt in ein »Es ereignet sich«.[67] Es fällt mit jener Grenze zusammen, wo sich die Form zugunsten des Er-

---

65 Lyotard, Avantgarde, S. 152. Mit der Frage nach dem Ereignis (*occurence*), der Fraglichkeit des »Geschieht-es?« *vor aller Bestimmung* ist das Grundproblem des Lyotardschen Denkens bezeichnet; vgl. ders., Widerstreit, S. 16. Zu Benjamin ferner ders., Was ist postmodern?, S. 37 ff.
66 Schelling, Offenbarung, S. 167.
67 Vgl. Lyotard, Newman, S. 13 ff.

scheinens selbst suspendiert und nunmehr das Erscheinen erscheint. *Enigma*, das gleichermaßen berührt, wie es die Sicht herausfordert und zu einer Antwort zwingt, gleicht es dem »Magischen« bei Adorno[68] und dem »Rätsel« bei Lévinas: »Die Exteriorität ist keine Verneinung, sondern ein Wunder (*merveille*).«[69] Erfahrbar im Angesprochenwerden, das sich den Zumutungen des Blicks und des Gehörs verwehrt, entmächtigt es die Subjektivität der Wahrnehmung. Seine gebieterische Macht wirkt noch da, wo das Sichtbare verschwimmt und es buchstäblich nichts mehr zu sehen gibt: »Weiße« wie in Rauschenbergs *White Paintings* (1951) oder Verwischung wie in seiner *Ausradierten De-Kooning-Zeichnung* (1951). Dann erweist sich das Gewahrte als ein Unsichtbares: Die Wahrnehmung bleibt im Nichtwahrnehmbaren fundiert, ihre Bedingung ist die Affektion durch den »Entzug«. Der Affekt bezieht sich gleichermaßen aus einem Undarstellbaren, wie es in die Augen springt oder das Ohr angreift und die taktilen Sinne anstachelt. Die Erfahrung des Auratischen nimmt von dort ihren Ausgang. Sie nennt die Weise, wie die Wahrnehmung mit etwas verknüpft ist, das ebenso zufällt wie es unverfügbar bleibt. Es wäre folglich die Weise, wie die Erfahrung der *Ex-sistenz* dem Menschen »zusteht«, mithin Erfahrung dessen, wie solches Zustehende sich der Wahrnehmung öffnet und im aufmerksamen Gewahren zugleich vermenschlicht. Was (sich) zeigt, trägt dann ein Antlitz:[70] Es tritt als Fremdes entgegen, belehnt mit einem eigenen Blick. Deshalb hatte Benjamin die Aura auch als »Projektion einer gesellschaftlichen Erfahrung unter Menschen in die Natur« zu erläutern versucht: »[D]er Blick wird erwidert. [...] Die Erfahrung der Aura beruht also auf der Übertragung einer in der menschlichen Gesellschaft geläufigen Reaktionsform auf das Verhältnis des Unbelebten oder der Natur zum Menschen. Der Angesehene oder angesehen sich Glaubende schlägt den Blick auf. Die Aura einer Erscheinung erfahren, heißt, sie mit dem Vermögen belehnen, den Blick aufzu-

---

68 Vgl. Adorno, Ästhetische Theorie, S. 408 ff., sowie den Brief Adornos an Benjamin vom 18. 3. 1936, in: Benjamin, Gesammelte Schriften I.3, S. 1002.
69 Lévinas, Totalität, S. 423.
70 Verbunden wird auf diese Weise das Anliegen Benjamins mit Lévinas' Denken des Anderen. Geht dieser freilich durchweg auf die Konstitution des Sozialen, so wäre der Begriff der Alterität in der Wahrnehmung auf »Anderes überhaupt« auszuweiten.

schlagen.«[71] Das bedeutet zugleich: Wahrnehmung – das Ohr, das hört, die Hand, die fühlt, das Auge, das erblickt – beginnt im *Anderswo*, das herausfordert. Es nötigt zum *Respons*. (Es) widerfährt mir – »es«: sein Ereignis, und zwar so, daß ich unmöglich nicht reagieren kann. Selbst da, wo mir die Dinge gleichgültig erscheinen, wo ich sie benutze oder verbrauche, wo ich mich abwende, den Blick verschließe und schließlich die Flucht ergreife, habe ich bereits geantwortet.

1.4.4 Insbesondere hat Benjamin das Spiel von Angehenlassen und Erwiderung als Kraft des Mimetischen gedeutet: Sein Überleben verdanke der Mensch der »Gabe, Ähnlichkeiten zu sehen [...] als ein Rudiment des ehemals gewaltigen Zwangs, ähnlich zu werden und sich zu verhalten«.[72] Die Notwendigkeit ist der Anverwandlung ans Ge-Gebene konform. Elias Canetti hat sie im Passus über »Vorgefühl und Verwandlung der Buschmänner« aus *Masse und Macht* als »Springbockgefühl« beschrieben: Die »Fähigkeit [...] zur Verwandlung« läßt dessen Herannahen am eigenen Leib erfahren. Im Vorgriff auf das Kommende spürt der Jäger das Rascheln im Gebüsch in seinen eigenen Füßen wie er ebenso dessen Augen und Aussehen, die schwarze Zeichnung von der Stirn zur Schnauze des Tieres auf seinem Gesicht fühlt, sogar das heruntertropfende Blut des erlegten Tieres, das er anschließend auf dem Rücken tragen wird.[73] Das Vorgefühl schwelgt in Phantasmen des Begegnenlassens: Das Mimetische beruht auf der Verschmelzung mit dem Anderen. Es antwortet auf ein erst »Zukommendes«. Der »Bezug« der Wahrnehmung ereignet sich von ihm her. Eben dies meint Aufmerksamkeit: Aufmerken auf in der doppelten Konnotation von Achten und Achtung, ohne jeweils schon zu wissen, worauf wir achten; vielmehr geschieht im Aufmerken (etwas), das zunächst kein »Etwas« ist, sondern undeutlich vorliegt und eher einer Witterung entspricht als einem Namen, das gleichwohl angenommen werden muß. Das Aufmerken läßt jede künftige Regung erahnen, jede noch nicht ausgeführte Bewegung vorwegnehmen, um ihr gleichsam schon im Ansatz zu genügen. Die Beschreibung läßt die elementare Form von Wahrnehmung

---

71 Benjamin, Baudelaire, S. 670 u. 647. Desgl. Boehm: »Bilder sind [...] rückblickende Augen«; ders., Bildsinn, S. 151.
72 Benjamin, Über das mimetische Vermögen, S. 210.
73 Vgl. Canetti, Masse, S. 400f.

entdecken, die auf keine Weise mehr intentional vollzogen werden kann, sondern ihre Struktur im Responsiven findet.[74] Die Erfahrung der Aura genügt dieser elementaren Responsivität. Sie ist der von Husserl bis zu den analytischen Wahrnehmungstheorien privilegierten Struktur der Konstruktion entgegengesetzt. *Entsprechend verwandelt sich das Geschehen der Wahrnehmung, wandelt sich um, läßt aus dem Sehen, Hören oder Fühlen eine Bescheidung werden, die sich behutsam zurückstellt in das, was geschieht, um sich allererst für das zu öffnen, was entgegenkommt.* Sie bekundet, im eigentlichen Sinne von »Sensibilität«, eine »Ehrfurcht« (George Steiner). Ihr geht ein »Umsturz« im Bezug voraus, den Wittgenstein die »größte Schwierigkeit« nannte.[75] Denn Umsturz meint nicht nur einen Paradigmenwechsel, sondern Um-Kehrung, *Inversion*. Sie bringt die *Aisthesis* qua Responsivität in die Position einer genuinen *Responsibilität*. Sie verbindet Aisthetik mit Ethik. Antwortgeben hat diese zwei Seiten: Selbstzurücknahme *und* Offenheit für das Andere. Beide beschreiben genuin ethische Dimensionen. »Echte Verantwortung gibt es nur, wo es wirkliches Antworten gibt. Antworten worauf? Auf das, was einem widerfährt, was man zu sehen, zu hören, zu spüren bekommt. [...] Dem Augenblick antworten wir, aber wir antworten zugleich für ihn, wir verantworten ihn.«[76]

2. Medialitäten

2.1 Äquivokationen im Begriff

2.1.1 Alles Wahrnehmungsgeschehen wurzelt in *Aisthesis*. *Aisthesis* bezeichnet die Empfänglichkeit für Anderes, deren Struktur nicht intentional, sondern responsiv bestimmt ist. Das Responsive er-*gibt* sich nicht im Medialen; *das Mediale ergibt sich erst von ihm her*. Das Verhältnis von Wahrnehmung und Medialität wird dadurch neu geordnet. Zwar beruhen Visualisierungen und akustische Phänomene in hohem Maße auf Strategien der

---

74 Ähnliches ist ausgedrückt, wenn Waldenfels bemerkt, daß wir nicht auf ein Ziel hin antworten: »[I]m Ziel, das uns vorschwebt, [ist] die Antwort schon vorweggenommen und der Blick beruhigt.« Vgl. Sinnesschwellen, S. 13.
75 Wittgenstein, Zettel, S. 378.
76 Buber, Dialogisches Prinzip, S. 161 u. 163.

Mediatisierung, doch kann keineswegs davon ausgegangen werden, daß *alle* Wahrnehmung mediatisiert oder gar die Wahrnehmung selbst ein Medium sei – ein Umstand, der schon deswegen unmöglich ist, weil er selbst wahrgenommen werden müßte. Das Mediale steht deshalb nicht schon *vor* der Wahrnehmung, indem es diese be-dingt,[77] sondern umgekehrt erfordert das Medium die Wahrnehmung, so daß diese wiederum *vor* dem Medium kommt, ihm buchstäblich »zuvorkommt«. Auffindbar im Begriff von *Aisthesis*, der gegenüber den Techniken der Sensibilisierung, der Schärfung und Überschärfung der Sinne sowie den Inszenierungen und Gestaltungen von Sichtbarkeit und Hörbarkeit abzugrenzen ist, hebt das Zuvorkommende gerade das Nichtvermittelte wie Unvermittelbare oder Plötzliche hervor – mit einem Wort: die *Amedialität von Wahrnehmungen*. Sie blitzt auf als das »Zwinkern« einer Undarstellbarkeit, im Bruch oder der Differenzerfahrung *auratischer Gewahrung*. Das Amediale manifestiert sich folglich im Regellosen, in den Verletzungen und Verwerfungen, die inmitten medialer Zurüstungen des Sehens, Hörens oder Fühlens klaffen. Überall erscheint zwar das Sinnliche von Medien umstellt, überformt, mit Apparaturen verschränkt und ausgestattet, die auf es zurückschlagen, es kanalisieren, bündeln und auf ein Ziel hin fokussieren, es schneiden, gliedern, einteilen und straffen. Das Mediale bezeugt so seine Omnipräsenz, seine Unausweichlichkeit oder Totalität; *gleichwohl »gibt« kein Medium je das Aisthetische.* Es ist an der Kunst, in dem Maße, wie sie sich der Medien bedient, solche Bruchstellen kenntlich zu machen. Wenn daher im Bereich der Künste Medien zum Einsatz kommen und umgekehrt mittels Medien Kunsterfahrungen induziert werden, so stets als Reflexion dieses Spannungsverhältnisses. Denn das Medium nimmt in den Künsten eine ebenso konstitutive Stellung ein, wie diese Orte eines Anderen aufweisen.

2.1.2 Freilich erweist sich der Begriff des Mediums selbst als äquivok. Er umfaßt ein so heterogenes Feld wie die Strategien der Darstellung und Repräsentation, der Erstellung, Vermittlung und Übersetzung von Texten, der Komposition, Aufzeichnung und

---

77 In diesem Sinne bes. Derridas Schriftbegriff und die daran anschließende Kritik der Präsenz.

Archivierung von Sinn oder der Berechnung, Kodierung und Anordnung von Räumen und Zeiten. Aufschreiben, Sammeln, Ordnen, Registrieren sind mediale Verfahren genauso wie Abbilden, Ausstellen und Vorführen. Desgleichen gilt für die Systeme der Vervielfältigung und Bewahrung. Als Medien figurieren deshalb Techniken im weitesten Sinne (*technai*),[78] Prozesse der Symbolisierung, seien es Sprache, Bilder oder Klänge, sowie Schrift, Zahl, Geld und Märkte oder materielle Träger wie Licht, Luft und Wasser.[79] Hinzu treten die technischen Aufzeichnungs-, Übertragungs- und Speichermittel wie Telegrafie, Schreibmaschine, Fotografie, Tonband, Video und Computer[80] oder optische und audiovisuelle Geräte wie Mikroskop, Fernrohr, Lautsprecher und Mikrophon. Der Begriff wird entsprechend funktionalistisch, informationstheoretisch, semiotisch, strukturalistisch, dekonstruktiv oder materiell bestimmt. Charles Horton Cooley nennt zudem Transportwege und Verkehrsnetze,[81] Paul Virilio »Fahrzeuge« im weitesten Sinne,[82] Michel Foucault Wissensarsenale wie »Bücher«, »Institutionen« und »Diskurse«[83] und Vilém Flusser »Oberflächen der Kommunikation«.[84] Der Begriff scheint ubiquitär und anwendbar auf jeden Stein, aus dem ein Haus errichtet wird, auf jede Linie, die zur Markierung eines Grenzverlaufs dient, oder auf alles Schreibwerkzeug, das eine Imagination oder Notiz festhält, ebenso wie auf Kleidungen, die zeigen und verbergen, oder auf Pflanzen und Lebewesen, soweit sie Zwecken dienen und dem Kreislauf der Nutzbarkeit unterliegen. Gleichermaßen übertragbar auf Märkte, politische Einrichtungen oder Rechts- und Disziplinarsysteme, die die Verteilung der Güter und die Ordnungen des Sozialen regeln, entbehrt der Ausdruck jeder distinktiven Systematik. Er diffundiert an seinen Rändern, gerinnt zur Universalmetapher, zum *Passepartout* und droht dadurch seine *differentia specifica*, seine *Definition* einzubüßen.[85]

---

78 Pfeiffer, Das Mediale, S. 22f.
79 Heider, Ding und Medium.
80 Kittler, Aufschreibesysteme; Hartmann, Medienphilosophie.
81 Vgl. dazu Schubert, Demokratische Identität, bes. S. 72ff.
82 Virilio, Stillstand.
83 Vgl. Foucault, Der maskierte Philosoph, S. 11.
84 Flusser, Medienkultur, S. 21.
85 Das Defizit eines Medienbegriffs, der sämtliche kulturellen Darstellungspraktiken wie Wort, Bild, Ton und Zahl etc. über einen einheitlichen Leisten zu spannen sucht, ergibt sich aus deren wechselseitiger Unübersetz-

2.1.3 Insofern allerdings kulturelle Prozesse überhaupt an symbolische Praktiken geknüpft sind, verweisen Medien auf Zeichensysteme, mit denen sie eng verzahnt sind. Zwar gehen die Begriffe »Zeichen«, »Symbol« und »Medium« nicht wechselseitig ineinander auf, wohl aber beschreiben sie verwandte Aspekte. Insbesondere lassen sich Zeichen, wie bei Ernst Cassirer, als »Medien des Symbolischen« lesen, die dadurch Bezüge setzen, daß sie »Welt« ebenso abtrennen wie zeigen.[86] Dann nehmen Medien in der triadischen Struktur des Zeichens, der Relation zwischen Bezeichnendem (*Signifikant*), Bezeichnetem (*Signifikat*) und Interpretation (*symbolischer Ordnung*) den Platz einer Mittelposition ein: als Funktion oder Ort der Beziehung oder »Kodifizierung«, die die Form der *Semiosis* allererst konstituiert und »austrägt« und dabei weder der einen noch der anderen Seite zuzuschlagen ist. Durchweg handelt es sich also um Mittel, weniger im Sinne eines *instrumentums*, als vielmehr um eine nicht auszulotende Mitte, die sich zwischen zwei Positionen hält.[87] Damit erweist sich eine Differenz für den Medienbegriff als konstitutiv: Medien erfüllen sich in dem, was sie *nicht* sind. In erster Linie interessiert nicht das Bildliche am Bild, sondern was es darstellt, wie am Text der Sinn oder an der technischen Apparatur ihr Effekt. Ihnen kommt so die Eigenart zu, im Erscheinen zu verschwinden: Was sich in der Mitte hält, ist nicht selbst von Belang, sondern was es jeweils vermittelt, herstellt oder bewirkt. Ein Fernrohr rückt das, was es zeigt, in die Nähe, aber es zeigt nicht *sich* mit. Der Betrachter schaut durch seine Okulare hindurch; er sieht *mit* deren Hilfe, doch blickt er diese nicht selbst an, sondern das, was sie ihm vergrößern. Medien figurieren insofern als Platzhalter einer Trans-

>barkeit: Sie gehorchen unterschiedlichen Formaten. Die Sprache fußt auf der Sukzession von Bedeutungen, ihr Modus ist das artikulierte *Sagen*, während Bilder vornehmlich *zeigen*, das Mathematische wiederum durch Struktur und Syntax bestimmt ist, die weit eher der Schrift verwandt scheint. Sagen und Zeigen sind jedoch, ebenso wie die Syntax, unterschiedliche Modi der Symbolisation. In der Subsumtion unter eine einzige Kategorie verlieren sie mit ihrer Inkommensurabilität ihr Spezifisches. Spiegel solcher Disparität bilden die unterschiedlichen Modelle und Ansätze in der Kulturtheorie: Die strukturale Semiologie und Derridas Schriftparadigma auf der einen, analytische Bildtheorien im Anschluß an Goodmans Exemplifikationslehre auf der anderen Seite.

86 Cassirer, Kulturwissenschaften, S. 25; desgl. Flusser, Medienkultur, S. 23.
87 Vgl. Gamm, Medium, S. 103, der die »Mitte« als wesentlich »unbestimmt« auszeichnet.

mission, eines Übergangs oder Transfers, der freilich *als* Platzhalter, sofern er Übergänge stiftet oder Vermittlungen zuläßt, zurücktritt. Ganz gehen sie in ihrem Funktionieren auf, und zwar um so besser, je unauffälliger sie sich selbst erweisen. So findet Susanne K. Langers inverses semiotisches Gesetz ebenfalls auf Medien Anwendung, gewinnt an diesen allererst seine Plausibilität: »Ein Symbol, das uns als Gegenstand interessiert, wirkt ablenkend. Es vermittelt seine Bedeutung nicht widerstandslos. [...] Je karger und gleichgültiger das Symbol, um so größer seine semantische Kraft.«[88] Auf Medien bezogen, liegt ihr Optimum im Ideal des Zurücktretens. In diesem manifestiert sich sowohl deren spezifische Macht als auch ihre Unheimlichkeit.

2.1.4 Dem Charakter des Verbergens korrespondiert die Eigenschaft des Bedingens: Indem Medien produzieren oder hervorbringen, bleiben sie selbst unkenntlich, treten hinter dem, was sie erzeugen, zurück. Neuere Medientheorien haben deshalb auf dem aktiven Charakter von Medien bestanden: Weder geht ihre Struktur im Mimetischen, das ein Anderes zu imitieren trachtet, auf, noch in der Erstellung perfekter Kopien oder Illusionen. Vielmehr bedeuten sie eine »Formierung«, wodurch diese allererst ihre Kontur erhalten. Entsprechend lassen sie sich als dasjenige verstehen, was etwas in Form bringt: Sie »in-formieren«; sie sind, nach Niklas Luhmann, erkennbar »nur an der Kontingenz der Formbildungen [...], die sie ermöglichen«.[89] Folglich lassen sich Medien als »Dispositive« auffassen: Sie bedingen ihr Mediatisiertes im Sinne eines *Konstituens*, bei dessen »Gelegenheit«, wie Derrida in bezug auf die »Schrift« formuliert hat, »etwas als etwas« hervortritt und zur Erscheinung gelangt.[90] Sie erlauben nicht nur die sekundäre Vermittlung zwischen zwei primären Gegebenheiten, die als solche bereits »vorgegeben« sein müssen, sondern sie bringen in der Vermittlung das jeweils Vermittelte eigens erst zum Vorschein. Dem entspricht die Einsicht Marshall McLuhans, daß die Struktur des Mediums ins Mediatisierte ein-

---

88 Langer, Philosophie auf neuem Wege, S. 83.
89 Luhmann, Kunst, S. 168; auch: S. 165 ff., sowie ferner ders. u. Fuchs, Schweigen, S. 10 ff. Dabei stützt sich Luhmann auf Heider. Unterschieden wird freilich zwischen »Medium« und »Form«: Das Medium ist *Formierendes*, nicht schon Form.
90 Vgl. Derrida, Stimme, S. 103.

greift.[91] Sein frühes Diktum, daß das Medium die Botschaft sei, dementiert dessen neutrale Rolle; statt dessen erscheint die Form der Botschaft von der Struktur des Mediums selbst abhängig. Zwar beschränkt McLuhan den Befund auf technische Medien, doch gilt er gleichermaßen auch für andere mediale Formate: Wie im Bild die Zeit ausgestrichen wird oder der Tauschwert, wie Marx gesagt hat, den Gebrauchswert depraviert,[92] so verändert sich mit dem Medium sein Mediatisiertes: das Dargestellte wird verräumlicht, die Ware abstraktes Quantum, Preis. Elektronische Medien bewirken zudem eine Einebnung von Raum- und Zeitdifferenzen und verwandeln das Entfernte ins Nahe und das Vergangene ins Gegenwärtige: Ihr Credo ist das Phantasma von Präsenz am Ort und im Augenblick der Rezeption.[93] So verleiht das Medium dem Mediatisierten sein Gepräge, schreibt, wie Nietzsche sich ausdrückt, das Schreibzeug an den Texten mit.[94] Gleichwohl bedeutet dies nicht, daß Medien die »Gabe« des Gegebenen bereitstellten, wohl aber, daß sie diese in die Sichtbarkeit, ihre Anordnung, ihren Sinn oder ihre Aufzeichnung stellen. Sie bilden Funktionen des Realen, nicht schon deren *Ex-sistenz*. Darum eröffnen Medien nicht schlechthin, sondern sie kommunizieren und strukturieren das Unbestimmte, Offene; sie konfigurieren Szenen – aber sie bringen das Unbestimmte, Offene nicht hervor: Dieses gibt sich, zeigt sich als Ereignen.

2.1.5 Dem allgemeinen Begriff von *techne* angeglichen und Korrelat der mythischen Figur des Hermes, dem Botschafter, Vermittler und Sprachenfinder, der Wege aufzeigt, der zustellt und erkundet, avanciert das Medium zum Transzendental, zum *Apriori*. Dann tendiert Medientheorie freilich zu einem *Medienidealismus*, der »alles« unter ihren Begriff zwingt. Die »Usurpation« durchs Medium hat, wie Derrida in Anspielung auf die »Schrift« herausstreicht, »immer schon begonnen«:[95] »Die Un-

---

91 Vgl. McLuhan, Kanäle.
92 Vgl. Marx, Kapital 1, S. S. 29 ff.
93 Auf die Abwesenheit der Dauer und das Verschwinden der »chronographischen Zeit« durch die »absolute Geschwindigkeit elektromagnetischer Übertragung« hat bes. Virilio hingewiesen; vgl. z. B. ders., Verhaltensdesign, S. 74, 79.
94 Dazu auch Krämer, Medium als Spur, S. 78 ff.
95 Derrida, Grammatologie, S. 66.

mittelbarkeit ist abgeleitet. Alles beginnt durch das Vermittelnde.«[96] Die Auffassung verbürgt einen Universalismus, der kein Äußeres, Nichtmediatisiertes zuläßt. Entsprechend rückt die Genealogie des Mediums ins schlechthin Anfangslose. Das bedeutet: Medien sind immer schon am Werk; sie haben ihre Arbeit bereits begonnen, bevor es Mediatisiertes »gibt«; sie sind schon »da«, noch bevor es überhaupt etwas »gibt«. Was »es gibt«, ist je schon ein Verwandeltes, Umgesetztes und Transformiertes: Es handelt sich nirgends um das Ereignis eines Neuen oder Anderen, sondern »Erschaffen« heißt »Umschaffen«, wie Nelson Goodman lapidar vermerkt.[97] Anders gesagt: Das Apriori des Medialen unterstellt das Geschehen von Kultur einem Apriori von *technai*, die ihm das Siegel einer durchgängigen Konstruktivität aufprägen. Es versieht deren Dynamik mit dem alleinigen Maß eines Herstellens, Machens oder Verfügens.[98] Daraus bezieht der Medienbegriff seinen spezifischen Zauber, der ihn der Magie angleicht. Vor allem jüngere Medientheorien neigen zu solchem technoiden Konstruktivismus. Und wie der Begriff der *techne* innerhalb der Aristotelischen Trennung von *Praxis* und *Poiesis* den Platz des Poietischen besetzt,[99] dominiert an ihm überhaupt die Seite der Ermächtigung, des Angriffs und des Krieges. Ähnlich wie im Zuge neuzeitlicher Verwissenschaftlichung der Natur diese technisiert und Technik mimetisch dem Naturgesetz unterstellt wurde, ergibt sich am Übergang zum 21. Jahrhundert offenbar die parallele Bewegung einer Anverwandlung von Kultur an Technik, die diese wie einst Natur restloser Verfügbarkeit übereignet. Bedeutete die Technisierung der Natur das Andere des Menschen seiner Aneignung und Kontrolle zu unterwerfen und das Technische zu seiner »zweiten Natur« zu erheben, läßt die

---

96 Ebd., S. 272.
97 Vgl. Goodman, Welterzeugung, S. 19.
98 Ersichtlich ersetzt in der Reihe der theoretischen Konjunkturen der Medienbegriff heute den Begriff des Ökonomischen: Kultur wird zum Medieneffekt. So wird der historische Materialismus im medialen Gewand reformulierbar, wenngleich die Filiation noch kenntlich bleibt: das Medium fungiert als »mater«, als »Mutter« (Basis) gleichwie die Materie: Transkription der Kritik der politischen Ökonomie unter der Ägide des symbolischen Tausches zu einer Kritik medialer Ökonomie. Zur Diskussion zwischen Marxismus und Medientheorie vgl. auch Baudrillard, Requiem.
99 Aristoteles, Nikomachische Ethik, VI 4, 1140a.

Auflösung der Demarkation im Zeichen des Hybriden heute gleichermaßen die Randzonen verschwimmen.[100] Galt entsprechend das Kulturelle noch bis ins späte 19. Jahrhunderts als Reservoir eines Protestes gegen ungebremste Technisierungsschübe, so läßt die Informatisierung des Technischen jegliche Differenz obsolet erscheinen. Kultur wird selbst technisch, fügt sich dem Modell von Konstruktion, wie umgekehrt das Technische kulturalisiert wird: als Medium avanciert es zum Text, zum Diskurs, zur Schrift. Die Identifizierung durchfurcht die Kontroversen gegenwärtiger Mediendiskurse, sowohl als Geschichte einer »Regierung«, einer Einschreibung signifikanter Ordnungen (Foucault, Baudrillard, Virilio) als auch als einer Geschichte von »Freiheit«, »Anschluß« und »Fortsetzung« (Luhmann). Beide Erzählweisen verschränken sich in der dominanten Figur der *techne*. Medienkritik wie gleichermaßen der technophile Medienoptimismus haben daran ihren Anteil: Beide sind derselben Struktur von Medialität als Technizität und Machtsetzung verfallen, rufen das gleiche Souveränitätsphantasma auf. So korreliert die Transzendentalität des Mediums mit einer Abrichtung zu »Machenschaften«, die die Historie unter die Herrschaft medialer Konstruktion zwingt, ebenso wie jegliches Andere, Flüchtige und Ereignishafte ausgeschieden und das Planlose und Überraschende, das sich aller »Kontrollierbarkeit« oder »Machbarkeit« Entziehende, verdrängt wird. Kultur bedeutet dann nichts anderes mehr als die Effektivierung und Optimierung von Machbarem; sie nähert sich der Apparatur an, die sie verschlingt. Umgekehrt büßt diese ihr Anderes, ihre Grenze ein: Verleugnung der Mysterien des Undarstellbaren und Unverfügbaren, woran *techne* zugleich bricht. Was hingegen ans Medium sich klammert, ließe sich in Abwandlung eines Wortes von Adorno formulieren, »bleibt mythisch befangen, Götzendienst«.[101]

---

100 Vgl. Haraway, Anspruchsloser Zeuge; Latour, Wir sind nie modern gewesen.
101 Adorno, Negative Dialektik, S. 205.

2.2 Materialitäten: Aporie und Reflexion

2.2.1 Dem Begriff des Zeichens entlehnt und den gleichen Universalitätsanspruch behauptend, lenkt der Begriff des Mediums allerdings den Blick auf die materielle Seite der semiotischen Relation, betont Schreibwerkzeug und Papier, Tableau und Rahmung, ebenso wie die Schnitte und Zäsuren, die jene Ordnung von Unterscheidungen statuieren, die, wie Roland Barthes es ausgedrückt hat, dem Realen seine »Gliederungen« (*articulations*) auferlegen.[102] Dann wäre der bevorzugte Fokus von Medientheorie das spezifische Format von »Oberflächen«, die »Texturen« der Inskription und Aufzeichnung, die für die Zirkulation und Übertragung des Symbolischen sorgen und es mit einem Gedächtnisband, einer Erinnerungsspur ausstatten. Daraus folgt, daß der Gesichtspunkt des Mediums, wiewohl er sich an den Begriffen des Zeichens und Symbolischen orientiert, nicht in diesen aufgeht. Er wäre sowohl enger als auch weiter zu fassen. Zeichen sind Medien, soweit die materiellen Träger gemeint sind, die das Symbolische austragen; umgekehrt legt die semiotische Perspektive das Gewicht auf den Sinn oder die Bedeutung, die noch der Mediatisierung durch Stoffe bedarf. Dem hat Luhmann Rechnung getragen, indem er zwischen Medium und Form unterschied. Die Differenz ist der klassischen Trennung von Materie und Form verwandt,[103] wobei der Begriff des Mediums die materiale Prägeform betont, die sich wie ein Stempel in die »Prägnanzen« der Form eindrückt oder wie Bauelemente Gestalten schafft. Ersichtlich ist die Nähe zu Cassirer: Medien bezeichnen jene Materialitäten, die formieren. Dann handelt es sich jedoch nicht eigentlich um Materialitäten, die Eigenschaften des Stofflichen wie Gewicht, Dauer und Beharrungsvermögen oder seine Zeitdimension wie Endlichkeit, Verfall und Erosion betonen und sich in erster Linie der Wahrnehmung erschließen, sondern um Strukturalitäten. Das hat die mißliche Konsequenz, daß der Medienbegriff, eingesetzt, um der materiellen »Außenseite« des Symbolischen zu ihrem Recht zu verhelfen, diese erneut an ein Apriori der Form abtritt: Das Mediale gerät zur Struktur, sei es, wie bei Roland Barthes oder Julia Kristeva, zur Ordnung von Signifikanz, oder,

---

102 Barthes, Elemente, S. 48.
103 Vgl. Seel, Luhmann, S. 390ff.

wie bei Derrida, zur »Spurenschrift«,[104] die so unsichtbar bleibt, wie sie andererseits keinerlei Realität einnimmt. In beiden Fällen bedeutet »Materialität« ein Feld, das differenziert. Es hält sich *zwischen* den Gegensätzen von Form und Materie, Geist und Körper, weshalb Derrida die Form-Stoff-Dichotomie ebenso ausdrücklich zurückgewiesen hat wie Luhmann oder vor ihnen Gadamer und Hegel.[105] Das heißt, Materialität »erscheint« nur *in Form*. Es »gibt« sie nur, soweit sie »geschnitten« oder »gezeichnet« ist. Dann gilt die Formalität der Form, ihre Strukturalität als primär, während die *Erscheinung der Materialität*, ihre sinnliche Präsenz sekundär bleibt. Nirgends *zeigt sich* Materialität *als* Materialität: »Der Schein des Materials ist die Form«.[106] Sie hat den Status ihrer *Ex-sistenz* eingebüßt.

2.2.2 Dagegen wäre auf die genuine Duplizität des Mediums zu bestehen: als Dispositiv bezeichnet es ein Bedingungsgefüge, das *als* Bedingendes zugleich an Materialitäten gebunden bleibt. Es wäre folglich als »materielles Dispositiv« zu bezeichnen, das ebenso Signifikanzen erzeugt, wie es diese kraft seiner Materialitäten einschränkt. Medien kommt dieser eigentümliche Doppelaspekt zu: In dem Maße, wie sie ermöglichen, begrenzen sie auch. Reformulierbar wird damit der Unterschied von »Medium« und »Medialität« als Differenz zwischen dem, was Medien bewirken – ihrer spezifische Funktionalität –, und dem, was sie selbst *sind*. Erweist sich die Funktion als immateriell, zeigt sich das Medium im Materiellen, und zwar so, daß es seiner Medialität zugleich Beschränkungen oktroyiert. Anders ausgedrückt: Jede Ermöglichung oder Strukturierung durch mediale Formate hat ihr Beharrungsvermögen, ihre Persistenz oder Unverrückbarkeit im Materiellen. Materialitäten manifestieren sich nicht nur als Strukturen, sondern gleichsam als »Schwerkraft«, als deren »Gravitation«. Dann impliziert jede Eröffnung auch eine Verengung: Dem Begriff des Mediums eignet dieses zweifache Spiel von Aufschließung und Abschließung. Es gilt demnach bei allem Erfolg, wie er beispielsweise technischen Medien zugeschrieben wird – die simulative Kraft von Digitalisierungen, die Erfindung virtuel-

---

104 Derrida, Randgänge, S. 336.
105 Vgl. Gadamer, Gibt es Materie?; zu Hegel: Mersch, Was sich zeigt, S. 133 ff.
106 Flusser, Medienkultur, S. 216 ff.

ler, völlig unbekannter, sogar unerahnbarer Räume, die außerordentliche Geschwindigkeit der Verarbeitung und Übertragung etc. – immer auch die »De-Markationen« und »Barrieren« mitzudenken, die ihnen mitgängig sind. An Medien wäre nicht nur ihr Formierendes zu entziffern, sondern gleichfalls ihr Mangel: Letzterer erscheint nicht wieder als Text dechiffrierbar, sondern »enthüllt« sich im »Entzug«, der in die Prozesse der Mediatisierung ein Nichtauflösbares, eine chronische Unerfülltheit einträgt. An seiner Materialität wahrt deshalb jedes Medium sein Widerspenstiges. Der Duplizität des Mediums entspricht dieser *Chiasmus*: Seine Produktivität erweist sich als gleichermaßen verendlicht, wie seine Endlichkeit transzendent. Es muß, wie es Hegel vom Kunstwerk gesagt hat, seine »unfreie Endlichkeit« in die »freie Unendlichkeit« bringen. Jede mediale Formierung bricht an dieser Angewiesenheit aufs Materielle oder Stoffliche, wie sie gleichzeitig aus ihr hervor- oder ausbricht.

2.2.3 Materialitäten werden insonderheit auffällig, wo Störungen eintreten oder Geräte versagen. Sie drängen sich auf, wo sie irritieren: in »Dysfunktionalitäten«, wo die Strategien der Mediatisierung scheitern oder Programme abstürzen, wo sich ein Nichtwiederholbares in den Wiederholungen einschreibt oder die Lektüren verwischen. Umgekehrt gilt, daß Medien *als* Medien so lange »transparent« bleiben, wie sie funktionieren, weshalb schon McLuhan vermerkte, daß der »›Inhalt‹ jedes Mediums [gegenüber] der Wesensart des Mediums blind« mache.[107] Das läßt sich bevorzugt an visuellen Medien studieren, an deren Rahmung oder Bildschirm der Blick gleichsam zurückgeworfen wird: Er schlägt um, »perforiert« und lenkt die mediale Betrachtung, die sich ganz dem Dargestellten hingibt, auf das angeschaute Medium, läßt es selbst ansichtig werden. Dann büßt es freilich seine Funktion ein; die Lupe, durch die hindurch die Sicht auf ein Objekt fällt, kann nur beobachtet werden, wenn sich das Auge auf ihrer Oberfläche verliert. Solche Kippbewegungen geschehen regelmäßig dort, wo Ränder ins Blickfeld geraten oder Anderes sich unbotmäßig ins Bild schiebt und seine Schatten wirft. Wie das Glas zurückspiegelt, das vor wertvolle Gemälde schützend angebracht ist, Laufwerkgeräusche sich der musikalischen Darbietung unterlegen

---

107 McLuhan, Magische Kanäle, S. 15.

oder Kunstwerke aufgrund ihrer verwendeten Stoffe altern und spröde werden, offenbart sich an ihnen ein ebenso Widerständiges wie Singuläres. In dem Maße, wie zudem Materialien ermüden und sich verbrauchen, gehen Mediatisierungen nicht bruchlos im Format von Wiederholbarkeit auf, vielmehr nagt an ihnen ein Zeitliches. Keine Wahrnehmung erliegt darum ganz dem Medium, in das sie schaut oder dem sie »gehorcht«; stets bleibt ein Rückstand, der gleichsam »spurlos« mitläuft und die Erfüllung durchkreuzt. Dabei wehrt sich das Rückständige seiner restlosen Auflösung ins Medium, manifestiert sich vielmehr inmitten des Mediatisierten, mischt sich ein, ohne kodierbar zu sein oder dekodiert werden zu können. Der Umstand ist von der Informationstheorie als »Rauschen« diskutiert worden,[108] das die Übertragung vereitelt, wobei seinem Begriff ein mehrfacher empirischer Gehalt zukommt: als Neben- oder Hintergrundsgeräusch, als Flimmern, mangelnde Synchronizität, Rückkopplungseffekt und dergleichen. Jedesmal greifen diese auf unberechenbare Weise in die medialen Prozesse ein, behindern oder unterlaufen sie und lenken sie in Richtungen, die in ihren Bauplänen nicht vorgesehen waren. Sie erweisen sich noch der technischen Apparatur imprägniert, etwa wenn deren Sperrigkeit im Gebrauch hinderlich wird oder ihr Design ausufert und die Funktion untergräbt. Sogar in digitalen Medien, deren virtuelle Datenwelten gerade den Triumph des Immateriellen zu feiern scheinen und das Mediale um seine Materialität betrügen,[109] wären sie zu identifizieren: Ihre Dialektik beruht darin, daß ihr Ausfall um so restloser geschieht, je totaler sie sich ihrer materiellen Bedingungen zu entledigen suchen. Schon die Störung eines einzelnen Elements läßt das System zusammenbrechen, und wo nur eine einzige Marke fehlerhaft gesetzt wird, wird der Regelkreis unterbrochen, und die Nichtersetzbarkeit eines veralteten Prozessors macht das ganze Gerät unbrauchbar.[110]

---

108 Vgl. Wiener, Kybernetik, S. 30f.
109 Vgl. Weibel, Virtuelle Realität; Flusser, Medienkultur, S. 202ff.; Dotzler, Papiermaschinen; Rötzer (Hg.), Digitaler Schein; Langenmeier (Hg.), Verschwinden der Dinge.
110 Kittler verweist zudem zu Recht auf den Zeitfaktor: Jede digitale Maschine verbraucht zur Berechnung ihrer Algorithmen Zeit, woran virtuelle Simulationen ihre reale Grenze finden; vgl. ders., Hardware, S. 127ff.

2.2.4 Man kann diese Figur des Rauschens als »Spur« der Materialität auffassen, die am Medium sowohl das Unfügliche als auch das Unverfügbare hervorhebt. Das heißt auch: Am Medium findet sich ein Negatives, Unbeherrschtes und Unkontrollierbares, das sich in die Mediatisierungen abdrückt, einkerbt oder einritzt (*graphei*). Es zieht, einem »Unbewußten« oder »Nichtformierbaren« vergleichbar, seine unwillkürlichen, ständig abwesenden, aber nie verstummenden »Bahnen« und »Furchen«.[111] Auf diesen Sinn der »Spur« als Residuum oder »Ruin« hat vor allem Derrida, aber nicht nur er, aufmerksam gemacht:[112] Die Spur behält sich im Mediatisierten ein, »artikuliert« sich, ohne sich zu zeigen; vielmehr eignet ihr eine Entzogenheit, die sich gerade in dem Maße zurückhält, wie sie sich im Zurückhalten enthüllt.[113] Unterstreicht Derrida auf diese Weise ihre Negativität oder Leere, insofern sie sich ihrer eindeutigen Bestimmbarkeit verwehrt, verweist sie im Modus von Wahrnehmung immer schon auf ein Aisthetisches, dessen Phänomenalität, wie die Beispiele der zurückspiegelnden Oberfläche oder der Rahmung nahelegen, sich sinnlich offenbart. Sie wird damit kenntlich zugleich als Fülle, als Überschuß des Materials, der am Mediatisierten subtile Verschiebungen und Verzerrungen einträgt. Vom Begriff der »Spur« als Graphismus wäre dann allerdings der Begriff der »Materialität« als sinnlichen Phänomens eigens noch abzuheben. *Materialität ereignet sich, begegnet als Alterität.* Es gibt folglich eine Seite am »Rauschen«, die der Ausdruck zwar konnotiert, die jedoch unbestimmt bleibt, solange die Reflexion sich ausschließlich auf ihr Negatives kapriziert. Denn »Rauschen« bedeutet wörtlich, daß sich die Materialität des Mediums »vernehmlich« macht. Das Rauschen fällt ins Ohr wie das Flimmern ins Auge, oder wie das Gewicht des Gegenstandes schwer in der Hand wiegt. Es erscheint dann nicht nur als »Spur« im Sinne Derridas, als Zeichnung oder Einschreibung im Medium, sondern es steht »ekstatisch« in die Wahrnehmung hinein, bedrängt Blick, Gehör oder

---

111 Dazu auch bereits Heidegger, Unterwegs zur Sprache, 252. Derridas Begriff der »Spur« ist hier exakt vorgeprägt.
112 Vgl. vor allem Derrida, Randgänge, S. 133 ff.; ders., Schrift und Differenz, S. 302 ff.; ferner Gawoll, Gedächtnis I, II; Krämer, Medium als Spur.
113 In diesem Sinne treffend Krämer: »Das Medium ist nicht einfach die Botschaft; vielmehr bewahrt sich an der Botschaft die Spur des Mediums«; dies., Medium als Spur, S. 81.

taktilen Sinn und hält sich derart »in Präsenz«, daß daran die Medialität des Mediums »umbricht«. Es erweist sich im Modus von Wahrnehmung gerade als das »Andere« des Mediums, das »Amediale«, das die Weisen medialer Gewahrung invertiert. Es entfunktionalisiert das Medium, setzt es außer Kraft, gebietet Abstand. Das »Rauschen« bezeichnet mithin jenen Ort, an dem die Mediatisierung ebenso kippt, wie es Rücktritt und Distanz erlaubt. Es beinhaltet die Möglichkeit von Einschnitt und Blickwendung. Erst vermöge solcher Zäsuren sind Medien in ihrer spezifischen Funktionalität theoretisch faßbar. *Die Materialität des Mediums erweist sich damit zugleich als Ort buchstäblicher Re-Flexion, von Medienreflexion zumal.* Weil es Bruchstellen oder »Spiegelungen« gibt, gibt es auch »Medienphilosophie«. Sie gewinnt an ihnen allererst ihren Bereich, ihre Rechtfertigung.

2.2.5 Der Standpunkt läßt sich noch um einen weiteren Schritt radikalisieren. Denn was sich im Medium mitschreibt oder mitprägt, ist durchs Medium nicht wieder mediatisierbar. Daran manifestiert sich sein *strukturelles Paradox*. Es läßt sich als »Paradox der Materialität« beschreiben.[114] Mit der Materialität kommt ein Nichtmediatisierbares ins Spiel. Denn soweit sie die Funktion des Mediums grundiert, selbst aber nicht formierend ist, formt sie die Vermittlung mit, ohne selbst mitvermittelt zu werden. Wenn dagegen, wie Peirce gesagt hat, »alles Denken« durch Zeichen mediatisiert und so ausschließlich »Symbole [...] die Textur allen [...] Forschens« bilden,[115] so müßte umgekehrt deren Materialität noch zu einem Mediatisierten werden, das hieße zu etwas, was durch eine Form, eine Technik oder eine Konstruktion gegeben

---

114 In diesem Sinne hatte Beuys aus der Erfahrung seines spezifisch künstlerischen Umgangs mit Materialien gefolgert: »Ja, ich meine, es gibt ja für den Menschen überhaupt gar keine Möglichkeit, solange er Mensch ist, sich einem anderen gegenüber auszudrücken, als durch einen Stoffprozeß. Auch wenn ich spreche, brauche ich ja meinen Kehlkopf, Knochen, Schallwellen [...], die Substanz der Luft [...]. Es gibt keine Möglichkeit, sich zu vermitteln, als durch einen Abdruckcharakter in einem bestimmten Material. [...] imgrunde ist es das gleiche, ob ich nun spreche oder Eisenteile zusammenbringe und damit einen Gegenstand produziere. Es bleibt zur Information immer das Ergreifen von stofflichen Zusammenhängen.« Beuys, in: Harlan, S. 66, auch S. 27. Betont Derrida mit dem Begriff der »Spur« den Abdruckcharakter *im* Material, so wird freilich für Beuys das Erscheinen der Materialität, seine *Ekstasis* relevant.
115 Peirce, Logik der Zeichen, S. 45; Schriften I, S. 175.

wäre. Die Auffassung mündet in einen Regreß, die Annahme einer unendliche Iteration von Mediatisierungen. Sie bekleidet den Begriff des Mediums mit dem Rang eines Aprioris, der bereits supponiert, was er zu begründen trachtet. Insofern bleibt die Position ihre Legitimität schuldig. Das läßt sich exemplarisch am Verhältnis von Medialität und Wahrnehmung insofern festmachen, als jedes Medium im selben Maße, wie es sich in die Prozesse seiner Mediatisierung auflöste, tendenziell auch seine Wahrnehmbarkeit einbüßte. Der Umstand erweist sich unterm Medienapriori als fatal: Wie die Wahrnehmung nur als mediatisierte vorgestellt wird, kommt ihr die Inkonsistenz zu, als Wahrnehmung des Mediums wiederum nur als mediatisierte gelingen zu können. Vorauszusetzen wäre dann ein weiteres Medium, das diese ermöglichte. Doch selbst wo solches geschähe, bleibe erneut die Wahrnehmung der Mediatisierung der Wahrnehmung des Mediums rückständig, die abermals der Mediatisierung bedürfte *et ad infinitum*. Sowenig sich daher die Position einer Apriorität des Mediums ohne Widerspruch durchhalten läßt, sowenig läßt sich unter den Bedingungen von Transzendentalität die Materialität des Mediums entschlüsseln. Treffend hatte deshalb Michel Serres vom Medium als einer *black box* gesprochen, die ohne Aporie nicht »beobachtet« werden könne.[116] Augenscheinlich weist der Medienbegriff die interne Schwierigkeit auf, daß ein striktes mediales Konstituens nicht gedacht werden kann. Vielmehr führt es ein »Ereignen« mit sich, das vom Konstituierten her nicht konsistent verstanden werden kann. Daraus folgt: Kein Medium vermag seine Materialität mitzuvermitteln, sowenig, wie diese selbst tilgbar wäre. Kunst ist Ausdruck nur, soweit sie ihr Stoffliches im Rücken behält, und die Sprache spricht nur, wie sie sich des Lautes bedient, dem die Stimme ein Singuläres verleiht, das sich ins Gesagte zuweilen unfüglich einmischt.[117] Damit hängt zusammen, was sich bereits bei Aristoteles in seinem Nachdenken über die *techne* findet: Diese, heißt es in der *Nikomachischen Ethik*, vermag nicht selbst Stoffe zu erfinden; bestenfalls gestaltet, bearbeitet sie diese.[118] Daher bildet die Materialität des Mediums nicht nur seine Grenze, sondern ebenso das *Nicht-Medium am Medium*, seine Amedialität. Folglich vermag sich auch

116 Serres, Sinne, S. 184f.
117 Vgl. Mersch, Jenseits von Schrift.
118 Aristoteles, Nikomachische Ethik, VI 4, 1140a 15.

kein Medium *als* Medium zur Gänze kenntlich machen und keine Wahrnehmung ihm zu genügen. Vielmehr inhäriert ihm die Permanenz eines Versagens.

2.2.6 Medienkultur erfährt daran ihre Monstrosität. Indem sich das mediale Konstrukt nirgends selbst ins mediale Kalkül fügt, produziert es seine unablässige Forcierung. Diese ist dessen interner Verfehlung geschuldet. Es gibt eine »Wut« der Überschreibung, der Umformatierung und Konvertierung in andere Medien, die ihr Versagen zu kompensieren trachtet. Sie bleibt um so vergeblicher, als sie ihre eigene Unmöglichkeit beständig fortzeugt. Kein Medium geht im anderen auf; vielmehr wuchert an seinen Rändern die Vervielfältigung, der Sturz in die »Überblendung« (Virilio). Diese kehrt den Regreß um und ringt seinem Paradox einander aufschichtende Turmbauten aus Mediatisierungen von Mediatisierungen ab, kopiert Bilder, transskribiert sie in Texte, verbildlicht noch die Texturen, um schließlich in die »Wut« des Technischen zu münden, die sämtliche disparate Formate unters einheitliche Schema des Digitalen zu pressen versucht. Es ist die Wut einer fiktiven Unendlichkeit, die gegen die Grenze, die Endlichkeit, den permanenten Mangel des Mediums rebelliert. Der Traum von der integralen Maschine, dem »universellen Computer«, der, beobachtet durch den stillgestellten Körper, Video, Telefon, CD-Player und Rechner zu einer Art Super-Apparatur synthetisiert, gehört dazu. Seine Utopie beschreibt die technologische Zurüstung des medialen Ungenügens. Sie gilt in dreifacher Weise: als die ständige Bemühung um technische Perfektionierung, als Tilgung von Materialität, die im Phantasma von Immaterialität, der gereinigten Form oder Funktion ihr *telos* findet, sowie als beinahe hysterische Flut von Überproduktion. Sie ist ebenso im Theoretischen spürbar, den Apotheosen eines technikversessenen Medienidealismus, der aus der Technizität des Mediums ein »Geistiges«, ein artifizielles Konstrukt machen will. Daher die Allergie gegen alles Singuläre, gegen das Kontingente und Widerspenstige. Doch wie die Logik technischer Entwicklung, das Gesetz ihrer Optimierung, sie auszuräumen und zu überwinden trachtet, kehrt eine nicht zu entschlagende Materialität im Rücken der *techne* als deren eigene Basis zurück. Ihre Rückkehr gleicht der »Wiederkehr des Verdrängten«. Es wäre an Kunst, sie wahrnehmbar zu machen. Sie wahrte darin im »Zeitalter technischer Mediatisierbarkeit« ihre besondere Reflexionskraft, ihr außerordentliches Potential. Das bedeutete vor allem, jene »Klüfte« und »Bruchstätten« kenntlich zu machen, worin Medien ihren Mangel und ihre Paradoxa besitzen, mithin für Nichtaufgehendes, für die Risse und Unvereinbarkeiten zu sensibilisieren, die die immerwährenden Quellen einer nichtmediatisierbaren Kreativität ausmachen. Wie kein Blick, keine Wahrnehmung ihrer Mediatisierung je ganz erliegen, sucht Kunst Augenblicke des Unfüglichen und Unverfügbaren ansichtig werden zu lassen und erneut das Unzulängliche, Nichtkonstruierbare hörbar und fühlbar zu machen, das heißt, *Erfahrungen von Amedialität zu restituieren*. Dagegen die Künste auf ihre avanciertesten Techniken zu verpflichten, deren jeweilige Effekte und Leistungen sie ausspielen, heißt, sie zu Medienmaschinen zu degradieren, auf deren Unterhaltungsbühne sie nutzlose Überraschungen feilbieten. Wenn daher ein euphorischer Mediendiskurs die erst freizusetzenden Potentiale digitaler Medien zu einer *ars electronica* verklärt, die im technischen Medium den alten Sinn der *techne* vindiziert,[119] liegt darin selbst schon eine Depravation. Kunst schrumpft dann zum Spiel, zur *ars combinatoria*, deren Anverwandlung an Technik im selben Maße zur Affirmation des Technischen gerät. Ihr ist das Verschwinden des Kunstbegriffs immanent.

2.3 Technische Medien: Repräsentationalität und Digitalität

2.3.1 Vom Medium im allgemeinen Sinne wären allerdings technische Medien im besonderen erst abzuheben. Sie verdanken sich der Verwissenschaftlichung des Medialen, genauer: seiner Mathematisierung. In dem Maße, wie die Wissenschaften auf Medien fußen und ihre experimentelle Vorgehensweise Wissen schafft, das sich der technischen Geräte bedient, gehorchen sie einer Mediatisierung von Mediatisierungen. Ihre mehrstufige Verschachtelung folgt dem Duktus des Mathematischen als Instrumentierung und Kalkülisierung von Komplexität. Sie erfährt ihren eigentlichen Optimierungsschub mit dem Beginn der Neu-

---

119 Vgl. Kittler, Simulation; Weibel, Virtuelle Realität; ders., Ära der Absenz.

zeit, der Formalisierung von Naturgesetzen, die deren Prinzipien auf die Entwicklung und Dynamik des Technischen anwendbar macht. Zu ihr gehört eine Ökonomie der Zeichenrepräsentation, deren Geburt Foucault in der *Ordnung der Dinge* nachgezeichnet hat.[120] Ihr Ideal findet sie in einer *Synopsis*, deren ästhetische Basis die Geometrie der Zentralperspektive als Theorie mimetischer *perfectio* darstellt.[121] Sie bildet gleichzeitig die mathematische Grundlage für die präzise Herstellung von Abbildungen und Linsen. Daher beginnt die technische Mediatisierung der Wahrnehmung optisch. Dafür steht vor allem die barocke Spiegelmetapher ein. Sie entfacht ein exaktes Schauspiel visueller Selbstreflexionen: Die Optik des Spiegels funktioniert, abgesehen von Verzerrungen, durch die Übereinstimmung von Bildraum und Gegenstandsraum. Sie gestattet, Betrachter und Betrachtetes wie auf einer Schaubühne miteinander zu verschränken und ineinander abzubilden. Sie bietet damit das rationale Modell eines souveränen Blicks, wie er sowohl der Descartesschen Begründung des Subjekts als *fundamentum inconcussum* zugrunde liegt als auch den machiavellischen Kalkülen politischer Herrschaft. Zugleich avanciert sie zum zentralen Paradigma sämtlicher ästhetischer Wahrnehmungstheorien von Baumgarten über Kant bis zu Husserl: Das Sehen wird dem Bild der »Vorstellung« angeglichen, das der Funktionalität von Abbildung genügt, weshalb Heidegger das »Vorstellen« in der Bedeutung von *repraesentatio* überhaupt mit dem »Grundzug des bisherigen Denkens« identifizierte:[122] »Der Grundvorgang der Neuzeit ist die Eroberung der Welt als Bild.«[123] Der Mensch nimmt dann, wie es in Notizen zu *Metaphysik und Nihilismus* heißt, »*ganz von sich aus das Ganze* des Seienden als Vor-gestelltes in seine Verfügung«: »Die ›Welt‹ ist als ›Bild‹ gesetzt [...]. ›Bild‹ aber meint hier [...] das von der Rechnung und Berechnung Vor-gestellte, bei dem alles nur ankommt auf die Sicherung der Wirkfähigkeit der Macht [...]. ›Bild‹-setzung ist daher überall Ermächtigung der Wirksamkeit im Dienste der Machenschaft.«[124] Dem entspricht eine Despotie der Präsent-

---

120 Foucault, Ordnung der Dinge, S. 78 ff.
121 Vgl. u. a. Böhme, Baconsches Zeitalter; Krämer, Zentralperspektive; Manthey, Wenn Blicke zeugen könnten.
122 Heidegger, Was heißt Denken? 135 f.
123 Ders., Zeit des Weltbildes, S. 87.
124 Ders., Nihilismus, S. 116 u. 120.

machung, wie sie in der Erforschung und Eroberung des Erdkreises, der Kartographie des Sichtbaren zum Ausdruck kommt. Ihre andere Seite und Entsprechung sind die großen sinnlichen Spektakel des Barock, die Theatralisierung der Wunder, die die verborgensten Mirakel des Universums dem staunenden Publikum vorzuführen trachteten. Ihr Endpunkt bildet Jeremy Benthams *Panopticum* als Phantasma totaler Kontrolle.[125] Es stilisiert das Auge zum Zentralorgan einer Wissensproduktion, das sich in dem Maße der Aisthetik des Sehens entwand, wie es sich als Mitte und Bezugspunkt jeglicher Erkenntnis plazierte, die nicht nur alles und jedes zu übersehen sucht, sondern auf die hin umgekehrt auch alles gerichtet und beurteilt wird: Auszeichnung einer Zeugenschaft, die allein im Gesehenen den Geltungsgrund erblickt, um daran die Wahrheit des Urteils zu knüpfen.[126] Ihm folgt die Vorstellung des Raumes als *res extensa*, dessen Ausdehnung der souveräne Blick metrisiert, mithin eine Verfügungsgewalt ermöglicht, wie sie die neuzeitliche Wissenschaft vollends durchgesetzt hat. Messend kann Räumliches auf arithmetisch-algebraische Operationen zurückgeführt und darin geordnet und zugerichtet werden. Folgerecht formalisiert es die Descartessche *Dioptrique* durch eine analytische Topologie, die es ins Raster der Zahl ordnet. So wird aus dem Gesichtsraum eine mathematische Metrik, die mit Gegenstandsraum und Bildraum ein Fixieren und Abbilden darin verteilter Objekte im Sinne eines Eins-zu-Eins-Verhältnisses allererst erlaubt. »Man kann dieses mathematisch Eingeräumte ›den‹ Raum nennen. Aber ›der‹ Raum in diesem Sinne enthält keine Räume und Plätze. Wir finden in ihm niemals Orte«, wie Heidegger hinzufügt, vielmehr nur »Abstände, [...] Strecken, [...] Richtungen.«[127]

2.3.2 Ihr technisches Korrelat, wie es zur Grundlage der experimentellen Wissenschaften gehörte, bildete die Erfindung optischer Gerätschaften wie Okular, Teleskop und Mikroskop, die das bis dahin Unsichtbare entgrenzten und das Gebiet der Wahrnehmung in nie gekanntem Maße ausdehnten: Am Blick durch das Fernglas oder seiner Verweigerung schied sich die Partei des

---

125 Bentham, Panopticon; ferner Foucault, Überwachen, S. 251 ff.
126 Heidegger, Was heißt Denken?, S. 135.
127 Ebd., S. 150.

modernen Geistes von ihren scholastischen Widersachern.[128] Auf ihnen als Vorbild basierten sämtliche visuellen Aufzeichnungs- und Übertragungsgeräte wie auch die der späteren auditiven Speicherung. Doch bleiben diese überall einem individuierten Wahrnehmungserlebnis verhaftet: Der Betrachter bleibt mit sich allein, versunken in eine bizarre oder erstaunliche Welt, die nur er beschaut. Gleichzeitig schrumpft das Auge zum entleibten Anhängsel des Instruments, durch das es blickt. Dasselbe ist noch bis zur Fotografie zu verfolgen, die sich, wie Kinomatografie, Video und Television, in die gleiche Phantasmatik totaler Vereinzelung wie Vergegenwärtigung einreiht: Verschwinden des Beobachters in jenem »Augen-Blick«, da er vermittels des »Objektivs« den Gegenstand »objektiviert«. Das Subjekt der Betrachtung assimiliert sich dem Gerät, das dadurch tendenziell seines eigenen Status beraubt wird. Ähnliches gilt für die Erfahrungen des Hörens, deren Technisierung freilich später einsetzt: Die Anverwandlung der Stimme ans Mikrophon wie des Ohrs an den Lautsprecher. Beide stehen sie in der Tendenz, das Subjekt der Wahrnehmung zugunsten des Artefakts, des synthetischen Organs auszulöschen: Der Hörer wird, wie der Betrachter zum »Augenschmarotzer«, zum passiven Zuhörer. Dann erweist sich die Technisierung der Wahrnehmung als buchstäblich subjektlos. Der Stelle ausgesetzter Subjektivität ist das Moment einer Störung zu eigen, die es auszuräumen gilt: Die Technizität des Mediums sucht den Fehler des »Faktors Mensch« durch Präzision und strikte Regularität zu beheben. Wie kein Wahrnehmungsakt sich restlos in Wiederholungen fügt, sucht ihre technische Realisation deshalb seine Angleichung an die Maschine. Sie erfolgt durch eine Mathematisierung der *Aisthesis*, die sie ins Format von Optimierung zwingt: Schärfe und Exaktheit der Sicht wie entsprechend die Erweiterung des Schallradius und Verstärkung des Klangs durch akustische Mittel, die ihn ohne Verlust über weite Strecken hin vernehmbar macht. Freilich behalten sie zugleich Verzerrungen ein, wie sich paradigmatisch an Aufnahmen mit extremen Teleobjektiven zeigen läßt: Die Treue des Augenscheins wird irritiert. Es liegt in dieser Struktur des Mathematischen, sowohl von aller Materialität abzusehen als auch die Perspektive des Subjekts zu neutralisieren, um im

---

128 Zur Urszene neuzeitlicher Wissenschaft vgl. Blumenberg, Kopernikanische Welt, Bd. 2, S. 453 ff.

Medium allein die objektive Instanz zu erkennen, die sich »verrechnen« läßt. Der Prozeß der Technisierung tendiert dann überhaupt zu jener Maximierungs- oder Intensivierungsleistung, die ihn dem einseitigen Fokus des Fortschritts und der »Steigerung als Übersteigerung« überantwortet, wie er der Logik des Mediums eingeschrieben ist und wie ihn Nietzsche als ungebärdigen »Willen zur Macht« dekuvrierte: »nicht bloß Constanz der Energie: sondern Maximal-Ökonomie des Verbrauchs: so daß das Stärker-werden-wollen von jedem Kraftcentrum aus die einzige Realität ist – nicht Selbstbewahrung, sondern Aneignung, Herrwerden-, Mehr-werden-, Stärker-werden-wollen«.[129] Die Mystifikation des Technischen, wie sie ihre unerbittliche Entwicklungslinie in die Geschichte der Erfindungen technischer Medien einzeichnete, gleicht dann jenem Vergrößerungsglas, dem bereits Lichtenberg ironisch den »Witz« als »Verkleinerungsglas« entgegenhielt, durch das, wie er ergänzte, wohl mehr Entdeckungen auf den Weg gebracht würden als durch dieses.[130] Denn die Struktur des »Ent-Fernens« und In-die Nähe-Schauens *übersieht* nicht nur das Detail, sondern verliert buchstäblich auch den Sinn für den Augen-Blick, wie sich anhand des absurden Streits um ein »fliegendes Pferd« von Delacroix exemplifizieren läßt, das seinerseits buchstäblich die Salondiskussionen des 19. Jahrhunderts »beflügelte«: Ob es im schnellen Galopp tatsächlich für einen »unsichtbaren« Moment alle vier Hufe vom Boden hebt, ließ sich zuletzt nur durch die Chronofotografie entscheiden, die, als Vorläufer der Zeitlupe, durch sukzessive Zerlegung ein Geschehen sichtbar machte, das sich dem »bloßen« Auge entzog.[131] Ob freilich ein solcher Moment existiert oder nicht, entschlüsselt nicht im mindesten das Rätsel von Zeitlichkeit und Ereignen. Je präziser, das heißt in der Abbildung genauer und in der Messung exakter, desto abwesender der Augenblick: Keiner läßt sich zerlegen oder durch eine noch so ausgefeilte Technik ansichtig machen. Seine Singularität verweigert sich sowohl der Sichtbarkeit als auch seiner technischen Sezierung: Er bleibt eine selbst zeitlose

---

129 Nietzsche, Studienausgabe, Bd. 13, S. 261. Rechnet Nietzsche das »Maximal-Gefühl von Macht«, das essentielle »Streben nach Mehr von Macht« dem Leben selbst zu, so wird es hier zum Zug neuzeitlicher Technik, soweit ihr eine Ökonomie der Optimierung innewohnt.
130 Lichtenberg, Sudelbücher, Heft D 469, S. 301.
131 Vgl. Raulff, Augenblick, S. 59ff.

Stelle in der Zeit, dessen Mediatisierung schon im Ansatz sein Geheimnis verfehlte.

2.3.3 Das Schema der Repräsentationalität, wie es sich mit der klassischen Optik und Akustik durchsetzte, erfuhr freilich seine technische Realisation bevorzugt in analogen Medien.[132] Deren Modellierung beruhte auf der direkten Umsetzung oder Umwandlung von Gegebenem: seiner Vergrößerung oder Verkleinerung mittels Linsen, seiner Projektion auf empfindliche fotografische Platten, seiner Übertragung auf Membrane, Magnetbänder oder abtastbare Schallrillen. Es handelt sich also in erster Linie um »ästhetische Medien«, die wiederum ihr Muster aus der Struktur einer Wahrnehmung erhielten, dessen Zeichenordnung in der Logik der Repräsentation und deren fundierende mathematische Form in der Differentialrechnung ihre Basis hatte. Dem korrespondiert die anthropomorphe Auffassung von Technik als Prothese, als Ausgriff des menschlichen Arms, der Sinne oder des Geistes, wie sie die Technikbegriffe von Arnold Gehlen bis McLuhan beherrscht.[133] Demgegenüber fußt das Paradigma des Digitalen, das jenes seit nahezu 50 Jahren gültige vollständig abzulösen beginnt, nicht nur auf einer alternativen semiotischen Struktur, sondern gleichermaßen auf einem anderen Mathematikverständnis: Es ersetzt das Analogische durch die Struktur des Codes.[134] Dessen Semiotik gründet in einer Informatisierung, die historisch dem Problem der akustischen Übertragung mittels Telegrafen und Telefonen entstammt. Deren Lösung war allerdings keineswegs auf Digitalität kapriziert, vielmehr bot sie zunächst Wahrscheinlichkeitsmodelle und statistische Kalküle auf, die systematisch mit »Unschärfen« operierten. Informatisierung aber wirft die Frage nach ihrer formalisierbaren Kodierung auf, die das Wahrnehmbare zum iterierbaren Datum macht: Sie gehorcht Regeln, die das Kodierte jederzeit fehlerfrei zu repetieren vermögen. Die Logik technischer Entwicklung ist daran orientiert: Ihre Entwicklungslinie verläuft entlang der Achse einer Optimierung, die identische Wiederholungen garantiert. Sie merzen Fehlerquellen dadurch aus, daß sie die Iterationen einem einheitlichen Algorith-

---

132 Zur Unterscheidung zwischen »analog« und »digital« vgl. Goodman, Kunst, S. 154ff., sowie Kittler, Simulation, S. 204ff.
133 Vgl. Tholen, Platzverweis, S. 114f.
134 Vgl. bes. Flusser, Schrift, S. 14ff., 26ff.

mus unterwerfen. Dem fügt sich wiederum eine Mathematik binärer Reihen, die gestattet, das Prinzip der Rechnung durch das Modell der Turingmaschine zu automatisieren, indem sie die mathematischen Zustände an Maschinenzustände koppelt. Erst diese Verbindung ermöglicht jene Technologie der Digitalisierung, wie sie Kittler auf den Nenner der UDM, der »Universellen Diskreten Maschine« gebracht hat.[135] Sie ersetzt die Register des Repräsentationalen und Analogen durch elementare Transformationen in frei reproduzierbare Zahlenfolgen. Entscheidend sind dann nicht länger affine Abbildungen, die Veränderungen mittels isomorpher Relationen übertragen, sondern einzig die Struktur von Wiederholungen. Sie projizieren nicht Wahrnehmungen, sondern verrechnen *Marken*: leere Zeichen oder Signifikanten, deren Referenz ausfällt und die nur mehr als »reine formale Systeme« funktionieren.[136] Ihr Formalismus rechnet mit Ziffern, nicht mit Zeichen, weshalb es verfehlt wäre, den Computer, sei es »semiotisch« oder »symbolisch«, als »Text-Maschine« zu apostrophieren.[137] Nicht die Sprache bildet sein Paradigma, sondern die Syntax. Die Heideggersche Analyse des Technischen als einer Herrschaft des rechnenden Denkens wäre insofern noch auf digitale Medien zu erweitern. Sie überbieten das Kalkül des Rechnens im automatischen Regelmechanismus. Ihr Faszinosum von Simulation und Virtualität liegt im Versprechen auf eine endliche Einlösung des technischen Souveränitätsphantasmas. *Doch bleibt es an Repetition, nicht an Erfindung geknüpft*: Als technisches

---

135 Die *Universale Diskrete Maschine* vermag nach Kittler die klassischen Medien in sich zu »verrechnen« und sie damit zugleich dem digitalen Schema zu unterwerfen. Der Begriff zeigt an, daß sämtliche technischen Speichermedien wie Film oder Grammophon und auch alle technischen Übertragungsmedien wie Fernsehen oder Rundfunk »zu Untermengen des Computers […] geworden sind«. Ders., Simulation, S. 204; auch: Tholen, Platzverweis, S. 124.
136 Formale Systeme, rekursive Funktionen und Turingmaschinen erweisen sich als mathematisch äquivalent. Dabei basieren die Programme digitaler Medien auf dem mathematischen Prinzip der Turingmaschine. Dies gilt selbst noch für deren Vernetzung und Parallelschaltung: Von ihnen läßt sich zeigen, daß sie grundsätzlich nicht mächtiger sein können als Turingmaschinen. Die Grenzen der Digitalisierung fallen darum mit den Grenzen der logisch-mathematischen Operationen von Turingmaschinen zusammen. Vgl. insb. Mersch, Nichtdiskursives Denken.
137 Vgl. Santaella, Lucia: Computer; Tholen, Platzverweis, S. 112 ff.; Krämer, Symbolische Maschinen.

Äquivalent einer »formalen Sprache« hat die »Universelle Diskrete Maschine« die Tendenz, die Medialität des Mediums in lauter syntaktische Effekte aufzulösen. Sie generiert keine Symbole, sondern prozessiert Regeln. Gleichzeitig verwandelt sie Sichtbares oder Hörbares in abstrakte Texturen. Der Differenz von analog und digital, die mit dem technischen Quantensprung zwischen klassischen und elektronischen Medien identifiziert werden kann, korrespondiert so gleichermaßen ein Paradigmenwechsel in der theoretischen Semiotik wie Mathematik: von der Ontologie der Repräsentation zum artifiziellen Code und von der analytischen Differentialgeometrie zu einer Algebra der »formalen Syntax«. Ihr gleicht philosophisch der Übergang vom Symbolismus der Zeichenfunktion zu den Differenzkalkülen der Informationstheorien und den unendlichen Signifikationsketten des Strukturalismus und Poststrukturalismus. Ihre Konvergenz behauptet sich in den theoretischen Debatten, wie sie ebenso in die technischen Artefakte selbst eingeht und ihnen den Charakter eines unaufhörlichen Spiels verleiht.

2.3.4 Der Siegeszug des Computers erfüllt sich in einem Triumph von Syntax. Ihr entspricht die Entkörperlichung der Zeichen. Weder zählen Bedeutungen noch materielle Präsenzen, sondern allein Algorithmen. Mit ihnen wird die Herrschaft der Schrift im mathematischen Gewand total. Wie die Mathematik reine Ordnungswissenschaft ist, die allein Regeln prozessiert und abstrakte Relationen entdeckt, bilden die Programme des Computers deren Korrelat als syntaktisches Prinzip. Damit gerät das Schema von Syntaktisierung zur Universalmetapher des Zeitalters. Es verwandelt sämtliche Sprachen und Darstellungsformen, ja Kultur überhaupt der Struktur der Zahl an. Ihr Formalismus besorgt die Vereinheitlichung des Technischen im selben Maße, wie das Paradigma der Informatisierung die »Große Vereinheitlichung« von Mathematik, Physik, Biologie und Kognitionswissenschaften erlaubt. Dabei verdankt sich die Durchsetzung des Paradigmas der direkten Verknüpfung von Sprache und Mathematik. Sie erzeugt die Textur der »Welt« als technisch-mathematisches Konstrukt, das nach dem Modell von Binarität operiert. Es implementiert ihren Handlungen und Objekten die Figur des Logischen. Fortan gelten nur noch solche Zustände, die sich strikt dem Diktat der Dichotomisierung fügen. Daher erweist sich das Binärschema bereits von sich her als machtförmig, weil es seine Gegenstände einzig als formal programmierbare, manipulierbare und zerlegbare Einheiten hervorbringt. Entsprechend zerfällt der Begriff der Wirklichkeit in ein Ensemble diskreter Daten. Sie lassen sich beliebig konfigurieren und konzeptualisieren, eben weil ihnen jede Bedeutung ebenso wie das Gewicht ihrer Materialität fehlt. Kein Computerprogramm rechnet mit Materialitäten, sowenig wie mit »Sinn«: Der Struktur der Syntax bleibt, wie dem Mathematischen, jede Semantik fremd. Folglich erscheinen ihre Einheiten verrechenbar ohne Rücksicht auf das, was sie jeweils beinhalten. Unterschiedslos verarbeiten sie Bilder, Texte oder Töne. Ihre Parameter gelten ebenso für die Simulation von Denkprozessen wie für die Kartierung des menschlichen Genoms. Überall handelt es sich um gleichgültige Zahlenwerte, deren algebraische Stellensysteme auf die disparatesten Gegenstände anwendbar sind und wie Setzkästen oder frei verfügbare Module funktionieren. Dann steht die Informatisierung für den Zustand einer Kultur, deren Vision die vollständige Artifizienz des Wirklichen bildet. Sie handhabt sie in Gestalt eines experimentellen Spiels, einer *Bricolage* oder einer pragmatischen Vernetzung. Ihre Basis ist die vollständige Planung, Kontrolle und Verfügung noch des geringsten Teils. *Ihr entscheidendes Moment aber ist die Suspendierung des »Daß«, der »Gravitation« der Ex-sistenz selbst.* Der Suspens ist Kennzeichen ihrer Bodenlosigkeit. Zu ihr gehört ein Verlust des »Werts«, der »Würde der Dinge«.[138] Daran bemißt sich zugleich die Fallhöhe ihres Widerspruchs.

2.4 Phantasmen des Realen: Glanz und Elend der Simulakra

2.4.1 Der Sprung vom Analogen zum Digitalen findet seine ästhetische Widerspiegelung in der Differenz zwischen *imaginatio* und *simulatio*. An ihnen scheiden sich nicht nur alte und »neue« Medien, sondern ebenso die traditionellen und »postmodernen« Künste. Der Avantgardismus der klassischen Moderne wäre da-

---

138 Ihre »Würde« in einem »Parlament der Dinge« wiederherzustellen, ist insb. das Anliegen Latours, vgl. Wir sind nie modern gewesen, S. 269ff., und ders., Parlament.

nach der Tradition zuzurechnen. Die Zäsur, die er setzte, verschiebt sich in Richtung einer Medienkultur, die mit der Erfindung des Computers allererst ihre Zeitrechnung beginnen läßt. Entsprechend kontrastiert Kittler den Paradigmenwechsel um 1800 mit einem Paradigmenwechsel um 1960 und stellt der überlieferten »Fiktionalität« die »Virtualität« der *ars electronica* entgegen.[139] Gleichwohl gehen ins Schema des Digitalen die analogen Vorläufer noch mit ein, die es beerbt. Wie nämlich die »virtuellen Realitäten« auf der Zerlegung des Gegebenen in diskrete Schnitte basiert, die nur innerhalb von Programmen und Regeln spielen, gründen sie auf Ästhetisierungen, die zuvor »vorgestellt« werden müssen. Sie bedürfen des *Zeigbaren* vor dem Zerlegbaren und derart Konstruierbaren. Die Rhetorik des Zeigens aber bleibt gegenüber der Sprache des digitalen Codes disparat. Sie sperrt sich gegen strikte Formalisierung, so daß stets ein Rest, ein Nichtaufgehendes bleibt. Das läßt sich besonders anhand von Bildern darlegen. Ihnen kommt eine prinzipiell affirmative Struktur zu, die sich nicht unter das Schema von Negation pressen läßt: Sie vermögen *nicht nicht* zu zeigen. Selbst da, wo sie durchgestrichen werden wie in Jörg Immendorfs *Hört auf zu malen* (1965) oder Richard Hamiltons *My Marilyn* (1964), stellen sie das Durchgestrichene eigens mit aus, führen es noch *als* Bild, *als* dessen Zertrümmerung, sogar *als* seine Asche vor. Die Nichtnegierbarkeit des Bildes hängt an der Unvernichtbarkeit der Materialität. An ihr bekundet sich die Andersartigkeit des Ästhetischen gegenüber dem Digitalen. Sie geht nicht allein im Dargestellten auf, weil zu ihr stets das Materielle gehört, das sich *mitzeigt*. Fiktionen haben daran Anteil, weil die Arbeit an Materialitäten in ihre Arbeiten noch eingeht. Hingegen »logifizieren« Digitalisierungen nicht nur Darstellungen, sondern auch das Material, worauf sie sich abzeichnen, und unterwerfen es der syntaktischen Ordnung der Zahl. Schattierungen werden in diskrete Hell-Dunkel-Reihen, die *Erscheinung* der Farbe in feine Farbabstufungen aufgelöst, deren Nuancen so subtil sind, daß sie das Auge nicht zu erkennen vermag. Entsprechend wirken Computerbilder, wie auch *Cyberspace* und *Virtual Reality*, trotz aller Dreidimensionalität seltsam »flach«; sie erscheinen »nackt« und überscharf. Ihr »Hyperrealismus« subtrahiert Hintergrund sowie

---

139 Kittler, Simulation, S. 199, 201.

Tiefe und Volumen. Ihm fehlt es an »Blöße«; er läßt das Materielle vielmehr als Oberfläche entstehen.[140] Weder Gemälde noch Kunstwerke überhaupt lassen sich darum ohne Einbuße digitalisieren: Sie zahlen den Preis der Künstlichkeit – wie die Fehlerlosigkeit des digitalen Sounds im Synthezisers. Die Unmöglichkeit bedeutet keine Frage technischer Perfektion, sondern folgt der Tatsache, daß Materialitäten weder aus Diskretierungen hervorgehen noch sich in die Programme einkleben lassen.[141] Demgegenüber wäre an Malerei noch die kleinste reliefartige Erhebung relevant, die spezifische Dichte und Intensität der Linienführung und des Pinselstrichs, seine Pastosität oder Feinheit, der Stoff der Leinwand, der ihren besonderen Farbeindruck erst prägt. Ein Bild ist, bei aller Flächigkeit, auch räumlich; im Gegensatz dazu reduzieren digitale Bildaufzeichnungen den Raum auf die Fläche, machen aus sinnlichen »Wirksamkeiten« Schrifteffekte. Das Spiel der Simulakra sucht der Materialität zu entfliehen, die es dennoch voraussetzen muß, um sich zu »authentifizieren« oder »echt« zu erscheinen. Doch depraviert es die Kodierung zum Schattenriß, zur schwindenden Silhouette. Heute stellt sich Kunst die Aufgabe, solchen Depravationen zu entkommen. Ihre spezifischen Interventionen, vor allem Materialbild, Installation und Environment, die in die eigene Anwesenheit zurückstellen, aber auch Performance und Aktions-Kunst, die den Körper wiederauftauchen lassen, beginnen dort, wo der Mediencode endet: Bei der Revision der Leiblichkeit, der spezifischen Wirkung von Materialitäten, ihrer Präsenz und »Eindrücklichkeit«; mit einem Wort: ihrem performativen *Ereignen*.

---

140 Die Diagnose deckt sich mit Welschs Beschreibung eines »Gewichtsverlustes« des Realen durch seine mediale Prägung; vgl. ders., Doppelfigur, S. 240f.

141 Darin liegt m. E. die Schwäche der Goodmanschen Ästhetik. Zwar trennt Goodman Diskursives und Ästhetisches nach den Symbolisationsformaten »Denotation« und »Exemplifikation«, worin die Wittgensteinsche Unterscheidung zwischen »Sagen« und »Zeigen« eingeht, doch betrifft diese Trennung allein *Darstellungsweisen*. An Künsten, die vorwiegend nach dem Schema der Exemplifikation verfahren, ist dann »Dichte« und »Fülle« relevant, die sich als nicht streng artikuliert erweisen; gleichwohl gelingt ihre partielle Notation durch Einschreibung von Äquivalenzklassen. Der Vorschlag berührt jedoch die Frage der Materialität nicht. Insbesondere unterscheidet er nicht zwischen repoduzierten und nichtreproduzierten Bildern. Vgl. ders., Welterzeugung, S. 88f., sowie Kunst, S. 128ff., sowie Mersch, Was sich zeigt, S. 262ff.

2.4.2 Daran entpuppt sich die gleich mehrfach auszeichenbare Grenze des Digitalen: Simulationen unterliegen der Rahmung durch einen mathematischen Formalismus, der ebenso des »Ana-Logischen« – also gerade nicht des Logischen – bedarf, wie er gleichzeitig von Fiktionen überschritten wird. Als Operationen im logischen Raum blenden virtuelle Trugbilder die eigentliche »Kunstfertigkeit des Findens«, die *ars inveniendi* aus: Diese wurzeln in den verschwenderischen Delirien von Imaginationen, die der wesentlichen Dynamik von Paradoxa entstammen. Tabubrüche und Grenzüberschreitungen werden durch sie erst möglich, weil eine Grenze überschreiten heißt, sie gleichermaßen hervortreten zu lassen wie sie zu verneinen. Paradoxa haben ihr schöpferisches Potential vor allem darin, daß sie, in der Sprache der Vernunft unfaßbar, *zeigend* auf ein Un-Vorstellbares hindeuten, woran das Vorstellbare in sein Anderes umspringt. Ihre Kraft bildet insofern eine entscheidende geschichtsmächtige Quelle: Sie brechen mit Bestehendem, indem sie ihm ein »U-topisches« entgegenhalten. Ihre Anstrengungen wären demnach Brechungen in sich: Die Verneinung des Ge-Gebenen kann nur wiederum in dessen Maß erfolgen. Demgegenüber haben Diskussionen um den Freiheitsgewinn der »Neuen Medien« nicht im mindesten dazu beigetragen, den Rätseln der Kreativität auf die Spur zu kommen und ihre Mysterien zu beleuchten; bestenfalls haben sie diese auf ein anderes Terrain verschoben. Dies hängt freilich an der Sache selbst: Es gibt keine Simulierbarkeit von Paradoxa, weil Widersprüche, ebenso wie Unentscheidbarkeiten, im Metier von Digitalisierung systematisch undarstellbar bleiben. Sie scheitern innerhalb computierisierbarer Systeme schon aus logischen Gründen am Turingschen Halteproblem.[142] Das Problem ähnelt der philosophischen Frage nach der Rationalisierbarkeit des Ästhetischen: Kunst kann nicht, wie schon Kant wußte, aus Vernunft erklärt werden. Es gibt folglich auch keine universelle Regel der *imaginatio*, der Einbildungskraft, weil zu ihr stets noch die Brechung dieser Regel gehören müßte. Entsprechend sind auch nicht Verletzungen der Syntax oder Subversionen ihres Regelmechanismus, sowenig wie das Nichtwiederholbare in der Wiederholung – jenes »alter«, das Derrida im »iter« liest und das als Sin-

---

142 Das Turingsche Halteproblem ist äquivalent mit den Gödelschen Unvollständigkeitssätzen, die dieselbe Grenze markieren.

guläres die Iteration der Zeichen stets begleitet[143] – im Medium, sondern bestenfalls außerhalb ihrer Programme formulierbar. Noch der kapriziöseste Avantgardismus artifizieller Virtualität bleibt deshalb unterhalb der Produktivität des Fiktionalen: Kein digitales System vermag ohne dessen Erfindungsgabe auszukommen. Die Neuen Medien enttäuschen: Ihr Virtualismus straft den Optimismus Lügen, der an ihnen eine weitere revolutionäre Stufe von Kreativität auszumachen meint.[144]

2.4.3 Ein weiteres kommt hinzu: Digitale Speichermedien tilgen die Erinnerung, die sie vorgeben zu stützen. Der Indifferenz der Aufzeichnung wie ihrer formalen Prozessierung ist Vergessen immanent: Als Technik bringt sie Geschichte um so rücksichtsloser zum Verschwinden, wie sie das Erinnerbare, das sich an Bedeutungen knüpft, in eine Vielzahl gleichgültiger Speicherspuren zersplittert, die nichts »erzählen«, sondern allein »abrufbar« sind. Dazu gehört auch, daß digitale Aufzeichnungen durch Überschreibung restlos und unwiederbringlich gelöscht werden können, während dem »Entfallenen« eignet, daß es stets auch wieder »einfallen« kann, mithin als Vergangenes wiedererinnerbar bleibt. Gedächtnis verbindet Entlegenes, bereist ein ebenso diffuses wie weit gestreutes Gebiet, zieht seine Pfade kreuz und quer, schichtet und überlagert verschiedene Räume und Zeiten und verdichtet die Ereignisse zu Inhalten, die nicht selten Sprünge und Ungereimtheiten enthalten. Gewiß kommt ihnen ein konstruktiver Zug zu, freilich nicht in der Bedeutung medialer *techne*, sondern weit eher im Sinne fiktionaler Erfindungen, die eine besondere Beziehung zur Imagination, zu den Phantasmagorien und Traumbildern der Einbildungskraft unterhalten. Nicht umsonst hatte deshalb Freud eine enge Verwandtschaft zwischen Traumarbeit und metaphorischer Gedächtnisleistung ausgemacht, wie sie gleichermaßen narrativen Prozessen zukommt; die Ökonomie des Traums erfüllt sich in mannigfachen Überblendungen und Auslassungen wie ebenfalls in signifikanten Lücken, in der Verdeckung und Verschiebung dunkler Stellen oder der Hervorhebung von Markanzen, die das Gewesene in dem Maße kreieren, wie sie ihm einen Umriß verleihen und es damit allererst aufbewahren. Das Ge-

---

143 Vgl. Derrida, Randgänge, S. 333.
144 So Kittler, Simulation, bes. S. 204 ff.

dächtnis avanciert so zum Ort von Interpretation, durch dessen »Wendepunkte« sich das »Subjekt«, in den Worten Lacans, nachträglich »umstrukturiert«: »Die Ereignisse werden in einer primären Historisierung erzeugt; anders gesagt: die Geschichte ereignet sich bereits auf der Szene, auf der man sie, ist sie einmal niedergeschrieben, vor seinem eigenen Inneren wie vor den Augen der Außenwelt spielt.«[145] Mit anderen Worten: Erinnerung vollzieht sich als ihre eigene Erzählung. Nicht »etwas« geschah, dem eine Deutung auferlegt wird, sowenig wie es *ein* Ereignis und *viele* Lesarten gibt, vielmehr eröffnet erst die Memorierung die für die Auslegung maßgebliche Zeitstruktur: Sie »ist« die Zeit, die sie schreibt. Dann existiert keine historische Authentizität, sondern das Vergangene erweist sich in dem Maße maskiert, wie das Gedächtnis es aufdeckt. Nichts »war« gewesen, sondern »ist« nur durch die Prozeduren einer »Lesung« hindurch, die immer schon Auslegung und Strukturierung ist, die zugleich das Band einer genuinen »Zeitigung« weben. Es gibt hier keine konstitutive Differenz zwischen Gewesenem und Erinnertem, sondern lediglich die Einheit einer ursprünglichen »Bildung«. Dagegen birgt die automatische Speicherung mit ihrer ungeheuren Kapazität und enormen Geschwindigkeit der Kodierung und Dekodierung weder »Versammlung« (Heidegger) noch Einbildung oder die Erfahrung von Zeitlichkeit. Sie enthält kein Erzählbares: Speicher sind sowenig Gedächtnis, wie das Datum ein Dokument oder seine Aufzeichnung eine Symbolisierung ist. Erinnerung beschreibt vielmehr eine *Bezugsform*; sie geht auf eigene Weise an. Dem mechanischen Speicher bleibt sie »auswendig«. Weil er »alles« unterschiedslos aufzeichnet und keine »Spur« verwischt, beschleunigt er das Vergessen um so nachhaltiger. Dann wird Vergeßlichkeit total: Sie mündet in Indifferenz, weil nichts mehr einen Anklang oder einen Nachhall zu wecken vermag.

---

145 Lacan, Funktion und Feld, S. 95 u. 100. Mit dieser Figur der »Nachträglichkeit« bezieht sich Lacan auf Freud. Sie erscheint gleichermaßen zentral für Derrida: »Daß die Präsenz im allgemeinen nicht ursprünglich, sondern rekonstruiert ist, daß sie nicht die absolute, vollauf lebendige und konstituierte Form der Erfahrung ist, und daß es keine Reinheit der lebendigen Präsenz gibt, das ist das für die Geschichte der Metaphysik ungeheure Thema, das Freud uns [...] zu denken auffordert.« Vgl. Derrida, Schrift und Differenz, S. 324.

2.4.4 Zu reklamieren wäre insofern ein Vorrang analogischer Fiktionalität vor der digitalen Virtualität. Gianni Vattimo hat außerdem darauf hingewiesen, daß, entgegen der technischen Utopik der *ars electronica*, deren Innovation an einem naiven Illusionismus klebt, und die vermeintliche Freiheit der *simulatio ipso facto* einzig der Fortsetzung der *imitatio* dient. Ihre Logik bleibt insofern der klassischen *Mimesis* verpflichtet: *Virtual Reality* ist nur Realismus in artifiziellem Gewand.[146] Ihr eignet folglich eine *Mimesis* der *Mimesis*, die die *repraesentatio* im Medium der Simulakren nochmals nachahmt. Zwar entschränkt die Digitalisierung die Referentialität der Zeichen und erzeugt völlig neue Dimensionen der Bild- und Tonproduktion, keineswegs jedoch eine neue *ars*: Ihre Konzeptualisierung von Wirklichkeiten privilegiert weiterhin den neuzeitlichen Wahrnehmungsbegriff wie den euklidischen Raum. Auch wenn die Simulationen mit Realitäten als bloßen Signifikanten spielen,[147] durchbrechen sie nirgends deren Bann: Ihre Inszenierungen behalten den klassischen Realitätsmodus bei.[148] Selbst da, wo wie in der Architektur »unvorstellbare« Räume am Rechner konstruiert werden, müssen sie aufs darstellbare, statische und baubare Maß »heruntergerechnet« werden. Noch die extremsten Phantasien des *Cyberspace* zehren von der Sphäre einer Ordnung, wie sie historisch durch die analogen Medien vorgegeben worden ist und bis in die Syntax ihrer Programme hinein eingeschrieben bleibt. So nähren sie sich an einer Ontologie, die sie leugnen, indem sie deren Verbürgung im Realen rauben, um sie auf der Ebene des performativen Scheins wieder zu retten. Das gilt vor allem für die Erfahrung von Materialität: Je weniger die entfesselten Spiele der Simulakra ihrer habhaft zu werden vermögen, desto dringlicher ihre Einholung. Sie erweist sich als um so vergeblicher, je mehr ihre Erfüllung ausbleibt. Selbst die Lust sucht die einsame Rückkopplung im Autismus der Apparatur. Ihre Dürftigkeit läßt sich am Kurzschluß zwischen Mensch und Bildschirm studieren. Er erzeugt Hybride, die im Sinne Baudrillards den trostlosen Lastern einer unproduktiven Junggesellenmaschine frönen: »Der Computer ist ein wunderbares Instrument exotischer Magie: Jede Interaktion läuft letztlich auf ein endloses Zwiegespräch mit der Maschine hinaus. [...]

---

146 Vattimo, Wirklichkeitsauflösung, S. 20ff.
147 Vgl. Baudrillard, Agonie, S. 7ff.; ders., Kool Killer, S. 19ff.
148 Vgl. Krämer, Zentralperspektive, S. 33.

Einer Refraktion, die nichts mehr vom Bild, von einer Szene oder von der Kraft der Repräsentation hat, die nicht im geringsten dazu dient, zu spielen oder sich vorzustellen, sondern die immer nur [...] dazu dienen wird, an sich selbst angeschaltet (connected) zu sein.«[149] Ihre Verschaltung gleicht der »oralen Phantasie«. Deshalb seien auch jene »intelligenten Maschinen«, wie Baudrillard hinzusetzt, »bloß im allerärmsten Sinne künstlich«;[150] sie blieben unterhalb der sprachlichen, geschlechtlichen und wissenschaftlichen Möglichkeiten, die sie zu ersetzen oder zu optimieren trachteten. Das, was Vattimo die »Grenze der Wirklichkeitsauflösung« nannte,[151] schlägt damit in ihrer schärfsten Form durch. An ihr demonstriert sich die Nichtmediatisierbarkeit von Wahrnehmungen im vollen Status der *Aisthesis*, wie umgekehrt die digitalen Medien, in den Worten Virilios, den »unabsehbaren ›Verlust der Sicht‹«[152] besorgen. Sie zerstören, wie ebenfalls Baudrillard nahelegt, die Aufmerksamkeit: »Grundlegend ist für diese Videokultur die Existenz eines Bildschirms, nicht aber notgedrungen die eines Blicks. Die Wahrnehmung eines menschlichen Blickes ist vom taktilen Ablesen eines Bildschirms völlig verschieden.«[153]

2.5 Grenzverläufe

2.5.1 Wie Leiblichkeit und Materialität im simulativen Medium prinzipiell »geschnitten« und damit aufgehoben werden, entzieht sich erst recht die performative Struktur des Mediums selbst. Die Schwierigkeit korrespondiert der Undarstellbarkeit des Mediums im Prozeß seiner Mediatisierung. Ihr ist die Unmöglichkeit von

---

149 Baudrillard, Videowelt, S. 256. Hinzugefügt wird: »Bestenfalls hat man einen integrierten Schaltkreis Kind-Maschine hergestellt.«
150 Ebd., S. 262f.
151 Vattimo fixiert diese Grenze indessen im Ökonomischen: »Das Unbehagen, das wir im Angesicht der Bildwelt der Massenmedien haben, manifestiert darum wohl nicht ein Verlangen danach, Grenzen für die Wirklichkeitsauflösung zu finden, als vielmehr eine Verdrossenheit darüber, daß diese Auflösung sich nicht frei entfalten kann, da ihr noch realistische Grenzen wie der Markt und die ›Gesetze‹ der Ökonomie entgegenstehen.« Ders., Wirklichkeitsauflösung, S. 23.
152 Virilio, Fahrzeug, S. 268.
153 Baudrillard, Videowelt, S. 257.

Selbstreflexion verwandt. Sämtliche Selbstbewußtseinstheorien haben daran ihre Grenze: Der Begriff der Selbstreflexion erlaubt sowenig eine nichtparadoxe Darstellung wie die Selbstreferenz des Mediums. Das »Paradox der Materialität« erweitert sich dann zur *Aporetik des Medialen*: Nichtaufzeichenbarkeit ihrer Aufzeichnung. Qua »Dispositiv« ermöglichen Medien, sie konstruieren und produzieren: Dann läßt sich jedoch der Vollzug ihrer Konstruktion nicht selbst wieder mitkonstruieren. Kein Medium vermag sein eigenes Format zu formatieren: *Es geschieht*. Daran scheitern die Selbstbeschreibungen des Codes wie auch die »Gödelisierung« der Maschine oder »Mathematisierung« der Mathematik. Das Medium *ist* seine Formation: Folglich entgeht ihm seine Performanz. Das heißt, es bringt sich im Geschehen nicht selbst zu Gehör, macht seine Sichtbarmachung nicht selber ansichtig. Es vermag darum auch nicht zu vermitteln, ohne *sich* als Vermittlung zu verhüllen, ohne sein Enthüllen zu verdecken. Aus demselben Grund hat Derrida auf der Paradoxalität der Spur beharrt, »die nur ankommt, um sich davonzumachen, um sich selbst auszustreichen in der Remarkierung ihrer selbst […], die sich, um anzukommen, in ihrem Ereignis, ausstreichen muß.«[154] Die Paradoxie trifft gleichermaßen die Performativität des Mediums, das sich inmitten seiner Schauspiele und Szenarien qua Medium entgehen muß. Es gehört zu seinem Ereignen, *im Erscheinen zu verschwinden*: Im Medium bleibt das Medium *als* Medium unkenntlich. Es erleidet gleichsam seine Differenz zwischen Reflexion und Performanz. Seine Spiegelung gelingt nur zum Preis seiner eigenen Verwischung, seiner Selbstaussetzung oder Störung, vergleichbar den Zufällen oder Verwacklungen der Kameraführung in »Dogma«-Filmen: Sie referieren auf das Medium in dem Maße, wie es seine Funktionen einbüßt. Ähnliches manifestiert sich im Hervortreten der Bruchlinien im Filmschnitt, in der Gegenstandsauflösung bei extremer Nahaufnahme oder in Schwärze als Mittel der Bildunterbrechung im Kino. Medien-Kunst entfaltet darin ihre besondere Brisanz, ihre provozierende Kraft: Sie läßt die Aporetik des Mediums, seine unauflösbare Spannung selbst aufklaffen. Letzteres gilt vor allem für die Videoinstallationen Nam June Paiks. Die sich wandelnden Projekte variieren unterschiedliche Prinzipien medialer Selbstirritation: Systematische

---

154 Derrida, Punktierungen, S. 24.

Bildverzerrungen mittels technischer Manipulation, etwa durch Umlenkung des Kathodenstrahls der Fernsehbildröhre; freiwillige oder unfreiwillige Partizipation, indem Zuschauer selbst zu Akteuren der Bildverzerrung werden; »Faltungen« und zirkuläre Schleifen wie in den narzißtischen Selbstbetrachtungssystemen von *TV-Buddha* (1974-82) oder *TV-Rodin* (1975); schließlich, verstärkt seit den 80er Jahren unter dem Eindruck allgegenwärtiger Medienpräsenz, deren Totalisierung in Form komplexer TV-»Supermatrizen« mit Hunderten verschalteter Monitore, die kein Ganzes mehr zulassen, sondern nur mehr eine zersplitterte Sicht. Die Exposition des Mediums im Medium gerät auf diese Weise zur Farce. Entsprechend ereignet sich seine ästhetische Reflexion als »Ver-Blendung«. Sie korreliert der »Blindwerdung« durchs technische Medium.

2.5.2 Die Vorführung des Mediums, seine Selbstausstellung oder Sichtbarmachung bleibt indessen stets noch an »etwas« gebunden, das es vorführt, auszeichnet oder gestaltet. So ist sein Begriff im Vorrang des Ge-Gebenen, des Vorkommnisses verwurzelt, das es repräsentiert, verkörpert, übersetzt und umformt. Wie seiner Bestimmung als »Dispositiv« das »Erschaffen als Umschaffen« (Goodman) zugrunde liegt, geht ihm Anderes noch vorher, auf das es sich gleichermaßen bezieht wie es sich seiner bemächtigt, es zeichnet, aneignet und verbraucht. Es stiftet nicht nur einen Bezug, sondern es *formiert* oder *in-formiert*, indem es *trans-formiert*: So setzt es die »Gabe« des Seienden überall voraus. Nicht das Ereignis erscheint »nachträglich«, vielmehr befindet sich das Medium ihm gegenüber selbst in der Schuld einer »Verspätung«. Seine charakteristische »Anfangslosigkeit« besagt dann, daß es das Geschehende in ein Vorhandenes, eine Tatsache, einen »Fall« verwandelt und es bearbeitet, reproduziert, umfälscht und in Szene setzt. Das Mediale hat folglich seinen Grund im Amedialen, das ihm »zuvorkommt«: Medien unterstellen, »daß« es Ereignisse »gibt«, ein gleichsam *von woanders* Herkommendes, das sie »als« dieses umwandeln, transferieren oder zur Erscheinung bringen. Zwar »gibt es« keine Ästhetik ohne Medien; *aber das Medium ist nicht der Geber des Ereignisses*: Es »ver-gibt« dessen Gabe. Überall siedeln deswegen Mediendiskurse im Bereich von Repräsentation, Darstellung und Inszenierung im Sinne von *Poiesis*, die das Nichtdarstellbare, die Absenz oder die Leere eines Ausbleibens im Modus von Repräsentation, Darstellung oder Inszenierung und *Poiesis* markieren, es »als etwas« definieren und einrahmen, um aus ihm selbst noch eine lesbare Fährte oder Marke zu machen. Das wird besonders greifbar anhand jener massenmedialen Exzesse einer Kommentierung und Gegenkommentierung, deren versessener Voyeurismus bis in die entlegensten Winkel privater Dramen tastet, jede Nichtigkeit im Namen verlogenster Aufklärung als Schauobjekt ausschlachtet, zur Ware degradiert und zum Erlebnis stilisiert. Das Ereignis überschlägt sich, wird zum Reiz, zur überstürzten Sensation, zum Spektakel. Baudrillard hat es mit einem »Verschwinden der Realität«, ihrer Überreizung zur medialen »Hyperrealität« identifiziert.[155] Dem korrespondiert die Eliminierung des Schweigens, der Singularität. »Unsere Verdammnis ist das ständige Lärmen in der Öffentlichkeit, in den Medien [...]. Die moderne Metropole ist ein langanhaltendes Brüllen.«[156]

2.5.3 Nirgends hat der Prozeß der Mediatisierung deshalb sein eigenes Herkommen in einem Mediatisierbaren, sondern in einem Anderen und Entgehenden. Es handelt sich nicht schon um ein Gemachtes, ein Verfügbares oder Technisches, vielmehr um ein *Sich-Ereignen*. Das Ereignis hat nicht die Kontur eines konstruierbaren Szenarios; *(es) zeigt (sich), gibt (sich)*, ohne schon ein »Etwas« oder ein »Sich« zu sein: Ereignis der Gabe, das dem »Ereignis« als »Supplement«, als *Mimesis*, Ausstellung oder Artikulation, Bewahrung und Repräsentation vorausgeht und im Aisthetischen stattfindet. Medialität verweigert sich der *Ekstasis* seiner *Ex-sistenz*; sie hat die Einzigartigkeit seines Erscheinens bereits ausgeschieden, wie sie das Zuvorkommen des »Daß geschieht« (*quod*) immer schon durch ein »Was geschieht« (*quid*) überschrieben und ersetzt hat.[157] Gerade dies aber wäre in einer *negativen Medientheorie* aufzuweisen: Die Ausblendung der Frage nach dem Ereignis, dem Ereignis als Frage, die Ausblendung mithin der »Gebung«, die die Mediatisierung erst bedingt,

---

155 Baudrillard, Agonie, S. 25 f. Auch: ders., Demokratie, Menschenrechte, S. 21.
156 Steiner, in: *Die Zeit*, 3. 8. 2000, S. 35.
157 Mit der Fraglichkeit des »Daß«, des »Geschieht-es?«, die die Frage des Ereignisses anspricht, ist zugleich das Grundproblem des Lyotardschen Denkens bezeichnet; vgl. Widerstreit, S. 16; Avantgarde, S. 152.

sie ermöglicht. Die Verweigerung verwehrt sich zugleich dem, was Heidegger als das »einzige Ungeheure« apostrophiert hat: »daß Seiendes ist und nicht Nichts«.[158] Vielmehr wird die Ungeheuerlichkeit der »Gabe«, sein Ereignen zum ästhetischen »Schauspiel«, dem Spiel mit Sichtbarem, Hörbarem und Fühlbarem. Entsprechend bleibt das Nichts, das Rätsel der Gebung, das Sein allererst als Ereignis denken läßt, dem Medium fremd, äußerlich. Buchstäblich gerät es ihm zu einem Nichtigen, zur Leere, zur Negativität oder Abwesenheit. Im Modus von Medialität erweist sich das Nichts in der Tat als nichts: Dies gilt es zumal im Rahmen technischer Medien festzuhalten, worin seine Unheimlichkeit bisweilen unerträglich spürbar wird, in der Funkstille oder dem Schweigen am Telefon, der Blindheit des Monitors oder dem Absturz eines Computerprogramms. Sie gelten als Un-Fall, als »weißes Rauschen«, das, gleichsam zur Übertönung, der unablässigen Redundanz bedarf. Doch lassen sich die Leere, der Schatten und das Schweigen, denen die Mediatisierung erst entspringt, sowenig wie die Materialität des Mediums mitdarstellen; sie sperren sich jeglicher Beherrschung und Vermittlung. Statt dessen verwandeln sie sich im Modus von Medialität zum Hintergrundgeräusch, zum Flimmern der Leinwand, zum »Schwarzfilm« vor und nach dem Film, der anzeigt, das »etwas« geschehen wird oder zu Ende gegangen ist. Sie enthüllen erneut, daß dem Anwesenden ebenso wie dem Sein der unbestrittene Primat zukommt. Alles entzündet sich an diesem ursprünglichen Primat: Die Leere gibt es nur als Leerstelle, als Loch.

2.5.4 Gleichwohl kehren das Nichts wie die Ereignishaftigkeit des Ereignisses dort wieder, wo sie die Medialität des Mediums am hartnäckigsten verleugnen: Als die stets mitgängige Kluft, die sich zwischen den verschiedenen medialen Produkten offenbart – der buchstäblichen Leere des Da-zwischen. Sie gibt, wenn auch nur indirekt, das Nichts von neuem frei: als ein gleichermaßen Unmarkiertes wie Unmarkierbares, das bei aller Überzeichnung rückständig bleibt, weil es dem Akt der Schreibung, seiner Einsetzung und Absetzung selbst noch entstammt. Der Riß erlaubt den Durchriß auf das Geschehnis selbst, gibt einen Hinweis, einen »Vorschein« auf sein Ereignen. So bekundet das Nichts von

---

158 Heidegger, Grundfragen, S. 12.

neuem seine unerschütterliche Präsenz: Grenze der Sprache, des Symbolischen, der Ordnungen der Signifikanz genauso wie jeglicher Technik der Verschriftlichung oder Zeichnung. An ihm findet sich die Bedingung ihres Erscheinens. Daher bezieht sich das Nichts nicht auf »Etwas« als dessen Opposition, sondern auf jenen »Abgrund«, aus dem heraus dieses allererst geschieht. Das bedeutet: Vom Nichts her ereignet sich jenes Herkommen, von woher überhaupt »etwas« auftauchen und Platz greifen kann, worin das Erscheinen seinen Austritt hat. Es nennt zugleich ein *Un-Verfügbares*. Daher die ungeheure Bedeutung der Stille für die Kunst des 20. Jahrhunderts, namentlich für Luigi Nono, für Cage und Nam June Paik: Sie lassen die Ästhetik als Verfahren, als *techne* umschlagen zur Aisthetik, zur Aura. Der Stille, wie dem Nichts überhaupt, den Vorrang erteilen, sie an den Anfang stellen heißt deshalb, ein nicht inszenierbares, nicht verfügbares Ereignen zu denken, *vom ihm her zu denken* und ihm im Sinne des Verbums den Ausschlag vor dem Faktum, der Gegebenheit im Sinne eines »Etwas« zu geben. Der Text, das Werk, die Handlung wie die Szenen der Darstellung haben dieses Nichts im Sinne des Ereignens zur Voraussetzung, das sie ebenso überspielen. Dem entspricht zugleich die Fülle, der Überschuß, weshalb Heidegger in einer ähnlichen Wendung den »Ur-Sprung« »reicher und trächtiger« als alles genannt hat, »was ihm entspringen mag«.[159] Folglich gehört ins Zentrum von Medienkritik die Entfaltung der Frage nach dem Nichts als dem Nichtmediatisierbaren, dem Nichttechnischen, der Undarstellbarkeit schlechthin. Sie wäre nicht negativ zu bestimmen, sondern positiv, wie Heidegger und zuvor schon Schelling das Nichts als den »Ab-Grund« des Denkens, wohin kein Begriff reicht, als »ursprünglicher« verstanden haben »als das Nicht und die Verneinung«.[160] Solange freilich, wie im Diskurs der Metaphysik oder der Medienvermittlung, stets »Etwas« ausgezeichnet wird, bleibt das Nichts ein Nicht; es wäre »das vom Seienden her erfahrene Sein«.[161] Dann bleibt der Horizont des Ereignens durch die Textur der Dinge und der Wirklichkeit im wörtlichen Sinne verstellt. Daran scheiden sich zumal die Wege des »ersten« und des »anderen Anfangs« bei Heidegger, des metaphysischen und postmetaphysischen Denkens: Heißt Sein »Et-

159 Ders., Grundprobleme, S. 438.
160 Ders., Was ist Metaphysik, S. 28.
161 Ders., Wesen des Grundes, S. 5.

was-sein«, ein bestimmtes Seiendes, das auf seinen Grund, seine Wahrheit und seine Bestimmung hin befragt werden kann, dann erscheint das Ereignis, der Augenblick seines Aufspringens als nichts Bestimmtes, das heißt als die Negativität einer Leere. Demgegenüber bedeutet das Ereignis als Fülle zu begreifen sein Ereignen vom Nichts her entwickeln, also dasjenige denken, (was) ereignen läßt. Dann heißt das Nichts zu privilegieren das »Daß« (*quod*) vor dem »Als« und dem »Als-was« (*quid*) zu bevorzugen, mithin sich auf das Abenteuer dessen einzulassen, woraus das »Als« allererst hervorgeht.[162]

3. Anästhesien
Paradigmen zu einer Phänomenologie
medialer Wahrnehmung

3.1 Technische Zurüstung der Wahrnehmung

3.1.1 Medien erweisen sich als janusgesichtig. Sie zeichnen sich sowohl durch einen Gewinn, die Eröffnung oder Produktion von Wahrnehmungen, Kommunikationen, Diskursen, Ordnungen

---

162 Eben dies hat Heidegger in immer neuen Wendung versucht: die Stille, die dem Ereignis vorangeht und die das Nichts ursprünglicher setzt als das Seiende. Es gilt für die Wahrheit im Sinne von *aletheia*, der Un-Verborgenheit, deren privatives »Un« aus einer ursprünglichen Verborgenheit hinausführt. So bleibt die »Gabe des Seyns«, die allererst Wahrheit »schenkt«, stets noch verdeckt: »Sogar die Unverborgenheit und gerade sie [...] bleibt im Unterschied zum unverborgenen Anwesenden verborgen.« Vgl. Was heißt denken, S. 144. Es gilt gleichermaßen für die Sprache, die als »Geläut der Stille« bezeichnet wird: Das, woraus die Sprache ihre Angemessenheit findet, woraus sie zu ent-sprechen vermag, ist die »schweigende Versammlung«, die dem Sprechen vorangeht. Nichts anderes bedeutet »Sigetik«: Das Woher des Ereignisses duldet kein Wort, sondern allein »Gehorsam« im Sinne des Hörens, das freilich nur dort möglich ist, wo geschwiegen wird; vgl. Beiträge, S. 78 ff. So denkt Heidegger überall von einem »Ur-Sprung« aus, ohne ihn als Ursprung zu denken: »Ur-Sprung«, der zugleich Sprung und Entzug ist: Er bleibt das Unsagbare wie auch Nichtentwerfbare. Wenn also die Sprache der Ort eines *Sichzeigens* ist, das sich verbirgt, indem es sich enthüllt, dann kann die Sprache kein Ort der *techne*, kein Medium sein, sowenig wie sich die Kunst als Medium verstehen läßt. Entsprechend findet der Begriff des Mediums im Denken des Nichts, des Entzugs, der »Erschweigung« seine unüberwindliche Barriere.

und sozialen Systemen als auch durch einen Verlust aus. Die Ambivalenz läßt sich der technischen Entwicklung selbst entnehmen: Zu Beginn eines jeden Innovationsschubs wurde ihr Verhängnis besonders hellsichtig empfunden. Es ist den Instrumenten wie ihren Produkten gleichsam imprägniert. Daran lassen sich *Paradigmen des Anästhetischen* gewinnen. So verlängert Fotografie die Dilemmata der Bildlichkeit, wie sie der Repräsentationsordnung neuzeitlicher Malerei innewohnt, und verschärft deren Wirkung. Die Zeitlosigkeit des Bildes, wie sie Lessing am *Laokoon* aufwies, gilt für sie erst recht. Das Foto läßt die Bewegung medusenhaft erstarren: »Bildliche Darstellung des reglosen, geschminkten Gesichts, in der wir die Toten sehen«, wie Roland Barthes bemerkt.[163] Ihr antwortet ein gleichermaßen bewegungsloser Blick, der hinsieht, aber nicht aufmerksam schaut, indem er *sich* anschauen läßt. Vielmehr verdichtet die Betrachtung einer Aufnahme ein Sehen, ohne selbst gesehen zu werden. Die Entwicklung kulminiert in den Überwachungskamaras, den Webcams, den Live-Shows im Fernsehen: Sie üben Beobachtung als Voyeurismus ein. Gleiches gilt für die Tonbandaufnahme, die ein Hören ohne Gesicht reproduziert und so dem Klang seinen Ausdruck nimmt: Reine Stimme, die zur Signatur wird, die zwar ihre Lautstruktur aufbewahrt, der die Performanz aber fehlt und die daher zu sonderlicher »Artikuliertheit« gezwungen ist. Mit der Trennung der Geräte ist zudem die Spaltung der ursprünglichen Synästhesie der Wahrnehmung technisch sanktioniert: der Zwang zur Diskretierung sprengt ihren Konnex, zerschneidet sie in unterschiedliche Bänder, die getrennt voneinander aufgenommen und wieder dechiffriert werden müssen. Kaum etwas, schreibt Virilio, würde »einen so unerhörten Fortschritt darstellen wie die Möglichkeit, die verschiedenen Sinneswahrnehmungen zusammenzuschließen«.[164] Zwar ermöglichen Film und Fernsehen die Simultaneität von Hören und Sehen, doch basiert ihre Verbindung auf der sekundären Synchronisation nebeneinanderlaufender Spuren, die exakt aufeinander abgestimmt werden müssen: Erfordernis einer Regie, die noch da zu bemerken ist, wo beide digital vereinheitlicht werden. Entscheidend ist dabei die Fokussierung der Aufmerksamkeit. Die »Fülle« des Gesehenen, Gehörten und Ge-

---

163 Barthes, Kammer, S. 41.
164 Virilio, Film, S. 167.

fühlten schrumpft zu einem einzig gesehenen Bild, einer gesondert hörbaren Stimme: Die Dialogstruktur der Fernsehspiele folgt ihrer einstudierten Sukzession. Zudem gelingt die Reproduktion und Aufzeichnung ausnahmslos nur für die sogenannten diskursiven Sinne, die sich der Zerlegung und damit auch der Lektüre anbieten: Systematisch bleibt ihr Anderes, ihr Nichtlesbares ausgespart. Rigoroser verweigern sich dagegen die nichtdiskursiven Sinne ihrer Technisierung: Gerüche legen, wie Geschmack, ihrer Reproduktion prinzipielle Schranken auf, weil sie an Materialitäten gebunden sind; ihre Ausbreitung läßt sich kaum einschränken oder »schneiden«. Nur unzureichend fügen sie sich der Struktur der Wiederholung.[165] Vorstellbar wären etwa Drufträume, die jedoch relativ statisch blieben und der Zeit gegenüber verharrten. Desgleichen gilt für Berührungen: Ihre Simulation müßte jeden Punkt der Haut treffen und für jede beliebige Druckempfindung reizbar und empfänglich sein, das heißt ein »Kontinuum« schaffen. So erweist sich die mediatisierte Wahrnehmung bereits als Konstrukt, das Einübung verlangt und die Wahrnehmbarkeit selbst abrichtet. Deshalb hatte Benjamin vermutet, daß »[i]nnerhalb großer geschichtlicher Zeiträume [...] sich mit der gesamten Daseinsweise der menschlichen Kollektiva auch die Art und Weise ihrer Sinneswahrnehmung [verändert]. Die Art und Weise, in der die menschliche Sinneswahrnehmung sich organisiert – das Medium, in dem sie erfolgt – ist nicht nur natürlich sondern auch geschichtlich bedingt.«[166]

3.1.2 Gewiß birgt die Technisierung der Wahrnehmung auch eine Erweiterung der Sinne: Sie liegt in Richtung ihrer Effizienzsteigerung. Dazu gehören die Schärfung und Verfeinerung der Seh- und Hörbarkeit, das Vordringen in Bereiche des Mikroskopischen und Makroskopischen, das Überspringen von Räumen und Zeiten, die Intensivierung der Eindrücke, wie sie mit den optischen Erfindungen der frühen Neuzeit einsetzten. Freilich bleiben ihnen Grenzen auferlegt: Extreme Vergrößerung verliert sich zuletzt ins Diffuse. Zudem betrifft ihre Optimierungsleistungen einzig die Einzelsinne, die sich ihrem Anspruch fügen – die Anverwandlung von Auge und Ohr an die Maschine. Nach Paul

---

165 Dies ist weiter ausgeführt in: Mersch, Aistherik und Responsivität.
166 Benjamin, Kunstwerk, S. 17.

Feyerabend hatte sich nach der Einführung des Fernrohrs durch Galilei die Anschauung an diesem auszurichten, statt umgekehrt die Apparatur am Sehen.[167] Das technische Gerät oktroyiert dem Blick das Kriterium der »scharfen Sicht«, das den »gestreuten Blick« der *contemplatio* ablöste. Sein Maß hat sich der Optik der Kamera und der technischen Entwicklung der Bildschirme irreversibel eingeschrieben. Ähnliches läßt sich für akustische Übertragungen im Radio reklamieren: Sie erfolgen entlang der Prinzipien der klaren Diktion. War der vormalige radiophone Stil der Rede zumeist deklamatorisch, wie frühe Aufnahmen belegen, weicht er fortan der geschliffenen Neutralität strikter Objektivität. Pausen, Versprecher oder unkontrolliertes Räuspern werden systematisch eliminiert: Die Arbeit des Sprechens folgt der glatten, aber zerschnittenen Rede, die kein Zögern, kein Suchen nach Worten, kein Irren mehr zuläßt und damit die gedankliche Verfertigung unkenntlich macht – eine sterile Vollkommenheit, die selbst in die politische Rhetorik eingegangen ist. Desgleichen gilt für Musikaufnahmen: Die Perfektion des Studios erscheint als Maßstab des Konzerts. Dazu paßt die Ausmerzung vermeintlich störender Atemgeräusche, die der Anspannung des Spielers entstammen und seine körperliche Präsenz festhalten. Ausdrücklich hatte sie Maurico Kagel in *Ludwig van* (1969) und anderen Produktionen wieder zugänglich gemacht: Imperfektibilität des Menschlichen, deren Ausblendung Musik den Apparaten unterwirft, die sie reproduziert, gegenüber dem Diktat des Technischen. So schlägt die Technisierung der Wahrnehmung auf diese zurück. Ihr Fortschritt streicht zugunsten des technischen Ideals die spezifische Sensibilität der Gewahrung aus: Normierung des Mediatisierten durch das Medium, die der Zurichtung des Aisthetischen gleichkommt. Entsprechend birgt die Erweiterung der Sinne auch deren Verminderung: »Bloße Verdeutlichung dessen [...], was man ohnehin undeutlich sieht«, wie Benjamin ironisch notierte.[168] So wohnt der Transformation des Ästhetischen der gleichzeitige Prozeß einer »Anästhesierung« inne:[169] Die Maxi-

---

167 Vgl. Feyerabend, Methodenzwang, S. 194f.; Böhme, Technisierung der Wahrnehmung.
168 Benjamin, Kunstwerk, S. 41.
169 Das Begriffspaar »Ästhetik« und »Anästhetik« ist Marquardt, *Aesthetica und Anaestehica*, entnommen. Welsch hat es später in *Ästhetisches Denken*, S. 9-40 als Dialektik von Ästhetisierung und Anästhesierung popu-

mierung der Sichten, der Berührung, der Öffnung der Ohren verkehrt sich in eine Minimierung von Aufmerksamkeit.

3.1.3 Die Dynamik technischer Mediatisierung ist darüber hinaus an die Beliebigkeit von Wiederholungen geknüpft. Sie setzt Stereotypie voraus: Iterationen erzeugen stets dasselbe, wenn sie an Maschinen angeschlossen sind. Variationen lassen sie nur dann zu, wenn sie deren Mechanismus inhärieren. Das Unvorhersehbare bedarf noch der Regel, die es vorhersehbar macht: An diesem Paradox krankt jede Computerkunst. Sie findet ihre Beschränkung am Determinismus des Systems: Ihre *perfectio* bezeugt ihren Makel. Insbesondere fehlt das schöpferische Potential des Fehlers, wie er den Bildstörungen der Fernsehinstallationen Nam June Paiks innewohnt. Auf dessen kreativen Implus hatte auch Beuys bestanden: Erst der Fehler ermögliche Überschreitung – darauf beruhe seine »ungeheure Gnade«.[170] Hingegen läßt sich der Computer als Überspitzung des Phantasmas der Maschine, seine endliche Verwirklichung beschreiben: Seine Essenz ist der Automatismus der Regel ohne Zutun. Zwar vermochten Surrealismus und Dadaismus im Automatischen die Effekte einer Entmächtigung des Subjekts zu erkennen, insofern der »Regel ohne Zutun« ein nichtintentionales Moment zukommt, das sich den Ansprüchen des Willens widersetzt; doch bedeutet diese Entmächtigung im digitalen Medium gerade nicht die Evokation des Zufalls als »Zu-Fall«, als die Annahme eines anderswo Herkommenden, das den »Sprung« von der *intentio* zur Anerkenntnis seiner »Gabe« erfordert – vielmehr beschränkt sie sich auf die Identität von Wiederholungen, die mit jeder Wieder-Holung exakt das Gleiche produziert. Die Kraft der Alternierung, die Derrida dem Schema der Iterabilität unterlegte, erscheint dann systematisch ausgeschlossen. Alles ist vielmehr auf Genauigkeit geeicht: Dem Phantasma der Maschine ist das Phantasma einer verlustlosen Identität immanent. Sein Fetisch ist machtförmig: Die Präzision der Gleichheit multipliziert Verfügbarkeit. Sie schließt Abweichungen aus: Beherrschung des Gesetzes als Un-Endlichkeit, die die Zeit auslöscht

lär gemacht. Allerdings verwendet er den Begriff der Anästhetik äquivok. Mal wird er als »Zustand, wo die Elementarbedingungen des Ästhetischen – die Empfindungsfähigkeit – aufgehoben ist«, ausgewiesen, mal als »Elementarschicht der *aisthesis*« ausgezeichnet; ebd., S. 10f. u. 31.

170 Vgl. Beuys, in: Harlan, S. 37.

und sich die Idee der Ewigkeit als überwundenen Todes einverleibt. Die klassische Maschine bildete noch deren unvollkommene Vorstufe: Sie ließ das Nichtantizipierbare, das Ereignis zu, weil sie weit mehr als der Computer an die Widerspenstigkeit des Materials gebunden war. Hingegen kennt dieser allein den Absturz. In ihm kulminiert das Unbestimmte, das Amorphe, die moderne Katastrophe, ohne freilich in die Programme selbst einzugehen. Die Trennung, die gewöhnlich zwischen *hard ware* und *soft ware* gezogen wird, bestimmt sich dann als absolut: Es gibt keinen Sprung von der letzteren auf die erstere. Vollständig scheint damit das digitale Medium das Ideal der *techne*, als das es gefeiert wird, zu erfüllen; doch löscht es mit der Immaterialität der Syntax nicht nur die Erinnerung an das Material, seiner Zeitlichkeit und Entropie, sondern verweigert sich auch der aisthetischen Empfindbarkeit seiner Präsenz. So schwindet, in dem Maße, wie das Technische im Bild des Computers seinen äußersten Triumph erfährt, der Sinn für den »Glanz« der Dinge, ihre spezifische Verletzlichkeit und Fragilität. Die von Beuys apostrophierte Entfaltung der Sensibilität fürs Stoffliche fällt unter diesen Bedingungen aus. Computerkunst, die allein auf die Gaukelspiele unwahrscheinlicher Simulakra setzt, findet daran ihre Ärmlichkeit. Die digitale Perfektion induziert keine Erfahrung: Ihr kommt jene kühle Glätte zu, woran die Wahrnehmung buchstäblich abgleitet. Zwar gestattet sie die Ausdehnung sinnlicher Abenteuer ins Maß-lose und Un-Vorstellbare, gleichwohl enthalten diese nur, was der Algorithmus generiert. Kunst ist mehr, als dieser zu bieten vermag.

3.1.4 Damit einher geht jene überstürzte Produktion, die der Universalität ökonomischer Verwertung korreliert. Zu deren Dynamik gehört die Beschleunigung von Warenströmen, die ihre Grenzen ebenfalls im Stofflichen finden. Ihre nochmalige Multiplikation setzt die Transition ins Immaterielle voraus. Keine Zeit hat so viele Bilder erstellt, Musiken erzeugt und umgesetzt oder Geschichten erzählt und vervielfältigt wie die gegenwärtige. Und keine Epoche hat die Kunst so sehr mißbraucht und zur bloßen Kulisse eines reproduktiven Konsums degradiert. Es ist eine Kultur, bestimmt zum Wegsehen und Weghören; eine Kultur des Vergessens: Sie sättigt sich im »Viel-zu-Vielen«.[171] Das digitale Me-

---

171 Calvino hat im gleichen Sinne von einer »Pest« gesprochen: Die Präsenz der Medien trage den Lärm in die Welt und mache ihn unausweichlich:

dium ist ihr adäquat. Die Bewältigung des Übermaßes, das zugleich eines der Nichtigkeit, des Verzehrs und der erschöpften Ressourcen ist und die Sinne überfordert, bedarf noch der Steigerung der Verteilung und Vervielfältigung. Ihre Möglichkeit hängt wiederum von einer fortschreitenden Technologie ab, die sie antreibt. Sie zwingt die Sinnlichkeit in ein atemloses Stakkato von Reizen und Überreizungen, deren Wirkung sich bis zur pathologischen Abstumpfung verdichten. Sie kehrt Adornos Diktum von der »bilderlosen« Welt der Moderne um – und bestätigt sie erst recht. Mit ihr hat die Kulturindustrie endgültig ihren Sieg über die Kunst davongetragen. »Beschleunigung« liegt, wie zudem Virilio immer wieder deutlich gemacht hat, in der Logik des Technischen selbst: Sie folgt dem Gesetz der Optimierung, die mit ihrer Forcierung die Gleichzeitigkeit von Überschwemmung und Reizlosigkeit beschert.[172] Treffend spricht deshalb Virilio in Umkehrung aufgeklärter Lichtmetaphorik von einer »Überbe-

---

»Wir leben unter einem Dauerregen von Bildern, die mächtigsten Medien tun nichts anderes, als die Welt in Bilder zu verwandeln und sie durch eine Phantasmagorie von Spiegelspielen zu vervielfachen: Bilder, denen zum großen Teil die innere Notwendigkeit fehlt, die jedes Bild charakterisieren sollte, in der Form und im Inhalt, im Vermögen, die Aufmerksamkeit auf sich zu ziehen, und im Reichtum an möglichen Bedeutungen. Ein großer Teil dieses Bildergewölks vergeht sofort wie jene Träume, die keine Spur im Gedächtnis zurücklassen; was jedoch nicht vergeht, ist ein Gefühl von Leere und Unbehagen«; Sechs Vorschläge, S. 85. Weiter heißt es: »Heute werden wir von einer solchen Menge an Bildern bombardiert, daß wir nicht mehr unterscheiden können zwischen unserer direkten Erfahrung und dem, was wir ein paar Sekunden lang im Fernsehen gesehen haben. Das Gedächtnis wird mit Schichten von Bildsplittern regelrecht zugeschüttet wie eine Müllgrube, in der es immer schwieriger wird, unter all den vielen Formen noch eine einzelne zu unterscheiden. Wenn ich die Anschaulichkeit in meiner Liste der zu bewahrenden Werte mit aufgenommen habe, dann deshalb, um vor der Gefahr zu warnen, daß wir ein fundamentales Vermögen des Menschen verlieren könnten: die Fähigkeit, mit geschlossenen Augen konturenscharfe Bilder zu sehen, aus der Reihung von schwarzen Buchstaben auf einer weißen Seite Farben und Formen aufsteigen zu lassen, in Bildern zu denken.« Ebd., S. 127f. Ähnlich heißt es bei Serres: »Kein Ort, kein Fels und kein Winkel im Haus, kein Luzernenfeld, kein Dickicht im Wald, kein Eckchen und keine Wüstenei, kein Loch, kein Gang, keine Mitte, kein Brunnen und kein Gipfel, kein Plätzchen in luftleeren fünfundzwanzigtausend Fuß Höhe, welche die Medien nicht mit ihrem Lärm kontrollierren.« Sinne, S. 164, 165.
172 Vgl. Virilio, Horizont.

lichtung«.[173] Die Menge an verfügbaren Daten und Verbildlichungen vernutze die Wahrnehmung, lasse, was es zu sehen gäbe, gleichgültig werden: »Die Geschwindigkeit macht das Sehen zum Rohstoff«.[174] Die Überproduktion der Bilder und Überbelichtung gehören darum, wie allseitige Vertonung und »Übertönung«, zusammen: Die Bilderflut erstickt im Bild, was sie zu bewahren trachtet, wie die akustische Dauerberieselung das Hören verdirbt: Sie nötigen zur Abwendung. Das technisierte Auge und Ohr erweist sich dann als ebenso blind wie taub. Die Rache des Mediums, das »alles« verbildlicht, aufzeichnet, hörbar macht und darin den Kreis des Verfügbaren ständig erweitert, besteht so gerade in der Stillstellung, der Vernichtung des Wahrnehmbaren. Und wie die Wahrnehmung im Antworten wurzelt, bedingt ihre »Überbelichtung« ihre »Antwortlosigkeit«. Das gilt noch für die sogenannten »interaktiven Medien«. Der Betrachter vermag das Videobild zwar zu steuern oder zu generieren, aber er kann seinem Geschehen nicht respondieren: Was begegnet, die Alterität des Wahrnehmbaren, verkümmert zum Zeichen, zur manipulierbaren Maske; es erlaubt keine Berührung. Entsprechend hatte Heidegger der Technisierung der Sinnlichkeit eine »Verweigerung von Welt und Verwahrlosung des Dings« vorgehalten: »Aber wir hören noch nicht, wir, denen unter der Herrschaft der Technik Hören und Sehen durch Funk und Film vergeht.«[175] Die Anästhesierung der Wahrnehmung, die unter der Forcierung des Überflusses zur Verarmung gerät, wird darin radikal, weil sie unter den Direktiven des Technischen alternativlos wird. Sie vergißt das Vergessen und blendet aus, was blind macht:[176] »Wir haben die Sinne verloren.«[177]

---

173 Ders., Stillstand, S. 19, 72, 97.
174 Ders., Film, S. 182.
175 Heidegger, Technik, S. 46.
176 Zu einem ähnlichen Schluß kommt Welsch: »In der Informationsgesellschaft wird die Wahrnehmung standardisiert, präformiert und oktroyiert. Der Wahrnehmungsflut ist Wahrnehmungsverlust gesellt.« Vgl. Ästhetisches Denken, S. 63.
177 Serres, Sinne, S. 286.

3.2 Blendräume

3.2.1 Ein Paradigma für solche »Blendungen« bildet bereits die Fotografie. Bei der Betrachtung verschiedener Porträtaufnahmen hatte Roland Barthes fast wehmütig ausgerufen: »Ach, wenn es doch auch nur einen Blick zu sehen gäbe, den Blick eines Individuums, wenn doch jemand auf dem Foto den Blick auf mich gerichtet hätte!«[178] Der Impuls notiert das Paradox des fotografischen Blicks: Sehen, ohne daß etwas zurücksieht. *Fotografie verweigert Begegnung.* Selbst wenn mir die abgelichtete Person direkt in die Augen zu sehen scheint, betrachtet sie nichts – sowenig wie der Fotografierte etwas erblickt. Der Vorgang hat mit der Blicklosigkeit der technischen Instrumente selbst zu tun: »Wie kann man einen intelligenten Ausdruck haben, ohne etwas Intelligentes zu denken, während man dieses Stück schwarzen Kunststoff ansieht«,[179] fragt Barthes weiter. Statt dessen wendet sich der Fotografierte nur an sich: Sobald sich das Objektiv auf ihn richtet, rückt er *sich* zurecht, setzt *sich* in Pose. Er wird zu einem anderen, der *sich spielt*. Die Fotografie hat darin ihren Bezug zum Theater: Der Porträtierte ist nicht »jemand«; er stellt sich aus, inszeniert sich, aber er antwortet auf niemanden. Damit vernichtet die fotografische Sicht die Ursprünglichkeit des Sozialen – jene Antwortstruktur, die im erwiderten Blick zum Ausdruck kommt, wie sie Benjamin mit der Erfahrung des Auratischen in Verbindung gebracht hat: Gewahrung einer Präsenz, die nicht »etwas« ins Bild rückt, sondern jene Singularität, in der sich die *Unverfügbarkeit des Anderen* kundgibt. Das Foto untergräbt sie: Ihm hafte, wie es fast gleichlautend bei Benjamin und bei Barthes heißt, das »Unmenschliche« an, daß der Fotoapparat »das Bild des Menschen aufnimmt, ohne ihm dessen Blick zurückzugeben«.[180] Der Befund koinzidiert mit dem Schockerlebnis der Moderne,[181] worin Benjamin zugleich den Verfall der Aura »im Zeitalter technischer Reproduzierbarkeit« sich ankündigen sah: Beiläufige Berührung durch den achtlos Vorübereilenden, wie es der aufkommenden städtischen Lebensweise entspricht, der sowohl die Nivellierung von Wahrnehmung als auch des Blickwechsels *und damit der*

---

178 Barthes, Kammer, S. 122.
179 Ebd.
180 Benjamin, Baudelaire, S. 670.
181 Ebd., S. 653.

zwischenmenschlichen Beziehung innewohnt. Der Überproduktion der Bilder korrespondiert diese schleichende Asozialisierung. Ihre Bedingung spiegelt sich in der Heraufkunft der Massenmedien und ihrer hypnotischen Kulte. Als Instrumente des Genusses und der Zerstreuung decken sie sich mit der »Spurlosigkeit« des Einzelnen in der Menge – ein Verschwinden, für das dieser sich umgekehrt durch jene rastlose Anhäufung von Gegenständen aller Art, von Waren, Bildern und Lüsten zu entschädigen trachtet, die, so Benjamin, den vergeblichen Abdruck des Lebens unerbittlich ins Materialhafte versenken »wie im Granit die Natur eine tote Fauna«.[182] Mithin birgt die Technisierung der Wahrnehmung einen Riß in der Alterität, der erschüttert, was den Wahrnehmungsprozessen genuin zugrunde liegt: *Die Struktur eines Begegnens im Sinne der Doppelfigur von Responsivität und Responsibilität. Ihr ist der Verlust der Aura als Verlust von Bezug immanent.*

3.2.2 Dies läßt sich nachhaltig am Schicksal des Erotischen exemplifizieren. Es erweist sich als gleichermaßen zeichenlos, wie das Zeichenhafte stets unerotisch bleibt. Jede Erotik nimmt Anteil an der Einmaligkeit der Aura, die seine technische Reproduktion nachhaltig zerstört. Deshalb hatte Roland Barthes darauf bestanden, daß die Mysterien der Anziehung weder konstruierbar noch repräsentierbar seien, ihre Abbildung vielmehr bestenfalls im »Glück« des Fotografen liege, sie »im Moment ihrer Undarstellbarkeit« zu treffen: »[D]ie Hand des Jungen [...] genau im richtigen Grad des Sich-Öffnens, in der Intensität der Hingabe festgehalten: ein paar Millimeter mehr oder weniger, und der Körper, den man erahnt, hätte sich nicht mehr wohlwollend dargeboten [...]: der Fotograf hat den richtigen Augenblick erfaßt, den kairos des Verlangens.«[183] Umgekehrt hat Baudrillard in einer aperçuhaften Bemerkung aus *Videowelt und fraktales Subjekt* die Wirkung von Vergrößerungen als Zerstörung des Erotischen gebrandmarkt: »Aus nächster Nähe betrachtet, gleichen sich alle Körper und Gesichter. Die Großaufnahme eines Gesichts ist ebenso obszön wie ein von nahe beobachtetes Geschlechtsteil. [...] Der Promiskuität des Details und der Vergrößerung des

---

182 Ebd., S. 549.
183 Barthes, Kammer, S. 68, 70.

Zooms haftet eine sexuelle Prägung an.«[184] Das Bestechende der Beobachtung läßt sich an Reklamebildern demonstrieren: Das extreme *Blow up* läßt die Haut zum Objekt eines vulgären Voyeurismus werden. Es reduziert die präsentierten Körper auf die Frivolität einer Nacktheit »ohne Blöße«. Zugleich lassen Bilder, wie schonungslos und ungeschminkt sie sich auch präsentieren mögen, weder Nähe zu noch können sie körperlich an-gehen: Sie wahren Distanz. Bestenfalls attackieren sie das Auge, das gleichwohl Abstand hält. Abstände entstehen dort, wo *beobachtet* werden kann, wo mithin der Betrachter sich unterscheidet und zurücktreten kann, so nah er dem Wahrgenommenen auch kommen mag. Im Bild wird daher jedes Gesicht, jeder Körper zur Oberfläche: ein Reiz, eine Abstoßung, die buchstäblich »kalt« läßt, weil das Körperliche, die Sinnlichkeit der Haut gleichwie ihr Geruch und der Geschmack des Anderen ausfällt. Das Frivole entsteht durch die Radikalität der Differenz, die zugleich die Radikalität einer Indifferenz beinhaltet, welche selbst da noch besteht, wo wir das Bild berühren. Sie läßt das Abgebildete ausschließlich als Objekt entstehen. Deswegen wirken Fotografien, wie getreu sie ihren Gegenstand auch preisgeben, merkwürdig schal: Ihre Leere folgt der Struktur des Zeichens, in das sie ihr Gegenüber verwandeln. Statt dessen bleibt die Wahrnehmung des Anderen, der »begegnet«, auf die Augen-Blicke seiner Singularität, seiner Präsenz und Leiblichkeit bezogen. Die Gewahrung seiner Nähe erscheint nie indifferent, weil sie seine Fremdheit als Fremdheit aufnimmt und im Antworten »wendet« – Nähe, die wie nirgends sonst die Möglichkeit einer Hingabe oder Verschmelzung erlaubt, wie sie umgekehrt gebieterisch jenen Abgrund enthüllt, der zwischen mir und dem anderen klafft.

3.2.3 Ähnliches gilt fürs Hören. Die Verzweiflungen angesichts der *Geliebten Stimme*, die Jean Cocteau in seinem gleichnamigen Einakter monologisch am Telefon vorführt,[185] betreffen den Abriß des Gesichts, das im imaginären Raum der Hörmuschel verschwindet. Einzig anwesend als Stimme, büßt der Andere seine Deutbarkeit ein, weil die übrigen Sinne ausfallen und nur Gesagtes übrigbleibt: bloße Reihung von Signifikanten, die auf ihre

---

184 Baudrillard, Videowelt, S. 254.
185 Jean Cocteau, Stücke, S. 207-226.

»Lesbarkeit« oder auf bloßes Rauschen zurückwerfen. Sie gestatten ein Spiel mit doppeltem Boden, in dem die Masken der Verstellung oder die Lüge um so heimtückischer greifen: Wir heucheln Aufmerksamkeit, während wir mit anderem beschäftigt sind, oder sprechen von Liebe, wo der Geliebte bereits im Nebenraum wartet. Die Vexierung von Gegenwart und Nichtgegenwart zwingt zur Forcierung: Das Telefon nötigt zum Sagen, es transformiert die Beziehung in die Rede, der das Performative, das Gebärdenhafte gleichwie die Nähe einer Anrührung abgeht. Umgekehrt lauschen wir hörend dem Gespräch noch jede Nuance ab, um die winzigsten Zwischentöne als Zeichen zu entziffern, die ihr Geheimnis preisgeben sollen. Was dann verfällt, ist, wie beim antwortlosen Blick der Fotografie, der Bezug selbst: Atem oder Stimme, die getrennt bleiben, wie schmeichelnd sie sich auch ins Ohr flüstern. Die schmerzhafte Absolutheit der Differenz, die durch keine noch so flehende Bitte ausgeräumt werden kann, wird besonders in der Gewalt des abschiedslosen Abbruchs manifest – in Cocteaus Stück dargestellt als Changieren zwischen der Imperfektibilität der technisch unausgereiften Erfindung, deren Leitung immer wieder abreißt, und dem bewußten Schnitt, mit der dem Anrufer die Verbindung unterbricht. Die Unüberbrückbarkeit der Kluft ist nirgends ohnmächtiger zu erfahren als dort: Der Abbruch einer *face-to-face*-Kommunikation setzt voraus, daß ich dem anderen den Rücken kehre, mich ihm ausdrücklich entziehe und gerade dadurch angreifbar mache, während er sich am Telefon auf das Klicken einer Mechanik reduziert. In ihr kulminiert die ganze technische Gewalt; sie macht das Telefon zu einer »furchtbaren Waffe«,[186] wie es bei Cocteau heißt, dessen »fein geschlungene Schnur [...] noch das letzte« ist, was überhaupt verbindet, die gleichwohl gestattet, das Gespräch jederzeit enden zu lassen: Weigerung, zu antworten und sich zu ver-antworten. Die »geliebte Stimme« gewährt durch ihre Erreichbarkeit die Gnade ihrer Gegenwart, während sie durch ihre Unerreichbarkeit ihre Souveränität bekräftigt, die sich nirgendwo verpflichten läßt und schon im nächsten Augenblick in den Abgrund einer Stille zurücksinkt, dessen Qualen tiefer reichen als die Schatten nächtlicher Einsamkeit: »Nur, weißt du, man spricht und spricht und denkt nicht daran, daß man wieder still sein muß, einhängen, ins

---

[186] Ebd., S. 215.

Leere zurück, ins Dunkel.«[187] Nicht weniger eindringlich macht sich das Umgekehrte in Benjamins Notizen über das Telefon aus: Einem Anruf »entgegenträumen« oder ihn »zitternd«, angstvoll erwarten. Das Warten verdünnt den Raum, läßt den Apparat mit dem Wartenden zusammenwachsen, Orte und Zeiten nach ihm abstimmen. »Nicht viele, die heute ihn benutzen, wissen noch, welche Verheerungen einst sein Erscheinen im Schoße der Familie verursacht hat. Der Laut, mit dem er [...] anschlug, war ein Alarmsignal [...]. Wenn ich dann, meiner Sinne kaum mehr mächtig [...], anlangte, um den Aufruhr abzustellen, die beiden Hörer, welche das Gewicht von Hanteln hatten, abriß und den Kopf dazwischen preßte, war ich gnadenlos der Stimme ausgeliefert, die da sprach. Nichts war, was die unheimliche Gewalt, mit der sie auf mich eindrang, milderte. Ohnmächtig litt ich, wie sie die Besinnung auf Zeit und Pflicht und Vorsatz mir entwand, die eigene Überlegung nichtig machte, und wie das Medium der Stimme, die von drüben seiner sich bemächtigt, folgt, ergab ich mich dem ersten besten Vorschlag, der durch das Telephon an mich erging.«[188] Das Telefon kontrolliert seinen Benutzer, richtet ihn ab, was mit steigender Mobilität um so deutlicher zum Vorschein kommt. Es schafft Gestalten einer Kommunikation, die gleichzeitig Begegnung verhindert: Es nährt die Illusion eines Trostes, einer Nähe, die antworten würde, der doch nur das eigene Echo folgt. Nichts vergrößert gleichzeitig den Abstand so sehr wie die Willkür, mit der es sich aufdrängt, um den Anderen, der spricht, ebenso mit einem magischen Klang auszustatten, wie er in einen fernen Hall zurückweicht. Deshalb birgt die Apparatur, im selben Maße wie sie Intimität spendet, deren Verwehrung: Spürbar besonders im Ausbleiben eines Anrufs, im Mißverständnis oder dem stockenden Gespräch, das im Medium der Übertragung zwangsweise in Fluß bleiben muß, soll es nicht versiegen. Vollends wird die Leere nach dem Auflegen des Hörers und der folgenden Isolation manifest: Sie läßt die verpaßte Gelegenheit, das Unausgesprochene um so offenbarer hervortreten. Nichts hat die zurückbleibende Sprachlosigkeit von jener Atempause, die dem Abschied folgt, in der die gewesene Präsenz des Anderen weiterschwingt: Das Telefon hat deren Fühlbarkeit an die Reglosigkeit der Apparatur ab-

187 Ebd., S. 216.
188 Benjamin, Berliner Kindheit, S. 243.

getreten. Die Stille, die die Unterredung trägt, wird dann im Schweigen unerbittlich: »[D]er Hörer liegt wieder auf der Gabel... und dann Schweigen... – Ein Schweigen, das man ein ›bestürztes Schweigen‹ nennt. – Eine so große, so bedrückende Bestürztheit, daß sich kein Wort mehr rührt...«[189]

3.2.4 Wo die Erfahrung der Stille schwindet, geht auch die Aura der Stimme verloren. Die Sprache *ereignet Alterität*: Der Andere spricht, wie er *mich an-spricht*, zugleich *in mir*. Er haftet mit seiner Anwesenheit. Wie aber die mediale Vermittlung beliebige Verbindungen stiftet und die Kommunikation auf die Straße und die öffentlichen Plätze bringt, löscht sie buchstäblich seinen Ort. Der Andere erscheint nicht länger lokalisierbar: Es mangelt an Bildern, an Vorstellungen seines Aufenthalts. Ins Extrem steigert sich die Erfahrung in den *Chatrooms* des Internet. In die »Chats«, die nicht umsonst ihre Bedeutung vom »Schwatzen« haben, lassen sich »Befehle eingeben«, ohne an eine schlüssige Identität gebunden zu sein. Die Rollen, mit denen man sich wechselnd bekleiden kann, bleiben im Unverbindlichen: Nicht einmal mehr Maske, deren Präsentation enthüllt, was sie verbirgt, sondern Schriftzug ohne Unterschrift – herrenlose Initiale, die jegliche Bindung an Raum, Zeit und Materialitäten abgestreift hat. Im Schutze radikaler Anonymität läßt sich so ein komplettes Spiel geraubter oder fiktiver Identitäten entfachen, ohne auch nur im mindesten auf die Konsistenz der benutzten Zitate achten zu müssen, geschweige denn, sie zu ver-antworten: Die Möglichkeiten des Ausstiegs sind restlos und ohne Konsequenz. Zwar trifft dies zu gewissem Grade auch für die Begegnungen in der Öffentlichkeit zu – wir können uns immer als jemand anders ausgeben, ein Pseudonym wählen, hochstapeln, aber wir können niemals unsere eigene leibliche Gegenwart auswischen: Wir sind ganz anders »im Spiel« als »im Medium«. Auf der Straße, in Diskussionen entwerfen wir uns mit dem ganzen Gewicht unserer körperlichen Anwesenheit. Nirgends vermögen wir uns wirklich zu entziehen, höchstens zu schweigen oder unbeteiligt zu bleiben, doch bleiben unsere Reaktionen stets auf ihre Weise Aussetzungen oder Kommentare. Auch der Dialog am Telefon beruht noch auf dem wie immer spürbaren Hauch von Präsenz in der Stimme, die sich ver-

---

189 Sarraute, Aufmachen, S. 22.

hüllen mag und deren Zittern oder kaum merkbare Verhaltenheit womöglich Rätsel aufgibt; gleichwohl behält sie ein Stück persönlicher Authentizität. Hingegen weicht sie am Computerbildschirm einer stereotypisierten Signatur, die sich jenseits der Performativität der Rede in eine indifferente Reihe von Signifikanten auflöst, die ihre Existenz allein als Textur besitzt.[190] Die gelegentlich beigefügten *Emoticons* kompensieren den Mangel erneut auf der Ebene der Zeichen und verleihen der Textur bestenfalls ein komplexeres Schema, keine »Tiefe«. Begegnungen finden folglich ausschließlich an der Außenseite der Kommunikation statt – in einem virtuellen »Dark Room« als Parade bizarrer Figuren wie aus Heldenepen, romantischen Märchenwelten oder *Comic strips*: Traumgestalten mit vielfachen Gesichtern, namenlos, trotz oder gerade wegen der verschwenderischen Phantastik ihrer Benennung. Sie operieren ohne Verbürgung, mithin auch ohne Bürgschaft dafür, ob es sich um einen Menschen oder ein Programm handelt. »Leben im Netz« bedeutet eine Versuchsanordnung, eine Flucht mit gesteigerter Geschwindigkeit: Vagabundierende Textbausteine, die navigieren, statt zu kommunizieren, und darin bisweilen digitalen *fakes* zum Verwechseln ähnlich sehen.[191] So animieren Codes andere Codes, bis sich der Austausch der Netzwerke dieses schließlich an sich selbst rückkoppelt. Man darf nicht vergessen, daß die Struktur dieses Tauschs gerade *nicht* interaktiv ist, auch wenn er sich so gebärdet. Er birgt vielmehr die Verkehrung der *actio*, weil er nicht auf Anderes zugeht, sondern bei *sich* bleibt. Die Umkehrung trifft überhaupt den Ort der Öffentlichkeit. Er büßt jegliche Freizügigkeit ein, weil die *Agora* des *World Wide Web* keinen Platz darstellt, wohin man sich begibt, sondern dieser wird ins Private hereingeholt, abgeschirmt. Man ist mit sich allein: »Pol eines Stillstandes«, wie Virilio vermerkt hat,[192] dem ein narzißtisches Phantasma zukommt und dessen Wahrnehmungsstruktur der Voyeurismus ist. Dann geht ein definitiver Bruch durch die Erfahrungen von Präsenz, die einer Spaltung der Alterität gleichkommt, weil die Dimension des Sichaussetzens fehlt, die für Beziehungen überhaupt konstitutiv ist. Vielmehr reduziert sich deren Geschehen auf die Verkopplung

---

190 Vgl. auch Krämer, Medien als Spur, S. 87f.
191 Turkle, Leben im Netz, S. 119ff.
192 Virilio, »Wenn die Zeit Geld ist…«, S. 19.

mit einer Maschine, die ihre Botschaften in die immaterielle Bahn eines nicht zu ergründenden ortlosen »Hyperraums« schreibt, das mit Recht der Metapher eines »virtuellen Netzes« folgt, in dem Verbindungen kontingente »Knoten« darstellen, keine Bezüge. Zwar ist *jede* Manifestation prinzipiell immer auch die Manifestation *eines Anderen*, der Anderer ist *für* Andere, weshalb die Automatisierung der Kommunikation nie restlos gelingen kann und der Turingtest buchstäblich am eigenen Leib scheitert;[193] gleichwohl verliert sich die Spur der Andersheit mit fortschreitender Technisierung. Sie wandelt die Strukturen von Alterität und Responsivität zum Akt eines Schreibens und Lesens, dessen »Responsibilität« nur mehr in der alleinigen Verantwortung des Spiels und seiner Regeln liegt – nicht des Menschen.

3.2.5 Das Phantasma des Narzißmus ist den technischen Entwicklungen selbst imprägniert; in ihm erfahren sie letztendlich ihre Erfüllung. Seine räumliche Realisation ist der *Cyberspace*. Als simulativer Prozessorraum entbindet er vom Realen, dessen »digitaler Schein«, wie Flusser gesagt hat, um so »schöner« ist, je »wirklicher« und »wahrer« er seine alternativen Welten projiziert.[194] Indessen geraten seine »Simulakra«, die bereits Platons Höhlenmenschen ein fremdes Leben vorgaukelten, in einen doppelten Widerstreit zur Leiblichkeit. Wie vormals an Pfähle, sind sie heute an die Maschine gekettet, binden sich freiwillig an sie – statt durch Entfesselung zum Stufengang einer *paideia* befreit zu werden. Darauf hat Seel aufmerksam gemacht. Die Vortäuschungen an den Randzonen der Konstruktion führen dort, wo sie sich gleichsam mit der Wirklichkeit berühren, nicht nur zu Widersprüchen – wie der unmögliche Sprung vom Hochhaus, dessen Schritt über das Errechenbare hinaus wieder auf die eigenen Füße fallen läßt, beweist –, sondern der Körper muß auch, wenn er sich auf seine unbegleiteten »Fahrten« begibt, »stillgestellt« werden: Er muß sozusagen seinen eigenen Raum, seine Orientierung von sich abspalten, um sich ganz seinen anderen »Reisen« hinzugeben.[195] Nirgends tritt er mit seiner Verletzlichkeit den imaginären Gestalten *gegenüber*, sondern er begibt sich *in* die Ap-

---

193 Vgl. Dreyfus, Computer, S. 183 ff.
194 Flusser, Medienkultur, S. 215.
195 Vgl. Seel, Medien der Realität, S. 259 ff.; desgl. Virilio, Verhaltensdesign, S. 91.

paratur, wird zum Teil ihrer Schaltkreise, *an* die er sich anschließt. Der Zustand gleicht der Entkörperlichung durch die Maschine: Der Leib degradiert sich zum Element ihres Gefüges. So kontrastiert dem virtuell Erlebten auf eigentümliche Weise die körperliche Passivität, die alle anderen Reizquellen ausschaltet, um in den *Cave*, die »Höhle der Simulakra« einzutauchen: Trostloses Bild eines konvulsivisch zuckenden Leibes, der, wie von Drogen geschüttelt, seine Abenteuer woanders besteht. Der virtuelle Raum nimmt die Wahrnehmung derart vollständig in Anspruch, daß der Ort der Anwesenheit buchstäblich *entleibt* werden muß. Er schließt alle anderen Erfahrungsquellen aus und isoliert den Reisenden restlos von der Außenwelt. Seine Einsamkeit ist total. Ebenso Akteur wie Konsument, macht er sich zum Autisten seiner Erlebnisse: Kein Anderer, der begegnet oder antwortet, sondern sein eigener Schatten, sein Phantom, seine »Spektralität«. Der Autismus gerinnt so zur Chiffre des Zeitalters. Ihm ist die Allergie gegen alles Andere eingelassen. Die technische Zurichtung zum Algorithmus macht das Gegenüber zum Sklaven meiner Steuerung, die ebenso seine Freiheit, seine *Unfüglichkeit* abweist wie seine *Unverfügbarkeit*, die Unmöglichkeit seiner Inbesitznahme. So isoliert sich der Autist des *Cyberspace* im Grab seiner eigenen Phantasie: Kurzschluß mit sich selbst, dessen gesteigerte Metapher *Cybersex* ist. Darin liegt nicht nur eine Verweigerung dessen, was Wahrnehmung bedeutet, der Tatsache nämlich, daß sie niemals *bei sich*, sondern stets *bei einem Anderen*, Ungemachten beginnt, *sondern auch ein Verfall von Öffentlichkeit, des Sinns von Alterität, von Antwortenmüssen im Sinne ursprünglicher Ver-Antwortung* – denn Erfahrung »gibt es« nur, wo etwas »sich gibt«, »sich zeigt«: die »Gabe« des Anderen als Ereignis.[196]

3.3 Verlust der Aura

3.3.1 Mit dem Verlust von Alterität und Responsivität ist eine Zerstörung des Auratischen angezeigt. Erneut bestätigt sich damit Benjamins These vom Auraverlust – nunmehr gewendet auf jene gesteigerte Technisierung im »Zeitalter der technischen Me-

---

196 Vgl. Waldenfels, Experimente, S. 238 ff.

diatisierbarkeit«. Wie bei Benjamin ist sie am Schicksal der Wahrnehmung abzulesen. Offenbar unterbindet das technisch Mediatisierte den Modus des Antwortens, indem er das jeweils Begegnende in ein wiederholbares Zeichen, eine verrechenbare »Marke« verwandelt, das qua Marke seine Singularität immer schon eingebüßt hat. Das mediale Feld gehört dem Code, den signifikanten Ketten, der Formation, nicht den Materialitäten, der Widerfahrnis, der Einzigartigkeit des Augenblicks. Medien-Ontologien beschreiben in diesem Sinne »immaterielle« Ontologien: Sie kalkulieren mit Funktionen. Letzteres gilt vor allem für digitale Medien. Wie Zeichen kraft ihrer Duplizität von Bedeutung und Materialität stets »sagen« und »zeigen«, streicht die Technizität des Mediums die Möglichkeit der doppelten Spur aus, schlägt sie allein dem Format der Textur, ihrer Oberfläche zu. Nichts anderes bedeutet der Ausdruck »Virtualität«. »Materie«, schreibt zudem Virilio, wird »für den Cineasten« – und er läßt keinen Zweifel, daß wir alle zu Cineasten geworden sind – »ihre Darstellung: eine externe, direkte ›Darstellung‹ und gleichzeitig eine interne und indirekte Darstellung, wobei der Gegenstand, das Instrument dem bloßen Auge nicht nur präsent, sondern *telepräsent* wird«.[197] Telepräsenz erfordert die Assimilierung des Blicks ans technische Gerät. Das Auge wird zum Instrument, das der Simultaneität von Übertragungen, der Zersplitterung der Gesichtswinkel, ihrer Dispersion in unterschiedliche Perspektiven bereitwillig folgt. Die Sichtbarkeit wird »telematisch«; sie gehorcht der Totalisierung von Beobachtung und Kontrolle. Das technische Medium trägt so in die Wahrnehmung den Schriftzug eines Verschwindens ein, der mit der Technizität von Wiederholbarkeit einhergeht: Das Changieren der Duplizitäten, die zwischen Erscheinen und Sinn spielen, verflacht zur einsinnigen Lesbarkeit. Dann zersetzt die Logik der Repetitivität, wie sie der Technisierung des Medialen immanent ist, dessen Ereignen, zehrt es aus. Festzuhalten wäre dagegen an dem, das sich der Wiederholung widersetzt, das in der mechanischen Reproduktion unlesbar bleibt, das unterm Diktat technischer Allmacht Residuum eines Nichtdarstellbaren wäre: der Imperfektibilität der Abläufe, in der sich die spezifische Materialität der Apparate und die Performativität ihres Gebrauchs festhalten. Derartige Spuren wären Bedie-

---

197 Virilio, Stillstand, S. 18.

nungsfehler oder Ungeschicklichkeiten, worin ein Regelloses zum Ausdruck kommt, oder Zufälle, die unvermittelt in die Reibungslosigkeit der Prozesse eingreifen und ihre Mechanik unterbrechen. Sie nehmen für die technologische Ordnung die Stellung eines »Un-Falls« ein. Es ist das aus deren Funktionen gleichermaßen Herausgerechnete und Heimsuchende, das als *skandalon* auftaucht. Dessen Schock läßt inmitten des technischen Scheins den Augenblick einer Fragilität zum Vorschein kommen. Er bringt die Unkalkulierbarkeit der Apparatur in Erinnerung.[198] *Es gibt nichts Auratisches im technisch Mediatisierten, es sei denn, es hat die Kontur der Negativität, des Todes. Einzig er nötigte zum Antworten.*

3.3.2 Entscheidend ist damit, daß die Struktur technischer Mediatisierung der Wahrnehmung eine Ordnung auferlegt, die sie in ihrem Innern zerspaltet: *Sie entzieht ihr ihre elementare Antwortstruktur.* Es ist die Teilung, die dem Medium selbst innewohnt, seine Struktur der Signifikanz und Repetivität, die gestattet, vom Begegnenden zurückzutreten und es mit dem kalten Blick der Indifferenz anzustarren. Gewiß spielen Bilder und Nachrichten bei der Vermittlung des Ungeheuerlichen und der Gewalt eine entscheidende Rolle; aber zugleich ermöglichen sie Gleichgültigkeit und die Verweigerung jener Präsenz, durch die ich im Ereignis von Begegnung gefordert und aufgefordert bin. Im Fehlen solcher Ansprüche zeigt sich die *konstitutionelle Ver-Antwortungslosigkeit* des Mediums. Das meint nicht das vordergründige Thema einer Medienethik, die auf Selbstkontrolle hinausliefe, vielmehr geht es darum, innerhalb von deren Programmen – und das heißt zugleich: der *techne* – die Struktur einer Abtrennung zu entdecken, die die ursprüngliche Nötigung zu antworten aussetzt. Das unterscheidet das Ereignen aisthetischer Präsenz von der medialen Ästhetik der Vergegenwärtigung: Dort kann ich nicht umhin, Stellung zu beziehen, während hier die Abwendung, die Teilnahmslosigkeit folgenlos verstreicht. Das bedeutet auch,

---

198 Perfektion und Zerstörungsmaß gehören dabei zusammen: »[J]e zivilisierter der Fahrplan, je effektiver die Technik, um so katastrophaler die Destruktion im Kollaps.« Schiefelbusch, Eisenbahnreise, S. 118. Die Verdrängung des Todes reicht bis ins Design hinein: Gewalt und Zerstörungswut erscheinen desto abwesender, je gefährlicher sich die Apparatur erweist.

daß mediale Bezüge anders ausfallen als amediale: In diese sind wir bis zur Idiosynkrasie verwickelt, jene schließen wie Traumsequenzen die Möglichkeit der Selbstdistanzierung ein. Noch die aggressivsten Szenen lassen sich reglos und interessiert betrachten; sie lassen sich wieder und wieder anschauen und an ihnen eine detektivische Lust erproben, ohne im mindesten betroffen zu machen. Hingegen ist sich auratischer Präsenz nicht »zu entschlagen« (Benjamin); sie verfolgt und stellt mich, wie Lévinas es vom »Antlitz« gesagt hat, dessen Entblößung mich mit der ganzen Eindringlichkeit seiner ethischen Forderung konfrontiert: »Die Nacktheit des Antlitzes ist Not, und in der Direktheit, die auf mich zielt, ist es schon inständiges Flehen. Aber dieses Flehen fordert. [...] während die Welt [...] nichts vermag gegen den freien Gedanken, [...] nötigt sich das Antlitz mir auf, ohne daß ich gegen seinen Anruf taub sein oder ihn vergessen könnte.«[199] Es gibt damit zwei Arten von Gegenwarten: Einmal die Gegenwart im Sinne der Aura, des Unverfügbaren, wie sie der *Aisthesis* zukommt und der Logik der Alterität gehorcht und deren Widerfahrnis ins Ausgesetztsein zwingt, zum anderen Gegenwart in der Bedeutung des Nachträglichen, des Mediatisierten oder Ver-Gegenwärtigten, zu dem ich mich verhalten kann oder auch nicht und das mir jederzeit erlaubt zurückzutreten. Diese spricht die Wahrnehmung im Ganzen an, die aus der Struktur ihrer Responsivität auf eine Anwesenheit verweist, die nicht Spur ist; jene vermag dagegen allein nur durch das Mediatisierte hindurch die Bahnung eines Unwiederholbaren ausmachen, die an eine Anwesenheit gemahnt, die durch die Ordnung der Wiederholung längst schon getilgt worden ist. Die Eindringlichkeit des Aisthetischen geschieht so im Angesicht auratischer Präsenz, *auch wenn die philosophische Sprache von ihr nur eine paradoxale Zeugenschaft geben kann.* Dem medial Vermittelten bleibt diese hingegen aus, weil sie immer schon eine Sekundarität, eine »Schneidung«, das Spiel von Wiederholung, Zeichen und Differenz voraussetzt. Sie läßt Auratisches nur im Bruch »aufscheinen«.

3.3.3 Wie perfekt die technischen Mediatisierungen, ihre Wiedergabe oder Aufzeichnung auch immer ausfallen mögen, wie sehr die »Echtheit« des Erlebbaren glückt oder ins artifizielle Spiel der

---

199 Lévinas, Spur des Anderen, S. 222.

Simulakren gesteigert wird – verkannt wird, daß sie inmitten des Mediatisierten einen Riß einfügen, der durch keine Kopie und keine Simulation je gekittet werden kann: Spaltung, die Präsenz als Ereignis unterbricht und aus ihm ein Ereignis der Sekundarität, der Verspätung macht. Der Riß ist schon markiert durch die klassische Logik der Reproduktion, der Aufzeichnung, die das Ereignis überschreibt, verschiebt und entstellt (*transponat*), das heißt aus seiner Position in eine andere rückt, mithin die Gegenwart als wiederholte vergegenwärtigt und ihres Charakters eines Zuvorkommens, eines Entgegenkommens beraubt. Er gilt erst recht für die virtuellen Welten: *Sie vermögen nicht im Modus von Begegnung anzurühren*. Die Überraschungen oder Erschütterungen, die sie auslösen, sind nicht von der Art des *thaumaton* oder *tremendum*, die mich aussetzen, aus meinen Ordnungen vertreiben und an einen anderen Ort, den Ort des Anderen versetzen (*transponant*). Indem sie das Wahrnehmbare aufs Wiederholbare oder Manipulierbare verkürzen, verliert es, mit seiner Materialität, auch die Kraft seiner Alterität: Ihm kommt kein »Daß« (*quod*), keine *Ex-sistenz*, nicht die unverwechselbare Würde des »Da« zu. Buchstäblich fehlt dem digitalen Spiel sein Gewicht: Ihm mangelt mit seiner Gravitation auch seine *Gravitas*, ihre Fundierung am Ort des Unverfügbaren. Demgegenüber hat die Formierung des Mediums es bereits von sich getrennt, gerade auch dann, wenn es das Geschehen direkt und unverfälscht zu präsentieren vorgibt: Es geschieht bereits an einer anderen Stätte, in einem anderen Raum, zu einer anderen Zeit, läßt meine Leiblichkeit zweimal spüren: *hier und jetzt* an *dieser* Stelle, sowie *dort, woanders* – *jenseits*. Das bedeutet: Im Medium befinden wir uns immer schon an einem fremden Platz, am Platz einer Distanzierung, einer Verfremdung. Dann besteht zwischen Ereignen und Medialität nicht nur eine nie zu schließende Lücke; vielmehr schiebt sich vor die Einzigartigkeit des Ereignisses gleichsam eine intransparente zweite Haut – Schichten einer sekundären Verzeitlichung und Verräumlichung, die zugleich die Iteration, die Duplizierung und Streuung der Singularität des Geschehnisses gestatten. Inmitten mediatisierter Präsenz waltet darum eine Differenz oder Teilung, die dem Anspruch der *techne* auf Machbarkeit, auf Verfügung und Konstruktion genügt. Technik sucht sie durch eine fortgesetzte Überproduktion, eine Überblendung auszugleichen, um sie zuletzt in einen kontinuierlichen Reigen beliebiger

Verkettungen ebenso zu verstreuen wie untergehen zu lassen: Bilder bebildern Bilder, die durch ihre Kommentierung überlagert werden, die wiederum Kommentare kommentieren, sie erneut begleiten, substituieren und verzerren, bis das Dickicht metastatischer Spiegelungen und Verschachtelungen undurchdringlich wird. Dem korreliert eine beinahe barocke Verschwendung von Farben, Lichtern, Spiegeln und Bildern, die einer sensuellen Hysterie gleichkommt, deren vergebliche Anstrengung das permanent Ausbleibende in ein und demselben Maße einzuholen trachtet wie um so nachhaltiger wieder von sich zu stößt: ein Ereignis, das nicht als Ereignis statthat und dessen chronische Abwesenheit mit immer raffinierteren Mitteln überreizt und überboten wird in einem das Erscheinen von Präsenz vereitelnden wie hinauszögernden Aufschub. So birgt die Logik technischer Mediatisierung schließlich eine Ent-Fremdung (*alienation*), die dem Verlust des Ereignens gleichkommt. Davon legt zugleich die immer noch ungehobene Aktualität der Benjaminschen Diagnose vom »Verfall der Aura« Zeugnis ab: Unmöglichkeit einer Fülle, der die Überfülle des Reproduzierten entspricht, der ein unaufhebbarer Mangel innewohnt, den Nietzsche als »Wüste« beschrieb, die mit jeder neuen Stellung beständig weiter wächst.

3.3.4 Die Differenz, die so maßgeblich wird, besteht nicht zwischen Medium und Authentizität oder Vermittlung und Unmittelbarkeit, sondern zwischen *techne* und Undarstellbarkeit. Sie variiert den alten Topos vom Bilderverbot. Die Entmediatisierung der Wahrnehmung und die Erinnerung an ihr genuin Auratisches betrifft die Erfahrung der Unantastbarkeit des »Daß« (*quod*), der *Ek-sistenz* als *Ekstasis*. Sie begegnet in Widerfahrnissen. Umgekehrt entzieht der Prozeß der Mediatisierung der Wahrnehmung ihr Eigenlichstes: das Aisthetische selbst. Der Verlust schlägt aufs Organische zurück und depraviert Augen und Ohren zu Erfüllungsgehilfen eines Codes, die sich am Erwarteten statt am Unerwarteten, am Nicht-Kodierbaren nähren. Sämtliche Momente gehören dabei zusammen: Aura und *Aisthesis*, Präsenz, *Ekstasis*, Alterität und Responsivität. So bleibt dem Vollzug von *Aisthesis* ein unmittelbar ethischer Bezug eingeschrieben. Ihrem Verlust korrespondiert ein Schwinden der Ferne, des »Nichts«, des Entzugs, wie er im Schweigen, der Stille fühlbar wird. Ihr Verlust bedeutet zugleich die Verlorenheit des

Ereignisses. Ähnliches hatte Heidegger als die »Not der Notlosigkeit« angesprochen, die er mit der »Seinsverlassenheit« schlechthin gleichsetzte:[200] Überzeichnung und »Verschüttung« jenes Nichts, das keinen Mangel oder keine Leere anzeigt, sondern Konstituens des Erscheinens, des Ereignens selbst ist. Die Zerstörung der *Aisthesis* ist ihr konform. Sie geschieht als Forcierung des Technischen. Der Einspruch gilt damit insbesondere seiner ungehemmten Dynamik. Festzuhalten wäre statt dessen an der Revision des Aisthetischen als Ent-Rückung (*transposition*) an ein Anderes, von dem her die sinnliche Erfahrung »(sich) gibt«. Die Universalisierung medialer Ver-Gegenwärtigung läßt solche Entrückung nicht zu: In der totalen Verbildlichung und Überbildlichung, der Übertönung der Sinne und Überblendung ihrer Rezeptionsfähigkeit enträt dem Sichtbaren wie Hörbaren deren genuine Responsivität und läßt den Blick und die Aufmerksamkeit an ihrem Anderen abgleiten. »[D]ie Medien sind dasjenige, welches die Antwort für immer untersagt«,[201] heißt es ebenfalls bei Baudrillard. Sie besiegeln die Entsinnlichung der Sinnlichkeit durch ihre schrankenlose Intensivierung. Das bedeutet: In dem Maße, wie die technischen Medien die Wahrnehmung schärfen, versehren sie sie auch. Die Male ihrer Versehrung sind Zeichen ihrer Entstellung. Und »Entstellung« bedeutet hier: Verwandlung, Wechsel der Stellung, Ent-Fremdung (*alienation*), mit einem Wort: Verlust der Aura. Die These lautet dann: Die Omni-Präsenz technischer Medien entschlägt der Wahrnehmung ihr Geheimnis. Es entspringt jener Gewahrung von Alterität, die ans Unverfügbare grenzt, woraus die *Aisthesis* ihr Herkommen hat. Die Krise des Aisthetischen, seine angezeigte Entauratisierung, fällt mit dem schwindenden Gefühl für die Schranken der Mediatisierung, fürs Nichtdarstellbare und Unverfügbare in eins. Genau dies bildet gleichzeitig auch den Fokus der Medienkritik Virilios: Unter dem Raster beschleunigter Medialität gerinnt die klassische Ästhetik des Erscheinens zu einer »Ästhetik des Verschwindens«.[202] Mit ihr werden schließlich Bezug und Bezogenheit schlechthin deformiert. Was die technische Modellierung der Wahrnehmung aufzwingt, kehrt als Zerfall von Responsivität wie

200 Heidegger, Beiträge, S. 112ff., bes. S. 119.
201 Baudrillard, Requiem, S. 91.
202 Vgl. Virilio, Lotringer, Krieg, S. 86; sowie Virilio, Ästhetik.

Responsibilität wieder. Er bedeutet zugleich einen Angriff auf die Grundschichten von Sozialität und Weltverhältnis.[203]

3.3.5 Kontrapunktisch wäre dagegen auf dem genuin aisthetischen Sinn von Wahrnehmungen zu bestehen: Gewahrung des »Daß« (*quod*), des Ereignens, des Anderen. Das bedeutet nicht, emphatisch einer Ästhetisierung des Alltags das Wort zu reden,[204] die als Statthalter einer Restitution von Aufmerksamkeit den Prozeß der Technisierung umzukehren hätte, um als letztes Wunder in einer total entzauberten Welt gleichsam das Versprechen ihrer Rettung bereitzuhalten – ein Auftrag, dem sie schon deshalb nicht stattgeben könnte, weil sie selbst jenem Zersetzungsprozeß unterläge, aus dem sie herausführen sollte. Denn wie das Ästhetische selbst an Medien gebunden bleibt, erscheint ihm die »Gabe« des Aisthetischen immer noch vorgängig. Dann wäre das Anliegen weit bescheidener und zugleich grundlegender zu fassen: Aufweis einer Zerstörung, eines Verlustes bei gleichzeitigem Eingedenken der vollen Bedeutung der *Aisthesis*, an deren ursprüngliche Kraft es zu erinnern gälte. Insbesondere gelangte solche Erinnerung auf die Bahn jener Augenblicke, die mit der medial zugerichteten

---

203 Darin unterscheidet sich die Bedeutung der Medienkritik Virilios von der, wie sie Adorno und Horkheimer in der *Dialektik der Aufklärung* bes. im Kapitel über Kulturindustrie formuliert haben: Geißelten diese vor allem die Technik der Manipulation, die hypnotische Kraft der Verführung bis zur Ausweglosigkeit eines totalen Verblendungszusammenhangs, legt Virilio den Finger auf die Wunde der Wahrnehmungsveränderung selbst, wie sie auch Benjamin diagnostiziert hat. Gegen Adorno und Horkheimer hatte indessen Foucault eine doppelte Degradierung geltend gemacht: Denn die derart Manipulierten würden gleich zweifach beschädigt, einmal als Opfer einer perfiden Industrie, zum anderen aber durch das Urteil, das über sie verhängt würde: »Man beklagt immer, daß die Medien die Leute manipulieren. Etwas von Menschenverachtung steckt in dieser Vorstellung. [...] Der Geist ist nicht weich wie Wachs.« Ders., Der maskierte Philosoph, S. 10. Ein Nachklang der Verblendungstheorie schwingt noch in Baudrillards Simulakren-Theorie mit: die These vom totalen Schein des medialen Trugbildes, dessen Blendwerk nicht mehr durchschaut wird, weil sein Referenzpunkt verlorengeht: Indifferenz zwischen Original und Kopie, zwischen Präsenz und Repräsentation, die den Beteiligten schließlich jedes Kriterium einer Kritik raubt. Demgegenüber setzen unsere Überlegungen auf die Betonung des Verlusts *aisthetischer Responsivität*: Wahrnehmung, die ihren genuinen Bezug auf Unverfügbares eingebüßt hat.
204 Vgl. ebenfalls Welsch, Ästhetisches Denken, S. 75 ff.

Wahrnehmung brächen. Zu bewahren wären dann jene Momente, die sich der medialen *techne* und ihrer Strategien widersetzten: Einbruch des Nichts, der Stille, des Nichtmachbaren und Unkontrollierten, der Negativität des Schocks oder des Störenden und Widerständigen, der Frakturen und Paradoxa, die ein Unbestimmtes anzeigen und woraus das Andere, Heteronome hervorbricht. Kunst findet daran ihre Emphase: Sie bezieht ihre eigentliche Reflexivität aus der Ausbeutung des Widerspruchs, des Aporetischen, worin das Mediale, die Formierung, das »Was« (*quid*) und das »Als« gleichwie das Symbolische, die Zeichen und ihre Bedeutungen einen Durchriß auf das Sichverbergende, das Unaussprechliche oder Nichtdarstellbare gewähren. Sofern es Kunst nicht wesentlich um Ästhetisierung im Sinne der *poiesis*, der *techne*, der Herstellung im Sinne eines Ins-Werk-setzens geht, sondern ums Aisthetische, das »werklos« bleibt, hat sie ihre Ankunft im Auratischen. *Nichts »gibt« die Aura*; sie ist weder projektierbar noch schaffbar; sie fügt sich keiner Beschwörung oder Inszenierung, *vielmehr »gibt sie (sich)«* nur dort, wo Begegnung statthat und ihre Erfahrung sich ans Andere ausliefert, ihm respondiert. Ihr Ort ist das Ereignis. *Dann geschieht Auratisches nur in solcher Kunst, die ihre Szenen und Gestalten zugleich zurücknimmt in ein Ungestaltetes und Nichtinszenierbares, kurz: die sich aussetzt in Augen-Blicke jenes unverfügbaren Ereignens, die sie mit Theologie verbindet. Sie weist heute nicht aufs Werk, sondern aufs »Performative«.*

II. Die Form und die Blöße
Ästhetische Erfahrungen des Unbestimmten

> »Es liegt [...] eine verfehlte Hoffnung zum Grunde, welche der vortreffliche Analyst Baumgarten faßte, die kritische Beurteilung des Schönen unter Vernunftsprinzipien zu bringen, und die Regeln derselben zur Wissenschaft zu erheben. Allein diese Bemühung ist vergeblich.«
>
> *Immanuel Kant*

1. Dreifache Wurzel des Ästhetischen

Der Ausdruck »Ästhetik« entstammt dem griechischen *aisthanesthai* in der Bedeutung von »wahrnehmen«, »aufnehmen« und »empfangen«. Davon zu unterscheiden ist die Bestimmung der Kunst, wofür das entsprechende griechische Wort *techne* lautet: »Vermögen«, »Kunstfertigkeit«, aber auch »Könnerschaft« und »Geschicklichkeit«. Etymologisch legen die Bedeutungen eine Verbindung zwischen Wissen (Kunde, Kenntnis) und Können (»ars«, »art«) nahe; doch ist *techne* kein Gegenstand der »Ästhetik«, vielmehr Grundweise des »Herstellens« oder »Bildens«, der *poiesis*. Weit eher als einer »Technik« birgt sie den Sinn einer Fähigkeit oder Kompetenz, wozu nach Aristoteles gleichermaßen »Lernbarkeit« als auch »Erkenntnis« (*episteme*) gehören.[1] Somit fällt darunter nicht nur, was heute der Kunst zugerechnet wird – Rhetorik, Architektur oder Malerei (*zographia*) –, sondern ebenso handwerkliche Tätigkeiten wie Schmieden und Töpfern, denen auf diese Weise ein gleich hoher Rang zuteil wurde. Als Tätigkeiten blieben sie, im Unterschied zur *praxis*, die gemäß Aristoteles Ziel in sich selbst ist, an Zwecke gebunden; *techne* verstand sich auf Nutzen und Gebrauch, entbehrte jeglicher Autonomie, wie sie der Kunst seit Kant und Schiller zugemessen wurde. Doch blieb ihr die Dienstbarkeit nicht vordergründige Zwecksetzung, sondern dem Ganzen, der *polis* als politisch-ethischer Gemein-

---

1 Aristoteles, Nikomachische Ethik, VI 4, 1140a 4, 10, 20.

schaft unterstellt. Was *techne* leistete, fand hierin Kontext und Maß; hingegen ist dem neuzeitlichen Kunstverständnis Freiheit wesentlich: Das Werk steht für sich selbst, bedarf keines äußeren Anlasses, ist nach Schiller »Spiel« und wäre entsprechend seiner Zwecklosigkeit der Aristotelischen *praxis*, nicht der *poiesis* zuzuschlagen.

Obgleich ihrer Bestimmung nach frei, beerbt die Kunst der Neuzeit die *techne* jedoch in der Maßgabe für die Kunstfertigkeit ihrer Darstellung. Kunst nimmt von ihr ihren Ausgang. Zwar im Anspruch dem Gesetz der *mimesis*, der »Nachahmung« des Göttlichen im Menschlichen weiterhin verpflichtet, wendet sie diese zur Ab-Bildung, zur *repraesentatio*, zum souveränen Blick, der sich gleichermaßen dem Fokus von Subjektivität fügt, wie er von der Ordnung der Vernunft, der Rationalisierung der *aisthesis* regiert wird. Griechisch betrifft das Mimetische die Bezeugung der Natur als göttlich Sich-Zeugende (*physis*). Aristoteles denkt sie vom Höchsten her, der Verwirklichung von Vollkommenheit (*entelechia*). Deswegen glichen Plastiken wohl Menschen, die sie zum Vorbild nahmen; doch waren die Skulpturen nicht Bildnis, sondern verkörpertes Ideal, das sich an menschlichem Antlitz und menschlicher Gestalt ermaß. Die Kunst vermochte nicht das Ideal zu treffen, höchstens staunend hinzunehmen: Darum blieb alles, was *techne* hervorbrachte, gegenüber dem Gott zu wenig, weshalb Platon den wahrheitsfernen Künstler (*technites*), der das Gute verfehlte, überhaupt geringschätzte.

Demgegenüber stellte die neuzeitliche Kunst seit dem Barock Natur als Abzubildende ins Gerüst von Geometrie, metrisierte das Wahrnehmbare nach der Methode der Mathematik und konstruierte es mittels affiner Proportion, die noch der Instrumentierung durch technische Hilfsmittel bedurfte. Stiche von Dürer und anderen zeigen den Maler bei der Arbeit, eingespannt in Apparaturen genauer Rasterung und Messung. *Techne* wurde damit zur »Technik«, die der künstlerischen Praxis dienstfertig unterstand. Sie avanciert überhaupt zur Grundlage des Werkes, zum Medium seiner Bearbeitung, deren Zweck die rechte Form, die *perfectio* ist. So folgt auch die autonom gewordene Kunst den Direktiven einer *techne*, aus denen sie die Prinzipien für ihre Gestaltung und die Kriterien ihres Schaffens (*poiesis*) gewann. Ihr Regelkanon, von Alberti und Leonardo zur *scientia* festgeschrieben und als Erfahrungswissen durch eine orale Kultur der praktischen Lehre weitergegeben, fand schließlich Eingang in die Ästhetik als einer Theorie der Kunst, wie sie zuerst durch Hegel und Schelling spekulativ auf den Weg gebracht und die durch den Akademismus des 19. Jahrhunderts endgültig sanktioniert wurde. Seither gehört der Blick auf die Kunst als ein »Wissen«, das entweder der Vernunft (Hegel) oder dem mystischen Hauch der Wahrheit (Schelling) gehorcht, um auf vielfache Weise zur Darstellung gebracht zu werden, zum Grundbestand der Geschichte des Ästhetischen.

Ästhetik in diesem Sinne ist ein moderner Begriff. Zunächst durch Alexander Gottlieb Baumgarten als Lehre vom Geschmack und der Anschauung eingeführt,[2] blieb er noch für Kant vornehmlich für eine Theorie der Wahrnehmung reserviert. Als solche bildet die Ästhetik als Disziplin eine spezifische Gründung der deutschen Aufklärungs-Philosophie des 18. Jahrhunderts.[3] Hauptsächlich bezogen auf die Anschauung, das Sehen, den Blick, suchte sie dem Sinnlichen überhaupt einen Platz im System der Vernunft zuzuweisen – nur mittelbar fand sie Anwendung auf die Kunst. Zwar beriefen sich Baumgarten und Kant auf französische und englische Vorläufer; gleichwohl reflektierten sie eine philosophische Bemühung, die in ihren verschiedenen Facetten, wie Hermann Schmitz nahegelegt hat, bis weit in die Antike zurückreicht und in deren unterschiedlichen Überlieferungssträngen vor allem das »Schöne« und das »Erhabene« thematisch wurden.[4] Ersteres weist in die Kallistik, die platonischen Ursprungs ist, letzteres auf die Tradition der aristotelischen Rhetorik, besonders in ihrer spätantiken Version des Pseudo-Longinos. Die Kallistik hat ihren Ort im Schauen, in der *harmonia*; zu ihr gehört die Erfahrung des Naturschönen wie der mimetischen Darstellung der Bildnisse und Plastiken. Sie entfaltet ihre eigentliche Wirksamkeit im Auge, in der Betrachtung und dem Schauen, während die Rhetorik ebenso wie die »göttliche« *musike*, denen die Griechen geradezu magische Kräfte zusprachen, aufs Hören geht: Sie rühren die Affekte. Deren höchster Ausdruck findet sich gemäß den Lehren des Pseudo-Longinos im »Erhabenen« (*hypsos*), das seine Effekte dem *kairos*, dem Augenblick verdankt. Es bricht »im rechten Moment hervor« und »zersprengt« die Dinge »wie ein Blitz«.[5]

---

2 Baumgarten, Ästhetik.
3 Vgl. Frank, Zanetti, Kommentar, S. 921.
4 Vgl. Schmitz, Schicksal der Ästhetik.
5 Longinus, Peri Hypsous, 1.4.

Schönheit und Erhabenheit beschreiben seither die Grunderfahrungen des ästhetischen Denkens, wie sie die abendländische Philosophie von Anfang an exponiert hat. Das gilt auch für die Theorie der Kunst. Dabei gründet Schönheit, soweit sie dem Gesehenen entspringt, im Aussehen (*eidos*), das heißt in der *Form*; das Erhabene hingegen im Bruch, im *Ereignis*: Sie beutet die Plötzlichkeit einer Wirkung aus. Beider Spannungsverhältnis geht in die klassische Wirkungsästhetik des 18. Jahrhunderts, bei Edmund Burke, Baumgarten und Kant ein, um seine Mächtigkeit noch für die gesamte romantische Ästhetik zu behaupten. Kunst, in ihrer Gestaltung auf beide als äußerste Vollendung bezogen, siedelt zwischen den Extremen. Sie neigt seit je in ihrer Geschichtsschreibung entweder dem Vorrang des Formalen oder des Performativen zu. Sie schwankt zwischen Gestalt und Wirkung. Von vornherein ist damit Ästhetik im europäischen Denken sowohl auf Gesicht und Gehör beschränkt als auch auf die Kardinaltugenden des Schönen und des Erhabenen. Soweit Kunst ihnen eine Darstellung zu verleihen sucht, bleiben sie mit dem Problem der *techne* (Medium), der Form (Schönheit) und der Performanz (Erhabenheit) verschränkt. Ästhetik, als Theorie der Kunst sowie als Theorie der Wahrnehmung, ruht auf allen drei Säulen. Das Mysterium des Ästhetischen gruppiert sich in deren Trias. Technik, Kallistik und Rhetorik bilden seinen diskursiven Rahmen. Er determiniert den »Streit« um die Kunst wie dessen wechselnde Lösungen.

Die Kluft, die sich auf diese Weise in der Herkunft des Ästhetischen enthüllt, behält sich in den Produkten der Kunst, ihren »Werken« und »Manifestationen« bei. Sie zeichnet sich als Moment einer Spaltung, einer unversöhnlichen Differenz ab. Kunst »als« Kunst beginnt stets erst an der Schwelle zur *techne*. Dann bleibt freilich die Frage, ob nicht Ästhetik, als Ortschaft der Kunst sowie der Erfahrung des Schönen und des Erhabenen, zugleich jene Region kennzeichnet, die sich überhaupt dem Begrifflichen, dem Zeichen, dem Symbolischen, das heißt der *techne* entzieht: Markierung eines Risses, einer genuinen Undarstellbarkeit. Sie wäre der Kunst konstitutiv eingeschrieben, sofern sie etwas zu gestalten oder in Form zu bringen trachtet, was sich grundsätzlich der Form, der Gestaltbarkeit verweigert. Immer wieder hat die philosophische Ästhetik diese Paradoxie oder »Insolubilität«, wie das Mittelalter sagte, eigens zum Thema gemacht, eine Unbestimmtheit oder Aporie im Ästhetischen selbst aufzuweisen versucht, woran die theoretische Bemühung ihre Schranke, ihren Absturz findet. Die Reflexion führt bei Kant zur Analytik des Schönen und Erhabenen, bei Benjamin zum Begriff der Aura, bei Lyotard, im Rückgang auf Kant, erneut zur Erfahrung des Sublimen. Alle drei nennen ein Einzigartiges, eine Singularität oder Blöße gleichwie den einmaligen Augenblick und das Ereignis. Sie erweisen sich, mit einem Wort, als Chiffren eines Undarstellbaren, deren begriffliche Fassung ins Widersprüchliche, Paradoxale gerät – Ahnung eines Zaubers, woran die Kunst rührt und das Ästhetische teilhat und dessen Geheimnis sich letztlich aus der Religion als deren säkulare Fortsetzung speist.

2. Schönheit oder die »Blöße« der Form

»Schönheit – ein Wort das sich nicht umschreiben läßt«: Mit diesen Worten beginnt Jakob Michael Reinhold Lenz' 1780 gehaltene *Philosophische Vorlesung für empfindsame Seelen*.[6] Das Bekenntnis trennt Schönheit und Begriff: Das Schöne sperrt sich dem Ausdruck, der diskursiven Sprache. Dagegen hatte Baumgarten nach der subjektiven Erkennbarkeit des Schönen gesucht: Der Diskurs des 18. Jahrhunderts ist vor allem erkenntnistheoretisch orientiert; er fragt nicht danach, was das Schöne seinem Wesen nach *ist*, sondern wie es zu *erfahren* sei, weshalb die Ästhetik zunächst als Teil der Erkenntnislehre auftritt, die sich Ethik und Metaphysik beiseite stellt – und damit auch beiseite rückt. Das Verlangen nach Trennung bekundet bereits den Verlust des *unum summum verum et bonum*: Die Zergliederung des Wissens löst das Schöne aus seinem Konnex mit dem Wahren und Guten, versetzt es an den Platz der »niederen« Erkenntniskräfte, die sich durch ihre Anarchie, ihre Wahrheits- und Morallosigkeit rächen. So liegt von Anfang an dem Ästhetischen eine Subordination zugrunde, die ihm in der Hierarchie der Wissenschaften den untersten Rang zuweist – eine Plazierung, die die Romantik später radikal umkehren sollte, um die »Ausnahme«, den »Schrecken« und das »Gewaltsame« gegen die rationalen Sublimationen der Aufklärung zu setzen.

6 Lenz, Philosophische Vorlesung, S. 3.

Die Depravation terminiert indessen die Beantwortung der Frage nach der Erkennbarkeit des Schönen. Sie duldet keine Wahrheit, keine Verbindlichkeit; ihre Erkenntnis gründet nach Baumgarten vielmehr auf einer »Stimmung der Seele«. Sie entspringt ihrer »Empfindung« von »Vollkommenheit«. Als Empfindungsqualität aber ist sie nicht rational bestimmt: Gefühl und Vernunft fallen strikt auseinander. Als Richtschnur der ästhetischen Erkenntnis erweist sich vielmehr der »Geschmack«. Er enthält nichts Objektives, er differiert von Subjekt zu Subjekt, fügt sich keiner Geltungsargumentation. So wendet sich die Aufwertung des Emotionalen, die Baumgarten zu besorgen trachtete, zu deren Abwertung: Von Grund auf beherrscht ein Subjektivismus den Diskurs über das Schöne.

Kant hat diesen Ansatz zugleich kritisiert und überschritten. Mit Baumgarten teilt er die Prämissen, den Bezug auf Geschmack und Gefühl, fragt jedoch von vornherein nach dem Verhältnis von Ästhetik und Begriff. Der Frage ist die Identität von Erkenntnis und Urteil unterlegt. So wird ein Sprachverhältnis thematisch: Während Baumgarten der ästhetischen Erkenntnis eine Position innerhalb des Konzerts der gesamten Erkenntniskräfte zuweist, untersucht Kant deren kategoriale Bedingungen, und zwar so, daß er sie nicht dem Gegenstand selbst als dessen Eigenschaften entnimmt, sondern dem »Satz«, der das Geschmacksurteil formuliert. Aufgeworfen ist auf diese Weise das Rätsel der Darstellbarkeit, nicht in bezug auf das künstlerische »Werk«, sondern in bezug auf die diskursive Rede, die Schönes als Schönes beschreibt. Doch indem Kant zugleich vom Naturschönen ausgeht, ihm das Kunstschöne lediglich als Derivat unterordnet, soweit es daran sein Maß und Exempel findet,[7] präjudiziert er bereits dessen Lösung. Als Naturschönes eignet ihm ein Unfaßliches: Es ist per se *Begegnendes*, das heißt ein Nichtintentionales, vor dem das Urteil, der Begriff versagt. Dieses geht jenem voraus, wie umgekehrt die Rede seinem Schein nachfolgt, so daß sich die Bestimmung der Schönheit einer vorgängigen Zäsur verdankt. In ihr be-

---

7 Insbesondere gehören die Beispiele für das »Schöne« – wie aber auch für das »Erhabene«, mit dem es eine Reihe von Strukturmerkmalen teilt – nicht der Ordnung der Kunst an; sie sprechen vornehmlich aus der Natur. So fungiert vor allem die Blume als Beispiel für die Schönheit in der Natur, das gewaltige Naturschauspiel als Exempel für das Erhabene. Vgl. Böhme, Urteilskraft, S. 64-82.

wahrt sich ein Vorrang der *physis* vor der *techne*. Wenn sich daher Natur und Welt gemäß der ersten Kritik als ein subjektives Konstrukt erweisen und einzig im Sinnlichen ein Moment von Rezeptivität, von Aufnahme anerkannt wird, das formal auf ein Anderes, ein Ungemachtes verweist, so enthüllt das Schöne in der dritten Kritik, insofern es die Wahrnehmung von außen anspricht, ein unmittelbar Nichtkonstruierbares: Es fällt auf die Seite des Entgegenkommens, der *Aisthesis*.

Es ist dies der Grund, weshalb Kant die »Analytik des Schönen« unter die Opposition von Spiel und Zweckmäßigkeit stellte. Letztere meint ein Teleogisches, das den Direktiven der *techne* gehorcht. Es gehört dem Bereich der *poiesis* an, während die Schönheit für sich selbst steht: ihr Glück ist allein die Freiheit, die dem Zweckhaften schroff entgegengesetzt bleibt. Als solches verweigert es sich der Subsumption unter eine allgemeine Kategorie: Die Schönheit ist flüchtig, sie flieht das Diskursive, sie berührt allein das »Emotionale« – doch so, daß es gegen Baumgarten nicht ins bloß Subjektive abgleitet, sondern objektiver Beurteilung fähig bleibt. Der Kunstgriff, den Kant dabei leitet, besteht in der Ausdehnung der Urteilskategorie selbst. Wie Kant die Seele in Verstand, Begehren und Empfindung unterteilt und so die klassische Lehre von der Dreiteilung der Seelenkräfte wiederholt, wird gleichzeitig die Erkenntnis »vorkritisch« erweitert: Nicht nur der Verstand urteilt, sondern gleichermaßen das Empfinden. »Der Unterschied der Sinnlichkeit vom Verstand ist [...] formal, da die erste Erkenntnis intuitiv, die zweite diskursiv ist«[8] – eine Bestimmung, die sich noch bis zur späten *Anthropologie in pragmatischer Hinsicht* hält. So nennen Intuition und Diskurs zwei Weisen des Wissens, wobei die erste sinnlich verfährt und an Akte der »Klugheit« (*phronesis*) geknüpft ist,[9] die zweite logisch-begriff-

---

8 Kant, Reflexionen zur Ästhetik, S. 93. Zudem heißt es in den *Logikvorlesungen*: »Wir haben zwei Fähigkeiten: Erkenntniskraft und Gefühl. Durchs erste lernen wir, was ein Ding ist, durchs andere, wie ein Ding gefällt oder nicht gefällt, das ist, wie sich das Ding zu unserem Gefühl der Lust oder Unlust verhält.« Ebd., S. 105.

9 Eine Passage in der Einleitung der *K. d. U* erhellt die Verbindung von Urteilskraft und *Phronesis*: die Unterscheidung von »bestimmender« und »reflektierender« Urteilskraft. Die bestimmende Urteilskraft bringt das Besondere unter das Allgemeine, den Einzelfall unter die Regel: »Die bestimmende Urteilskraft [...] ist nur subsumierend.« Logisch entspricht ihr die Deduktion nach *modus ponens*. Von der reflektierenden Urteilskraft

lich. Und wie Kant die erstere neuzeitlich zur Zweckhaftigkeit stutzt, soweit sie allein auf Zwecksetzungen geht,[10] folgt letzere dem Kriterium »reiner Vernunft«. Diese wiederum bedarf der ersteren: Für Kant reduziert sich das philosophische Denken nicht ausschließlich auf die Logik der Begriffe im Sinne von Verstandesregeln, sondern stützt sich zugleich auf ein kreatives Prinzip, das nicht so sehr im diskursiven Denken wurzelt als vielmehr im urteilenden »Gefühl für das Ganze«.

Die Differenz ist der Architektur der drei Kritiken konform:[11] Als Urteilslehre hängt die *Kritik der Urteilskraft* der *Kritik der reinen Vernunft* zwar an, geht ihr aber letztlich voraus. Denn was diese nur theoretisch aus Kategorien zu konstruieren vermag, stellt jene reflektierend unter die Einheit eines Zusammenhangs. Sie verleiht den Bestimmungen Sinn und Ordnung: »Die reflektierende Urteilskraft, die vom Besonderen in der Natur zum Allgemeinen aufzusteigen die Obliegenheit hat, bedarf also eines Prinzips, welches sich nicht von der Erfahrung entlehnen kann [...]. Nun kann dieses Prinzip kein anderes sein als: daß [...] die besonderen empirischen Gesetze [...] nach einer solchen Einheit betrachtet werden müssen, als ob gleichfalls ein Verstand (wenn gleich nicht der unsrige) sie zum Behuf unserer Erkenntnisver-

wird dagegen gesagt: »Ist aber nur das Besondere gegeben, wozu sie das Allgemeine finden soll, so ist die Urteilskraft bloß reflektierend.« Vgl. Kant, K. d. U, A XXIV. Entscheidend ist dabei die Funktion des Findens: statt der *ratio iudicandi* also die *ars inveniendi*: Erfindung oder Entdeckung einer Regel, wo es nur Einzelfälle gibt. Zu solchem Verfahren wiederum bedarf es nach Kant der Klugheit oder *Phronesis*.

10 In der Einleitung der *K. d. U* identifiziert Kant insbesondere Klugheit mit Geschicklichkeit; vgl. A XIII. Klugheit wird dann im wesentlichen zu einem auf technischen und praktischen Regeln gegründetes Handeln. Indessen bedeutet der allgemeine Begriff des »Zwecks« bei Kant eine Bestimmtheit in sich; er wird nicht poietisch vorentschieden, sondern umfaßt eher die Bedeutung von »Sinn«.

11 Vgl. dazu Kants Brief an Carl Leonhard Reinhold (vom 28.12.1787): »Denn der Vermögen des Gemüts sind drei: Erkenntnisvermögen, Gefühl der Lust und Unlust, und Begehrungsvermögen. Für das erste habe ich in der Kritik der reinen (theoretischen), für das dritte in der Kritik der praktischen Vernunft Prinzipien a priori gefunden. Ich suchte sie auch für das zweite [...], so daß ich jetzt drei Teile der Philosophie erkenne, deren jede ihre Prinzipien a priori hat, die man abzählen und den Umfang der auf solche Art möglichen Erkenntnis sicher bestimmen kann – theoretische Philosophie, Teleologie, und praktische Philosophie, von denen freilich die mittlere als die ärmste an Bestimmungsgründen a priori befunden wird.« Vgl. Reflexionen zur Ästhetik, S. 113.

mögen, um ein System der Erfahrung nach besonderen Naturgesetzen möglich zu machen, gegeben hätte.«[12] Abgesehen von der unmotivierten Berufung auf einen »höheren Verstand« (»wenn gleich nicht der unsrige«), der die Verbindung des Ganzen stiftet, damit wir sie zu erkennen vermögen – ein Einfall, der gleichsam inmitten der reflektierenden Urteilskraft ein theologisches Moment aufscheinen läßt –, rekurriert Kant hier auf die Erfahrung einer »Stimmigkeit«, die durch die diskursive Vernunft weder konstruiert noch rekonstruiert oder entschieden werden kann: Die Verknüpfung ihrer Urteile ergeht allein aus einer intuitiven Erkenntnis, die gleichsam die »Zweckhaftigkeit der Natur«,[13] die Notwendigkeit einer Bedeutsamkeit der Welt oder Gott erfühlt. Die reflektierende Urteilskraft erweist sich damit ihrer Grundstruktur nach als teleologisch: Sie erspürt das »Wozu« dessen, was der Verstand lediglich als Reihe einzelner Gesetzmäßigkeiten aufzudecken vermag. Solches »Wozu« ist freilich ebenso fiktional wie transzendental: Es reklamiert ein »Als ob«, ohne welches die Erkenntnis des Ganzen heterogen bliebe und auseinanderfiele. Die entscheidende Stelle lautet: »Weil aber eine solche Einheit notwendig vorausgesetzt und angenommen werden muß, da sonst kein durchgängiger Zusammenhang empirischer Erkenntnisse zu einem Ganzen der Erfahrung Statt finden würde [...], so muß die Urteilskraft für ihren eigenen Gebrauch es als Prinzip a priori annehmen, daß das für die menschliche Einsicht Zufällige in den besonderen (empirischen) Naturgesetzen dennoch eine, für uns zwar nicht zu ergründende aber doch denkbare, gesetzliche Einheit [...] enthalte. Folglich, weil die gesetzliche Einheit in einer Verbindung [...] als Zweckmäßigkeit der Objekte [...] vorgestellt wird: so muß die Urteilskraft, die [...] bloß reflektierend ist, die Natur in Ansehung der letzteren nach einem Prinzip der Zweckmäßigkeit für unser Erkenntnisvermögen denken [...]. Dieser transzendentale Begriff einer Zweckmäßigkeit der Natur ist nun weder ein Naturbegriff, noch ein Freiheitsbegriff [...], sondern nur die einzige Art, wie wir über die Reflexion über die Gegenstände der Natur in Absicht auf eine durchgängig zusammenhängende Erfahrung verfahren müssen, vorstellt, folglich ein subjektives Prinzip [...] der Urteilskraft.«[14]

12 Kant, K. d. U, A XXIV f.
13 Ebd., A XXVI.
14 Ebd., A XXXI, XXXII.

Beide, Diskurs und Intuition, erscheinen somit gleichermaßen produktiv: Der Verstand erschafft die Gesetze, jene deren Konnex. Die begegnende Natur, *physis*, spricht nicht von sich her: Weder »gibt« noch verbirgt sie ihre Ordnung, allein das »Gemüt« konstruiert sie sich entweder aus Begriffen oder aus Fiktionen. Kant scheint so überall die Unausweichlichkeit der *techne* zu unterstellen: als »Technik« der »bestimmenden Urteilskraft«, die ihre diskursiven Bestimmungen deduktiv nach den Regeln der Vernunft herleitet, oder der »reflektierenden Urteilskraft«, die ihr abduktiv einen inneren Zweckverbund verleiht. Die Universalität der Kategorie des Zwecks entspricht dabei der teleologischen Bestimmung der Urteilskraft: Sie ist nur Gedanke, Idee, das heißt Möglichkeit, nicht Notwendigkeit oder »Grund«. Ihr Korrelat in der Wahrnehmung heißt Schönheit: Sie offenbart jene für den Verstand nicht erklärbare, aber anschaubare Stimmigkeit unter dem Aspekt der Form, die sich freilich »als« Form entzieht.[15]

Darin manifestiert sich zugleich die sprengende Zwischenstellung des ästhetischen Urteils im Reich der Kantischen Begriffsschemata: Nicht diskursiv, vielmehr sinnlich spiegelt es einen Gemütszustand, einen Affekt. Und nicht bloß subjektiv, ist es zugleich der Objektivität fähig, denn schön ist, »was allgemein gefällt«.[16] Der Genuß trifft die Form, das »Wie«, nicht das »Was«; und als reflektierendes Geschmacksurteil zielt es nirgends auf die Fiktionalität eines Endzwecks, wohl aber rührt die schöne Form zum Empfinden objektiver Zweckmäßigkeit. Darum heißt es: »Schönheit ist Form der Zweckmäßigkeit eines Gegenstandes, sofern sie, ohne Vorstellung eines Zwecks, an ihm wahrgenommen wird.«[17] Das Gefühl der Ordnung der Zwecke stellt sich

15 Nach A XXIII fällt der Urteilskraft die versöhnende Mittelstellung zwischen Theorie und Praxis zu: Sie füllt die Kluft zwischen Metaphysik und Ethik und restituiert so die verlorene Einheit des Wahren, Guten und Schönen im Gewand von Subjektivität. Theoretisch bleibt die Wirklichkeit eine Verstandeskonstruktion, praktisch kann sie es weder noch darf sie es sein; faktisch tritt sie als eine Gewalt gegenüber und beschämt die Freiheit des Willens. Das Gefühl vermittelt zwischen den Ansprüchen der Erkenntnis und des Handelns, sucht sie in eine Balance zu bringen. So fällt dem »Empfindungsvermögen« die Rolle des Ausgleichs zu: Schönheit erstattet dem Subjekt jene Harmonie zurück, die ihm in der Spaltung zwischen Souveränität der Kategorien und Gewalt des Faktischen versagt bleibt.
16 Ebd., § 9, A 32.
17 Ebd., § 17, A 60.

gleichsam begriffslos ein: Die begegnende Natur läßt ihre *harmonia*, ihren Wohlklang einzig durch ihr Aussehen, ihre Gestalt (*eidos*) vernehmen. Schönheit enthüllt sich daher nicht schon als Sinn, als zweckhafte Ordnung, sondern sie »gibt« deren Versprechen. Als Versprechen »spricht« sie nicht. Weder entbirgt sie ein Zweckhaftes selbst, noch verfügt sie über Sätze: Sie »stimmt« das Gemüt, stimmt seine Erkenntniskräfte ein, löst ihren Gegensatz im Spiel zwischen Diskurs und Intuition auf.

Als »Stimmung« eignet ihr jedoch eine Undarstellbarkeit. Sowenig durch Begriffe konstruierbar wie poietisch herstellbar, *stellt sich Schönheit ein*. Sie nennt daher ein Nichtintentionales oder diskursiv Unverfügbares, das zu denken »gibt«. Soweit die reflektierende Urteilskraft ausschließlich auf Zwecke geht, die Schönheit *sich zeigt* und aisthetisch anspricht, wird von der *physis* her gegen die *techne* ein selbst Zweckloses gedacht. Das heißt, das Schöne entspringt dem Zwiespalt von *techne* und Undarstellbarkeit: Was sich dann sagen läßt, gerät ins Aporetische. Nicht das Gefühl der Einheit, das sie stiftet, erscheint in sich widersprüchlich, sondern der Verstand, der zu fassen sucht, was das Schöne sei, verwickelt sich in Widersprüche. Wenn deshalb Kant die »Analytik des Schönen« in der *Kritik der Urteilskraft* als diskursive Bestimmungen unter das kategoriale Regime der *Kritik der reinen Vernunft* stellt und durchdekliniert, gilt sie ausschließlich der Diskursivierung eines Nichtdiskursiven.

Dieser Umstand stellt die Beurteilung der Schönheit unter lauter Paradoxa. Dies gilt für sämtliche der vier Kategorien: Gemäß der Qualität ist das Schöne Gegenstand eines »Wohlgefallens ohne alles Interesse«; gemäß der Quantität dasjenige, was »ohne Begriff allgemein gefällt«; der Relation nach betrachtet erweist es sich als »Zweckmäßigkeit […] ohne […] Zweck«, und der Modalität nach als das, was »ohne Begriff […] Gegenstand eines notwendigen Wohlgefallens« ist.[18] Auffallend ist die doppelte Setzung von Position und Negation: Sie folgt dem Gestus der Durchstreichung. Deswegen hat Derrida angesichts der »Analytik des Schönen« treffend von einer »Negativität ohne Negativität« gesprochen: In ihr manifestiert sich die vergebliche Bemühung, den Einschnitt, die Differenz ebensosehr zu denken wie ihr zu entkommen. Die vierfache Wiederholung des »Ohne« mar-

---

18 Vgl. ebd. § 5, A 16; § 9, A 32; § 17, A 60; § 22, A 67.

kiert noch da einen Unterschied, wo jede Unterscheidung aufhören soll.[19]

Ein »Nicht-Wissen« organisiert daher das gesamte »Feld der Schönheit«.[20] So weist die Qualität das Schöne zugleich als Objekt einer Lust, eines Begehrens aus, das gleichwohl interesselos bleibt: Es begehrt nicht. Die Schönheit bildet folglich ein Vergnügen, das nicht Vergnügen sein darf: Allein in zwangloser *contemplatio* vermag sich der Betrachtende auf sie einzulassen. Angesprochen wird so im Rahmen von Intentionalität die Verweigerung des Intentionalen: Sie nimmt das Sehen-als in die Widerfahrnis zurück und offenbart das Schöne als Moment von *Aisthesis*. Entscheidend ist deshalb nicht Interesselosigkeit schlechthin, sondern die Brechung des Interesses zu einem anderen hin: Umkehrung der Richtung von der Aktivität eines Wollens zur Passivität des Vernehmens (*aistheton*). Ihr ist die »Wendung des Bezugs« immanent: Das Schöne kann nur empfangen, entgegengenommen werden. In bezug auf die Quantität wird darüber hinaus eine begriffslose Allgemeinheit konstatiert. Die Erkenntnis, die der Begriffe bedarf, um allgemein zu sein, annulliert sich gleichzeitig als Erkenntnis: Sie ergeht unmittelbar in direkter Anschauung, das heißt, sie »fällt ein«, sie geschieht. Eine Erkenntnis jenseits aller Erkenntnis-als aber kann sich nur als Evidenz ereignen: Sie ist Ereignis. An ihm zerbricht der Begriff: Das Schöne geht an, berührt uns vor aller Auslegung als Gebot eines Aisthetischen. Der Gesichtspunkt der Relation wiederum stellt in unvermittelter Paradoxie den Bezug zur Teleologie her, um im selben Atemzug getilgt zu werden. Hier befindet sich das Zentrum der Überlegungen. »Zweckmäßigkeit ohne Zweck« bedeutet in erster Linie: frei von Zwecksetzungen, mithin bereits: in sich frei. Mit ihr gewinnt das Schöne zugleich den Status der Autonomie: darum der Bezug auf »Spiel«, den Schiller aufnehmen wird – freilich aus der Frontstellung eines »Reiches der Zwecke« gegen das »Reich der Freiheit«, der Bitternis der Arbeit gegen die Lust der Kunst. So kündet es als Naturschönes bereits von dem, was später der künstlerischen Praxis selbst zugemessen werden sollte: die Autonomie des ästhetischen Werkes. Bei Kant wird sie allein mit Rücksicht auf die Grenzen zur Sprache formuliert: Die

---

19 Derrida, Malerei, S. 156.
20 Ebd., S. 112.

Freiheit der Schönheit involviert ihre Freiheit von der Bezeichnung. Sie trennt das Schöne nicht nur vom Zweckhaften ab, sondern löst es überhaupt aus dem Gebiet des Symbolischen: Schönheit zeigt sich als das buchstäblich »Unkenntliche« am Ding. Das impliziert auch: Es ist nicht wißbar, denn es gibt keine »Wissenschaft des Schönen, sondern nur Kritik«.[21] Schließlich faßt die Seite der Modalität das *skandalon* einer begriffslosen Notwendigkeit: »notwendiges Wohlgefallen«, das gleich einem absoluten Faszinosum in Bann zieht, dessen sich, wie bei Benjamin die Aura, nicht zu entschlagen ist – denn die »Vorrechte der Schönheit«, so Jean Cocteau, »sind unermeßlich. Sie wirkt selbst auf die, welche sie nicht gewahren.«[22] Die Schönheit blendet; sie gebietet zu schweigen – ein Thema, das Kant in Ansehung des »Erhabenen« erneut aufnimmt. Wie dieses ist Schönheit, obzwar an Form gebunden, »Blöße«. Sie tritt namenlos als Geheimnis hervor: Ihr Rätsel bezeichnet die »Blöße der Form«. Man könnte sagen: Kant auratisiert die Schönheit. Sie nimmt Anteil an der Einzigkeit des Augenblicks. Deshalb läßt sie jenseits des Sprachlichen einzig den Imperativ eines Zeigens zu: »Schau!« oder »Hör!«

Doch haben wir damit Kant bereits über Kant hinausgelesen. Die Paradoxa der Rede über die Schönheit haben ihren tieferen Grund nicht so sehr in der Unzulänglichkeit der Begriffe oder des Urteils – das hieße, sie wiederum ans Begriffliche zu binden und die Bestimmung gegenüber der Erfahrung zu favorisieren. Vielmehr liegt das Scheitern der *ratio* in der Sache selbst: der Unfüglichkeit des Phänomens, das im Sich-Zeigen, der Ekstatik des Erscheinens liegt. Darum hatte Solger von der »Hinfälligkeit des Schönen« gesprochen. Gemeint ist nicht ihre Vergänglichkeit als Zeitmodus, sondern, wie Oskar Becker betont hat, ihre Zerbrechlichkeit, ihre Fragilität: Denn Schönheit gibt es nur »in dem äußerst verletzlichen ›momentanen‹ Erleben eines seinerseits äußerst verletzlichen [...] Gegenstands«.[23] Sie wird mit Augenblicklichkeit assoziiert, dem »Sprung«, der zwischen Diskurs und *Aisthesis* klafft. Der Sprung verweist dabei auf die Plötzlichkeit einer Erfahrung, die ohne Grund oder Stiftung »an-springt«. Kants Theorie der Schönheit als eines ausgezeichneten Phänomens des Ästhetischen führt so über den Punkt einer Nichtratio-

---

21 Kant, K. d. U, § 44, A 174.
22 Cocteau, Kinder, S. 19.
23 Becker, Dasein, S. 13, auch: S. 11 ff.

nalisierbarkeit des Schönen hinaus auf die Restitution des Aisthetischen in der Wahrnehmung. Die Präsenz der Schönheit und ihre Reflexion bilden eine unüberbrückbare Kluft. Das hat die Romantik gewußt: Die Schönheit durchreißt das *principium individuationis* und dessen symbolische Determinierung auf das Ereignis des »Daß« (*quod*) hin. Im Gewand der asignifikanten Erscheinung der Form erinnert sie uns daran, »daß etwas ist und nicht nichts«. Gelesen wird so die Widerfahrnis des Schönen aus einer thaumaturgischen Tradition. Aus diesem Grunde ist vollendete Schönheit sowohl stets mit dem Religiösen assoziiert worden,[24] als Chiffre der »Unantastbarkeit« (Wittgenstein) der *Ex-sistenz* selbst, als auch mit dem Antlitz der Anmut, der Grazie, jener »Humanisierung des Erhabenen«, die das ganze Umfeld von »Würde« (Gravität) und Dank (Gratia) absteckt, das schließlich Heidegger erneut zwischen »Gabe«, »Schenkung« und dem Denken als »Danken« ausgelotet hat.

Anders als Kant hat allerdings Heidegger die Schönheit ihrer Form ganz entkleidet und allein der *Ekstasis* des Erscheinens überschrieben. Der Verschiebung, die die romantische Schönheitsvorstellung im Rücken hat, ist der Transfer vom Naturschönen zum Kunstschönen immanent. Vollzogen wird sie in einer lapidaren Bemerkung im *Ursprung des Kunstwerkes*: »Das ins Werk gefügte Scheinen ist das Schöne. Schönheit ist eine Weise, wie Wahrheit west.« Weiter heißt es im später hinzugefügten Nachwort: »Die Schönheit kommt nicht neben [der] Wahrheit vor. Wenn die Wahrheit sich in das Werk setzt, erscheint sie. Das Erscheinen ist [...] die Schönheit.«[25] Dabei wird die Wahrheit (*aletheia*), die im Kunstwerk zur Erscheinung tritt, von Heidegger ekstatisch gedeutet: Sie steht aus sich heraus, stellt sich aus. *Ekstasis* bezeichnet einen Modus des Erscheinens selbst: Erscheinung der Erscheinung. Demnach läßt Wahrheit »Welt« entstehen, gleichwie das Schöne sie erscheinen läßt. »Dies vermag das Schöne

---

24 Insbesondere rückt die Romantik das absolut Schöne in die Nähe des Heiligen, für das das Bilderverbot gilt. Seine Absolutheit verhängt es mit einem Schleier – und jeder Versuch, es zu entschleiern, es darzustellen oder diskursiv aufzuweisen, depravierte es zu etwas Empirischem, Nichtigem. Die Schönheit, mehr noch die Erhabenheit, ist für die Romantik das begrifflich nicht Faßbare, sogar das *Unsichtbare*. Die Auffassung hält sich noch bis in die frühe Moderne: »Die Schönheit [...] zeigt sich uns nur verhüllt. Sie erregt uns, aber sie enthüllt sich uns nie.« Arp, Traum, S. 90.
25 Heidegger, Kunstwerk, S. 61, sowie Nachwort, S. 93.

nur, insofern es ihm selbst leuchtend lichtet, das heißt scheint. [...] Die Bedeutung des Scheinens im ›scheint‹ weist nicht in die Richtung von Phantom, sondern in diejenige von Epiphanie.«[26] Als solche erinnert sie wiederum an den ursprünglichen Sinn der *Aisthesis*: Vorgängigkeit des »Daß« (*quod*) in der wörtlichen Bedeutung eines Sich-Zeigens. Deshalb spricht Heidegger auch von der eigentümlichen Weise des »reinen Insichselbststehens« des Werkes, seinem »Emporragen« – Inständigkeit einer »dastehenden« Präsenz, die »fast erschlägt« und »uns seine eigene Gegenwart [auferlegt]«, wie Gadamer die Passage erläutert hat.[27] Im »Daß« der Existenz liegt eine Affirmation: Von ihr geht die besondere Intensität erst aus, mit der Schönheit anspricht, ihre Untilgbarkeit oder Unmöglichkeit eines Vergessens bei gleichzeitigem Nichtbesitz ihres Gedächtnisses.

In der Nähe, die zugleich entfernt, hatte überdies Benjamin die Erscheinung der »Aura« ausgemacht:[28] Die *Ekstasis* der Wahrheit, deren Erscheinung Heidegger an Schönheit knüpft, weist sie ebenfalls als Auratische aus. Sie haftet nirgends an der Struktur oder Organisation des Wahren, sondern an ihrer Präsenz, ihrem Anwesen. So führt der Weg von der Unbestimmtheit der Schönheit als Präsenz der Form zur Unbestimmtheit des Schönen als Weise einer Anwesenheit, wie sie in der Aura manifest wird. Bezeichnenderweise hatte Benjamin überdies den Aurabegriff, obzwar an Naturschönem exemplifiziert, vornehmlich für »geschichtliche Gegenstände« reklamiert.[29] Das Auratische ist Merkmal der Kunst, nicht so sehr der Natur. Von dorther ergeben sich eine Reihe tiefgreifender Affinitäten zwischen Heidegger und Benjamin, die um die Begriffe des Erscheinens, der Gegenwart und des *kairos* kreisen.[30] Sie betreffen ebenfalls beider Schönheitsverständnis, so spärlich die Quellen sich auch ausnehmen. So hatte Benjamin im *Baudelaire-Essay* das Schöne – wie die Aura im *Kunstwerkaufsatz* – in den Bereich des Kultischen verwiesen,

---

26 Ders., Brief an Emil Staiger, in: Staiger, Interpretation, S. 40.
27 Heidegger, Kunstwerk, S. 38, 61; sowie Gadamer, Heideggers Wege, S. 160, 161.
28 Benjamin, Passagenwerk, S. 560.
29 Ders., Kunstwerk, S. 18, sowie ders., Baudelaire, S. 670.
30 In einem umfangreichen Versuch hat van Reijen Parallelitäten zwischen Heidegger und Benjamin aufzudecken versucht, allerdings bezeichnenderweise unter Aussparung des Ästhetischen und dem Aura-Begriff; vgl. ders., Schwarzwald und Paris.

freilich gleichsam als dessen Profanierung: »Dringt sie (die Aura) über diesen Bereich hinaus, so stellt sie sich als ›das Schöne‹ dar. Im Schönen erscheint der Kultwert als Wert der Kunst.«[31] Desgleichen spricht der *Kunstwerkaufsatz* vom »einzigartigen Wert des ›echten‹ Kunstwerks«; er habe »seine Fundierung im Ritual«, die »noch in den profansten Formen des Schönheitsdienstes als säkularisiertes Ritual erkennbar«[32] sei. Ihr gehört gleichermaßen die Aura an: Mit ihr ist die Singularität des Kunstwerks selbst, seine »Echtheit« angesprochen, worin der »kultische Charakter des Phänomens« zugleich transparent wird: »Das wesentlich Ferne ist das Unnahbare: in der Tat ist Unnahbarkeit eine Hauptqualität des Kultbildes.«[33] Ausdrücklich zeigt sich darin die Verwandtschaft zwischen Schönheit und Aura. Das Schöne wird, ganz im Gegensatz zu Kant, nicht im Diskursiv-Paradoxen lokalisiert; es gewahren heißt vielmehr von einem Unantastbaren angerührt werden. Daher stehen Benjamins Einlassungen zur Schönheit nicht umsonst in dem Zusammenhang, in dem er das Auratische vom »Anblick« her erläutert. Die »Lust am Schönen« sei dessen Unersättlichkeit entnommen: »Ein Gemälde würde [...] an einem Anblick dasjenige wiedergeben, woran sich das Auge nicht sattsehen kann.« Mithin ergehe seine Eindringlichkeit aus dem unmittelbaren Angang eines »Ergriffenwerdens«.[34]

Und wie die Aura »im Zeitalter technischer Reproduzierbarkeit« untergeht, so versinkt gleichermaßen die Schönheit. Denn »[s]oweit die Kunst auf das Schöne ausgeht und es [...] ›wiedergibt‹, holt sie es [...] aus der Tiefe der Zeit herauf. Das findet in der technischen Reproduktion nicht mehr statt.«[35] Deren Produkten spricht Benjamin ihr Erscheinen ab. Das Scheinlose aber ist, wie sich mit Heidegger ergänzen läßt, nicht schön. So kommt der Schönheit, wie der Aura, ein nichtreproduzierbarer Glanz zu. Sie ergeht von der Ungreifbarkeit des Augen-Blicks her, der sich gegen Wiederholung sperrt. Und wie Zeichen an die Bedingung ihrer Iterabilität gebunden sind, geschieht das nichtwiederholbare Schöne zeichenlos. *Es ereignet sich* – unbeschadet der Tatsa-

---

31 Benjamin, Baudelaire, S. 638.
32 Ders., Kunstwerk, S. 20.
33 Ders., Baudelaire, S. 647.
34 Ebd., S. 645; ferner S. 644 ff., sowie Anm. S. 639.
35 Ebd., S. 646.

che, daß solches sich wieder und anders ereignen kann, wenn der Blick auf es fällt. Ebenso wie bei Heidegger ergibt sich folglich ein dialektischer Bezug auf Erinnerung: Schönheit erlaubt in dem Maße, wie sie in Bann zieht und »Verweilen« zu erzwingen sucht, kein Zurückblicken. Zudem heißt es an einer rätselhaften Stelle des *Baudelaire-Essays* bei Benjamin: »Wenn man die Vorstellungen, die, in der *mémoire involontaire* beheimatet, sich um einen Gegenstand der Anschauung gruppieren, dessen Aura nennt, so entspricht die Aura am Gegenstand einer Anschauung eben der Erfahrung, die sich an einem Gegenstand des Gebrauchs als Übung absetzt.«[36] Das bedeutet, das Auratische beruht auf einer Gewahrung des Dings, die nirgends auf dessen Zweckhaftigkeit, seine Verwendbarkeit geht. Radikaler als Kants Wort von der »Zweckmäßigkeit ohne Zweck« wird damit jeglicher Rekurs auf ein *telos* oder einen »Sinn« gestrichen. Wenn Adorno die Aura als »Spur des vergessenen Menschlichen am Ding« interpretiert, so sucht Benjamin in ihr umgekehrt gerade das festzuhalten, was sich der »Arbeit«, der *techne* entwindet. Aura und Schönheit als Erfahrungsmomente entspringen folglich nicht der Form, der Gestalt, sondern dem sprachlosen »Zauber einer Sache«.

3. Das Erhabene und die Präsenz als »Blöße«

Die Burkesche Zweiteilung des ästhetischen Affekts in Schönheit und Erhabenheit (*sublime*), die sich der doppelten Fundierung in Kallistik und Rhetorik verdankt, spiegelt sich bei Kant in der Unterteilung der »Kritik der ästhetischen Urteilskraft« als Duplizität einer »Analytik des Schönen« und einer »Analytik des Erhabenen«. Indessen fallen die Bestimmungen der ersteren ungleich gründlicher und genauer aus als letztere. Sie machen das Hauptinteresse aus, während die Untersuchungen über das »Beurteilungsvermögen des Erhabenen« wie nachgestellt wirken, obgleich sie an Sprengkraft weit über den Begriff der Schönheit hinauslangen. Zwar ähneln sich beide in bezug auf eine Reihe von Merkmalen: Ebenso wie das Schöne wird auch das Erhabene am Naturschauspiel demonstriert; beide gefallen durch sich selbst, und beide erscheinen unabhängig vom prädikativen Urteil. Au-

---

36 Ebd., S. 644.

ßerdem setzen beide ein reflektierendes Bewußtsein voraus, wie sie sowohl die universale Gültigkeit des logischen Diskurses aufheben als auch Geltung auf den erkenntnistheoretischen Eigensinn des Empfindens stützen. Offenbar läßt sich nur schwer, wie Derrida konstatiert, »von einem Gegensatz zwischen dem Schönen und dem Erhabenen sprechen«.[37]

Dennoch differieren beide erheblich in ihrer Bedeutung und Struktur.[38] Denn in Ansehung des Schönen ist die Anwesenheit einer Grenze entscheidend, mit Blick auf das Erhabene die Unbegrenztheit. Die Einschränkung der Sinne verleiht der Wahrnehmung Formcharakter, das Unbeschränkte entgrenzt sie ins Formlose. Das Spiel der Gestalt »gibt« darüber hinaus den aisthetischen Genuß der Schönheit, die Entgrenzung die moralische Würde und den »hohen Ernst« der Erhabenheit. Zu dieser gehört die Erfahrung einer begriffslosen Lust, zu jener die »Unlust« einer schlechthinnigen Unangemessenheit aller Darstellung.[39] Beide vollziehen somit zwei kontrapositorische »Bewegungen des Gemüts«. Entsprechend bildet das Schöne einen »unbestimmten Begriff« des Verstandes, das Erhabene einen »unbestimmten Begriff« der Vernunft. Diese ist nicht diskursiv zu erfassen, jenes überschreitet überhaupt den Horizont der Idee.[40] Daher schließt

---

37 Derrida, Malerei, S. 154. Die partielle Indifferenz des Schönen und Erhabenen hat seit je dazu geführt, daß eines durchs andere überformt wurde. So versteht die Klassik das Erhabene vom Schönen her: In seiner Auseinandersetzung mit Karl Philipp Moritz' *Über die bildende Nachahmung des Schönen* heißt es z. B. bei Goethe, daß aus der Mischung des Schönen mit dem Edlen das »Majestätische« entstehe: »Messen wir wieder das Edle, Große und Schöne nach der Höhe, in der es über uns, unsrer Fassungskraft kaum noch erreichbar ist, so geht der Begriff des Schönen in den Begriff des Erhabenen über.« Goethe, Kunst, 1. Tl., S. 39. Die Romantik hat dagegen das Erhabene zum vorrangigen Maßstab gemacht und das Schöne – als Augenblick einer Unsichtbarkeit – von ihm her verstanden.
38 Vgl. zum folgenden, Kant, K. d. U, § 23, A 74ff.
39 Ebd., § 26, A 87, § 27, A 95ff.
40 In ähnlicher Weise beschreibt auch Hegel das Erhabene in seiner *Ästhetik* I, S. 478ff. Es ist nicht eigentlich symbolisch, vielmehr zerstört seine Bedeutung jegliches Zeichen, das als solches stets nur ein unangemessenes Zeichen sein kann. Darum läßt sich das Erhabene auch nicht gestalten: Es gehört nicht zur Kunst. Es unterbricht das Symbolische, ist Unterbrechung schlechthin: ein Negatives. Der Gegensatz zwischen Kant und Hegel besteht dann darin, daß es Kant stets um die Möglichkeit des ästhetischen Urteils, das heißt bei aller Negativität und Transzendenz um die Problematik der Darstellung, der begrifflichen Fassung ging, weshalb die »Analytik des Erhabenen« nahezu ausschließlich um die Relation zwi-

das Erhabene nicht nur jede kategoriale Bestimmung aus, sondern weist auf eine absolute Differenz: Es mündet nicht im Paradoxen, sondern in der Transzendenz.

Angesichts des Erhabenen deutet sich so für Kant das »Noumenon« an: Es läßt im »Fürsich« das »Ansich« gleichsam durchscheinen. Es rührt somit ans Andere, dem weder ein Blick noch eine Vorstellung verstattet ist. Hegel hat deshalb in ihm ein genuin religiöses Erlebnis gesehen. Auffällig ist denn auch, daß Kant die Ästhetik des Erhabenen in Termini der Überschreitung faßt: »Erhaben nennen wir das, was schlechthin groß ist.«[41] Das »schlechthin Große« aber bezeichnet dasjenige, was »über alle Vergleichung groß ist«, das jegliches angemessene Kriterium sprengt und »jeden Maßstab der Sinne übertrifft«.[42] Das heißt, das Gefühl des Erhabenen wird durch ein Nichtmeßbares evoziert; es meint ein »Hohes«, das gleichsam höher steht als alle Höhe: »Das Maß des Erhabenen bemißt sich an dieser Unmäßigkeit;[43] ihm inhäriert der Sprung in ein anderes Maß. Als solches aber führt es auf ein »übersinnliches Substrat«.[44] Deswegen vermerkt Kant auch, »daß wir uns überhaupt unrichtig ausdrücken, wenn wir irgend einen Gegenstand der Natur erhaben nennen, ob wir zwar ganz richtig sehr viele derselben schön nennen können«. Denn das Erhabene tangiert kein endliches Objekt, weder »Kunstprodukte«, »wo ein menschlicher Zweck die Form sowohl als die Größe bestimmt«, noch »Naturdinge«, sondern allein ein Unendliches: »Erhaben ist also die Natur in derjenigen ihrer Erscheinung, deren Anschauung die Idee ihrer Unendlichkeit bei sich führt.«[45] Das bedeutet aber, daß die Empfindung von Erhabenheit den Augen-Blick der Überschreitung auf das Ge-Gebene selbst beinhaltet: Es gemahnt

---

schen Endlichkeit und Unendlichkeit kreist, während Hegel vom Unendlichen her dachte, das heißt der absoluten Negativität. Kant interessiert die systematische »Unangemessenheit der Darstellung«; sie führt gleichsam an den Rand des »Bilderverbots«, wie eine Passage der K. d. U., A 123f., nahelegt, während Hegel in der Negativität der Unendlichkeit zur Auslegung des Religiösen selbst gelangt.

41 Kant, K. d. U, § 25, A 79.
42 Ebd., § 25, A 80, 84.
43 Derrida, Malerei, S. 157.
44 Kant, K. d. U, § 26, A 93.
45 Vgl. ebd., § 23, A 75, § 26 A 88 und A 92. Hinzugefügt wird, daß sich »wahre Erhabenheit« nur »in uns« ereignet: Sie entspringt »im Gemüte des Urteilenden, nicht in dem Naturobjekte, dessen Beurteilung diese Stimmung desselben veranlaßt.« Ebd. § 26, A 94; auch: § 23, A 77, § 25, A 83.

an die »Blöße« seiner Präsenz. Insofern unterhält das Erhabene einen privilegierten Bezug zur Epiphanie: Nicht Gott, sondern ein »Absolut-großes«,[46] Unerreichbares, das einen »Wink« gibt auf die undarstellbare *Ekstasis* des »Daß«, woraus wiederum Schelling den wesentlichen Impuls seiner Philosophie bezog. Zwar erscheint das Erhabene bei Kant nicht schon als »Offenbarung« der Rätsel der *Ex-sistenz* (Schelling), wohl aber deuten diese sich in dessen Erfahrung an. Es begegnet als Ungemachtes in Gestalt »roher Natur« und verweist damit auf eine Grenzenlosigkeit, die uns nicht nur Angst und Schrecken einzuflößen vermag, sondern »Ehrfurcht« gebietet: »Das Gefühl der Unangemessenheit unseres Vermögens zur Erreichung einer Idee, die für uns Gesetz ist, ist Achtung [...]. Also ist das Gefühl des Erhabenen in der Natur Achtung.«[47] Daher seine moralische Kraft, seine Beziehung nicht so sehr zum *thaumazein*, dem »Verwundern« als Anfang des Denkens, sondern zum *tremendum*, dem Erschütterndmachenden als dem Einbruch eines Numinosen.

Es ist vor allem dieser Gedanke eines Durchrisses auf die Präsentheit einer Präsenz, gewissermaßen die »Blöße des Seins (*Ex-sistenz*)« und des »Seins als Blöße«, die Jean-François Lyotard in seinen Kant-Lektionen am Erhabenen geltend gemacht hat. Freilich bedürfen diese der abermaligen Lektüre gegen ihren Strich, zumal sich Lyotard vornehmlich auf die Ästhetik der Avantgarde bezieht und damit die Stellung des Begriffs, wie zuvor schon Heidegger und Benjamin den der Schönheit, von der Natur auf die Kunst verschiebt.[48] Entscheidend ist dabei die Figur einer katachretischen Inversion: Der Rekurs auf das Erhabene fungiert, wie die »Aura« bei Benjamin, als Ausdruck eines Unausdrückbaren, indem er Naturmetaphorik gleichwie theologische Anklänge, die die Romantik beerben, in den Dienst nimmt, um die Undarstellbarkeit des Ereignens selbst festzuhalten. Seine Bedeutung wäre folglich von dorther, nicht vom »bestirnten Himmel« oder grandiosen Naturspektakeln her aufzuschließen. Am Undarstellbaren wäre folglich noch dessen eigentlich Auratisches zu entschälen.

Vorauszusetzen ist dazu freilich jene Umwendung, die Nietzsche in die klassische Ästhetik eintrug – seine Opposition gegen

---

46 Ebd., § 27, A 97.
47 Ebd., § 26, A 97,98; sowie § 29, A 109ff., und »Allgemeine Anmerkung«, A 112ff.
48 Lyotard, Analytik.

deren eingeschriebenen Platonismus, ihre Kapriziosität für Form und Inhalt sowie ihre Beschränkung auf den Begriff des schönen Scheins. Soweit darin Repräsentationalität und Wahrheit im Sinne einer *adaequatio* ausgezeichnet blieben, kontrastiert sie Nietzsche mit der darin verdrängten Fratze des Dämonischen: dem »Exzeß« und »Grauen« des Dionysischen, das den unbestimmten Bezirk zwischen Tier und Gottheit passiert. Die Maßlosigkeit des Dionysos, die für einen Großteil der Avantgardekunst des frühen 20. Jahrhunderts zum ästhetischen Ideal avancieren sollte, setzt erst jenen »geheimnisvollen Grund« frei, aus dem gleichsam unvermittelt das Ungebärdige des Lebens hervorbricht und im Medium von Kunst die Sprengkraft freisetzt, die vormals dem Schrecken der Natur zukam: »In der Bewußtheit der einmal geschauten Wahrheit sieht jetzt der Mensch überall nur das Entsetzliche [...] des Seins [...]: es ekelt ihn. Hier, in dieser höchsten Gefahr des Willens, naht sich, als rettende, heilkundige Zauberin, die Kunst; sie allein vermag jene Ekelgedanken über das Entsetzliche [...] des Daseins in Vorstellungen umzubiegen, mit denen sich leben läßt: diese [ist] das Erhabene als die künstlerische Bändigung des Entsetzlichen.«[49]

Nietzsche wird so zur Brücke eines entscheidenden Übergangs: dem *Übertritt von der Ästhetik der Form zur Ästhetik des Ereignens*. In Opposition zur traditionellen Ästhetik und ihres obsessiv verfochtenen Platonismus wendet er das Erhabene zum ästhetisch sublimierten Schock. Er hat so, jenseits des ästhetischen Genusses, die Praxis von Kunst an die Momente von Überschreitung gekoppelt: Übertragung der »Erschütterung« angesichts von Naturgegenständen auf die Objekte der künstlerischen Manifestation. Darauf hat immer wieder Karl Heinz Bohrer abgehoben.[50] War das Gefühl des Erhabenen bei Kant gleichsam vom Natürlichen affiziert, um im Erschrecken noch das sittliche Bild von Souveränität und Freiheit zu empfangen,[51] wird es im Zuge der Romantik zum eigentlichen Szenario der Kunst. Zugleich zerfällt im Schrecken das aufgeklärte Phantasma von der

---

49 Nietzsche, Geburt, S. 57; vgl. auch, S. 38 ff. Die nämliche Passage nennt allerdings das Absurde und, als dessen »Therapie«, das »Lachen« als andere Seite des Erhabenen – ein Zug, der von Kierkegaards Ironie über Michael Bachtin zu Gilles Deleuze führt.
50 Vgl. Bohrer, Präsens, S. 92-120.
51 Vgl. Kant, K. d. U, § 28, A 108; § 29, A 116f.

Macht und der Überlegenheit des Bewußtseins: Das Erhabene der Kunst als Grundbestand ästhetischer Erfahrung gemahnt an die Illusionen von Identität und Selbstbewußtsein, an die Brüchigkeit des Subjekts und läßt dessen Herrschaftsanspruch zerbrechen. »Offenbar muß erst einmal diese Traditionslinie der philosophischen Feier von der Priorität des theoretischen Menschen von der ästhetischen Praxis überholt werden, damit innerhalb der Ästhetik jene Einsichten, welche die Erhabenheitsästhetik des 18. Jahrhunderts am Beispiel von Naturgegenständen gewann, auch auf Kunstgegenstände angewandt werden konnten.«[52] Folgerecht kehren sich die Vorzeichen des Erhabenheitsdiskurses um: In dem Maße, wie das Kunstschöne für die Moderne obsolet wird – dies gilt bereits für die Ästhetik des Häßlichen seit Baudelaire –, rückt an dessen vakanten Platz ein Kunstverständnis, das seine Dimensionen im Riß, der Katastrophe, dem *kairos* im Sinne des »Sprungs«, der Umkehr gewinnt.[53] Ästhetische Erfahrung ist dann Differenzerfahrung. Sie kulminiert im Begriff des »Un-geheuren«, wie er nicht nur für die romantische Literatur, sondern vor allem für die Kunstphilosophie Heideggers virulent wurde. Deren Grundstimmung ist das Erhabene.

Man könnte diese Wende ins Artifizielle, ins Artistische gleichwohl als Volte gegen den theologischen Impuls des Romantisch-Erhabenen verstehen: In dem Maße, wie dieses in die Kunst einzieht, avanciert es zur ästhetischen Gestalt, zum Darstellbaren, zur Inszenierung. Das, was in den Diskursen von Aufklärung, Klassik und Romantik den Möglichkeiten von *techne* am schärfsten widerstand, würde so erneut zu deren Beute. Indes ist das, was Nietzsche im Gewand des »ungeheuren Phänomens des Dio-

---

52 Bohrer, Präsens, S. 94.
53 Nochmals läßt sich darin der Unterschied zwischen Klassik und Romantik festmachen: Manifestiert sich für die Klassik im Erhabenheitserlebnis ein Souveränitätsphantasma, wie es neben Kant noch Schiller formulierte, so wird für die Romantik die Metapher des *momentums* leitend. Bohrer weist ferner darauf hin, daß durch die Überlieferungsgeschichte der Rhetorik ein Zwiespalt zwischen *Pathos* und *Ethos* verläuft: die auf *Wirkung* gehende Rede, die die Affekte anspricht, gegenüber der Verpflichtung auf Humanität und Verläßlichkeit des Sprechers. Dem entspricht die Differenz zwischen Überredung und Überzeugung, *Ästhetik* und *Ethik*, die die gesamte abendländische Kulturgeschichte durchzieht und im Barock zugunsten des *Pathos*, in der Klassik zugunsten des *Ethos* entschieden wurde – ein Stellungswechsel, der bei Nietzsche im Zeichen des Dionysischen erneut umgedreht wird; vgl. Bohrer, Plötzlichkeit, S. 128.

nysischen« als Entfesselung des Wahnsinns auf den Boden der Kunst stellte, vornehmlich am Bruch orientiert: Enthüllung der unsichtbaren Wahrheit der bacchantischen Gottheit durch die »Vernichtung der Erscheinungen«. Das Erhabene ereignet sich in einem »kurzen Augenblick« rauschhafter Ankunft.[54] Erfahrbar nur in der Plötzlichkeit einer Transition, schließt es ein ganzes Kaleidoskop verwandter Bezüge ein: Der *kairos* als Umschlagspunkt, die Katastrophe im literalen Sinne einer »entscheidenden Wende«, die aufbrechende Nichtigkeit und schließlich die Erfahrung von Kontingenz. Als solche fügen sie sich keiner apollinischen Macht. Sie widerstehen dem dramatischen Maß, der Herstellbarkeit. Nirgends wird also Göttliches zur Darstellung gebracht, vielmehr kommt dieses selbst zur Erscheinung. In ähnlichem Sinne hat Heidegger im begrifflich nicht zu fassenden Einbruch des »Un-geheuren« das eigentliche Wahrheitsmoment der Kunst ausgemacht. Gegen die traditionelle Bestimmung des Ästhetischen aus dem Schein und der Inspiration, worin sich stets noch der Vorrang des Subjekts und die Hierarchien von Wesen und Erscheinung halten, vollzieht sich im Kunstwerk das Ereignis von Wahrheit (*aletheia*).

Das Erhabene, als Gewahrung des Un-geheuren, wird so kairologisch umgedeutet. Sein Ereignis steht dem Technischen, der Machbarkeit überhaupt entgegen.[55] Zudem gehört das Motiv des hereinbrechenden Un-geheuren, das dem Geheuren, dem Gewöhnlichen widerspricht, zu den Grundfiguren des Heideggerschen Denkens. Wieder und wieder wird sie in neuen Wendungen wiederholt, vor allem in bezug auf das *tremendum*, das Schreckliche, das, wie die »Angst«, die Grundstimmung der Philosophie ausmacht: Erschütterung, »daß Seiendes ist und nicht vielmehr nicht ist«.[56] Das heißt, das erhabene Grauen konfrontiert mit der Gewahrung des »Daß« (*quod*), der *Ex-sistenz* als Gegenwärtigkeit, die ins Andere versetzt. Es wird für Heidegger besonders in der Kunst manifest, weshalb es im *Ursprung des Kunstwerkes* auch heißt, daß das »einfache *factum est* im Werk ins Offene gehalten« wird: »dieses, daß Unverborgenheit des Seienden hier geschehen ist und als dieses Geschehene erst geschieht«. Auf einzig-

---

54 Nietzsche, Geburt, Versuch einer Selbstkritik, S. 12, sowie S. 109ff.
55 Kunst wird so, wie es in einem späteren Zusatz heißt, überhaupt »aus dem Ereignis gedacht«, vgl. Heidegger, Kunstwerk, Zusatz, S. 100.
56 Ders., Grundfragen, S. 2.

artige Weise kommt so, wie es weiter heißt, im Kunstwerk das »Daß« seines Geschaffenseins hervor: »Was aber ist gewöhnlicher als dieses, daß Seiendes ist? Im Werk dagegen ist dieses, daß es als solches ist, gerade das Ungewöhnliche. Das Ereignis seines Geschaffenseins zittert im Werk nicht einfach nach, sondern das Ereignishafte, daß das Werk als dieses ist, wirft das Werk vor sich her und hat es ständig um sich geworfen. Je wesentlicher das Werk sich öffnet, um so leuchtender wird die Einzigkeit dessen, daß es ist und nicht vielmehr nicht ist. [...] Im Hervorbringen des Werkes liegt dieses Darbringen des ›daß es sei‹.«[57] Doch liegt darin nicht einfach ein tautologisches Konstatieren seiner Faktizität, sondern sein eigentlich Revolutionäres, seine Kraft zur Irritation, denn das »Ins-Werk-Setzen der Wahrheit stößt das Un-geheure auf und stößt zugleich das Geheure und das, was man dafür hält, um«.[58] Bohrer kommentiert: »Man könnte sagen, daß Heidegger auf Hölderlin verfiel, weil ihm dort das ins Werk getretene ›Ungeheure‹ wie nirgends sonst in seiner noch einmal versuchten ›erhabenen‹ Fassung entgegentrat.«[59]

Weit eher als auf Kant, von dem er lediglich sein Vokabular leiht, beruft sich Lyotard auf diese Traditionslinie. An der Kunst Barnett Newmans als bevorzugtem Exempel sucht er den Augenblick des Auftauchens selbst festzuhalten: Geschehen, in dem nicht »etwas« geschieht, sondern das Geschehen selbst aufbricht. Die großen monochromen Farbtafeln, die mit jeglicher Figuralität oder Darstellung überhaupt brechen, lassen nicht »etwas« sehen, sondern öffnen sich inmitten des Bruchs einem anderen Sehen: Betrachtung des unsichtbaren Ereignisses von Sichtbarkeit selbst. Es »ist« Nichts, »was« (*quid*) sich zeigt, außer der Leere selbst, die zur Fülle wird – Umsprung in die Plötzlichkeit des »Daß-es-ist« (*quod*). Deshalb lauten bei Newman die Titel: *Here* oder *Be, Now*. Was sie thematisieren, ist nicht Nichts, sondern Begegnung mit Präsenz. Daher können sie – weit eher mit Nietzsche und Heidegger als mit Kant[60] – als Erfahrungen apostro-

---

57 Ders., Kunstwerk, S. 73.
58 Ebd., S. 86.
59 Bohrer, Präsens, S. 99.
60 Newman, der selbst vom »Sublimen« spricht, beruft sich auf Burke – doch so, daß er dessen psychologische Erörterungen wiederum auf den Schock, den Augenblick des Schreckens hin interpretiert. Vgl. Das Erhabene jetzt, S. 699 ff.

phiert werden, denen sich weniger ein Erhabenes enthüllt, als ein Un-geheures, ein Auratisches. Ihre Flächen bilden reine Epiphanien des Hier und Jetzt, der *Ex-sistenz* selbst: Sie präsentieren die Autonomie ihres Ereignens. Dabei hat der Rekurs auf das Erhabene bei Lyotard nichts mit einer Ursprungserfahrung zu tun, vielmehr mit dem Zuvorkommen eines »Geschieht-es?« (*Arrive-t-il?*). Bezeugt wird auf diese Weise die Irreduzibilität des »Ereignens« als Fraglichkeit, wofür das Verbum steht, das sich auf den Vollzug, die Performanz des Geschehnisses bezieht, von dem das »Was« des Ereignisses, seine Bestimmtheit oder Markierung, das heißt auch seine Nachträglichkeit abzuheben wäre. Die Differenz rechtfertigt sich aus dem Gegensatz von Frage und Aussage. Entsprechend führt die Fraglichkeit der Frage auf jene Fährte, die dem Ereignis in seiner Aussagbarkeit zuvorkommt. Die Fraglichkeit selbst bleibt folglich Rätsel; sie ist noch nicht »als« Frage, die sich artikuliert, gestellt, denn sobald das »Als« ins Spiel kommt, wäre sie bereits ihrer Rätselhaftigkeit beraubt – denn ein »Rätsel ist etwas«, so Wittgenstein, »was keine Lösung kennt«.[61]

Wie Schelling von einem »Unvordenklichen« und Wittgenstein von einem »Mystischen« hat Lyotard von einem Unsagbaren oder »Undarstellbaren« gesprochen und damit die Diskussion verwirrt. Der Begriff hält am Regime der Sprache fest und zeichnet in ihm eine Negativität aus, markiert eine Marge, eine Abwesenheit, die gleichwohl nur mit Bezug auf den Primat des Diskursiven gedacht, also ausgesprochen und bezeichnet werden kann. Mit Blick auf Kant hat Derrida dieses Dilemma exponiert und dabei auf eine innere Aporie, einen konstitutionellen Widerspruch in der Terminologie hingewiesen, insofern sich im Namen einer »Undarstellbarkeit« ein Nichtsymbolisches behauptet, das umgekehrt mit dem Begriff des »Erhabenen« ein Zeichen erhält: »Die Darstellung ist der Idee der Vernunft unangemessen, aber sie stellt sich in ihrer Unangemessenheit selbst dar als ihrer Unangemessenheit unangemessen. Die Unangemessenheit der Darstellung stellt sich dar. [...] eine Unangemessenheit stellt sich als solche in ihrem eigenen Aufklaffen dar, sie bestimmt sich in ihren Konturen, schneidet sich zurecht und beschneidet sich als der

---

61 Wittgenstein, Vorlesungen, S. 554. Man müßte ergänzen: Kennte man die »Lösung« des Rätsels, wäre es keines mehr. In ähnlichem Sinne sagt Adorno: »Das Rätsel lösen ist soviel wie den Grund seiner Unlösbarkeit angeben.« Ders., Ästhetische Theorie, S. 185.

Größenlosigkeit unvergleichbar.«[62] Die Argumentation verfehlt allerdings das gesuchte Phänomen in dem Maße, wie sie es selbst zu einem Zeichen macht: Sie ist gültig nur so lange, wie sie es in der »Schrift« lokalisiert. *Festzuhalten wäre statt dessen an der Wahrnehmung der Ungeheuerlichkeit des Daß vor dem Was.* Weniger handelt es sich um etwas Unaussprechliches oder Nichtdarstellbares, als vielmehr um jene elementaren Erfahrungen des *thaumazein* und des *tremendum*, die gleichermaßen zu den Grundbedingungen des Denkens zählen, wie sie das Schöne und Erhabene voneinander scheiden. Der Negativität des Begriffs wird dann die Positivität einer Erschütterung entgegengehalten, der das Gefühl des Erhabenen entspringt: *Aisthesis* versus Diskurs, worin der Augen-Blick einer Überraschung statthat, der das Erscheinen selbst erscheinen läßt und der nur dort aufzutauchen vermag, wo das Netz der Zeichen zerrissen wird.

Eindringlicher als Kant weist also Lyotard auf den Moment der Ankunft selbst, das Ereignis im Sinne von *Ekstasis* hin, das ebenso aus sich heraussteht, wie es in die Wahrnehmung hineinsteht und mit einem gleichermaßen Unfüglichen wie Unverfügbaren konfrontiert. Anders ausgedrückt: Es kündet von der »Gebung des Anderen« im Denken oder der Sprache, wofür lediglich eine Empfänglichkeit bereitsteht, die nicht eigens einer Anerkennung durch das Denken bedarf. Vielmehr wird dieses daran entmächtigt. Das Phänomen der Erhabenheit, das für solche Augenblicke lediglich Modell steht, wäre dann ein Paradigma dieser Entmächtigung. Es behauptet nicht nur die Grenze der Darstellbarkeit, ihre definitive Demarkation, woran die Strukturen der Signifikanz brechen, sondern verweist vor allem auf Anderes, das den Ordnungen des Symbolischen und der Schrift entgegensteht und sich der Usurpation durch sie widersetzt. Wir haben es also nicht mit einem Mangel zu tun, einem grundlegenden Scheitern, das die Sprache oder das künstlerische Werk ereilt, sondern mit einem nicht zu tilgenden Überschuß, einer fortwährenden Unruhe, die die Texte und Theorien unablässig vereiteln und verwirren.

Daher die emphatische Rolle der Kunst für Lyotard: Indem sie avantgardistisch einem Destruktionsprozeß folgt, um sich erneut der Grundschicht des Ästhetischen als eines Aisthetischen zu versichern, das jede Darstellung oder *techne* abgestreift hat, leiht sie

---

62 Derrida, Malerei, S. 160.

dem Augenblick von Präsenz selbst, der »Blöße« ohne Spur, der *Ekstasis* der Materialität eine Ankunft. Zugleich wird deutlich, daß dann Kunst in ihr Eigenstes kehrt. Jenseits der Kantischen Analysen wendet Lyotard den Erhabenheitsdiskurs auf die Prozesse der künstlerischen Praxis selbst an und gibt ihnen eine Bedeutung, die die *Ästhesis* gegen den philosophischen Diskurs und die Aisthetik gegen die Ästhetik ausspielt. Insbesondere rekurriert Lyotard auf die »Intensität« dessen, was er als die »›stärksten‹ ästhetischen Erlebnisse« der Avantgardekunst herausstreicht: die Anstrengung, in »unmittelbare Beziehung zur Materie« zu gelangen.[63] Die radikalste Version solcher Bemühungen findet sich bei Barnett Newman. Dessen Kunst verweigert sich jeglichem Sinn, sogar jeglicher Anschaulichkeit: »Die Botschaft ›spricht‹ von nichts, sie geht von niemandem aus. [...] Man muß zugeben, daß jedes dieser Gemälde [...] kein anderes Ziel hat, als durch sich selbst ein visuelles Ereignis zu sein.«[64] Dabei birgt der Verzicht auf Sinn keine Verzweiflung, die in der Auslöschung jeglicher Figuralität einen Schlußpunkt von Kunst besiegelte, sofern es »nichts mehr darzustellen« gäbe, sondern umgekehrt die Erweckung der unmittelbaren Evidenz des »Es-gibt«.

Gegen den Versuch, die Bedeutung der Newmanschen Malerei auf die Askese der künstlichen Kreativität zu reduzieren, die den Akt der Schöpfung selbst vorbereitet, hält so Lyotard die schlichte Eröffnung des »Sei!«: »Man begreift, daß es sich bei diesem Sei nicht um die Auferstehung im Sinne des christlichen Mysteriums handelt, sondern um den Rücklauf eines Gebots aus der Stille oder der Leere, die die Passion ewig dauern läßt, indem sie sie von Anfang an wiederholt.«[65] Ähnliches läßt sich auch von der Material-Kunst des Dadaismus sagen, ihrer Exponierung der Sperrigkeit oder Widerständigkeit des Stofflichen und seiner besonderen Singularität, seines »Zu-Falls«. Sie können nicht in die Reihe ihrer bestimmbaren Merkmale oder Eigenschaften zerlegt werden, sondern unterliegen der Tatsache, »daß etwas die sinnliche Materie gibt und daß dieses ›Etwas‹ für uns immer unerreichbar bleibt.«[66] Dies gilt zumal für die Event-Kunst John Cages, die das Entgegenkommen des Klangs aus der Einzigkeit der Stille, den

---

63 Lyotard, Die Aufklärung, S. 138.
64 Ders., Augenblick, S. 11 u. 15.
65 Ebd., S. 21.
66 Ders., Die Aufklärung, S. 141.

Ton aus der Leere zwischen den Tönen hervortreten läßt. Gewiß bedarf es dazu im Sinne Derridas einer Rahmung, doch wird diese durch den buchstäblichen Wurf des Zufalls jedesmal neu gesetzt und wieder verschoben. Die zufällige Rahmung aber dementiert ihre Setzung, wie Lyotard in Ansehung von Newman herausstellt: »Man muß immer wieder den Zufall bezeugen, indem man ihn Zufall sein läßt.«[67] Dasselbe ließe sich für Cage reklamieren, der bei Lyotard allerdings kaum erwähnt wird. »Anstatt über das ›Spiel der Zeit‹ zu sprechen, würde ich es vorziehen zu sagen, daß das Ereignis zählt und daß, was geschieht, mit einem Zelebrieren und nicht mit einem Spiel zu vergleichen ist«, heißt es in dessen Gesprächen mit Daniel Charles. »Nicht wir sind diejenigen, die zelebrieren, sondern das, was geschieht, vollbringt die Zelebrierung. [...] Meine Musik besteht im Grund darin, das erscheinen zu lassen, was Musik ist, noch bevor es überhaupt Musik gibt. Was mich interessiert, ist die Tatsache, daß die Dinge bereits sind.«[68]

4. Aura und das Ereignis der »Blöße«

Präsenz, Anwesenheit, Erscheinen (*phainestai*), Empfängnis (*aisthanesthai*), *Ekstasis*: Im Kontext der traditionellen Ästhetik geben sie sich als Momente der Schönheit und des Erhabenen zu erkennen. In ihnen erblicken wir die Aura als Grenzbegriff: »Blöße der Form« oder »Gegenwärtigkeit als Blöße«, die auf ein Unverfügbares verweisen, das (sich) gibt als »Gebung von Anderem« (Lyotard). So lenken die Themen des Schönen und Erhabenen auf das Auratische hin. Alle drei Begriffe weisen mannigfache Strukturanalogien auf. Ihr Ort ist die *Aisthesis*, ihr Zeitmodus der Augen-Blick, ihr ontologischer Status die Singularität. Alle drei Begriffe beziehen sich zudem auf Wirkungen, ein Anfallendes oder Entgegenkommendes, das in Bann schlägt und dessen Macht sich nicht zu entziehen ist. Sie ergehen ebenso unwillkürlich, wie sie sich keiner ästhetischen Konstruktion fügen. An ihnen manifestiert sich folglich ein Differenzphänomen: Es zeigt sich im Riß, in der Unterbrechung des Ästhetischen, der Arbeit der Kunst.

---

67 Ders., Augenblick, S. 22.
68 Cage, Vögel, S. 268 u. 286.

Wesentlich sind deshalb nicht die unterschiedlichen theoretischen Konzepte der Schönheit oder des Sublimen, sondern ihr Durchriß auf eine Alterität hin. Weder geht, was derart begegnet, in Figuren des Maßes oder den Gefühlen einer Ergreifung, des »hohen moralischen Ernstes« auf, noch in deren negativem Widerpart, dem Ekelhaften und Häßlichen, dem Grausamen oder Unheimlichen. Nicht die Mysterien des Wohlgefallens oder die Etüden der Sensation, die Hingabe an die Lust oder die Exerzitien dionysischer Entrückung spielen für das Ästhetische im Sinne des Aisthetischen eine Rolle, sondern allein die immer wieder neu aufbrechenden Klüfte des Symbolischen, die erfahrbare Aussetzung ins Andere, für die sie lediglich Mittel darstellen. Was sich darin enthüllt, ist die Phänomenalität des »Daß« (*quod*), nicht im Sinne der einfachen Faktizität des Existierenden, sondern als *Ereignis von Ex-sistenz, das (sich) zeigt, (sich) gibt, noch bevor etwas ausgezeichnet oder »als« etwas identifiziert ist*. Die Ontologie des Aisthetischen erfüllt sich in solchem Ereignen. Nichts anderes bedeutet Aura: Die Aura geschieht.

Dabei setzt die Einlassung ins Auratische die Sprengung des neuzeitlichen Subjekt-Objekt-Gefüges voraus, das die Ästhetik von Aufklärung und Romantik beherrschte: Nicht wir sehen oder hören und texturieren das Gehörte oder Erblickte, vielmehr werden wir durch das Ge-Gebene allererst angeschaut oder angesprochen. Der Richtungswechsel impliziert den Übergang von der *actio* zur *passio*. Er setzt sich den Phantasmen der Souveränität entgegen, impliziert die Umkehr der Orientierung, einen »Sprung« vom Intentionalen zum Nichtintentionalen. Betrachten heißt dann ein Anblickendes ansehen. Deswegen hatte die Romantik dem Ästhetischen die Funktion einer Versöhnung zugedacht: Sie ist dem *Ältesten Systemprogramm des deutschen Idealismus* eingelassen, dessen Wegbahnen sich noch bis zu Nietzsche und Heidegger verfolgen lassen. Kunst wird zur Metapher eines Ekstatischen gegenüber dem Begriff, der Vernunft überhöht. Noch Schelling wird im *System des transcendentalen Idealismus* formulieren: »Die Kunst ist eben deßwegen dem Philosophen das Höchste, weil sie ihm das Allerheiligste gleichsam öffnet.«[69] Sie öffnet vermöge ihrer Beziehung zur *Aisthesis*, die als

---

[69] Schelling, System (1800), S. 627 f.; desgleichen Anonymus, Systemprogramm. Desgleichen heißt es bei Schlegel: »Poesie und Philosophie sind, je nachdem man es nimmt, verschiedene Sphären, verschiedene Formen, oder

Anderes der *techne* an Kunst offenbart, was sich deren Darstellbarkeit verwehrt – und bewahrt gerade darin das Auratische als spezifisch Kunsthaftes der Kunst, ihr »Konstituens«, wie Adorno es ausgedrückt hat. So drängt die *Aisthesis* schon innerhalb der überlieferten ästhetischen Theorie zu deren Überschreitung: »Was hier Aura heißt, ist der künstlerischen Erfahrung vertraut unter dem Namen der Atmosphäre des Kunstwerkes als dessen, wodurch der Zusammenhang seiner Momente über diese hinausweist, und jedes einzelne Moment über sich hinausweisen läßt.«[70] Aura meint also das, »was an Kunstwerken deren bloßes Dasein transzendiert«,[71] ihr *Enigma*. Es widersteht ihrem Technischen. An den Kunstwerken selbst ist ihr Artifizielles, an der Aura der Kunst trotz aller Darstellung und Inszenierung ein Nichttechnisches, Nichtartifizielles wesentlich. Dafür standen einst die Begriffe der Schönheit und Erhabenheit: Sie sprengten mit der historisch sanktionierten Struktur der Wahrnehmung zugleich das Werkhafte des Werkes und wahrten so an Kunst ein Geheimnisvolles. »Alle Kunstwerke und Kunst insgesamt«, heißt es weiter bei Adorno, »sind Rätsel«: »Daß Kunstwerke etwas sagen und mit dem gleichen Atemzug es verbergen, nennt den Rätselcharakter unterm Aspekt der Sprache.«[72]

Zu dementieren wäre damit ihre Beschränkung aufs Symbolische, ihre Fixierung auf die Textur der Zeichen, die sie setzen und im Setzen zugleich widerrufen: »Kunstwerke sind nicht von der Ästhetik als hermeneutische Objekte zu begreifen; zu begreifen wäre [...] ihre Unbegreiflichkeit.«[73] Insofern hat Adorno die Unbestimmtheit zum Begriff der Kunst selbst erhoben. Ihre Identität wäre ihr Nicht-Identisches. Sie trägt die Spannung des Widerspruchs als ihr Unversöhnliches, ihre Unerfüllbarkeit aus. Diese deuten hieße, ihr Rätselhaftes »sein zu lassen«, wie sie gleichzeitig in »Distanz« versetzt und Abstand gebietet: »Wer Kunstwerke durch Immanenz des Bewußtseins in ihnen versteht, versteht sie auch gerade nicht, und je mehr Verständnis anwächst, desto mehr

---

auch die Faktoren der Religion. Denn versucht nur, beide wirklich zu verbinden, und ihr werdet nichts anderes erhalten als Religion.« Ders., Ideen (1800), (46), S. 108.
70 Adorno, Ästhetische Theorie, S. 408.
71 Ebd., S. 460.
72 Ebd., S. 182.
73 Ebd., S. 179.

auch das Gefühl seiner Unzulänglichkeit, blind in dem Bann der Kunst, dem ihr eigener Wahrheitsgehalt entgegen ist. [...] Schließt ein Werk ganz sich auf, so wird seine Fragegestalt erreicht und erzwingt Reflexion; dann rückt es fern, um am Ende den, der der Sache versichert sich fühlt, ein zweites Mal mit dem Was ist das zu überfallen. Als konstitutiv aber ist der Rätselcharakter dort zu erkennen, wo er fehlt: Kunstwerke, die der Betrachtung und dem Gedanken ohne Rest aufgehen, sind keine.«[74]

Aber sowenig ihr Geheimnis sich ihrer Interpretation erschließt, sowenig scheint ihr Rätselhaftes innerhalb der Werke oder Manifestationen selbst lokalisierbar. Es beruht auf einer Art Doppelbelichtung: Erscheinen eines Nichterscheinens und Nichterscheinen in dem, was erscheint. Der Zugang führt von Neuem ins Paradox. Wollte man es im Wahrnehmbaren auffinden, verschwände es; wollte man es sprachlich fixieren, hätte man es bereits verloren; und glaubte man, es in erschöpfender Deutung gelöst zu haben, kehrte es in anderer Gestalt zurück. Das Rätsel der Kunst erscheint so gleichsam als das Unsichtbare im Sichtbaren, das Nichtsagbare im Sagbaren: »Jedes Kunstwerk ist ein Vexierbild, nur derart, daß es beim Vexieren bleibt, bei der prästabilisierten Niederlage ihres Betrachters. [...] Spezifisch ähnelt sie jenem darin, daß das von ihnen Versteckte, wie der Poesche Brief, erscheint und durchs Erscheinen sich versteckt.«[75] Beständig weilt ihr Sinn, ihre Signifikanz, auch ihre Deutbarkeit am anderen Ort. Kunstwerke sind Fragezeichen, ohne ihre Frage preiszugeben, darin vergleichbar dem Ereignis der Ankunft, das Lyotard als unartikulierte Frage vor die Frage-als gerückt hat, das Geschieht-es, das dem Es-geschieht vorausgeht, eben weil Kunst sowenig selbst Sprache ist, wie sie jemals vollständig im Begrifflichen, dem Diskursiven aufgeht: »Die letzte Antwort diskursiven Denkens bleibt das Tabu über der Antwort.« Und: »Wie in Rätseln wird die Antwort verschwiegen und durch die Struktur erzwungen.«[76]

Die letzte Bemerkung gibt einen Hinweis auf das eigentliche Mysterium des derart Verrätselten. Angesprochen wird, was sowohl nirgends zu bezeichnen oder zu markieren ist, als es über

---

74 Ebd., S. 184.
75 Ebd., S. 184f.
76 Ebd., 193, 188.

das Symbolische hinausweist. Das gleiche gilt für Schönheit und Erhabenheit: Sie lassen sich nicht fixieren. Im Bild, der Komposition, dem Objekt bilden sie keine benennbare Stelle, kein ausmachbares Zeichen. Ihnen ist vielmehr die Zeitlichkeit des Augenblicks zu eigen: absolutes Präsens wie Präsenz, die unmittelbar überwältigen und dort anfallen, wo die Sprache schweigt. Sie treten aus der Stille hervor: Kein Zeichen, keine Wiederholung, ohne Gedächtnis, vergleichbar dem Schmerz. Kunst siedelt in dieser Ambivalenz zwischen dem Signifikanten und dem Aisthetischen und bezieht gerade daraus ihr Geheimnis. Als Gestalt, als Werk, als Darstellung oder Szene ist sie ganz Sprache, Symbol, Textur. Aber sprechend spricht sie an, indem ihr Ansprechendes zugleich ihr Bedeuten transzendiert und selbst nichts Sagbares mehr ist. Aura meint diesen Zwiespalt, diesen Chiasmus. Sie zeigt sich durch die Ordnung, die symbolische Konstitution der Werke hindurch. Ihr Zeigen haftet deren Struktur an: »Durch Organisation werden die Werke mehr als sie sind.«[77]

Der Gedanke ist ebenfalls den Sprachphilosophien Heideggers und Wittgensteins gemein. Wie Heidegger von der Sprache gesagt hat, sie sei als »Sage« wesentlich »Zeige«, die »nicht in irgendwelchen Zeichen [gründet]«, sondern die allererst dem Zeigen entstammten,[78] heißt es bei Wittgenstein, daß die Sprache im Sprechen ihre Form enthüllt, ohne sie eigens zu artikulieren: »Was sich in der Sprache ausdrückt, können wir nicht durch sie ausdrücken. [...] Der Satz zeigt seinen Sinn.«[79] Desgleichen läßt sich auf Kunst übertragen. Ihr Zeigen gibt sich weder in ihrem Gehalt noch in ihrer Form oder in ihrem gestalteten Material preis: Es verbirgt sich im Symbolischen, mittels dessen es sich enthüllt. Es ist darum das durch die Zeichen indirekt Sich-Zeigende, das so weder das Resultat eines poietischen Prozesses noch das Produkt einer *techne* darstellt. Vielmehr bleibt es ungezeichnet, das heißt auch auf immer unmarkierbar und unaussprechlich: Es ist Ereignis. *Solches Ereignis liegt nicht in der Struktur der Sprache;* »*es« klebt nicht an deren Holismus;* »*es« ist keine Form, die das Zeigen bewerkstelligt;* »*es« ist überhaupt kein*

---

77 Ebd., S. 189.
78 Heidegger, Sprache, S. 253 f.
79 Wittgenstein, Tractatus, 4.121, 4.022. Vgl. zur Revision der Differenz zwischen Sagen und Zeigen bei Wittgenstein meine Überlegungen in: Mersch, Das Sagbare.

»Es«, sondern einzig Vollzug: Ereignen. Das bedeutet: Das Sich-Zeigen bietet dar. Entsprechend gleichen Bilder, Werke, Objekte oder auch Installationen und Performances Antlitzen. Sie stellen sich gleichsam »nackt« aus. Alles ist an ihnen gegenwärtig, sichtbar, hörbar, fühlbar ohne die geringste Zurückhaltung, doch auch ohne »als solches« lesbar zu sein. Vielmehr blicken sie uns an, gehen auf uns zu, »geben«.

Man kann daher sagen, das Fragezeichen, als das sich Kunst offenbart, verweist auf ein Enthüllendes als Sichverbergendes. Es ent-setzt (*transponat*) den Platz des Subjekts, entrückt es aus der Position seiner Souveränität in die »Souveränität von Kunst«.[80] Deren Merkmal ist ihr Auratisches. Was sich in der »Rätselgestalt« (Adorno) zeigend verdeckt und verdeckend enthüllt, meint ihre Aura, die Aura mithin das Ereignen des Sich-Zeigens. Kunst jenseits von *techne* geschieht als solches Sich-Zeigen. »Es« zeigt sich, ohne daß wir uns ihm eigenes zugewendet haben; vielmehr drängt es sich auf, zwingt zu seiner Gewahrung. Entscheidend ist dabei der Gesichtspunkt solcher Bemächtigung: Er nennt ein ebenso Bedrängendes wie Angehendes, das in dem Maße Distanzierung erfordert, wie es Auge und Ohr nicht losläßt. Es setzt die »Wendung des Bezugs« voraus. Der Begriff der Aura wäre von solcher »Wendung« her zu lesen: Kein Mystisches, wie Brecht argwöhnte, sondern Differenz zum Symbolischen, zur Signifikanz des Zeichens.[81] Und wie im Zeichen die Anwesenheit einer Abwesenheit liegt, so ereignet sich im Auratischen ein Abwesen im Anwesen, die Entfernung in ein Anderes, Fremdes, das heißt: Fremdwerden als Abständigkeit, als Heraufkunft von Differenz. Als solches blickt es zurück, spricht an, fällt zu, *nötigt zur Antwort.* »Wenn man einen Blick auf sich gerichtet fühlt, auch im

---

80 Von solcher Entrückung vom Ort der Autonomie zur »Souveränität« der Kunst hat insbesondere Menke, Souveränität, S. 9 ff. u. 189 ff., gesprochen. Allerdings zieht der vorliegende Versuch diese Souveränität stärker auf die Seite einer asignifikanten Materialität und des Ereignens selbst, das heißt der »Aura«.

81 Der Aura-Begriff Benjamins bleibt an vielen Stellen vage und schwer zu dechiffrieren – mehrfach monierte Adorno die theoretische »Askese« Benjamins, seine begriffliche Zurückhaltung; vgl. Brief an Benjamin vom 29. 2. 1940, in: Benjamin, Gesammelte Schriften I.3, S. 1131 ff. Ausdrücklich wird hier eine Lesart vorgeschlagen, die sich weit von Benjamin entfernt und deren Motive sich mit Adornos *Ästhetischer Theorie* und Lévinas' Philosophie des Anderen kreuzen.

Rücken, erwidert man ihn«, notierte Brecht in sein *Arbeitsjournal* nach einem Besuch Benjamins: »Die Erwartung, daß, was man anblickt, einen selber anblickt, verschafft die Aura.«[82] Wahrnehmen (*aisthanesthai*) bedeutet dann Erwidern. Die Erwiderung beschreibt die primäre Struktur der *Aisthesis* als auratischer Wahrnehmung. Das Phänomen der Aura ist dieser Erfahrung ursprünglicher Responsivität entlehnt: »Dem Blick aber wohnt die Erwartung inne, von dem erwidert zu werden, dem er sich schenkt. Wo diese Erwartung erwidert wird [...], da fällt ihm die Erfahrung der Aura in ihrer Fülle zu.«[83] Seine Bemächtigung entmächtigt das Subjekt, entreißt es der dominanten Struktur der *intentio* und *repraesentatio*. Zugleich entmächtigt es die Kunst, entreißt sie dem Regime von *techne*. Was an Kunst fasziniert, was sie auszulösen vermag, wohin sie versetzt, entzieht sich ihrem »Gemächte« (Heidegger), erweist sich als ein ebenso Ungeplantes wie Absichtsloses, ein sowenig Machbares wie Hergestelltes. *Es ereignet sich außerhalb der Szenen ihrer Inszenierungen.*[84] So nistet ein gleichermaßen Unfügliches wie Unverfügbares inmitten der kulturellen Praktiken, das deren Dynamik bestimmt, ihre Bewegungen terminiert und ihre Möglichkeiten zeitigt. Eben deshalb markiert das Ereignis der Aura kein gleichsam Naturhaftes, wie die Begriffe des Naturschönen und des Erhabenen nahezulegen scheinen, sondern in erster Linie ein Geschehnis jenseits aller *techne*.[85] Erst aus ihm vollzieht sich Veränderung. Sie ergeht aus der Negation, der Diskontinuität, der Zäsur als unvorhersehbarem Umsturz. Es gibt Künste und Techniken der Kultur, aber keine Kultur vermag je in Technik aufzugehen.

Von hier aus läßt sich der tiefere Sinn des Benjaminschen Verdikts vom »Verlust der Aura« im »Zeitalter technischer Reproduzierbarkeit« erschließen. Ihre »rücksichtslose Vernichtung«, wie es heißt, geschieht dabei weniger durch die Experimente der

---

82 Brecht, Arbeitsjournal, 25. 7. 38, S. 14.
83 Benjamin, Baudelaire, S. 646.
84 Vgl. auch: Mersch, Geplant aber nicht planbar.
85 Immer wieder hatte Benjamin darauf bestanden, daß die Erfahrung der Aura »Projektion einer *gesellschaftlichen* Erfahrung unter Menschen in die Natur« sei, nicht umgekehrt; vgl. ders., Baudelaire, S. 647, 670. Explizit wird sie neben der Kunst, als dem »Quellpunkt der Poesie«, gleichermaßen auf Sprache und Schweigen bezogen (ebd., Anm. S. 647 u. S. 675), daneben auf die Liebe, die gleichsam mit Erfahrungen der Aura »gesättigt« erscheine (ebd., S. 648), sowie auf den Leib; ders., Kunstwerk, S. 29.

Avantgarde, namentlich des Dadaismus, deren »Hervorbringungen [...] sie mit Mitteln der Produktion das Brandmal der Reproduktion aufdrücken«, als durch die Modi des Technischen selbst, der beliebigen Wiederholbarkeit, die ihnen den Status des Einmaligen, der Singularität rauben.[86] Zwar bleibt die Benjaminsche Diagnose überall höchst zwiespältig und spannungsvoll, insofern sie durchgängig zwischen Kritik und Affirmation, nostalgischer Erinnerung und emphatischer Begrüßung neuer Massenmedien schwankt, doch ist ihre Ambivalenz Signum einer Dialektik, die an der »Krise« den revolutionären Bruch wittert: »Erschütterung der Tradition« als Kehrseite einer »Massenmobilität«, deren »machtvollster Agent« der Film sei.[87] Diesem mißt Benjamin die Entstehung einer neuen proletarisch-politischen Kultur zu, erkauft durch den Ausfall der Aura, dem Schwinden der »Echtheit« durch die Formen der Vervielfältigung und Streuung. »Seine gesellschaftliche Bedeutung ist auch in ihrer positivsten Gestalt, und gerade in ihr, nicht ohne diese seine destruktive, seine kathartische Seite denkbar: die Liquidierung des Traditionswertes am Kulturerbe.«[88] Die Technische Erfindung und die Hoffnung auf gesellschaftlichen Umbruch werden so zusammengedacht wie gleichermaßen ihr Verfallsmoment: In der Möglichkeit der Reproduktion und deren Zerstörungskraft verortet sich zugleich ein emanzipatorisches Potential. Zum »erstenmal in der Weltgeschichte«, heißt es darum bei Benjamin weiter, werde die Kunst von ihrem »parasitären Dasein am Ritual« gereinigt.[89] So schreibt er dem Kino das Verdienst einer »revolutionären Kritik der überkommenen Vorstellungen von Kunst«[90] zu, freilich ohne den Massenfilm mit seinen illusionistischen Mitteln und ökonomischen Direktiven schon als revolutionäre Kunst zu feiern; bestenfalls bereite er sie vor.

Dem Befund stehen allerdings andere Passagen entgegen, in die sich Trauerarbeit zu mischen scheint. Das gilt in doppelter Hinsicht. Zum einen gleicht sich das technisch Reproduzierte durch seine beliebige Verfügbarkeit der »Scheinlosigkeit« der Ware an: Im Tauschwert büßt sich die Dinghaftigkeit des Dings ein. Das

---

86 Ebd., S. 43, 18f.
87 Ebd., S. 16.
88 Ebd; auch: S. 14f., 19f.
89 Ebd., S. 21.
90 Ebd., S. 32.

Motiv ist ebenfalls grundlegend für die »Kritische Theorie«: In der Totalisierung des Tauschwertes sieht auch Adorno die Macht einer Vergleichgültigung, die das Verhängnis des Verblendungszusammenhangs als gleichsam totalisiertem »Warenfetischismus« erst stifte.[91] Benjamin hat denselben Prozeß in Begriffen der Aura-Zerstörung geschildert. Manifestiert die Aura am Dinglichen sein besonderes Erscheinen, sein Magisches, verliert es in den Massenproduktionen jeglichen Glanz. Dem Warencharakter ist Entzauberung inskribiert: »Die Scheinlosigkeit und der Verfall der Aura sind identische Phänomene.«[92] Entsprechend wird im Baudelaire-Essay die Bedeutung von dessen Dichtung in jenem Widerstandsimpuls festgemacht, das schwindende Auratische im Augenblick seiner Auflösung noch wachzurufen: »Es war das Unternehmen von Baudelaire, an der Ware die ihr eigentümliche Aura zur Erscheinung zu bringen.«[93] Das hieße, am Tauschwert noch einmal die Dinglichkeit der Ware, ihr Unauslöschliches zu retten, mithin das bewahren, was nicht in Quantifizierung und Zirkulation aufgeht. Abermals würde auf diese Weise ein Unwiederholbares gegen seine Wiederholbarkeit, eine Einzigkeit gegen seine Reproduktion ausgespielt. Es wäre die Art, wie ein Ding, sei es eine Ware oder ein Kunstwerk, dem Menschen zusteht, ihm entgegentritt – seine Aura folglich die Erfahrung dessen, wie es sich nicht nur dem menschlichen Blick zeigt, sondern in aufmerksamer Zuwendung zugleich vermenschlicht.

Festgehalten wird somit ein Singuläres, sein weder auf den Geldwert noch auf seine Reproduktion reduzierbares Gesicht: Einzigartigkeit als Motiv romantischer Kapitalismuskritik. Die Austauschbarkeit von Gegenständen wie Menschen evoziert deren Verfügung. Das heißt auch: *Der Untergang der Aura greift auf den Bezug selbst über, trifft den Sinn für Alteritäten.* Ihm korrespondiert eine Schrumpfung des Aisthetischen, wie es in der Entwertung von »Erfahrung« im Sinne des *Begegnenlassens* gegenüber dem bloßen »Erleben« zum Ausdruck kommt. Sie wird

---

91 Unmittelbar hieran knüpfen die Überlegungen zur Kulturindustrie, zu Jazz und Schlager, zum Fetischcharakter der Musik an, wie sie Horkheimer und Adorno durchgeführt haben – in seinen Briefen an Benjamin unterstreicht Adorno ausdrücklich diesen Zusammenhang; vgl. die in Teilen abgedruckte Korrespondenz in: Benjamin, Gesammelte Schriften I.3, S. 1000ff.; S. 1021ff., S. 1130ff.
92 Benjamin, Baudelaire, S. 670.
93 Ebd., S. 671.

am Ende von Benjamins *Kunstwerkaufsatz* als »Zerstreuung« beschrieben, die das Begegnende einem indifferenten Begehren überantwortet: »Zerstreuung und Sammlung stehen in einem Gegensatz, der folgende Formulierung erlaubt: Der vor dem Kunstwerk sich Sammelnde versenkt sich darin [...]. Dagegen versenkt die zerstreute Masse das Kunstwerk in sich.«[94] Sie drückt ihm das Siegel jener Nivellierung auf, die das Zerstreute ihr umgekehrt bietet – und besiegelt darin das Ende von Kunst.[95] Ähnliches hatte Heidegger über die zeitgenössische Kunst gesagt. Im Nachwort zum *Ursprung des Kunstwerkes* heißt es: »Das Erlebnis ist nicht nur für den Kunstgenuß, sondern ebenso für das Kunstschaffen die maßgebliche Quelle. Alles ist Erlebnis. Doch vielleicht ist das Erlebnis das Element, in dem die Kunst stirbt.«[96] Die Allgegenwart des Erlebens rangiert in den *Beiträgen zur Philosophie* sogar unter den Titeln der »Seinsverlassenheit« und der »Ermächtigung«: Äußerste Speerspitze eines Nihilismus, dessen »Unwesen« das Vergessen selbst vergißt: »Und dies ist das Erleben: daß aus allem ein ›Erlebnis‹ und ein immer größeres und ein immer unerhörteres und ein immer mehr sich überschreiendes ›Erlebnis‹ werde.«[97] Benjamins Urteil ist dem verwandt. Fast gleichlautend findet sich bei ihm die nämliche Differenz zwischen »Erfahrung« und »Erleben«, hier jedoch bezogen auf das gelegentliche »Chokmoment«, den unmotivierten Stoß, wie er im Vorbeigang von Passanten auf der Straße zu beobachten ist. Der Begriff nennt die Dispersion des Ästhetischen im Reiz: Das Chokhafte ist nur mehr, was zufällig zustößt und darin lediglich konsumierbar erscheint: Es läßt einzig die Aneignung des Erlebten zu. Mit ihr depraviert zugleich Erinnerung: »Die *mémoire involontaire* ist der Erfahrung zugeordnet, nicht dem Erlebnis. [...] Die Erfahrung ist der Ertrag der Arbeit, das Erlebnis (Chok) ist der Ertrag des Müßiggangs.«[98]

94 Ders., Kunstwerk, S. 46.
95 In einer konservativ anmutenden Passage, die den Zusammenhang verdeutlicht, heißt es: »Man vergleiche die Leinwand, auf der Film abrollt, mit der Leinwand, auf der sich das Gemälde befindet. Das letztere lädt den Betrachter zur Kontemplation ein [...]. Vor der Filmaufnahme kann er das nicht. Kaum hat er sie ins Auge gefaßt, so hat sie sich schon verändert. Sie kann nicht fixiert werden.« Ebd., S. 44.
96 Heidegger, Kunstwerk, Nachwort, S. 91.
97 Ders., Beiträge, § 51, S. 109; auch: §§ 62 ff., S. 129 ff.
98 Benjamin, Gesammelte Schriften I.3, S. 1183. Außerdem heißt es in einer

Die Parallelität läßt die Erschütterung durch den Aura-Verlust nachhaltiger erscheinen. Darum kann Benjamin seinen *Baudelaire-Essay* mit der Bemerkung schließen: »[Baudelaire] hat den Preis bezeichnet, um welchen die Sensation der Moderne zu haben ist: die Zertrümmerung der Aura im Chokerlebnis.«[99] Diese Zertrümmerung ist ebenso mit dem Tod der Kunst verquickt wie mit dem Untergang von *Aisthesis*. In beiden drückt sich Verwandtes aus: Verlust des Singulären, des Einzigartigen in der Begegnung sowie »Entkunstung der Kunst«, wie es Adorno formulierte.[100] Mit ihr verkümmert ihr Geheimnis, ihre Rätselhaftigkeit, deren Schwinden auf ihre Weise die »Liquidation«, das wahre »Ende der Kunst« besorgt[101] – nicht wie bei Hegel durch ihr Aufgehen in den philosophischen Begriff, sondern durch ihre Rätsellosigkeit. »Uns«, schreibt Benjamin an Horkheimer, »hat die Schicksalsstunde der Kunst geschlagen, und deren Signatur habe ich in einer Reihe vorläufiger Überlegungen festgehalten, die den Titel tragen ›Das Kunswerk im Zeitalter seiner technischen Reproduzierbarkeit‹.«[102] Das Schicksal der Kunst geht dabei mit der Technisierung des Ästhetischen selbst einher. Deshalb hatte Adorno ausdrücklich die Benjaminsche Unterscheidung zwischen auratischer Kunst und Technik mit der zwischen Allegorie und Symbol im *Barockbuch* und zwischen magischem Tabu und Kunst in der *Einbahnstraße* in Verbindung gebracht.[103]

Der Zusammenhang ist tief in die theoretischen Fundamente der »Kritischen Theorie« eingelassen und erhellt sowohl die Berührungspunkte als auch die Divergenzen zwischen Benjamin und Adorno. Denn aus der Destruktion des Ästhetischen folgerte Benjamin die Politisierung der Massenkultur als Heilmittel, während Adorno in ihr die »Erfüllung des eigenen ›autonomen‹ Formgesetzes« erblickte: Auflösung des bloß Scheinhaften und

Notiz: »Was das Erlebnis von der Erfahrung unterscheidet, ist das Moment des Choks.« Ebd., S. 1176.
99 Ders., Baudelaire, S. 653. Gleichermaßen wird im *Kunstwerkaufsatz* die Zerstreuung der Rezeption im Film mit der »Chokwirkung« in Verbindung gebracht, vgl. Kunstwerk, S. 44, 48; sowie Anmerkungen in: Gesammelte Schriften I.3, S. 1043, 1049.
100 Adorno, Ästhetische Theorie, S. 183.
101 Ebd., S. 9ff., 417, sowie Brief Adornos an Benjamin vom 18. 3. 1936, in: Benjamin, Gesammelte Schriften I.3, S. 1001.
102 Benjamin, Brief an Horkheimer, in: ebd., S. 983.
103 Brief Adornos an Benjamin vom 18. 3. 1936, ebd., S. 1001.

Erfüllung ihrer »Wahrheit«.[104] Sie ist bei Adorno – darin ganz hegelianisch – an die Negativität von Selbstreflexionen geknüpft, der Niedergang der Aura als innere Notwendigkeit folglich dem Prozeß der Avantgarde immanent. Doch greifen diese Auslegungen noch zu kurz. Indem nämlich Benjamin den Gedanken des Auraverlustes an das Problem von Wiederholbarkeit koppelt, berührt er zugleich eine Dimension, die außerhalb der Adornoschen Interpretation liegt. Denn Wiederholung und Zeichen hängen, wie Derrida mehrfach hervorgehoben hat, zusammen: Die Definition des Zeichens (*marque*) ist durch die Struktur seiner Iterabilität gekennzeichnet. Gleichwohl bleibt in jeder Iteration eine Alteration beschlossen: Das Zeichen modifiziert sich, so Derrida weiter, in seinem Verkehr; seine »Wieder-Holung« stiftet ebenso seine Einheit, wie sie diese untergräbt. In die Struktur der Wiederholung ist ein Singuläres eingetragen, das dem Zeichen (*marque*) zugleich seine Einzigartigkeit sichert. Genau diese fällt aber in der technischen Reproduktion aus. Ihr ist eigentümlich, daß sie die »Iterabilität« gleichsam maschinell optimiert. Indem Technik die Wiederholung der Apparatur unterwirft, generiert sie lauter nichtdifferentielle Wiederholungen und tilgt dadurch deren »Alienation«. Das technisch Reproduzierte geht, abgesehen von nichtoptimalen Zuständen und Fehlern, in restlose Identität auf, die tendenziell den Begriff des Originals durch den der Kopie ersetzbar macht. Anders ausgedrückt: Der Automatismus der Regel, ihr Algorithmus untergräbt jede Möglichkeit von Einzigartigkeit. Eben dies hatte Benjamins Sorge ausgelöst: Der Verlust der Aura geht der Negation des Einmaligen konform. *Er bedingt die Vernichtung des Ereignisses.*

Aura wird so bei Benjamin wesentlich begriffen aus der Differenz zum Zeichen. Sie bedeutet ein Spurloses, das darum auch weder technisch mediatisiert noch durch die Strategien der *techne* erzeugt werden kann: *Die Aura geschieht einzig.* Zwar konstatiert Benjamin am Beginn des *Kunstwerkaufsatzes*, daß das Kunstwerk »grundsätzlich immer reproduzierbar gewesen« sei: »Was Menschen gemacht hatten, das konnte immer von Menschen nachgemacht werden.« Gleichwohl sei die »technische Reproduktion des Kunstwerks etwas Neues, das sich in der Geschichte intermittierend, in weit auseinanderliegenden Schüben, aber mit

---

104 Ebd., S. 1003 u. 1004.

wachsender Intensität« durchsetze.[105] Das Neue, das über die Nachbildung hinaus erscheint, läßt sich als automatische Iteration beschreiben. Mit der *perfectio* von Wiederholungen, wie sie sich an die Maschine knüpft, und dem Maß ihrer Intensivierung verliert sich gleichzeitig auch die Aura. Benjamin läßt keinen Zweifel, daß der Aura-Verlust prinzipiell der Automatisierung geschuldet ist, die im »Zeitalter der technischen Reproduzierbarkeit« ihren Gipfelpunkt erreicht: »Die Entschälung des Gegenstandes aus seiner Hülle, die Zertrümmerung der Aura, ist die Signatur einer Wahrnehmung, deren ›Sinn für das Gleichartige in der Welt‹ so gewachsen ist, daß sie es mittels der Reproduktion auch dem Einmaligen abgewinnt.«[106] Daß diese keineswegs auf die technische Mediatisierung beschränkt bleibt, vielmehr zurückschlägt auf den gesamten Bereich der Wahrnehmung, erhellt eine vorangehende Passage: »Das Hier und Jetzt des Originals macht den Begriff seiner Echtheit aus. [...] Der gesamte Bereich der Echtheit entzieht sich der technischen – und natürlich nicht nur der technischen – Reproduzierbarkeit.«[107] Im Absterben der Aura begreift sich die unwiderrufliche Zerstörung des Ereignisses selbst.

---

105 Benjamin, Kunstwerk, S. 11.
106 Ebd., S. 19.
107 Ebd., S. 14. Eine hinzugefügte Anmerkung vermerkt: »Mit der Erfindung des Holzschnitts, so darf man sagen, war die Echtheitsqualität an der Wurzel angegriffen.«

Performativität und Ereignis

III. Vom Werk zum Ereignis
Zur »performativen Wende« in der Kunst

> »Warum einer Ratte Menschenfragen stellen, wenn ihr ›Repertoire‹ das einer Ratte ist? Warum einem Avantgarde-Maler die Fragen eines Gelehrten stellen?«
>
> *Roland Barthes*

I.

In einem Text über Malerei fragt Roland Barthes, ob die Kunst eine Sprache sei.[1] Seine Antwort, gegeben freilich in einem anderen Text, postuliert die Totalität des Symbolischen: Es gebe kein »Außerhalb« der Sprache, kein Jenseits des Sinns. Ebenso wie die Literatur oder der Diskurs sei auch die Malerei eine Sprache, denn der »Sinn klebt am Menschen: Selbst wenn er Unsinniges oder Außersinniges schaffen will, bringt er schließlich den Sinn des Unsinnigen oder des Außersinnigen hervor.«[2] Das Manöver diagonaler Selbstanwendung, das Barthes durchführt und das das Apriori des Sinns bereits voraussetzt, bevor es geprüft ist, entspricht einem gängigen kulturphilosophischen Topos. Seit Hegel steht die Ästhetik unter seinem Diktum. Es hat sie bis heute nicht verlassen. Noch für Heidegger kann die gleiche Figur reklamiert werden, auch wenn er die Hegelsche Domestizierung des Ästhetischen unter Vernunft und Reflexion umkehrt und der Kunst gegenüber dem bloß Begrifflichen den Vorrang einräumt. Denn indem in *Der Ursprung des Kunstwerkes* das »Wesen der Kunst« aus einem »Sich-ins-Werk-setzen der Wahrheit«[3] heraus verstanden wird, erscheint Kunst zugleich durch das bestimmt, was sich in ihr und durch sie zeigt. Die »Stiftung« solchen Sich-Zeigens geschieht für Heidegger wiederum als »Dichtung«.[4] Dabei meint Dichtung nicht Poesie, sondern »entwerfendes Sagen« im Sinne einer »absoluten Metapher«, die sowohl den Begriff der Kunst als auch den Begriff der Sprache verschiebt. Gleichwohl nimmt, wie

---

1 Barthes, Der entgegenkommende und der stumpfe Sinn, S. 157-159.
2 Ebd., S. 193.
3 Heidegger, Kunstwerk, S. 33; auch S. 38 ff.
4 Vgl. ebd., S. 82.

Heidegger hinzufügt, »das Sprachwerk, die Dichtung im engeren Sinne, eine ausgezeichnete Position im Ganzen der Künste« ein.[5] Er verkennt damit das spezifisch Aisthetische der Kunst, das, wodurch sie über das Ereignen von Wahrheit hinausgreift und ins Bodenlose des »Daß« (*quod*) reicht: in die »Blöße« des Ereignens.

Ein ähnlicher Gedankengang läßt sich für die analytische Ästhetik aufweisen. Auch wenn sie die Eigenständigkeit der Kunst gegenüber der Sprache, dem Diskurs zu betonen sucht, manifestiert sich diese von Cassirer, Susanne K. Langer und Erwin Panofsky her einzig im Terrain des Symbolischen: Ihr autonomes Leistungsmoment bildet ihre genuine Metaphorizität. Die Position hat ihre profilierteste Formulierung in den Kunsttheorien Nelson Goodmans und Arthur Dantos gefunden. Letzterer exponiert vor allem die drei Kriterien »Aboutness«, »Metapher« und »Stil«, die das Kunstobjekt vom alltäglichen Gebrauchsartikel unterscheiden, wobei mit »Aboutness« der Bezug, mit »Metapher« das symbolische Format und mit »Stil« die eigentümliche Formarbeit des Künstlers bezeichnet wird.[6] Die Bestimmungen konvergieren mit Goodmans Trennung zwischen »Denotation« und »Exemplifikation«, insofern das Metaphorische wiederum nicht in Repräsentationen aufgeht. So werden zwei disparate Symbolisationsweisen genannt, die sowohl die Scheidung Langers zwischen repräsentativen und präsentativen Symbolen aufnimmt als auch die Wittgensteinsche Duplizität von »Sagen« und »Zeigen«. Freilich verläuft der Richtungsvektor der beiden Symbolisationsweisen invers: Denotation bezeichnet qua Referenz, Exemplifikation kraft Selbstausstellung intrinsischer Eigenschaften. Sie wird für die ästhetische Praxis besonders da relevant, wo diese qua Ausdruck Metaphern aufruft.[7]

Die Konvergenz reicht noch bis zu Jakobson und zu Strukturalismus und Poststrukturalismus. Die Sprache selbst wird dabei als symbolische Ordnung gefaßt, deren Bewegungen an die rhetorischen Figuren von Metapher und Metonymie geknüpft werden. Gedacht wird auf diese Weise die genuine Rhetorizität der Sprache, das heißt ihr ebenso dichterisches wie prosaisches Spiel.

5 Ebd., S. 83.
6 Danto, Verklärung, S. 20 f., 260 ff., 298 ff.
7 Goodman, Kunst, S. 15 ff., 59 ff. Dazu, daß der »Darstellungsmechanismus« des Kunstwerks einer »Ausdrucksökonomie« folge, die nicht anders als sprachlich funktioniere, auch Oliva, Im Labyrinth der Kunst, S. 33.

Sie erschließt sich folglich selbst als Kunst. Roman Jakobson, Lacan und Roland Barthes haben zudem Metonymie und Metapher mit den Mechanismen der Traumarbeit bei Sigmund Freud verglichen und auf diese Weise die spezifische »Traumartigkeit« der künstlerischen Arbeit betont.[8]

Durchgängig offenbart sich so eine Rückbindung der Kunst ans Symbolische als vorherrschendes Paradigma des ästhetischen Diskurses. Dem entspricht der Anspruch der Ästhetik als Theorie der Kunst auf Wahrheit, Erkenntnis und Verstehen. Dieser wird da gebrochen, wo Kunst aus den Regimen der Deutbarkeit und des Sinns heraustritt. So hat Adorno auf einen Überschuß, ein »Surplus« bestanden, das über die pure Sprachlichkeit der Werke hinausweist. Zwar changieren die Bestimmungen der *Ästhetischen Theorie* insoweit, als sie einerseits die Kunst als »Organon der Wahrheit« begreifen und auf diese Weise ans Hegelsche Erbe anschließen, andererseits »avancierte Kunst« auf ihr »Unbegreifliches« hin festlegen: »Durch Form werden sie sprachähnlich, scheinen in jedem ihrer Momente nur eines und dieses zu bekunden, und es entwischt.«[9] Kunstwerke sind Rätsel; sie brechen den Vertrag mit ihrer Verständlichkeit; »das hat von alters her die Theorie der Kunst irritiert«.[10] So bleibt in Kunst ein genuin Dialektisches eingetragen: Sinn und Transzendenz gehören ihr gleichermaßen zu. Lebendig sind Kunstwerke nur »als sprechende«[11] – denn wodurch sie »mehr sind als Dasein, das ist nicht wiederum ein Daseiendes, sondern ihre Sprache.«[12] Gleichwohl gehen sie nirgends in dieser auf: Sie greifen über ihr bloß Kompositorisches hinaus, halten es in einer prinzipiellen Unbestimmtheit, aus der ihre Fraglichkeit »spricht«. So wird im Sprachlichen zugleich ein Anderes, Nichtsprachliches oder Asymbolisches angedeutet, das zwar den Werken nicht direkt zu entnehmen ist, das aber aus ihnen hervorspringt und das ausmacht, wodurch sie im eigentlichen Sinne *als* Werke der Kunst angesprochen werden können. Dann gehört zur Kunst der »Sprung«, zwar nicht so, daß sie ihn artiku-

---

8 Freud, Traumdeutung, S. 235 ff., 255 ff., Lacan, Drängen des Buchstabens, S. 30 ff., sowie ders., Funktion und Feld, S. 107 f. Ferner Jakobson, Zwei Seiten der Sprache, S. 133 ff.; Barthes, Augenmetapher.
9 Adorno, Ästhetische Theorie, S. 182.
10 Ebd.
11 Ebd., S. 14.
12 Ebd., S. 160.

liert, vielmehr vollzieht. Ihr Sprunghaftes läßt sich dabei – jenseits der Adornoschen Ästhetik – auf Materialität und Performanz beziehen. Sie bekunden den ästhetischen Formelementen gegenüber ein Widerspenstiges und Sperriges. Sie halten eine Spannung und eröffnen Bruchlinien. Sie reichen zu buchstäblichen »Re-Flexionen«, wohin Sprache nie gelangt: Unbegreifliche Schönheit wie erhabene Erschütterung oder An-Spruch der Aura, die das »Daß« einer Alterität heraufbeschwört. Sie setzen voraus, daß das Symbolische seinen Rahmen bereits überschritten hat.

Derrida hat die Kluft, die Adorno ins Innere der Kunstwerke verlegt und die ebenso für Heideggers Ästhetik gilt, auch wenn diese durchweg der Macht des Dichterischen gehorcht, im Widerstreit zwischen »Ästhetik« und »Kunst« lokalisiert: Diese sei Diskurs, jene Praxis. Ausgehend von Hegels *Vorlesungen über die Ästhetik* und Heideggers *Ursprung des Kunstwerkes* hat er jeglichen Übergriff von Reflexion, Hermeneutik und Sprache auf die Prozesse artistischer Praxis zurückgewiesen. Kunst bleibt wesentlich anderes als Ästhetik. Reduziert auf einen »Buchstaben« oder »Signifikanten« füge sich deshalb das Kunstwerk keiner abschließenden Übersetzbarkeit: »Um die Kunst im allgemeinen zu denken, schenkt man [...] einer Serie von Gegensätzen (Sinn/Form, Innen/Außen, Inhalt/Beinhaltendes, Signifikat/Signifikant, Repräsentiertes/Repräsentant und so weiter) Glauben, die exakt die traditionelle Interpretation der Kunstwerke strukturiert. [...] indem man sich fragt, was ›Kunst‹ besagen will, unterwirft man das Kennzeichen ›Kunst‹ einem äußerst bestimmten, geschichtlich überkommenen Interpretationssystem: Es beruht in seiner rückhaltlosen Tautologie darauf, das Besagen-wollen eines jeden Kunst genannten Werkes zu hinterfragen, selbst wenn seine Form nicht die des Besagens ist. [...] Wenn ein Philosoph diese Frage wiederholt, ohne sie zu transformieren, ohne sie in ihrer Form, ihrer Frageform, ihrer onto-interrogativen Struktur zu zerstören, so hat er bereits den gesamten Raum den diskursiven Künsten, [...] dem *logos* unterworfen. [...] das Philosophische schließt die Kunst in einen Kreis ein.«[13] Der Einschluß gilt jedoch für beide Enden der Kette. Denn indem die Ästhetik die Kunst dem Symbolischen zuschlägt, wird die künstlerische Arbeit durch das Philosophische autorisiert – eine Operation, die sich in-

---

13 Derrida, Malerei, S. 38, 39.

sofern zugleich als »autoritär« erweist, als der Philosoph die Kunst, die er betrachtet, in einem Atemzug ebenso domestiziert wie verdeckt: »[B]is heute [steht] vor der Kunst der Philosoph der Kunst, der eben immer vor der Kunst steht, der in bestimmten Fällen sich einbildet, Künstler zu sein und Werke hervorzubringen, während er sich damit begnügt, von Kunst zu plaudern.«[14]

So bleibt eine spezifische Differenz, ein Riß, der deutlich macht, daß »Artistik« – als die Praxis der Kunst – nicht in »Ästhetik« – als deren Theorie – aufgeht. Entsprechend will die dekonstruktive Arbeit die Kunstwerke selbst weder entschlüsseln noch auf eine gültige Bestimmung hin reduzieren, vielmehr in jene »Parergonalität« von Diskursen zurückstellen, die sie ebenso rahmen wie einsperren, um wiederum deren Ordnung zu unterwandern und die Kunst aus ihrer verhängnisvollen Einkreisung zu befreien. Wie begriffliche Vorentscheidungen den Zugang verstellen, taugt jedoch umgekehrt die dekonstruktive Bemühung nur zur Sprengung des Rahmens, der sich freilich mit jedem Schritt der Operation gleichsam hinter ihrem Rücken wieder neu errichtet: Die Dekonstruktion ist selbst Diskurs, dessen Raum sie »disloziert« oder »destabilisiert«, aber nicht verläßt. Die Unmöglichkeit korrespondiert der Kapriziosität des Philosophischen, das selbst da noch spricht, wo es den Zwang der Sprache, ihren »Faschismus«, wie Roland Barthes polemisch bemerkte,[15] durchschaut – buchstäblich kommen die Anstrengungen des Diskurses »zu spät«, hinken hinter sich selbst her. So vermag Philosophie nur deren »Aufriß«, ihre Bahnung oder Spur nachzuzeichnen und sie stets von neuem wieder in Bewegung zu versetzen. Nichts anderes hatte auch Heidegger in seinem späten Aufsatz über den *Weg zur Sprache* versucht: »Die Sprache als die Sprache zur Sprache [zu] bringen«, in ihr »Furchen ziehen«, ihre »Zeichnung« zu umreißen, um ihr »Gefüge« aufzuweisen und es behutsam dabei zu öffnen.[16] *Doch wirkt eben solche Arbeit nur dort produktiv, wo sie bei der Sprache bleibt, das heißt den Diskurs ebenso wiederholt und bestätigt wie defiguriert und transponiert, mithin aus ihm für ihn spricht.* Der Kreis der *theoria* wird auf diese Weise nirgends verlassen. Entsprechend kümmert sich auch die Dekonstruktion

---

14 Derrida, Stile Nietzsches, S. 144.
15 Barthes, Lektion, S. 19.
16 Heidegger, Sprache, S. 242, sowie S. 252.

ausschließlich um sich selbst und hat so die Frage nach der Kunst noch gar nicht berührt. Vielmehr haftet sie parasitär an jener Textur von Unterscheidungen, die die Geschichte der Ästhetik organisiert und die sie in dem Maße aufzubrechen trachtet, wie sie sie fortschreibt. Sie bildet daher lediglich eine diskursive Zerfällung von Diskursen, die allein am Ort von Diskursivität verweilt – und verliert dabei wieder jene Praxis, die Kunst an sich selbst verrichtet.

Statt der Geschichte der Ästhetik wäre so die Geschichte der Kunst selbst zu befragen und die Logik und Notwendigkeit jenes Umsturzes zu analysieren, der dem Positionswechsel der artistischen Praktiken von der frühen Neuzeit bis zur Moderne unterliegt. Das heißt, die Geschichte der Moderne am Geschehen der Kunst selbst zu entfalten. Der Blick fällt dann nicht von der Philosophie auf die Kunst, sondern von der Kunst auf die Kunst und insbesondere vom Philosophischwerden der Kunst auf die Philosophie. Das heißt auch: die philosophische Ästhetik, die Philosophie der Kunst sein will, muß allererst lernen, das Philosophische der Kunst, wie es sich in der Moderne, dem Avantgardismus zumal, zeigt, ernst zu nehmen. Und das erfordert wiederum, jene Zäsuren oder »Destruktionen« von Kunst *als Kunst* nachzuzeichnen, mit denen die künstlerischen Praxen der Avantgarden ihre eigenen Mittel und Formate in Frage stellten und ver-rückten (*transposition*). Man könnte dies ebenfalls eine »Dekonstruktion« nennen – doch vollzöge sie sich nicht im Rahmen von Theorien, sondern auf dem Boden des Artistischen.[17] Sie wäre also von anderer Art als die, die Derrida in Anspruch nimmt und mit dem Namen der »Dekonstruktion« belegt, insofern die künstlerische Arbeit hier gegen sich selbst einschreitet. Und gewiß lassen sich solche Eingriffe im Theoretischen fassen – doch kommt es darauf an, sich ihren *Erfahrungen* auszusetzen. Festzuhalten wäre darum nicht nur an der spezifischen Differenz zwischen Ästhetik und Artistik, sondern auch zwischen Theorien *über* Kunst, die im »Über« bereits übergriffig wären, und »ästhetischer Erfah-

---

17 Erneut würde der Philosophie auf diese Weise den Vorzug vor der Kunst gegeben, deren Gang wiederum nach ihren Kategorien bemessen würde. Ebenso könnte der philosophische Gestus der Brechung und Verschiebung von der Kunst her verstanden werden; dann vollzöge das Denken vergleichbare Manöver wie die Avantgarde, wäre gleichsam deren verspätete Entsprechung.

rung«. Sie partizipiert an der Differenz zwischen Diskurs und *Aisthesis*.

Dem entspricht im Metier der Kunst zugleich die Differenz von »Werk« und »Ereignis«. Mit ihr sind zwei gegenläufige Traditionen aufgerufen: *Werkästhetik und Ereignisästhetik*. Erstere läßt sich der neuzeitlichen Kunst zuordnen, von der sich die Avantgarde wiederum zu befreien suchte; letztere der »Postavantgarde«, der Kunst der letzten 50 Jahre. So ist mit ihrer Opposition ebenso eine »Wende« in der Kunst beschlossen. Sie kann als »performative Wende« bezeichnet werden. Sie prägt sich ihren ästhetischen Manifestationen selbst ein. Es ist diese Arbeit einer Selbstbefreiung und ihre gleichzeitige Passage zu einem Anderen, einem »anderen Anfang« in der Kunst, der ihrer Geschichte ihr besonderes Gepräge gibt. Sie wäre den Objekten und Aktionen, den Eingriffen und *Events* selbst zu entnehmen. Die künstlerischen Praxen fungieren dann als »Argumente«. An ihnen wären jene Unterschiede und Abgrenzungen kenntlich zu machen, denen Kunst und ihr Selbstverständnis als Teil einer Geschichte der Kultur unterworfen war. Dazu gehört, die besonderen Brüche und Veränderungen in den Formaten des Ästhetischen zu rekonstruieren, die ihre verschiedenen Praktiken ebenso ermöglichten wie definierten. Leitfaden ihrer Analyse bildet insofern die mediale Struktur der Künste wie ihrer kulturellen Praxen, die wiederum in die vielfältigen Systeme historischer Techniken und Diskurse eingebettet sind, die diese mittragen – und gleichermaßen wieder von ihnen gebrochen werden.

Wenn der Weg dabei »vom Werk zum Ereignis« führt, so wird dieser selbst noch durch jene Selbstreflexion ermöglicht, die mit Beginn der avantgardistischen Bewegungen die Kunst in ihre Krise stürzt und auf ihre Bedingungen und konstitutiven Elemente zurückwirft. Deren »Destruktion« erweist sich insoweit als heilsam, als sie erlaubt, in der Bodenlosigkeit wieder neu anzufangen. Ihre Konsequenz verfährt dabei nicht minder radikal als die Philosophie auch, die analog zur Kunst und ebenso emphatisch wie diese ihr gesamtes »abendländisches« Erbe abzuschütteln sucht, um gleichermaßen mit dem Ende des »ersten Anfangs« der Metaphysik zu einem »anderen Anfang« (Heidegger) zu gelangen. Nicht die Diskurse *über* Kunst wären dann ausschlaggebend, die Register jener kunstwissenschaftlichen oder philosophisch-ästhetischen Leitdifferenzen, vielmehr die Volten und

Winkelzüge des Artistischen selbst. An ihnen findet Kunst ebensowohl ihre Vergänglichkeit, ihr Sterben, als auch ihren Neubeginn, ihre radikale Andersheit. Darzulegen wäre also eine Parallelität, die verwandte Operationen zwischen Philosophie und Kunst behauptet, ohne die eine durch die andere zu ersetzen oder zu überschreiben. Erst daran wäre die Besonderheit der Stellung heutiger Kunst und die Spezifik ihrer Hervorbringungen auszuloten.

II.

»– ach, die Kunst«, zitiert Paul Celan Georg Büchners Camille im Meridian, um in der Vielzahl möglicher Lektüren des Seufzers die Frage des »Akuts« der Kunst zu markieren.[18] Es ist – neben ihrer »Verwandlungsfähigkeit«, ihrer »Ubiquität« – die Gegenwart, der einzigartige Bezug auf das Präsens, was Celan fasziniert: Kunst, die insofern namenlos bleibt, als sie keiner ein für allemal festgelegten Bedeutung unterliegt, offenbart sich gerade dadurch auf einzigartige Weise nicht nur der Zeit verhaftet, sondern ihr verpflichtet: »Denn ein Gedicht ist nicht zeitlos. Gewiß, [...] es sucht, durch die Zeit hindurchzugreifen – durch sie hindurch, nicht über sie hinweg.«[19]

Zu der an Fehlschlägen nicht eben armen Geschichte der philosophischen Ästhetik gehört dagegen die Frage nach dem zeitlosen »Wesen« der Kunst. Sie birgt insofern eine Verfehlung, als sie ein Allgemeines zu fassen sucht, das die Zeit aus der Kunst bereits ausgeschlossen hat. Das gilt ebenfalls für ihre Bestimmung unter dem Register der »symbolischen Form« (Cassirer), die an ihr wenigstens ein Formales festhält, das seine Zeitlosigkeit freilich dadurch bestätigt, daß es anthropologisch begründet wird – denn der Mensch ist, so Cassirer, »animal symbolicum«;[20] er muß alles, was ihm begegnet und worauf er sich bezieht, umschmieden zum Symbol, zur Bedeutung, durch die er Welt ebensosehr anschaut wie erfaßt und sich begreiflich macht. Doch sowenig dies die Temporalität des Symbolischen verbürgt, sowenig läßt sich dar-

---

18 Celan, Meridian, S. 136.
19 Ebd., S. 128.
20 Cassirer, Versuch, S. 49; vgl. auch S. 212ff., sowie desgleichen Jonas, Homo pictor.

aus eine Invarianz im Ästhetischen erkennen, das derart Heterogenes umspannt wie das Kultobjekt, das rituelle Artefakt, die Ikone oder die Ästhetisierung des Alltagsgegenstandes oder jeder Handlung in der Kunst des 20. Jahrhunderts.[21] Von ihnen kann nicht einmal gesagt werden, sie seien jedesmal ein Hervorgebrachtes (*poiesis*). Zudem sagt das Format des Symbolischen nichts darüber aus, was jeweils in den Status einer Kunsthaftigkeit der Kunst gelangt und ästhetischen Rang erhält. Keine Kunst also, die nicht auf die Zeit bezogen wäre, die nicht zugleich die innigste Beziehung zur Zeitlichkeit unterhielte oder selbst ein Zeitliches wäre: Darum hat alles, was sich von Kunst und in bezug auf die Kunst sagen läßt, ausschließlich historischen Bestand – nicht nur die Begriffe der Ästhetik als einer »Philosophie der Kunst«, sondern auch ihre medialen Praktiken wie die Evokation des Geheimnisses oder die Strukturen der Repräsentation. Ähnliches gilt für die Formate Bild, Skulptur oder Objekt oder ihre Flankierung durch Diskurse, die sie als solche kommentieren oder ausweisen. Nichts kann hier den Anspruch auf Kontinuität oder Allgemeingültigkeit erheben, nicht einmal der Ausdruck »Kunst« selbst.

Jede Kunstgeschichte verfährt daher naiv, wenn sie lediglich aufliest, was in der Einsamkeit der Geschichte herumliegt, um es positivistisch zu registrieren und, unabhängig von ihrer verschiedenen Herkunft oder kulturellen Stellung, den selben Klassifikationen zu unterziehen. Ebensowenig kann der Titel »Kunst« als einheitliche Folie dienen, um vor ihrem Hintergrund die unterschiedlichsten Erscheinungen vorbeiziehen zu lassen. Der archaische Mensch war gewiß kein »Künstler« in dem Sinne, wie das Wort sich im heutigen Sprachgebrauch festgeschrieben hat. Weder hatte er »kreative« Absichten, noch gehorchte er dem ungreifbaren Ruf einer spontanen Expressivität oder suchte sich im Imaginären oder Symbolischen zu objektivieren; vielmehr war, was sich als ästhetischer Prozeß charakterisieren ließe, ein Geschehen, das sich der Deutung verschließt, womöglich Teil mythischer oder sakraler Zeremonien, magisches Auge oder Element eines Ritus. Die Antike hat hingegen von der *techne* her gedacht und damit ebenso das Poietische betont wie dessen Bezug zum Wissen – nicht den jedoch zur *Aisthesis*. Eine Plastik des Phidias läßt sich deshalb sowenig als Kunstwerk anschauen wie eine mittelalter-

---

21 Vgl. auch Kubler, Form der Zeit.

liche Madonna: Sie gehörten dem tabuisierten Bezirk des Tempels oder des Göttlichen an und erhielten von dorther ihre Weihe: Gegenstände der Anbetung oder Ikonen, deren Anblick das Mysterium des Sakralen zu schenken vermochte. Was zählte, war für die Antike die Gewahrung einer Ordnung, an deren *eidos* sich jene *harmonia* bekundete, deren höchster Ausdruck wiederum die *musika* darstellte: Gleichklang und Ebenmaß der *physis*, worin das Ethische ebenso sein Vorbild nahm, wie es daran versagte. Demgegenüber verschlossen sich die Bildnisse des Mittelalters dem Schein der äußeren Welt: Sie gehorchten allein der Innerlichkeit einer religiösen Meditation, deren Vollzug Unterweisung und Reinigung durch die Andacht versprachen, die die Bildnisse gewährten. Entsprechend wandte der Ikonenmaler seine Kunst an, um gleichsam den Vorhang ein wenig zu lüften, eine Vision gewahr werden zu lassen und die Ankunft des Numinosen vorzubereiten. Die Bilder wurden dann selbst zu Erscheinungen, die mit Licht gemalt waren – keine Zeichen, die für etwas standen oder es wiedergaben. Sie glichen »Gaben« des Heiligen. Es handelte sich also nicht um Symbolisationen, nicht einmal im eigentlichen Sinne um Bildnisse, sondern um Versenkungen: Fenster, durch die das Mystische hindurchschimmerte.[22] Die »Idole« der Bildhauer oder Freskenmaler waren somit auch nicht »Kunst« in dem Sinne, daß sie von ihrem Ort, dem sie angehörten, oder der Zeit, der sie entstammten, abgelöst werden konnten. Erst der neuzeitliche Blick dekontextuierte sie und machte sie zu dem, was sie seither sind: Selbständige Werke, die als Zeugen einer entrückten Vergangenheit ein eigenes Dasein führen und als solche betrachtet werden können.

Das bedeutet: »Kunst« gibt es erst seit der Renaissance. Die »Werkästhetik« ist eine relativ junge Erfindung. Sie beschränkt sich auf den schmalen Zeitkorridor der letzten drei- bis vierhundert Jahre. Von »Kunst« spricht denn auch die Philosophie seit Hegel, vorher galt die Rede von den »schönen Künsten«. Sie setzt als solche bereits deren Autonomie voraus, auch wenn ihr Ideal durch die ästhetischen Theorien Kants, Schillers und Goethes al-

---

22 Die Ankunft des Heiligen ins Zeichen zu setzen, um es in Form einer Abbildung zu vollenden, hieße folglich, ein Tabu verletzen: Depravation des Heiligen zu seiner Kommentierung, zur Textur, das seine Erscheinung verweigert. Es ist dieser Umstand, den Imdahl in seiner Ikonographie gründlich verfehlt hat; vgl. ders., Ikonik.

lererst begründet wurde.[23] Allein ihr genuiner Autonomieanspruch ermöglichte ihre zweckfreie Deutung, ihre Bestaunung als »Schönheit«, ihre aus allen Kontexten gerissene Präsentation, die ihre »Originalität« sicherte und folglich auch ihre Musealisierung, ihre spätere Aufbewahrung in den »Tempeln der Künste«. Die Reihe der Kategorien, um die sich die traditionelle Ästhetik konstituierte, stattete entsprechend die Künste mit Anerkennung, Normativität und Dauer aus und schloß das Ästhetische ans verlorene Religiöse an. In einem wesentlichen Sinne ist daher neuzeitliche Kunst stets symbolische Kunst: Das Bild umfaßt die Symbolisierung der Welt gleichwie die Symbolisierung des Sehens. Die Bedeutung des Ästhetischen, seine Relevanz und sein hoher Rang wären zunächst von dorther zu verstehen, »Kunst« mithin aufs Innigste mit ihnen verwoben. Desgleichen gilt für ihre Interpretation als Sprache, als sinnliches Erkennen, die der »Einbildungskraft«, der »Intuition« oder den »enthusiastischen Inspirationen des Genies« entspringen und ihren eigenen Platz neben der Vernunft behaupten. Die Verbindung von Kunst und Wahrheit, ihre Verwirklichung als Repräsentation der Welt, als Darstellung einer Szene oder des Menschen, wird daher überhaupt erst für Barock und Klassik virulent, um in der Romantik ihren Gipfelpunkt zu erreichen. So knüpft sich ein Ensemble von Vorstellungen, das um die Freiheit des Künstlers, das Symbolische und das Absolute kreist sowie den zeitlichen Rahmen von »Kunst« stiftet und das Selbstverständnis des Artistischen umgrenzt. Seine Grundfesten sollte die Avantgarde des 20. Jahrhundert von neuem erschüttern, um ganz andere Vorstellungen des Ästhetischen zu gebären. Sie leitet zu etwas über, was nicht mehr im traditionellen Sinne als »Kunst« oder »Werk« definiert werden kann: Es wird Vollzug, Akt, Performanz oder Ereignis.

Daraus folgt: Werkkunst fällt im eigentlichen Sinne mit der Geschichte neuzeitlicher Kunst zusammen. Der Ausdruck erweist sich als reserviert für jene kulturelle Praktik, die sich mit der Freiheit des Künstlers, dem Symbolischen der Hervorbringung und der Zwecklosigkeit des Produktes verbindet. »Kunst« ist überhaupt an deren Zeitlichkeit gekoppelt: Sie gruppiert sich um ein Netz von Bedingungen, Regeln und Vorstellungen, die ihre Praxis

---

23 Dabei erweist sich die Kategorie der Autonomie selbst als Pluralismus. Kant spricht von »Zweckfreiheit«, Schiller vom »Spiel«, Goethe von »Stil«.

ebenso konstituieren wie strukturieren. Es handelt sich dabei nicht um ein festes, kanonisiertes Repertoire, sondern gleichsam um ein historisches »Unbewußtes«. Es determiniert das, was als »Kunst« gilt und was nicht. Denn als »autonomes Werk« betreten die künstlerischen Praxen seit der frühen Neuzeit das enge Parkett einer historischen Kontinuität, worauf sie, selbst Resultat einer Zeitigung, ihre spezifische Formation errichten werden und anderes als Nicht-Kunst ausschließen, um im Gewand immanenter Fortschrittlichkeit immer mehr Freiheiten zu erobern – um sich zuletzt in Form eines entfesselten Taumels erneut so lange aufzureiben, zu zerstreuen und aufzulösen, bis Alternatives sichtbar wird. Daher die destruktive Emphase der Avantgarde, ihre Radikalität; sie beruht auf dem »Umsturz« der Formation, die Kunst einstmals strukturierte. Man hat entsprechend vom »Ende der Kunst« gesprochen; eine These, die seit Hegel immer wieder neue Varianten fand: als Übertritt in die Posthistoire, der Beliebigkeit der Postmoderne oder als Erschöpfung eines Selbstreflexionsprozesses, der die Identität von Kunst und Philosophie derart besiegelte, daß ihre Artistik nunmehr zum nachträglichen Spiel einer »Kunst nach dem Ende der Kunst« geriet, wie Danto schreibt, die sie zugleich von der Bürde erlöste, ihre Geschichte noch fortschreiben zu müssen. »Das bedeutet im Grunde, daß fortan alles Erdenkliche Kunst sein konnte, zumindest insofern, als sich nichts mehr von ihr ausschließen ließ. Es war ein Moment [...], in dem die vollkommene künstlerische Freiheit Wirklichkeit geworden war. [...] Alles war erlaubt, da nichts mehr einem historischen Befehl unterlag.«[24]

Doch bleibt diese Auffassung Dantos selbst noch getragen von einem Geschichtsmodell, das die Historie auf die Fortschrittlichkeit der Negativität von Reflexionen gründet, mithin weiter einem latenten Hegelianismus frönt. Treffender wäre es, statt dessen von der »Auflösung des Kunstbegriffs«[25] in dem Sinne zu sprechen, daß die werkästhetische »Ontologie« untergegangen sei – jenes strukturelle System von Bestimmungen, das Kunst aus den Prinzipien der Originalität, der Form, der *energeia* als schöpferische Leistung und als »Werk«, *ergon*, und folglich den Künstler als »Werkmeister« (Hegel), als »Genie« hervorgehen ließ.

---

24 Danto, Ende der Kunst, S. 22.
25 Vgl. Wellershoff, Kunstbegriff, S. 28 ff.

Gleichzeitig vollbringt die »Destruktion« dieses Systems eine Übergänglichkeit, die ihr Geschichtliches in einem plötzlichen Auftauchen und Verschwinden hat, in deren Verlauf sich das Gesicht von Kunst derart veränderte, daß es kaum mehr gestattet scheint, noch von derselben »Sache« zu sprechen oder sie unter dieselbe Kategorie zu zwingen. Das bedeutet nicht, daß es keine »Werke« mehr gäbe – immer existieren »Ungleichzeitigkeiten« oder Verspätungen, Revisionen oder rückläufige Tendenzen, die versuchen, ein Verlorenes wiederzugewinnen. Doch präsentieren diese sich durchweg als Erinnerungen oder Reinszenierungen, als »Zitate«, die selbst noch an dem teilhaben, was bereits über sie hinausgegangen ist: Sie lösen sich in lauter »Kunst-Posen«, in konservative Gebärden oder bloße Dekorationen auf bis zur Feier einer »Wiederkehr der Bilder«, die sie endgültig einem unterhaltsamen Spektakel zuführen.

Demgegenüber scheint das Typische zeitgenössischer Produktionen weit eher im Sporadischen und Experimentellen zu liegen, dem Spontanen, dem Spiel des Patchwork, der Kumulation von Bruchstücken, dem offenen System oder dem »Sprung«, der Re-Volte, dem Aufklaffen transformatorischer Prozesse und *Events*, die treffender unter dem Titel des »Konzepts«, der »Praktik« oder des »Performativen« rangieren sollten. Sie bringen nicht nur eine »andere Kunst« hervor, sondern verschieben überhaupt ihren Raum, ihre Bühne, ihre konstitutiven Differenzen – und also auch die Grenze zwischen Kunst und Nicht-Kunst. Das, was vormals ihrem hohen Ideal zugeschrieben und buchstäblich mit Gold aufgewogen wurde, versinkt entsprechend in die Bedeutungslosigkeit, während umgekehrt die avantgardistischen »Exzesse«, zunächst als »Unkunst« diffamiert, zum Eigentlichen avancieren, ohne sich den überkommenen ästhetischen Begriffen, die vor ihr hilflos zurückweichen, zu fügen. Die Defensive theoretischer Ästhetik zeigt sich dabei vor allem in der fortschreitenden Entgrenzung der Kategorien: der Erweiterung des Werkbegriffs zur »Serie«, zum »Projekt«, zur »offenen Struktur«, zum »Protokoll einer Aktion«, zur »Arbeit«. Dem korrespondiert die Verabsolutierung der Autonomie, der »Freiheit des Künstlers«, die den »Fortgang der Kunst« allein in der Willkür von Grenzüberschreitungen und der forcierten Neuerung und Überneuerung des Neuen ausmacht. Sie geht mit der fast vollständigen Diffusion dessen einher, was als das »Artistische« fungiert: Systematische

Inadäquanz einer Beschreibung, die schließlich vor den unverständlich gewordenen Manifestationen fassungslos wird, um sie einem ebenso haltlosen theoretischen Kommentar zu unterziehen wie sich auf die schlichte Deskription der verwendeten Materialien zu beschränken und die Kunst ansonsten für sprachlich unantastbar zu halten.

Rigoros hatte deshalb Ad Reinhardt jede Kennzeichnung dessen, was »Kunst« sei oder sein könnte, für obsolet erklärt und jegliche Definition zurückgewiesen. Seine »Regeln für die Akademie« enthalten nur mehr lauter Verneinungen, die den Katalog der traditionellen Formate konsequent umkehren: »Keine Linien oder Vorstellereien, keine Gestalten oder Komponiereien oder Darstellereien, keine Visionen oder Empfindungen oder Impulse, keine Symbole oder Zeichen oder Impastos, keine Dekoriereien oder Färbereien oder Bildnereien, keine Freuden oder Schmerzen, keine Zufälle und Ready-mades, keine Dinge, keine Ideen, keine Beziehungen, keine Attribute, keine Qualitäten [...]. Nichts ›Brauchbares‹, ›Manipulierbares‹, ›Verkaufbares‹, ›Handelbares‹, ›Sammelbares‹, ›Greifbares‹« – kurz: kein Thema, keine Textur, keine Form, keine Gestaltung, keine Farben, kein Licht.[26] Die Kette der Negationen ist symptomatisch für den Prozeß der Moderne. Sie markiert den Riß zum »Werk«. Sie mündet folglich in einer Askese, die in bezug auf die Rede »über« Kunst ausschließlich in Tautologien verfällt: »das eine, was sich über Kunst sagen läßt, ist, daß sie eines ist. Kunst ist Kunst-als-Kunst, und alles andere ist alles andere. Kunst-als-Kunst ist nichts als Kunst. Kunst ist nicht, was nicht Kunst ist.«[27] Das Tautologische der Sentenzen, die an eine Litanei gemahnen und die vergeblichen Kunstkommentare konterkarieren, evoziert nicht nur die Dementierung jeder Aussage, den Verzicht auf jegliche Annektierung des Artistischen durch das Ästhetische und seine Diskurse, sondern vor allem die Setzung einer Leere, den Akt gleichsam einer *tabula rasa*: Nullpunkt, an dem die bisherigen Kategorien sinnlos werden und der Übergang zu einer anderen Sprache erfordert ist. Die Zäsur der Moderne spiegelt sich dann nicht nur in der Zäsur der Formate. Sie bedarf vielmehr gleichermaßen einer Zäsur in der Rede. Sie wird angezeigt im Wechsel zum Performa-

26 Ad Reinhardt, Kunst-als-Kunst, S. 997.
27 Ebd., S. 994.

tiven, vom Raum zur Zeit, vom Werk zum Ereignis. Sie koinzidiert mit dem Umsturz der Kultur des 20. Jahrhunderts, der Revolution ihrer Denkungsart gleichwie ihrer Produktivität.

III.

»Werk« und »Ereignis« markieren so jenen Abstand, der die Moderne von neuzeitlicher Kunst trennt. Doch bedarf es zunächst der Klärung der zugrundeliegenden kulturellen Praktiken und Formate, die überlieferte Kunst als »Werkkunst« definierten. Schelling nennt in seiner Kunstphilosophie die Spezifika »Originalität« und »Genie«, das »innewohnende Göttliche des Menschen«,[28] Heidegger das »Herausstellen der Tätigkeit, das Leistungshafte des Werkes, ›Genie‹, und entsprechend ›Werk‹ als Leistung«,[29] Benjamin »Schöpfertum«, »Genialität«, »Ewigkeitswert« und »Geheimnis«,[30] und schließlich Foucault »Bedeutung«, »Ursprünglichkeit«, »Einheit« und »Schöpfung«: »Diese vier [...] Begriffe [...] haben die traditionelle Geschichte der Ideen weitgehend beherrscht, in der man übereinstimmend den Augenblick der Schöpfung, die Einheit eines Werkes, einer Epoche oder eines Gedankens, das Siegel einer individuellen Originalität und den unendlichen Schatz verborgener Bedeutungen suchte.«[31] Die Willkür des Querschnitts wie das Heuristische der Kategorien verraten gleichwohl ein Gemeinsames. *Überall herrscht das Prinzip schöpferischer Subjektivität vor.* Die Autonomie des Kunstwerks beruft sich auf dessen Absolutheit: Sie entspringt den Idealen der Souveränität und Freiheit. Ihre Grundlage bildet das *cogito*, die Ontologie von Subjekt und Objekt, deren Differenz ebenso die Diskurse regelt wie die Praxen der Macht und der Erfindung. Freiheit verwirklicht sich entsprechend als Selbstsetzung, als Unabhängigkeit, als kreativen Prozeß oder »Rausch«; sie ist radikaler Eigensinn, der sich in der Expressivität der Form, der Gestalt entäußert. Entwerfen, Herstellen, Tätigsein, Schaffen wie gleichermaßen Ausdruck, Imagination und Inspiration verbinden sich auf der Basis subjektiver *poiesis*. Seit der

---

28 Schelling, Kunst, § 42, S. 90; § 63, S. 104.
29 Heidegger, Beiträge, S. 507.
30 Benjamin, Kunstwerk, S. 10.
31 Foucault, Ordnung des Diskurses, S. 37.

Renaissance wird sie zur Leitfigur und zum Lebenselement des kreativen Subjekts.

Niemand hat diesen Zusammenhang eindringlicher analysiert als Ernst Cassirer. Die Analyse bildet den Grundton seiner gesamten *Philosophie der symbolischen Formen* – freilich ins Anthropologische gewendet. Die Fundierung, wie die Begründung des Symbolischen überhaupt, kreist, wie die Notizen des Nachlasses belegen, um die Begriffe »Ich« (Subjekt), »Wirken« und »Werk«.[32] Das Symbolische ist Wiedergabe, nicht im Sinne einfacher Abbildung oder Kopie, sondern Selbstgabe des Geistes und Rückgabe der Welt in Medien ihrer Verkörperung.[33] Dabei steht die poietische Leistung des Erzeugens und »Wirkens« im Zentrum; sie fungiert als Klammer zwischen den Polen »Ich« und »Werk«. Gemeint ist kein Bewirken, sondern »Bilden« im Sinne freier Gestaltung. Diese ist stets an Formen geknüpft, denn der Mensch, so Cassirer im Davoser Disput mit Heidegger, muß alles, »was Erlebnis in ihm ist, […] umsetzen […] in irgend eine objektive Gestalt«.[34] Unterstellt wird dabei eine Identität von Form und Vollzug. Wirken als »Bildung« ist zugleich ein »Am-Werksein«. Es vollendet die Form zum Werk. Das Werk, das Kunst-Werk zumal, wird damit als *entelechia* gefaßt, worin sich *ergon* und *energeia* zusammenschließen. Überall dominiert so ein Primat der *morphe*, wie er bereits für die Ästhetik Kants gilt, sei es als Zeichnung, Kontur oder Spiel. Erst ihr Vorrang verbürgt die Selbständigkeit des Werkes, verleiht ihm Kontinuität und Gültigkeit, überwindet die zeitliche Relativität und die Wunde jener Endlichkeit, die inmitten des artistischen Gestaltungsprozesses klafft.

»Wirken« und »Werk«, Form und Dauer gehören damit zusammen, bilden eine genuine Einheit, worin sich ebensowohl das Künstlerische der Kunst realisiert, wie es gleichermaßen seine Überlieferung erfährt. Doch erfordert es dazu vor allem eine Arbeit der Symbolisierung, die das Werk »als« Werk herausstellt. Der zweifache Zirkel von »Ich« und »Wirken« sowie von »Wirken« und »Werk« wird dadurch abgerundet. Das entscheidende Kriterium für die Kunsthaftigkeit der Kunst liegt deshalb für

---

32 Vgl. Cassirer, Metaphysik, S. 123 ff. Der Sprachgebrauch changiert; vgl. auch. Schwemmer, Werkbegriff, S. 228 f.
33 Cassirer, Metaphysik, S. 76.
34 In: Heidegger, Kant, S. 258.

Cassirer im Gewicht des Symbolischen: »Die Kunst könnte man als eine Symbolsprache definieren.«[35] Allerdings folgt genauso das Umgekehrte. Es ist nämlich die Tätigkeit der Symbolbildung überhaupt, die anthropologisch allen menschlichen Hervorbringungen zugrunde liegt, die aus dem künstlerischen Handeln entspringt. Der Mensch als *animal symbolicum* erweist sich ursprünglich als Künstler. Cassirer hat auf diese Weise eine Intuition verallgemeinert, die sich seit der frühen Neuzeit durch die gesamte Geschichte der neueren Ästhetik zieht und das Selbstverständnis des Menschen als *homo faber* und *alter deus* ausmacht: Der Artist erscheint als Demiurg, als eigentlicher Schöpfer. Er offenbart das Ungeahnte, Phantastische und noch Unentdeckte. Die Vorstellung ist Hybris und Frömmigkeit zugleich: Hybris angesichts der Manie, des schöpferischen »Wahnsinns« freier Produktivität, mit der eine Welt erzeugt und konstruiert wird, Frömmigkeit in Ansehung weltschaffender Kunst, die sich an die Stelle des Göttlichen zu setzen versucht, indem sie dessen Schöpfung irdisch nachahmt und in eigene Gestalten gießt. Seither geht vom Künstler der Gedanke der Ausnahme, des »Abenteurers« oder des »Genies« aus, der ihn, wie den Menschen überhaupt, in die Rivalität Gottes stellt. Es ist die Herrschaft der *techne* selbst, die sich auf diese Weise mit der Durchsetzung der Wissenschaft auszubreiten beginnt, die gleichwohl ständig droht ihren eigenen Chimären und Trugbildern zu erliegen. Noch in Picassos Wort, daß Gott »nichts anderes als ein anderer Künstler« sei, klingt der Renaissance-Topos nach, freilich in seiner Umkehrung und jenseits aller Frömmigkeit, indem sich nunmehr das Göttliche um so rigoroser dem Menschlichen anverwandelt.

Zieht man von dieser Rekonstruktion ihren immanenten Anthropologismus ab, der die Historizität der Bestimmungen zur Universalität stilisiert, gewinnt man, trotz aller Brüche in Klassik und Romantik, ein einheitliches Format neuzeitlicher Ästhetik. *Es zentriert sich um die Grundsätze der Freiheit und Souveränität des Schaffensprozesses und entsprechend um die Ideale der phantasia, der Einbildungskraft und der Originalität. Ihre Vollzugsform ist die Erfindung (creatio), ihr Mittel die Form.* »Form« (*morphe*), »Werk« (*ergon*), »Einbildungskraft«, »Genie« und »Originalität« verschränken sich zu einem einträchtigen Konnex. Dabei er-

---

35 Cassirer, Versuch, S. 257.

scheint Form als die Wurzel des Werkes, produktive Einbildungskraft als die Grundlage der Form, schließlich Genie im schöpferischen Subjekt als der Ur-Sprung der *inventio* und *imaginatio*, die aus sich ein Original schaffen. Nichts anderes bedeutet Autonomie: Freie Selbstschöpfung der Form aus dem Innern der Vorstellung. Sie bringt die Selbstständigkeit des Werkes aus der Unselbständigkeit des Materials hervor.

Entsprechend entfaltet sich ein kompletter Reigen aus Kategorien, der das historische Format der Werkästhetik bestimmt. Er beglaubigt ebenso die Authentizität der Autorenschaft wie die Originalität ihrer Produktion. Er bindet Kunst zugleich an die Autorität eines Ursprungs, verleiht ihren Werken Einheit und die Dauer einer Bedeutung.[36] Das Ensemble von Begriffen konstituiert damit den Raum, in dem Kunst sich plaziert. Es dimensioniert ihre Topographie, ihr System von »Plätzen«, das jenen »Schau-Platz« erst entstehen läßt, worin das Werk sich situieren kann. Es erzeugt mithin eine komplexe Textur, die auf einer Verkettung beruht, worin sich die Möglichkeit des Artistischen formiert.

Spätestens seit der Zeit der Klassik wird dann das Selbstverständnis der Kunst nicht länger durch die Regeln der *Mimesis* terminiert, auch wenn deren Begriff die Überlieferung seit der Kunst der Renaissance beherrscht. Nicht Natur (*physis*) bildet den Vorrang, das Vor-Bild, woran sich die Ideale der *harmonia* gewinnen lassen, vielmehr ist Kunst ausschließlich freie Subjektivität, die ihren Maßstab aus sich, das heißt der unerschöpflichen Quelle ih-

---

36 Vgl. Foucault, Ordnung des Diskurses, S. 19. Insbesondere hebt Foucault hervor, daß sich die Rolle des Autors in bezug auf Kunst, Philosophie und Wissenschaft in den letzten dreihundert Jahren radikal gewandelt habe. Sei sie für die Wissenschaften seit dem 17. Jahrhundert sukzessive unbedeutender geworden, sei sie umgekehrt für die Künste immer stärker hervorgetreten: »[A]ll die Erzählungen, Gedichte, Dramen und Komödien, die man im Mittelalter mehr oder weniger anonym zirkulieren ließ, werden nun danach befragt (und sie müssen es sagen), woher sie kommen, wer sie geschrieben hat. Man verlangt, daß der Autor von der Einheit der Texte, die man unter seinen Namen stellt, Rechenschaft ablegt; man verlangt von ihm, den verborgenen Sinn, der sie durchkreuzt, zu offenbaren oder zumindest in sich zu tragen; man verlangt von ihm, sie in sein persönliches Leben, in seine gelebten Erfahrungen, in ihre wirkliche Geschichte einzufügen. Der Autor ist dasjenige, was der beunruhigenden Sprache der Fiktion ihre Einheiten, ihren Zusammenhang, ihre Einfügung in das Wirkliche gibt.« Ebd., S. 19f.

rer Kreativität schöpft.[37] Daraus formt sich ein ästhetisches Ideal, wie es sich in den Theorien Baumgartens, Kants und Hegels niederschlägt und bis zu Schopenhauer und Nietzsche fortsetzt. Früh artikuliert es sich bereits bei Diderot und Rousseau, indem das Ziel der Kunst nicht »Nachahmung«, sondern »Ausdruck« heißt. An die Stelle der *perfectio* der Abbildung rückt die Darstellung.[38] Deren Prinzipien hat wiederum Hegel formuliert. *In nuce* entwickelt er in seinen *Vorlesungen über die Ästhetik* eine Theorie der Werkkunst als Darstellungsästhetik.[39] Seither gelten deren Kategorien für den Begriffsapparat philosophischer Ästhetik und die Kunstwissenschaft als verbindlich, in der Folge nur unwesentlich modifiziert durch Apologeten wie Antipoden des Hegelschen Systems. Noch Heidegger wird sie im *Ursprung des Kunstwerkes* durchdeklinieren.[40] Wie bei Kant die Subjektivität ästhetischer Erfahrung dominiert, so bei Hegel die Subjektivität der Hervorbringung. Demnach konzentriert sich alles auf den Akt der Produktion, doch so, daß dieser zuletzt im Dienst des Werkes und dieses wiederum als Zweckursache am Anfang steht. Nicht die Zeitlichkeit des Aktes, sein Moment oder seine Performanz spielen eine Rolle, sondern allein sein Status als »Arbeit«, als »Tätigkeit«. Der Künstler erscheint somit als »Werkmeister«. Die theoretische Strategie verrät indessen eine Verschiebung der Perspektive von der freien Subjektivität zum Objekt, dem Ziel als eigentliche Quelle – getreu dem Diktum der Hegelschen Logik, daß das Resultat der Anfang sei. Dem entspricht die Apotheose des Künstlerischen als Instrument des »Göttlichen« und der »tiefsten Interessen des Menschen, die umfassendsten Wahrhei-

---

37 Keineswegs fügt sich Leonardos *Mona Lisa* (1503-1506) dem Schema des Mimetischen. Zwar fungiert das Bildnis in seiner Vollkommenheit der Abbildung als Paradigma für Mimesis, wie bereits Vasaris Beschreibungen nahelegen, doch ist es weit eher die idealisierte, das heißt auch intellektualisierte Hervorbringung der *Person*. Nicht der konkrete Mensch, der in seiner Identität umstritten bleibt, interessiert, vielmehr wird er zum Exempel der *Persönlichkeit der Person*. Das Bild bildet diese nicht ab, sondern bringt sie allererst zum Vorschein. Es wird so zum Bildnis der Souveränität des neuzeitlichen Individuums.
38 Exemplarisch heißt es etwa bei Kant: »Der Naturmaler mit dem Pinsel oder der Feder […] ist nicht der schöne Geist, weil er nur nachahmt; der Ideenmaler ist allein der Meister der schönen Kunst.« Kant, Anthropologie, A 198f.
39 Vgl. Hegel, Ästhetik I, S. 44ff.
40 Heidegger, Kunstwerk, S. 64ff.

ten des Geistes zum Bewußtsein zu bringen und auszusprechen«.[41] Das Diktum unterwirft die Kunst dem Maß des *logos*, der sich gleichsam den Menschen erschafft, um sich in dessen Werk zu verwirklichen: Denn »nur das Wahrhafte vermag das Wahrhafte zu erzeugen«.[42] So wird der Künstler zum Besessenen, dessen Obsessionen ihn zwingen, einem sich anderswo formierenden Gedanken zur Geburt und damit zur Darstellung zu verhelfen; doch nicht qua »Begeisterung«, sondern qua »Reflexion«.[43]

Analysiert man diese »Ideologie« der Kunst und des Künstlers, kehren sich die Prinzipien antiker *Mimesis* genau um: Das Vor-Bild der Natur wechselt zum Vor-Bild der Vernunft. Fortan gehorcht der Künstler ihrem Werden: Seine Freiheit genügt der Selbstverwirklichung freier Rationalität. Aus ihr, als dem Prinzip sich fortschreibender Reflexion als »wahrer Subjektivität«, empfängt er seine Gedanken, die freilich »Form« werden müssen, um sich im Werk zu objektivieren. So wird der Künstler zum »Medium« eines anderswo geforderten Auftrags: Die Klassik legt den Ursprung der Kunst nicht in die »Konstruktion« –, wie bei Valéry und den Künstlern der frühen Avantgarde –, vielmehr gründet die künstlerische Notwendigkeit in der Geschichte des Geistes, die der *poiesis*, der Bearbeitung bedarf, um sich in den Gestalten des Ästhetischen als Gestalten der Wahrheit hervorzubringen. Doch werden auf diese Weise gleichermaßen Inhalt und Tun wesentlich: Die Kunst erweist sich als ein Denken, das sich in der Form eines Schaffens, durch die Arbeit am beständig widerständigen Material, realisiert. Kunst, »als aus der absoluten Idee selber hervorgehend«, hat ihren Zweck in der »sinnlichen Darstellung des Absoluten«, deren »Inhalt« die »sinnliche bildliche Gestaltung« ist.[44] Ihr Herz aber ist die »subjektive Tätigkeit«, mit der Hegel bezeichnenderweise seine Ästhetik beginnen läßt. Kunst gilt ihm überhaupt als »ein Gemachtes, vom Menschen Hervorgebrachtes [...], das er in seine Vorstellung aufgenommen, verarbeitet und aus derselben durch seine Tätigkeit herausgestellt hat«.[45] Der Künstler exponiert durch sie nicht nur sein Werk und verleiht ihm Geschlossenheit, sondern zugleich auch sich selbst *als* Künstler

41 Hegel, Ästhetik I, S. 21.
42 Ebd., S. 17.
43 Ebd., S. 47.
44 Ebd., S. 100.
45 Ebd., S. 214.

wie auch die Kunst als Ort des objektiven Geistes. Noch Heidegger wird dieser Konzeption in ihren Hauptpunkten folgen, allerdings so, daß er die ästhetische Gestalt selbst als Artikulation, als »Auf-Riß« eines Wahrheitsgeschehens (*aletheia*) begreift, das mit jedem Kunstwerk neu und anders einsetzt.[46]

Gleichzeitig wird Kunst zu einer Selbstverständigung des Menschen in seiner Subjektivität: Der Künstler setzt nicht nur sich selbst, die Kunst und sein Werk in Szene, vielmehr entdeckt sich diese im Modus von »Darstellung«. Anders ausgedrückt: Wie das Subjekt in die Kunst hineinschaut, so blickt es umgekehrt aus ihr zurück. Das System von Kategorien erzeugt nicht nur den Ort der Kunst; vielmehr läßt sich seine Mächtigkeit aus deren Produkten wieder herauslesen. Dem entspricht im Bild die Herrschaft des Auges, die der Struktur des souveränen Blicks genügt. Sie konstituiert allererst den Erfahrungsraum des Ästhetischen. Bildende Kunst vom Barock bis zum späten Impressionismus beinhaltet eine solche Ästhetik des Sehens, nicht des Bildes. Sie folgt dem Schema der cartesischen Subjekt-Objekt-Differenz, das die Ordnung des Sichtbaren ausrichtet. So überblenden sich zwei Territorien neuzeitlichen Denkens: *Primat des Subjekts sowie Primat des Auges*. Überall wird die Malerei von deren doppeltem Zuschnitt gerastert. Sie lassen jene ursprüngliche Teilung sichtbar werden, die bereits am Anfang des neuzeitlichen Denkens steht und es in seiner Geschichte konstituiert. Es ist zugleich eine Spaltung, in der sich die Souveränität des Blicks als Herrschaftsattitüde bezeugt. Das Ins-Bild-Setzen der Welt hat diese Weise der Herrschaft verinnerlicht. Es ist ein Verfügen, wie es aus den Regimen der Repräsentation, der *Synopsis* und der Logik der Intentionalität gewonnen wird. In deren Dienst tritt die Geometrie der Zentralperspektive, die Leonardo als »Tochter der Malerei« bezeichnet hat, denn es sei »der Maler, der, von der Kunst gezwungen, die Perspektive geschaffen« habe.[47] Sie macht »das Auge zum Zentrum der sichtbaren Welt. Alles konvergiert im Auge wie im Fluchtpunkt der Unendlichkeit. Die sichtbare Welt ist für den Betrachter eingerichtet.«[48] Der Akt des Sehens folgt damit keiner »Unschuld« des Blicks; vielmehr ist das Bildsehen selbst einer

---

46 Vgl. Heidegger, Kunstwerk, S. 69 ff.
47 Leonardo, Gemälde, S. 136 f.
48 Berger, Sehen, S. 16.

»Symbolisierung« geschuldet, die das Sichtbare wie Nichtsichtbare produziert: Die Kritik der Perspektive als einer »symbolischen Form«, wie sie seit Panofsky und anderen mit wechselnden Plausibilitäten geübt wurde, hat hier ihre Berechtigung. Dann fungiert das Auge nicht als bloßes Sinnesorgan, das das Wirkliche »abtastet«, sondern selbst schon als symbolisches Organ, als Medium. Das Auge »macht die Kosmographie«, wie Leonardo ergänzt; es sei »das Fenster des menschlichen Körpers, durch das er seinen Weg erspäht und die Schönheit der Welt genießt«.[49] Es bietet ihr Raum und gewährt ihr Erscheinen.

Entsprechend wird die Malerei zu einer Inszenierung, die die Welt nach der Maßgabe ihrer Verfügbarkeit konstruiert. Paradigmatisch kulminiert sie im Fluchtpunkt. Er unterstellt das Gegebene der Souveränität eines punktförmigen Zugriffs. Er organisiert nicht nur die Topographie einer Sichtbarkeit; er fokussiert gleichzeitig den Betrachter, verlangt seinen Blick. Ins Bild ist eine Wunschstruktur eingetragen: Der Blick, der der Struktur der *repraesentatio* innewohnt, ist ein begehrender, wie überhaupt die Form der Repräsentation, die Denken und Macht, Wahrnehmung und Gefühl der gesamten Neuzeit regiert, einer Ökonomie des Willens gehorcht, die zugleich eine Ökonomie des Mangels ist. Sie manifestiert im Sichtbaren eine grundlegende Verfehlung und Unerfülltheit. Und wie die Begierde stets auf den Anderen gerichtet ist, um ihn sich anzueignen, offenbart sich der Mangel des Blicks an der ausbleibenden Deckung zweier Sichten, die durch den Chiasmus der Perspektiven von Maler und Betrachter gegeben ist: Vergeblichkeit ihrer Kreuzung, die eine Identität der Blicke im Bild vereitelt. Man hat von der neuzeitlichen Malerei als einer »Illusionswelt« gesprochen; doch zeigt sie keine »Welt«, nicht einmal deren Umriß oder Ausschnitt, denn der Maler malt nicht, was er sieht, er sucht nicht die Einheit der Abbildung mit dem Abgebildeten, sondern er malt, wie er sieht: »Jedes Bild verkörpert eine bestimmte Art des Sehens«, schreibt John Berger.[50] Es ist gesehenes Sehen. Das heißt, der Maler malt vorzugsweise seinen Blick auf die Dinge der Wirklichkeit, wie der Betrachter umgekehrt in den Rücken des Malers schaut, nicht sehend, was dieser sah. Er wird, wie in Vermeers *Allegorie der Malerei* (1660-

---

49 Leonardo, Gemälde, S. 138.
50 Berger, Sehen, S. 10.

1670), zum unfreiwilligen Augenzeugen einer Szene, die eine fremde Sicht darbietet. Den dadurch ins Bild eingelassenen strukturellen Voyeurismus hat Kant durch seine Rede vom »interesselosen Wohlgefallen« im übrigen heruntergespielt: Er verurteile das Publikum zur »Teilnahmslosigkeit«, wie Nietzsche treffend bemerkt hat, zurückgeworfen auf die Passivität eines leidenschaftslosen Genusses. Doch liegt deren eigentliche Brisanz in einer nie zu schließenden Lücke: Sie zwingt den Beobachter, sich nach dem Auge des Malers zu richten und zu lernen, die Dinge so zu betrachten, wie dieser sie sah, was stets bedeutet, sie *anders* zu sehen. Dann heißt ein Bild anschauen, sich in eine fremde Sicht einzuüben, seine Vor-Gaben annehmen, sie anzueignen und ihnen antwortend zu entsprechen – was immer auch impliziert: sie so zu sehen, wie der Maler sie nie sah.

Mithin erscheint die Malerei als Begegnungsstätte zweier Herrschaften, die ebenso ihre wechselseitige Anerkennung fordern, wie sie sie verwehren. Nach beiden Seiten behalten sie eine Fremdheit ein, die das Subjektivitätskalkül der Neuzeit mit einem Grundproblem konfrontiert: Zweifach abwesende Stelle *im* Bild wie *außerhalb* des Bildes, einmal als nicht mitsichtbare Intentionalität des Malers, zum anderen als der nicht mitbeobachtbare Standort des Beobachters, wie ihn Luhmann seiner Systemtheorie als notwendige Paradoxie unterlegte. Es handelt sich, wie bei Helmholtz' ständig zurückweichendem *locus observandi*, um eine ins Unendliche reichende Iteration konträr gerichteter Blicke: »Die Perspektive macht den Beobachter sichtbar – und zwar genau in dem Punkt, in dem er für sich selbst unsichtbar ist [...]. Man fragt zwar nach latenten Bedingungen des Sehens, aber nur, um diese im Bild gleichsam wieder verschwinden zu lassen.«[51] Die Vergeblichkeit der Lokalisation bildet somit eine *Grenze sowohl von Repräsentation als auch von Darstellung*. Sie wurde in der Barock-Malerei durch raffinierte Spiegeleffekte aufzuheben versucht, zum Teil durch die gegenläufigen Techniken des Anamorphotischen, zum Teil auch durch besondere Lichtregien und Punktierungen, die das Abgebildete in ein irisierendes Spiel versetzten. Sie galten vor allem der Kraft von Wirkungen, zu deren Realisierung eine komplexe Rhetorik aufgeboten wurde. Sie trachteten das Bild mit der Macht eines Faszinosums auszu-

---

51 Luhmann, Kunst, S. 140.

statten, das seinen Betrachter fesseln, in die Sicht zwingen und seinen Blick fixieren sollte. Doch blieb das Versagen solcher Macht chronisch. Man könnte deshalb von einer »Aporie der Alterität« sprechen, die die neuzeitliche Kunstordnung in Form alternierender Blicke unablässig irritiert: Sie sperrt sich prinzipieller Lösbarkeit, weil der Form der Souveränität konform.

Es ist schließlich diese innere Unmöglichkeit, die den strikten Konnex von Kategorien, die Struktur und Rahmung der Werkästhetik formieren, lockert und ins Wanken bringt. Die Spannung entfacht eine Dynamik, die die innere Balance des Systems sukzessive zugunsten freiwerdender Phantasien verschiebt. Sie geht einher mit der Selbstbefreiung des Subjekts und seines künstlerischen Selbstausdrucks im Laufe der Romantik. Durch sie erlangt der hier beschriebene Kunstbegriff erst seine Realisation als absolutes Symbol und absolute Freiheit, um sich zu Nietzsches Dionysien zu steigern und das Ästhetische im Riß, der Einmaligkeit des göttlichen Augenblicks aufgehen zu lassen. Zusehends gewinnt darin die schöpferische Subjektivität an Artifizienz, aber auch an Gespreiztheit und Brüchigkeit: Wuchernde Einbildungskraft, deren Schöpfungen beständig durch ihre eigenen Phantasmen und Delirien bedroht werden. Damit koinzidiert die Auflösung des Werks, seine Vervielfältigung zur Serie, seine Fragmentierung im Unvollendeten. So gerät die Entbindung zu einer Überhöhung, die keine Beschränkung mehr zuläßt, die schließlich auf ihr eigenes Versagen zutreibt, woran die Ökonomie des Begehrens umbricht. Sie reißt genau an der Stelle ihres Mangels auf und leitet zu einem anderen über: Dem Unendlichen in Gestalt des unfaßlichen Augenblicks, der unverfügbaren Präsenz, der Undarstellbarkeit. Das Begehren des Blicks wird von dorther, das heißt von einer nicht in Besitz zu nehmenden Alterität fortwährend subvertiert. Damit bedeutet das romantische Kunstwerk, als innere Sehnsucht dieses Prozesses, gleichzeitig schon die Ankündigung eines Endes, des Übertritts über eine Schwelle hinaus. Hegels These vom »Ende der Kunst« findet darin ihre unfreiwillige Erfüllung: als innerer Abschluß der Werkästhetik, die er im Moment ihrer Krise ausmachte, sowie als »Sprung« in einen »anderen Anfang«.

IV.

Keine Reduktion auf *techne* und Technik vermag indessen dem Geschehen der Kunst gerecht zu werden, sowenig wie das Paradigma der Sprache, des Symbolischen – die Reflexivität von Kunst überspringt, was diese bieten. Darum erschöpft sich ihre *Erscheinung* nirgends in jenen Mitteln und Praktiken, deren sie sich bedient; stets bleibt an ihr ein Transzendentes, woran sich der Blick wendet und in ein Anderes umschlägt: »Das über sich Hinausweisen des Kunstwerks gehört nicht nur zu seinem Begriff, sondern läßt an der spezifischen Konfiguration jedes Kunstwerks sich entnehmen«,[52] heißt es entsprechend bei Adorno. So liegt im bisher aufgewiesenen Katalog konstitutiver Kategorien ein prinzipielles Ungenügen. Denn die Kategorien betreffen das *notwendige* Bedingungsgefüge der Geschichte sowohl der neuzeitlichen Ästhetik als auch ihrer Artistik, nicht schon das *hinreichende* ihrer *Aisthesis*. Was Kunst vom Handwerk scheidet, ist weder ihre Form noch das Symbolische, sondern das, was Benjamin ihr »Geheimnis« nannte: ihre Aura. Der Aura fällt dabei eine besondere Rolle in der Bestimmung dessen zu, was Adorno die »Kunsthaftigkeit der Kunst« nannte: Nicht in die Nähe rückt sie die Betrachtung, sondern gebietet, wie ein Tabu, Abstand. Kein noch so raffiniertes Spiel von Verweisungen könnte die Rezeption eines Kunstwerks anstacheln, wenn nicht ein Ungreifbares bliebe, wodurch sich die Interpretation herausgefordert fühlte und woran sie sich verlöre. Keine Inszenierung, die sich vordergründig aufdrängt oder ein Naheliegendes präsentiert, ergreift, sowenig wie Bilder, die alles bereitwillig zeigen; sie blicken, wie Adorno schreibt, »mit denselben leeren Augen an wie die Musik den Amusischen«.[53] Zu deutlich wären ihre Zeichen, zu durchsichtig die Absichten: Buchstäblich mangelte es ihnen an Träumerischem. Keine Konstellation von Kategorien reicht daher aus, Kunst zu erklären; bestenfalls läßt sich durch sie Historizität markieren, nicht, *was an ihnen Ereignis ist.* So bleibt an Kunstwerken ebensosehr ein Unverständliches wie Überschießendes, das eine Sehnsucht nach Sinn evoziert – Sehnsucht freilich, deren Struktur umgekehrt der Fülle entstammt, die anspricht, nicht dem Mangel, der vergeblicher Aneignung nachjagt.

---

52 Adorno, Ästhetische Theorie, S. 409.
53 Ebd., S. 183.

Angesprochen ist damit der innere Zwiespalt des neuzeitlichen Kunstbegriffs. Nirgends geht er in seinen Bestimmungen, dem aufgewiesenen Kanon konstitutiver Kategorien auf, sowenig wie in Technik. Jedes Kunstwerk, das auf ihren Bedingungen fußt, sprengt sie auch. Sein spezifisch Ästhetisches berührt sich daher mit einer Alterität. Pointiert ausgedrückt: Kunst ergeht von dorther, nicht umgekehrt. *Techne* »gibt« ihr Technisches; *aber die »Gabe« der Kunst ist niemals die »Gabe« der Technik*. Deswegen hatte Celan im Meridian gesagt, ein Gedicht halte »unentwegt auf jenes ›Andere‹ zu, das es als erreichbar […] und dabei ihm […] zugewandt denkt«,[54] es gehe den Weg des Fremden, des Anderen. Dazu gehöre eine der »Ferne oder Fremde zugeordnete Dunkelheit«.[55] Es ist gleichsam ein Weg ohne Wegmarken, ein *a-met-hodos* ohne Anleitung und Orientierung, ein »selbstvergessener Gang«, der ein Unerwartetes oder Nichterahntes freisetzt: »Das Gedicht will zu einem Anderen, es braucht dieses Andere, es braucht ein Gegenüber. Es sucht es auf, es spricht sich ihm zu. Jedes Ding, jeder Mensch ist dem Gedicht, das auf das Andere zuhält, eine Gestalt dieses Anderen.«[56] Gerade darum bringt es in die Sprachferne, ent-fremdet das Wort um des Fremden, des Anderen willen, um seine Andersheit vielleicht im Spalt des Paradox oder für einen kurzen Moment zu lichten: Alterität, von der Celan auch sagt, daß sie mit einem »nicht allzu fernen, einem ganz nahen ›anderen‹« zusammenfalle – denn die innigsten »Hoffnungen des Gedichts« bestünden vielleicht darin, »in eines Anderen Sache zu sprechen […], vielleicht in eines ganz Anderen Sache«.[57] Dann wäre allerdings jeder Bezug auf ein Wollen, ein Begehren irreführend. Weder geht es um ein Verhältnis, um Kommunikation, auch nicht um ein Verstehen oder um Figuren der Gerechtigkeit. Das Gedicht ist kein Angebot, keine Annäherung, sowenig wie eine hermeneutische Übung, sondern es kommt von einem Anderen als einem Unaussprechlichen her; es hält sich in der Bahn eines Mysteriums, stiftet eine »Begegnung« ohne Anliegen und Versprechen, auch ohne Verlangen oder Anerkennung.

Daraus ist eine allgemeine Bestimmung zu entnehmen. Denn das »Vom-Anderen-Her« fordert noch den Umschlag des Begeh-

---

54 Celan, Meridian, S. 143.
55 Ebd., S. 141.
56 Ebd., S. 144.
57 Ebd., S. 142.

rens, die »Wendung des Bezugs«; es erfordert die Invertierung der *techne*, die Verkehrung gleichermaßen des Symbolischen wie der Imagination. Solch invertiertes »Begehren« bedeutet im Sinne von Lévinas jetzt: »Verlangen des Anderen«, worin schon ein Positionswechsel vom *genetivus subjectius* zum *objectivus* maßgeblich ist. Der Andere verlangt *nach mir*, ohne mich oder irgend etwas zu wollen; er rührt mich an, zieht *mich* in seine Nähe, zu seiner Unendlichkeit hin.[58] Dichtung wie Kunst sind von solcher Sehnsucht, die Lévinas sorgsam vom Wunsch, vom Bedürfnis scheidet. So wird eine Bewegung radikalisiert und vollendet, die sich in der Romantik ankündigte und woran die Möglichkeit des Kunstwerks zerriß: Nicht begehren, nicht wollen, sondern Wendung in das, was anspricht, an-fällt oder einbricht, was sich im Augen-Blick ereignet und den Blick in den »An-Blick« kehrt, der hier paradigmatisch im Antlitz des Anderen gewahr wird, woraus Sehen gleichwie Hören und Sprechen geschieht. Man könnte sagen, daß die romantische Kunstauffassung den Platz des Anderen als die entrückte Position des unendlichen Moments, der undarstellbar bleibt, vorbereitete, während es erst der jüdischen Philosophie der »langen Jahrhundertwende« vorbehalten blieb, diese Entrückung zu vollenden und entsprechend das Auratische, als Gewahrung einer Alterität, als Ort der Kunst wiederherzustellen. Die Romantik verbleibt in der Negativität der Grenzziehung; dagegen springt solches Denken, wie es exemplarisch Lévinas aufweist, über in die Positivität eines »Jenseits des Seins«, *von dem her* die Wahrnehmung gleichwie der Gedanke angezogen wird. Es entmächtigt die Statute der *techne*. Die außerordentliche Bedeutung und Produktivität jüdischen Denkens zu Beginn des 20. Jahrhunderts hat unter anderem darin ihren Grund. Es vermochte der zum bloßen Akademismus erstarrten Ästhetik ein sprengendes Vokabular entgegenzuhalten, das ebenso deren Verdrängtes dekuvrierte wie es eine radikale Zäsur setzte und die Perspektiven verkehrte. Es gab der Kunst jenseits hegemonialer Verpflichtung auf *techne* ihr Transzendentes zurück. Was Celan am Beispiel der Dichtung erläuterte, findet sich entsprechend bei Benjamin und Adorno mit Stoßrichtung auf den Aura-Begriff auf die Kunst überhaupt bezogen. Die Erfahrung der Aura impliziert dieses Ins-Andere-Bringen, das zur Antwort nötigt. Am ehesten

---

58 Vgl. Lévinas, Spur des Anderen, S. 218 ff., 257 f.

analog der Erfahrung des Erhabenen in der Auslegung von Lyotard, bringt sie sich damit in den entschiedensten Gegensatz zur Technizität und Medialität der neuzeitlichen Kunstauffassung. Die Aura meint vielmehr das Ekstatische an Kunst, wodurch sie sich ins Andere aussetzt, sich von ihm »ent-setzen« (*transponare*) läßt, um in den »Sprung« ihrer Um-Kehrung zu gelangen. Anders gesagt: Das Auratische beruht auf einer wesentlichen Xenophilie der Kunst.

Dem korrespondiert im Bild die Wendung vom Intentionalen zur Nichtintentionalität, die dem Blick aufschließt, was sich dem Symbolischen verschließt. Zwar setzen Bilder, Skulpturen oder Stiche und dergleichen ihre Betrachtung voraus, doch erschöpft diese sich keinesfalls in der Fixierung eines Dings oder einer Sache, selbst wenn die immanente Regie der Abbildung solches fokussiert. *Angeschaut blickt vielmehr das Bild zurück.* Stets ist das Unheimliche, sogar Gefährliche der Abbildung, seine besondere Wirksamkeit empfunden worden, wovon nicht nur die reiche Geschichte der Ikonoklastik Zeugnis ablegt,[59] sondern auch die endlosen Debatten um die Darstellbarkeit des Absoluten in der Kunst, das Verbot der Verbildlichung des Sakralen. Es gibt eine »Exklusivität« der Bildlichkeit. Ihr scheint ein nicht zu entwindendes Faszinosum innezuwohnen, eine unkontrollierbare Macht oder ein Zauber, der gleichermaßen berückt wie er anzugehen oder zu attackieren vermag.[60] Kein Sehen eines Bildes vollzieht sich ohne solchen Blickwechsel. Der Blickwechsel markiert im Bild die Erfahrung des Auratischen. Dieses bezeichnet mithin das Anblickende *im* Bild, wodurch seine Oberfläche gleichsam eine »Gesichtlichkeit« erhält. Dann handelt es sich nicht länger um den nie zur Deckung zu bringenden Chiasmus zweier Blickrichtungen, sondern zugleich um ein Drittes, Sichentziehendes, das das Feld konstituiert, worin die Kreuzung geschieht. Aura meint diesen Entzug. Und wie die Darstellung oder Repräsentation eine Sichtbarkeit begehrt, die der Betrachtung eine Struktur auferlegt, ersucht die Aura nach einer Erwiderung. Betrachten heißt folglich nicht, *in* den Blick nehmen, sondern zuvörderst: *antworten*. Die Antwortstruktur bildet die primäre Form der Wahrnehmung. Sie ergeht aus dem Entzug.

59 Vgl. Warnke (Hg.), Bildersturm.
60 Vgl. Böhme, Theorie des Bildes, S. 77 ff.

Entsprechend kann die Aura nicht rezeptionsästhetisch ausgelegt werden, weil nicht das Sehen, das etwas sieht, eine Rolle spielt, vielmehr der Anblick im Sinne einer Widerfahrnis. Er bezeichnet kein Sichtbares. Der Befund deckt sich mit Roland Barthes' »Blindsehen«: Die Betrachtung einer Fotografie mit geschlossenen Augen, um das *punctum*, das eigentlich »Bestechende« ihrer Abbildung wirken zu lassen.[61] Es markiert keine Stelle im Bild, kein identifizierbares Zeichen, *es springt an*. Lacan hat vom *obstacle*, dem Hindernis gesprochen, das als »Objekt klein a« den Blick umlenkt und destituiert, wobei »a« als bloßer Signifikant fungiert, der das Sehen anzieht.[62] Sichten beginnen von dort, von einem deterritorialisierten Ort oder unbestimmten Feld her, wie es gleichermaßen bei Deleuze heißt; diese saugen, wie schwarze Löcher, den Blick an.[63] Ebenso bleibt die Aura an die Ereignisstruktur einer Begegnung gebunden, die sich jenseits gerichteter Wahrnehmung von einer Alterität ansprechen läßt, wie ebenfalls ihre Ästhetisierung an der Künstlichkeit der Mittel abprallt: Aura und Ereignis dementieren ihre Herstellbarkeit. Sie bewirken, daß das Kunstwerk gleichsam seinen Betrachter aufsucht, ihn stört oder provoziert. Der Unterschied, der so wesentlich wird, verläuft zwischen Aura und Zeichen. Denn was entgegenkommt, ist nie das Symbolische: *Es scheint durch das Symbolische hindurch.* Gewiß kann man ein Bild nicht verstehen, ohne seine Symbolisierungen zu verstehen, ohne es gleichzeitig zu interpretieren; aber man kann es auch nicht *erfahren*, wenn man nicht seine »Blöße«, seine Präsenz angenommen hat und auf sich zukommen läßt. Allein im Symbolischen erhält das Werk seinen Sinn und in der Form seine Dauer; aber eine Aura erhält es dadurch, daß ein symbolisches Feld durchbrochen wird und eine nichtsymbolische Gegenwart bekundet, die anrührt oder verstört. Der Zugang findet immer über die Sprache statt; doch eignet ihr ein Nichteinlösbares, ein Unendliches, das der Deutung Rätsel aufgibt. Adornos »Rätselcharakter der Kunst« und Benjamins »Aura« nennen somit das gleiche: Das Auratische markiert die Lücke, den Zwischenraum zwischen dem Symbolischen und dem Nichtsymbolischen, vermöge dessen Kunst ihr »Jenseits des Symbolischen« wahrt.

61 Vgl. Barthes, Kammer, S. 35 f.
62 Vgl. Lacan, Grundbegriffe, S. 97 ff., bes. S. 109.
63 Vgl. Deleuze, Das Zeit-Bild.

Der ästhetische Diskurs verharrt vor ihm im Paradox. Als genuin Nichtsymbolisches ist es ohne das Symbolische weder aufweisbar noch diskursiv einholbar. Der Aussage fremd und der Vernunft verschlossen, läßt es sich weder analysieren noch in seine Bestände zerlegen. Darum kommt die Aura nicht zusätzlich zum Symbolischen hinzu, sondern entspringt seiner Mitte als eine charakteristische Unerfülltheit: Sie gleicht der *Ekstasis* des Sinns, seiner Weise, aus den Kunstwerken herauszustehen, sich zu zeigen. Diese Auslegung des Ekstatischen gemahnt an Heideggers *Ursprung des Kunstwerkes*. Es thematisiert das Enigma der Kunst, wie es im später angefügten Nachwort heißt,[64] doch so, daß dieses in seiner Thematisierung zugleich zurückgenommen und verschlossen wird. Nicht seine Beantwortung sucht Heidegger, sondern seine Vertiefung. Die Tiefe des Mysteriums besteht aber in der Aura. Insofern ringt Heideggers *Kunstwerkaufsatz* in seiner ganzen paradoxalen Anstrengung und Sprachnot nicht so sehr um eine Bestimmung des »Wesens der Kunst« als vielmehr um ein Denken seines Wahrheitsvollzugs (*aletheia*) aus der Aura. Diese enthüllt sich ihm in der eigentümlichen Form des »Insichstehens« des Werkes, seiner »Ruhe« des »Streites« zwischen »Erde« und »Welt«.[65] Dabei benennt die Ruhe den Ausgleich jener Spannung, die sich zwischen der »Erde« als dem Grund oder der Materialität, woraus ein Kunstwerk entsteht und worin es, wie Heidegger sich ausdrückt, »geborgen« bleibt, abzeichnet, und der »Wahrheit«, die es eröffnet, indem es, sich aufrichtend und »emporragend«, eine »Welt« ausstellt. Sie ist als Spannung unaufhebbar, weil sie der Widerständigkeit des Stofflichen entstammt, woraus Kunst entsteht und woran sie verzweifelt. Ähnliches meint auch Adorno, wenn er den Kunstwerken bescheinigt, »unvereinbare, unidentische, aneinander reibende Momente« synthetisieren zu wollen: »Sie wahrhaft suchen die Identität des Identischen und Nichtidentischen prozessual«.[66] So kann der Gegensatz zwar nicht gelöst, wohl aber in eine relative Balance gebracht werden, indem das gelungene Werk sich schließt – und darin, aus sich hervortretend, gleichsam selbst genügt. Das Auratische eignet solcher Selbstgenügsamkeit, die dennoch stets prekär bleiben muß und deshalb symbolisch nicht zu vermitteln ist. Sie entspringt der

64 Heidegger, Kunstwerk, S. 91.
65 Ebd., S. 63 u. 61.
66 Adorno, Ästhetische Theorie, S. 263.

ebenso sinnlichen wie sinnhaften *Ekstasis* des Werkes als Ereignis seiner Wahrheit (*aletheia*). Der Ausdruck *Ekstasis* erinnert zugleich an die ursprüngliche Bedeutung von *Aisthesis*. Heidegger verbindet somit *Ekstasis*, *Aisthesis* und Wahrheit (*aletheia*). Die Verbindung läßt sich mit dem Aura-Begriff knüpfen. Sie erfährt darin allererst ihren tieferen Sinn, auch wenn das Wort nirgends fällt. Denn wie das Ekstatische ein »Über-sich-hinaus-sein« bedeutet, geht das Auratische im Kunstwerk über das Symbolische hinaus. Mithin bezeichnet der Aurabegriff in seiner Vagheit nicht – wie Benjamin nahezulegen scheint – ein vermeintlich Mystisches, sondern er gehört mitten hinein in das Wesen der Kunst.

Als Deutung von Heideggers Ästhetik mag dies anfechtbar erscheinen. Doch sucht die Interpretation die Bedeutung der Benjaminschen Diagnose von der »Zertrümmerung« der Aura[67] im »Zeitalter technischer Reproduzierbarkeit« in einen weiteren Kontext zu stellen – den Kontext der spezifischen Kunstphilosophien zu Beginn des 20. Jahrhunderts. Reklamiert wird in ihnen ein fundamentaler Verlust. Er deckt sich mit der Krise der Kunst, der Krise des Werks. Sie läßt sich von Heidegger her als »Verweigerung« des »Wesens der Kunst« verstehen, die, ähnlich wie bei Benjamin, aus dem Verfall aisthetischer Erfahrung zum bloßen »Erlebnis«, zum gleichgültigen »Reiz« hergeleitet wird, mit dem die Kunst »stirbt«.[68] Der Verfall kommt jener »Entkunstung von Kunst« gleich, von der Adorno spricht. *Die Anstrengungen der Moderne, die Bemühungen der Kunst des frühen 20. Jahrhunderts wären der Antwort auf diesen Verfall zuzuschlagen.*

Doch was derart einen Zug ins gleichermaßen Fatale wie Fundamentale gewinnt, wäre freilich bescheidener auszulegen und an jene historische Bruchstelle zurückzustellen, wo die Kunst der Neuzeit ebensosehr ihren Untergang zeitigt wie die Kunst der Moderne ihren »anderen Anfang« nimmt. Der Aura-Begriff wäre daran umzudeuten. Denn sowohl Heidegger als auch Benjamin und Adorno verbleiben im Horizont von Werkkunst, setzen sie voraus. Was als Zerstörung von Kunst exponiert wird, gilt allein dieser. Weit eher wäre sie statt dessen der Destruktion jener ästhetischen Ordnung zuzuschreiben, der ihr Kunstbegriff noch angehört – und die ihre Theorien grundierende Melancholie Merkmal

---

67 Benjamin, Kunstwerk, S. 19.
68 Heidegger, Kunstwerk, S. 91.

eines Zeitrisses, einer Differenzerfahrung. Nicht das Wesen der Kunst würde danach von der Moderne getroffen und untergraben, sondern lediglich, was vom Barock bis zur Spätromantik als Kunst überliefert wurde: *die Epoche ihrer Autonomie*. Zu Ende ginge nicht die Kunst schlechthin, vielmehr das System jener Konditionen, in dem sie zwischen dem 17. und dem 19. Jahrhundert ihre Identität und Emphase fand: Souveränität, *poiesis*, Form, Symbolisierung, Originalität, Imagination und entsprechend Dauer, Autorschaft, Signatur und Expressivität. Nicht also die Kunst verschwände; vielmehr ihr Selbstverständnis als »Werk«.

V.

»Zur Selbstverständlichkeit wurde, daß nichts, was die Kunst betrifft, mehr selbstverständlich ist, weder in ihr noch in ihrem Verhältnis zum Ganzen, nicht einmal ihr Existenzrecht.«[69] Die Eingangspassage aus der *Ästhetischen Theorie* Adornos markiert die Schwelle der Moderne. Mit dem Auftritt der verschiedenen Avantgarden zu Beginn des 20. Jahrhunderts ist die Krise der Kunst besiegelt, und es ist ungewiß, »ob Kunst überhaupt noch möglich sei; ob sie, nach ihrer vollkommenen Emanzipation, nicht ihre Voraussetzungen sich abgegraben und verloren habe«.[70] Man hat die Notwendigkeit des Bruchs als immanente Konsequenz des ästhetischen Prozesses selbst interpretiert, als Selbsterschöpfung der Kunst oder Erweiterung ihrer Bildsprache – als ob ihr Umfang gewachsen sei und sie neuer Kleider bedürfte. Der Sprache des Militärs entnommen konnotiert der Ausdruck »Avantgarde« zudem die Attacke, die »unter dem Druck des Neuen und nichts als Neuen« zu ständiger Überschreitung und Überschreitung ihrer Überschreitung fortstürzt[71] – als unterläge sie einem ausschweifenden Zwang zur Grenzverletzung. »Wie immer die unterschiedlichen Bestrebungen moderner Kunst und Architektur ausgesehen haben«, konstatiert denn auch Heinrich Klotz, »sie alle treffen sich in dem Fluchtpunkt einer geschichtsunabhängigen Neuheit. Alles neu zu beginnen und ab ovo neu zu denken, ist die grundlegende und vereinigende Maxime aller

---

69 Adorno, Ästhetische Theorie, S. 9.
70 Ebd., S. 10.
71 Vgl. Bazon Brock in: Westkunst, S. 510.

Richtungen und Gattungen der modernen Kunst und Architektur.«[72]

Zum Stereotyp wurde so die Rede vom »Ikonoklasmus« der Moderne – als sei sie einem grundlosen Exzeß des Niederreißens und Voranschreitens verfallen, dessen Radikalität sich vor allem darin bezeuge, daß sie vor nichts haltmache, nicht einmal vor sich selbst. Doch taugt offenbar der Begriff des »Neuen« nicht zur Kennzeichnung der Dynamik avantgardistischer Kritik; vielmehr büßt diese dadurch ihre Bedingung ebenso ein wie das, was am Neuen der Kunst spezifisch »neu« war. Statt dessen wäre am Neuen, wie schon Adorno bemerkte, die Diskontinuität festzuhalten, die sich der Fortschreibung von Geschichte widersetzt. Die Zäsur, die auf diese Weise wesentlich wird, beschränkt sich nicht nur auf die Kunst; sie ergreift das Ganze von Kultur und Gesellschaft und vollzieht sich, ebenso wie alle Avantgarden sich utopisch und revolutionär gebärdeten, jenseits des Mediums des Ästhetischen gleichermaßen in Philosophie, Wissenschaft und Politik. Das Mythologem einer Kontinuität, das die Genealogie der Moderne vom Impressionismus bis zu den Manifesten des Futurismus, Dadaismus oder Surrealismus rekonstruiert, entstammt dagegen selbst noch der Fortschrittsgläubigkeit des 19. Jahrhunderts und sanktioniert eine Erzählung, die die Schärfe des Bruchs leugnet und den Prozeß der Avantgarde auf eine historische Entwicklung zurückführt, die sie erneut einer einheitlichen Geschichte der Ästhetik zuschlägt: Entgrenzung der Kunst durch Wahrnehmungserweiterung, durch Neuerungssucht und Ikonoklastik als ihren genuinen Fortschrittselementen. Die Ästhetik der Moderne wird damit zur frei flottierenden Innovationsbewegung, zur Verschiebung in Permanenz, deren »allgemeinster Begriff« und eigentlicher Anspruch der ästhetische Umsturz sei.[73] Die letzten Beschränkungen abschüttelnd eröffne sie ein Ungeahntes, sprenge die Fesseln des bislang Sichtbaren, behaupte ihre Legitimität in einer gleichsam grenzenlos wuchernden Produktivität, die den Kult des »Genies« und der »Ausnahmeexistenz« der Bohemiens in die experimentellen Ateliers von Futurismus und Dadaismus trage und ins Extrem steigere. Dann wäre Avantgarde die äußerste »Vorhut« und »Speerspitze« des Subjektivismus der

---

72 Klotz, 20. Jahrhundert, S. 17.
73 Vgl. Beaucamp, Dilemma, S. 258, 260; vgl. auch: Imdahl, Kunst der Moderne, S. 331; Dreher, Performance Art, S. 44.

Neuzeit und Teil ihres Projektes. Weiterhin partizipierten ihre Provokationen an den Idealen der »Form«, des »Ausdrucks« und der »Originalität«, denen sie gerade zu entkommen suchten.

So eignet sich die vermeintliche Freisetzung revolutionärer Potenzen nicht zur analytischen Erhellung ihres Phänomens, weil die Deutung fortsetzt, was die Avantgarde zu verwerfen trachtete. Kontinuiert werden jene Prinzipien, die dem Selbstverständnis einer Kunst entstammten, aus dem sie heraustritt. Unerläßlich scheint darum, den Prozeß der Avantgarde in seine Geschichte zurückzustellen. Dabei ist am Avantgardismus die Rigorosität seiner Kampfansage, sein »luziferisches Element«[74] am augenfälligsten. Es suchte dem Überlieferten ein Ende zu setzen, ohne schon Anderes an seinen Platz rücken zu können. In diesem Sinne bedeutete die futuristische Parole »Tod dem Mondschein«[75] einen Abgesang auf den »alten Duft« romantischer »Märchenzeit«, dem Schönberg ein letztes ironisches Denkmal setzte: Verlorene Traumseligkeit nach einer Tradition, die ihre Gültigkeit längst eingebüßt hatte. Und Rauschenbergs *Ausradierte DeKooning-Zeichnung* (1951) bedeutete die Verwischung der Zeichnung überhaupt, die Auflösung der Kontur als Grundlage der Malerei, sogar das Ende des Bildes selbst. Nichts »stimmte« mehr, was das Überkommene zusammenband und ihm Einheit gewährte; so wurde Dissonanz zum Elixier der Moderne. »Ich habe wirklich nichts mit der Kunst zu tun«, heißt es bei Beuys: »Und das ist die einzige Möglichkeit, um für die Kunst etwas leisten zu können.«[76]

Doch trifft die anarchische Geste nicht nur die jüngere Vergangenheit, sondern überhaupt die Geschichte der Kunst der letzten drei- bis vierhundert Jahre – einer Kunst, die sich ganz am Werkhaften orientierte, die sich als authentisches Ausdrucksmittel des Subjekts verstand, die die Welt unter die Perspektive des begehrenden Blicks stellte und sich der freien Imagination des Schöpferischen hingab, um ein Symbol zu schaffen und durch dessen Signatur die Dignität eines Originals aufzuprägen. Entschlossen sucht demgegenüber die Kunst der Avantgarde diese Kriterien umzustülpen und sie in ihr Gegenteil zu verkehren. Entsprechend gilt ihr Protest dem eingeschriebenen System der Werkästhetik insgesamt: *Avantgardismus bedeutet vor allem die konsequente*

---

74 Vgl. Bürger, Allegorie und Avantgarde, S. 201.
75 Marinetti, Manifest, S. 7 ff.
76 Beuys, Zeichnungen, S. 31.

Erschütterung von Kunst als Werk. Seine Geschichte wäre folglich als Serie von Brüchen zu beschreiben. Sie erfordern eine sich ständig überbietende Militanz, deren Fokus nicht zunächst das Andere oder Neue bildet, sondern in erster Linie die Zersprengung des Gewordenen: »Explosion ist eine ihrer [der Moderne] Invarianten. Antitraditionalistische Energie wird zum verschlingenden Wirbel«,[77] heißt es bei Adorno.

Gleichwohl beruht die Rigorosität der Abkehr, ihre Intensität und Traditionswut nicht allein auf den Spielräumen einer innerästhetischen Auseinandersetzung. Die Revolte der Kunst entspringt vielmehr zur Hauptsache einer Re-Volte der Kultur, deren Ausdruck sie ist. Der Kriegslärm und die Aggressivität der Avantgarden, wie er ähnlich in den Kampfschriften der Architektur, der Neuen Musik und der Dichtung entbrannte, kommt aus dem geschichtlichen »Sprung« der Epoche, der die Differenz im Ästhetischen allererst ereignen läßt. Sie erfaßt das Ganze der Moderne. »Daß es ›so weiter‹ geht, ist die Katastrophe«, vermerkt Benjamin im *Passagen-Werk*:[78] Das Weiter-so betrifft den Fortgang einer Historie, deren Verwerfungslinien und innere Erosionen gleichsam mit jedem Tag deutlicher hervorzutreten schienen und nach drastischen Lösungen schrien, wozu ebenso die politischen Revolutionen und sozialen Utopien zählten, die dem Zerfall auf ihre Weise zu antworten suchten. Nicht das Zerbrechen des Alten nannte Benjamin deswegen eine »Katastrophe«, sondern die Selbstkonservierung des Systems, seine Immunität gegen Veränderungen, seine Sklerotisierung. Ihr setzte Benjamin den »Bruch« entgegen, den *kairos* des Übergangs als Untergang des Erstarrten. Es ist der Augenblick, der sich der Vergangenheit zuwendet, um sich von ihm abzuwenden. Rettung verspräche dann einzig der Geschichtsriß, auf den die Kunst der Epoche auf ihre Weise ihre Hoffnungen setzte.

Die Diskontinuität, die sich derart manifestierte, bezeichnete somit ein *Diskontinuum der Zeit.* Der Einschnitt der Jahrhundertwende bedeutete einen Einschnitt in der gesamten Kultur, ihrem Gefüge und ihrer Geschichte, in deren Verlauf sämtliche traditionelle Parameter umgestürzt und zersprengt wurden. Etwas war zu Ende gegangen: die Epoche der Neuzeit, der Repräsenta-

---

77 Adorno, Ästhetische Theorie, S. 41.
78 Benjamin, Allegorien, S. 151.

tion und des souveränen Subjekts, ihre Verwirklichung durch die Aufklärung und ihre Entgrenzung durch die Romantik. Ihre diskursive, ästhetische und politische Ordnung schien von einem Untergang erfaßt, der sich um so mehr beschleunigte, je mehr ihn ihre autoritäre Struktur aufzuhalten trachtete. Das gilt im besonderen für die Kunst. Sie trägt das Siegel der Fortsetzung der Katastrophe in Form manierierter Wiederholungen, der Erstarrung ihres Stils, der Versteinerung der Akademie. Sie vereiteln die Lösung, indem sie konservieren, was erodierte. Nicht *sich* hält daher die Kunst in Bewegung, vielmehr eine weit tiefere Unruhe, die im Zeitlauf selbst nistete und deren historische Stellung in der Unmöglichkeit eines Anschlusses, einer Fortsetzung bestand: Ereignis der Differenz, von dem Heidegger gesagt hat, daß es »jäh aufspring[t] wie Knospen«.[79] Es läßt einen Abgrund klaffen, der nicht nur das Geschichtliche, sondern ebenso die Kunst spaltete. Zwischen den verschiedenen Ästhetiken und ihren Zeitaltern – der Ästhetik der Tradition als Ästhetik des Werks und der neuen Ästhetik, der Ästhetik der Avantgarde – entsteht so ein Riß, eine Demarkation, an deren Schranken ihr Verständnis, ihre gegenseitige Übersetzbarkeit scheiterte. Deshalb behauptete sich zwischen den Künsten, der traditionellen und der modernen, eine grundlegende Kluft und Inkommensurabilität. Sie offenbarte sich im Widerstand gegen die Avantgarde, in der Atemlosigkeit der ästhetischen Debatten und Unversöhnlichkeit ihrer Konflikte, die sich bis zu Grabenkämpfen, zum Zorn der Massen steigerte. Sie sind die Wundmale einer Differenz. Sie markieren zwar die Grenze, nicht jedoch schon den »anderen Anfang«.

Die Ästhetik der Avantgarde gründet vor allem in solchen Differenz-Setzungen. Ihre Aktivität beruht auf der Forcierung von Abtrennungen. Seither steht Kunst überhaupt zur Disposition. Sämtliche avantgardistischen Bewegungen bezogen daraus ihr Pathos und ihr Selbstverständnis. Ihre Manifeste inszenierten einen Bruch, der jenes Netz konstitutiver Kategorien zerriß, das die Ästhetik des Werkes gefestigt hatte. Die Avantgarde betrat damit ein vollkommen Wegloses: Die Gegenstandslosigkeit der abstrakten Malerei tauchte so plötzlich und ohne historische Parallele auf, wie die Atonalität Schönbergs oder die Aleatorik des Dadaismus. Keine geschichtliche Epoche zuvor kannte Ver-

---

79 Heidegger, Satz vom Grund, S. 154.

gleichbares. Darin findet sich zugleich die Wurzel der avantgardistischen Emphase wie auch ihre Haltlosigkeit, ihr systematisches Ungenügen. Zwar ist immer wieder die Kontinuität der Avantgarde mit der Kunst des 19. Jahrhunderts, vor allem der Kunst der Frühromantik betont worden.[80] Man hat sie als Umkehrspiel gelesen: Statt des Schönen das Häßliche, statt des Sinns den Un- oder Widersinn, statt der Vernunft das Absurde und statt der Logik der Kausalität die Akausalitäten des Zufalls. Doch verkennt diese Auslegung, daß es sich nicht um willkürliche »Gegen-Setzungen« handelte, die sich überall noch am Vorwurf des Alten nährten, sondern um »Sprünge heraus«, um »Anders-Setzungen«. Sie nötigten die Kunst der Moderne zu anhaltender Selbstrebellion, die noch jene Stufe abstreifen mußte, die sie jeweils erreicht hatte. »Refus« sei ihr Lebenselement, wie Adorno hervorhob[81] – so inhäriert der Avantgarde, indem sie den Rahmen neuzeitlicher Ästhetik sprengte, ihre Regeln verletzte oder ihre Geltung durchschnitt, ein *Reflexionsgesetz*, das sie – hegelsch gesprochen – fortlaufend in einen Widerspruch mit sich selbst trieb: »Sie muß gegen das sich wenden, was ihren eigenen Begriff ausmacht«, heißt es weiter in der *Ästhetischen Theorie*, »und wird dadurch ungewiß bis in die innerste Fiber hinein. Nicht jedoch ist sie durch ihre abstrakte Negation abzufertigen. Indem sie angreift, was die gesamte Tradition hindurch als ihre Grundschicht garantiert dünkte, verändert sie sich qualitativ, wird ihrerseits zu einem Anderen.«[82]

Dann wäre die Krise der Kunst ihre Krise in Permanenz. Notwendig wandelte sich ihre Gestalt und Erscheinung. Sie bestimmte sich nicht länger aus der schöpferischen Expression des Subjekts oder der Einschließung ins Symbolische; ihr Aroma bildete vielmehr deren schrittweise Verschiebung zur *Struktur* wie in Kubismus und Abstraktion, dem *Zufall* wie in Dadaismus und Surrealismus, schließlich zum *Ereignis* in der Kunst der Nachkriegszeit, zu Event, Happening, Installation oder Performance seit den 60er und 70er Jahren. Umgekehrt bedeutete die Empörung, die ihren wechselnden Projekten entgegenschlug, nicht so sehr einen Widerstand gegen das, was diese zeigten, auch wenn sie

---

80 Vgl. Hofmann, Grundlagen, S. 166 ff., 190 ff., 442 ff.; Beaucamp, Dilemma, S. 258 ff.
81 Adorno, Ästhetische Theorie, S. 41.
82 Ebd., S. 10 f.

sich daran entzündete, sondern eine Abwehr gegen die Dynamik des Negativen *in genere*. »Der Gedanke ist in seinem Wesen Zerstörung«, schreibt auch Cioran: »Man denkt, man beginnt zu denken, um Bindungen zu zerreißen, um Verwandtschaften aufzulösen, um das Gerüst des ›Wirklichen‹ zu untergraben.«[83] Keiner anderen Lust frönte die Kunst der Avantgarde. *Sie befreite nicht zu etwas hin, sondern von etwas weg.*

Ihr eigentliches Movens und *erstes Kennzeichen* der Moderne wäre dann ihre *Destruktivität* – nicht im Sinne von »Nihilismus« oder einer »Entwertung aller Werte« (Nietzsche), auch nicht als exzentrischer Ruin der Wirklichkeit, der unterschiedslos alles und jedes in seinen Strudel risse, vielmehr in jenem Wortsinne, den Heidegger dem Ausdruck »Destruktion« in *Sein und Zeit* beilegt:[84] Entbindung und Loslösung von der Tradition, Aussetzung der bisherigen Geschichte und Abbau ihrer charakteristischen Engführungen und Verstellungen. »Nur die vollständige Ablehnung aller ästhetischen Formeln […] kann einer neuen gesellschaftlichen Situation dienen und ihr Geltung verleihen«,[85] folgert entsprechend Man Ray. Sie bedeutet die Ent-Stellung oder Ver-Setzung (*transposition*) sämtlicher überlieferten Grundunterscheidungen und Hierarchien, die das Werk *als* Werk konstituierten und ihm Identität und Halt gewährten. Ihre Destruktion setzt ihr Bedingungsgefüge, ihren Spiel-Raum außer Kraft. Sie demontiert deren Prinzipien bis in die subtilsten Verästelungen ihrer Bestimmungen und Selbstverständnisse hinein: der Logik der Abbildung und der Stile der Darstellung, ihrer rationalen oder intuitiven Kodierung, ihrer Wahl der Mittel und Materialien, ihrer Farbgebung wie auch der Scheidungen zwischen »Low« und »High«, zwischen Kunst und Kitsch oder Kunst und Nicht-Kunst. Sie werden in ihre Elemente zerlegt, experimentell aufeinander gehetzt, ironisiert, verunstaltet, zerschlagen, ins Gegenteil verkehrt oder zu leeren Zeichen ausgehöhlt und schließlich ganz fallengelassen. »Die bildnerischen Avantgarden«, schrieb Lyotard anläßlich der Eröffnung der von ihm mitorganisierten Ausstellung *Immaterialitäten* 1985 in Paris, »reagierten auf die Auflösung des Malermetiers, indem sie sich auf eine Suche begaben, die

---

83 Cioran, Verfehlte Schöpfung, S. 100.
84 Heidegger, Sein und Zeit, §6, S. 19ff.
85 Man Ray, Katalog, S. 138.

um die Frage kreiste: ›Was ist Malerei?‹ Die zur Ausübung des Metiers gehörenden Voraussetzungen wurden eine nach der anderen auf die Probe und in Frage gestellt: Lokalfarbe, Linearperspektive, Wiedergabequalität der Farbtöne, Rahmung, Formate, Grundierung, Medium, Werkzeug, Ausstellungsort, und viele andere Voraussetzungen wurden von den verschiedenen Avantgarden anschaulich hinterfragt.«[86]

Das *zweite Merkmal* der Ästhetik des 20. Jahrhunderts wäre somit über den Prozeß der Destruktion hinaus die *Konstitution einer Kunst über Kunst*. Nicht länger macht die künstlerische Arbeit etwas *anderes* zum Thema. Nirgends positioniert sie sich zur Wirklichkeit, zur Sichtbarkeit der Dinge. Sie erzählt nichts, stellt nichts dar, nicht einmal die Darstellung des Undarstellbaren; vielmehr stellt sie überall die Frage nach der Kunst selbst – danach, was diese ausmacht oder sein kann. Sie stellt diese Frage mit den Mitteln von Kunst, deren Antwort sich wiederum als Kunst gebiert. Sie ist so Kunst, die sich mit Kunst gegen Kunst wendet. Sie begibt sich in den Kreis von Kunst, um aus ihm herauszutreten und wieder in ihm zu enden. Ihr Metier ist folglich die Frage nach der Kunst »als« Kunst, deren Analyse und Kritik sich erneut »als« Kunst setzt. Sie ist das Projekt einer Kunst als »Philosophie von Kunst« und also: *philosophische Kunst*. Sie erweist sich somit als Überschreitung von Kunst, die in Kunst mündet.

Avantgardismus bedeutet dann die fortschreitende Produktion von Kunst als *Metakunst*. Ihr »Werk« ist die Verweigerung des Werkes, ihre »Darstellungsweise« der Selbstbezug, ihre »Form« der Widerspruch. »Die einzigen Werke heute, die zählen, sind die, welche keine Werke mehr sind«, lautet deshalb ein Bescheid Adornos aus der *Philosophie der neuen Musik*.[87] Noch die schroffste Abweisung des Werkcharakters führt auf diesen zurück, wie die Negation des Sinns nach der eingangs zitierten Volte von Roland Barthes stets nur den Sinn seiner eigenen Negation erzeugt. Das erhellt die Schwierigkeit der Unternehmung, die ans Aporetische grenzende Tortur, ihre genuine Selbstreferentialität: Sie ist Brechung in sich. Vorzugsweise betreibt die Kunst der Avantgarde insofern die Selbstthematisierung ihrer ästhetischen Codes gerade unter Anwendung derjenigen Mittel und Techniken, die sie the-

---

86 Lyotard u. a., Immaterialitäten, S. 97.
87 Adorno, Philosophie der neuen Musik, S. 37.

matisiert. Stets vermag sich ihre Sprengung nur innerhalb des Kontextes derjenigen Möglichkeiten zu plazieren, die diese bereithalten und zulassen. Sie setzt voraus, was sie niederreißt. Unablässig steht sie im Streit mit sich selbst, aus dessen Spannung sie etwas hervorzurufen sucht, was anders ist, als sie je war oder ästhetisch formulieren konnte. So wird sie esoterisch. Daher die Aggressivität des Tons, ihr *polemos*. Jedes »Gegen« nimmt an dem teil, wogegen es sich richtet: Deshalb das Problematische des Zugangs, die Unverständlichkeit und Kommentarbedürftigkeit.

Erneut scheint sich darin ein Diktat des Denkens gegenüber der eigentlichen ästhetischen Erfahrung zu manifestieren, ein Vorrang des Zeichenhaften gegenüber dem Auratischen, das sie von romantischer Kunst radikal abhebt: Avantgarde erweist sich als »Theorie«, als Gedankenkunst. Doch verkennt der Schluß, daß es sich dabei um ein genuin »artistisches Denken« handelt. Und wenn Kunst überhaupt ein »Denken« ist, dann ist die Kunst der Avantgarde ein Denken dieses Denkens. Es operiert nicht im Begrifflichen, sondern im Sinnlichen. Notwendig bringt sich Kunst darum als abstrakte hervor. *Die Konsequenz der Abstraktion liegt in der Logik ihrer Praxis.* Wie Derrida den Kunstterminus »Dekonstruktion« als »Verkehrung« und »Verschiebung« leitender diskursiver Differenzen kennzeichnete, als ein »Aus-dem-Gleichgewicht-Bringen« konstitutiver Gegensätze, dessen Metier eben wieder diejenigen Gegensätze bilden, die es durcheinanderzubringen und zu destabilisieren sucht,[88] durchkreuzt in ähnlichem Sinne die Avantgarde das System der herrschenden ästhetischen Werte und Bestimmungen – freilich im Modus von Wahrnehmung und Materialität. Während etwa das traditionelle Kunstwerk eine Beziehung zum Betrachter eröffnete, indem es zum Sehen einlud und der Wahrnehmung einen Anhalt, eine lesbare Szene bot, irritiert die monochrome Malerei jede Möglichkeit des Blicks, indem sie ihn einer Leere überantwortet, worin es buchstäblich nichts mehr zu »sehen« gibt, zumindest nichts, was das Auge wiedererkennt. Dann verliert sich die Betrachtung an die reine Flächigkeit der Farbe, büßt ihre Orientierung ein, wird zur Streuung, woran sie zuletzt umschlägt. Und während überlieferte Werkkunst sich im »Bild-Raum« präsentierte und Zeit verräumlichte, verzeitlichen *Action-Painting* oder *Performance*

---

[88] Vgl. Derrida, Randgänge, S. 350f.; ferner Gesetzeskraft, S. 17.

und *Event* Kunst im Ereignis. Der Wechsel macht an Kunst sichtbar, was sie einst begrenzte, um zugleich ihre Definition zu entgrenzen, zu transponieren. Der Sprung, der auf diese Weise geschieht, kann nicht als Bruch mit vertrauten Wahrnehmungsmustern beschrieben werden – das hieße, erneut das »Neue« zu privilegieren, als gäbe die Kunst dem müde gewordenen Blick allerlei Bizarres und Niegesehenes auf, woran er sich zu schärfen und zu entwickeln hätte; vielmehr impliziert er einen Sprung ins Aisthetische und Temporale als den Ursprungsschichten des Ästhetischen.

Er ist nur Sprung als Gegen-Sprung. Gleichermaßen hat Derrida von der »Dekonstruktion« gesagt, ihre Einschnitte gerieten »fatalerweise immer wieder in ein altes Gewebe, das man endlos weiter zerstören muß«: »Diese Endlosigkeit ist weder zufällig noch kontingent; sie ist wesentlich, systematisch und theoretisch. Das läßt aber keineswegs die bedingte Notwendigkeit und Wichtigkeit bestimmter Einschnitte, des Auftauchens oder der Festlegung neuer Strukturen verschwinden.«[89] Es bedarf also allererst des Widerspruchs, der paradoxen Gegenwendung, um überhaupt Sprünge ereignen zu lassen. Dann erweist sich das Paradox nicht nur als unvermeidlich, sondern als eigenstes Moment ihrer Produktivität. Es birgt folglich auch keine Vereitlung der Sache, keine »Ohnmacht« oder »Niederlage«, wie Peter Bürger und Eduard Beaucamp moniert haben,[90] insofern die Liquidierung der Werkkategorie noch deren Anerkennung enthielte und der Bruch mit der Institution der Kunst diese unablässig wieder restaurierte. Statt dessen erweist sich die Aporie in die Programmatik der Avantgarden selbst eingeschrieben: *Sie bezeichnet die Bedingung ihrer Möglichkeit.* Dann verwirft das Paradox nicht, es ermöglicht. Was es ermöglicht, markiert zunächst nur eine Leerstelle, einen unbestimmten Platz. Es fehlt ihm an Orten, gleichwohl öffnet es zu Anderem hin. Es gelangt nicht schon zu ihm, sondern schließt erst den Raum seiner Ankunft auf, und zwar so, daß das Andere als Anderes noch ohne Signatur und Bezeichnung bleibt. Man könnte sagen: Das Paradox ereignet die Entfaltung von Andersheiten, indem es, was ist, unterbricht. Es ist das Ereignis der

---

89 Ders., Gespräch mit Julia Kristeva, S. 148; ebenso Schrift und Differenz, S. 425.
90 Bürger, Theorie der Avantgarde, S. 77ff.; Beaukamp, Dilemma, S. 257f.

Differenz als Bruch oder Zäsur im Ästhetischen, das eine Lücke, ein »Zwischen« erst freigibt.

Mithin kommt dem Paradox im Ereignis der Differenz ein ausgezeichneter Platz zu: Von der Kunst der Avantgarde sprechen heißt, sich diesem konstitutionellen Paradox allererst zuzuwenden. Ihre Bilder, Objekte oder Manifestationen erfahren bedeutet, sich dessen Schockmomenten, seinem Unerhörten zu stellen. Das Irritierende der Produkte besteht gerade darin, daß ihnen keine Beschreibung angemessen zu sein scheint, daß sie folglich auch den Betrachter in die Verlorenheit seiner Kategorien aussetzen und zurücklassen, weil jeder Begriff noch einem ästhetischen Vokabular entnommen wäre, das diese bereits überschritten haben. Solche Provokationen ermöglichen nicht schon einen »anderen Anfang«, wohl aber eröffnen sie ihn. Ihre Paradoxien sind dessen Movens. Sie vollbringen ein Differieren inmitten des Gewesenen als Möglichkeit des Umschlags in Anderes. Sie weisen auf es hin, laden es ein. Ähnlich hatte es Beuys ausgedrückt: »Das Paradoxon hat die phantastische Eigenschaft, etwas aufzulösen und es in einen Nicht-Zustand zu versetzen. Aus dem Nichts heraus ergibt sich dann ein neuer Impuls, der einen neuen Beginn setzt.«[91] Das heißt, sein Effekt bewährt sich in der Stiftung von Übergängen. Der Fortgang der Avantgarde ist der Permanenz solcher Übergänge geschuldet. Und wie keine Öffnung, kein Sprung wiederum sein Anderes, dasjenige, wohin er springt, zu antizipieren vermag, sondern im Rekurs auf sein Woher das Gewesene zurückhält, vollzieht er seinen Grenzgang sowohl ohne Boden als auch ohne Rückkehr. Daher markiert die Differenzsetzung des Paradoxons lediglich die Position des Umschlags, die als Position ohne Bestimmung bleibt, weil sie weder identifiziert noch symbolisiert werden kann; vielmehr ergeht das Andere als »anderer Anfang« von dessen atopischer, nicht zu lokalisierender Stelle aus. *Ihm eignet die Struktur einer negativen Katachrese: Ausdruck, wofür ein Ausdruck fehlt.* An ihr manifestiert sich das *dritte Kriterium* der Avantgarde.

Indessen bildet die Figur der Katachrese eine logische Unmöglichkeit. Sie sucht etwas zu sagen, wofür noch kein Name existiert, was unsagbar bleibt und wofür eine Sprache erst gefunden werden muß: *Sie läßt Neues aufscheinen.* Ihr kommt insofern

---

91 Beuys in: Beuys u. a., Ein Gespräch, S. 144.

selbst der Charakter einer Paradoxie zu. Zwar ist das Neue einzig auf der Folie eines Alten artikulierbar – und beweist darin seine Verschränktheit und die Aussichtslosigkeit einer absoluten Setzung. Dennoch vermag es sich ebensowenig aus der Überlieferung ins Recht zu setzen: Es hat »als« Neues seine Herkunft schon verlassen und etabliert sich ohne Vorbild und Anweisung.[92] Die Katachrese ist darum die Erfindung dessen, was noch nicht ist, was nicht einmal in einem bestimmten Sinne im Werden begriffen ist, sondern was sein Werden erst entdecken muß. Chronisch hält sie sich in der Region eines Unbestimmten, weil sie etwas herzustellen sucht, was erst mit der Destruktion und Verwindung der herrschenden Diskurse und Ästhetiken Ausdruck und Gestalt annehmen kann. *Entsprechend läßt sich die Avantgarde als katachretische Bewegung ohne Ankunft und erklärbares Ziel verstehen.* Sie plaziert sich jenseits des Gesetzes als gesetztes Ungesetzliches. Ihre Transformation ereignet sich im ungedeckten »Zwischenraum« des Nichtmehr und Nochnicht. Ihre Paradoxa gleichen daher Chiffren einer permanenten *Alienation*: Kunst nimmt sie auf sich, um sich, inmitten der alten Zeichen und ihrer Trümmer in ein »Jenseits« zu bringen, das selbst zeichenlos bleibt.

So errichtet die Kunst der Moderne an der Scheidelinie zwischen Negation und Alteration neue Räume für ästhetische Prozesse, woran die Welt vorher weder gedacht noch wonach sie gesucht hat. Deren jeweilige Versetzungen und Metonymien beziehen ihre Relevanz weniger aus sich selbst – das hieße wiederum jenen Kunstbegriff fortzuschreiben, den die Avantgarden bekämpfen –, sondern aus dem »anderen Anfang«, den sie vorbereiten, ohne ihn zu erreichen. Daraus erwächst freilich ein tiefgreifendes methodisches Problem. Denn die Rekonstruktion der Geschichte der Avantgarde wäre dann nicht an den einzelnen Projekten und Produktionen vorzunehmen, sondern eher an deren »unterirdischem Gemeinsamen«. Ihr Singuläres zählte nur als »Modell«, als Unterbrechungsmarke, als Station einer Reise, deren Provisorisches in dem Maße verleugnet wird, wie es selbst

---

92 Nichts sei daher für die Erkenntnis moderner Kunst »so schädlich«, heißt es bei Adorno, »wie die Reduktion auf Ähnlichkeiten mit älterer [...]; sie wird auf eben das undialektische, sprunglose Kontinuum geruhiger Entwicklung nivelliert, das sie aufsprengt. [...] An zweiter Reflexion wäre es, das zu korrigieren.« Ästhetische Theorie, S. 36.

zum »Zeichen«, zur autonomen »Marke« avanciert. Nirgends kommt es daher darauf an, die einzelnen künstlerischen Manifestationen *als solche* zu betrachten und auszulegen – eine Prozedur, die ihnen unweigerlich wieder den Status von Objekten, von »Werken« zuwiese. Vielmehr gilt es, im Gesamtgeschehen ihren Ort aufzusuchen. Denn nie kann eine einzige Manifestation oder Aktion alleine »avantgardistisch« genannt werden, sondern stets nur die Prozessierung der Passage insgesamt, in deren Verlauf Kunst selbst unmerklich zu einer anderen wird – zu einer »unmöglichen oder zurückgewiesenen Übersetzung«, wie Derrida es in bezug auf Dichtung ausgedrückt hat, zu einer »(Über)Fahrt«.[93] Die Moderne ist weniger unerschöpfliches Reservoir verwegener Ideen, Konzepte und Experimente als ein anhaltenden Prozeß, der nicht gemäß seiner aufeinanderfolgenden Reihe von Stilen und Extravaganzen wie Abstrakte, Kubismus, Surrealismus, abstrakter Expressionismus oder *Non-relational-Art* und dergleichen entziffert werden darf, sondern als sich überstürzende Folge von Abenteuern, deren Fortgang mannigfache Richtungen einschlägt und deren Bahnen kreuz und quer verlaufen. Entsprechend wäre den Abzweigungen und Kreuzwegen nachzuspüren, jenen Stellen, wo erneut Widersprüche und Zäsuren aufbrechen, »Paradigmen« gesetzt werden oder Subversionen geschehen. Das bedeutet: Avantgardismus geriert sich als eine komplexe metareflexive Textur, deren Projekte mit anderen sprechen, aufeinander reagieren, sich gegenseitig befragen und ihre Befragung nochmals hinterfragen, um schließlich ein opakes und undurchdringliches Dickicht einander überlagernder und sich durchkreuzender Diskurse auszubilden, worin nicht die Marken selbst zählen, sondern was sie bewirken. Kurz, an ihnen interessiert nicht die Sache, sondern ihre interventorische Performanz.

VI.

Die drei Kriterien – *Destruktion*, *Selbstreferenz* und *Paradoxie* – induzieren einen Prozeß, der Kunst restlos von ihrem angestammten Platz entfernt und der mit dem Einsatz von Konstruktivismus und Formalismus virulent zu werden beginnt. Deren

---

93 Derrida, Dichtung.

Programm formulierte Maurice Denis bereits zur Jahrhundertwende mit dem Diktum, ein Bild sei, bevor es eine nackte Frau oder eine Anekdote werde, »wesentlich eine plane, von Farben in einer bestimmten Anordnung bedeckten Oberfläche«.[94] »Die Malerei«, wird Man Ray hinzufügen, »als eine Vortäuschung von Materie oder eines beliebigen inspirierenden Sujets, ist als Ausdrucksform charakterisiert durch die Farbe und Struktur des Materials, das heißt durch Pigmente oder andere Stoffe, die auf zwei Dimensionen reduzierbar sind. Diese Eigenschaft, losgelöst von ihrer abbildenden Funktion und als Selbstzweck kultiviert, ersetzt die Illusion von Materie durch die parallele Verwirklichung im Material selbst.«[95] Das Auffallende ist der analytische Blick, der Rekurs auf Grundelemente. Die Essenz der Malerei beschränkt sich auf die Fläche, die Zweidimensionalität, die den Raum der Abbildung in ein Tableau verwandelt. Kunst erschöpft sich in der Struktur, der Oberfläche, die sie jeglichen Imaginationszwangs entbindet.

Entsprechend beschreibt Kandinsky das Bild als »Kombination von reiner Farbe und unabhängiger Form« und propagiert die Emanzipation der »Farben- und Formenkomposition«.[96] Ihre Entdeckung wurde ihm, der Anekdote nach, anhand einer auf dem Kopf stehenden Malerei im Dämmerlicht zuteil. Die Umkehrung erlöst das Bild vom Abbild, von der Figur. Diese Erlösung ist bereits vollzogen, als Malewitsch 1915 sein *Schwarzes Quadrat auf weißem Grund* ausstellt: Das Bild funktioniert als »Nichtbild«, als »Schwarzes Loch«, in das der Blick, sich verlierend, stürzt. Es ähnelt dem Negativ einer Fotografie, die Schwärze zeigt, aber Weiße meint: »Nullpunkt« der Malerei im Sinne der absoluten Negation der Figur. Zugleich markiert es einen Anfangspunkt, von dem aus Neues beginnen kann: Die elementaren geometrischen Formen des Suprematismus, Alexander Rodschenkos *Reine Rote, reine Gelbe, reine blaue Farbe* (1921), das Bild als Tautologie, ausgestellt als Triptychon, als Ikone heiliger Dreifaltigkeit. Auf Malewitsch reagieren wiederum die *Hommages to the Square* von Josef Albers (seit 1949), die das Quadrat in Farbe setzen und ins Mystische verklären, auf die reinen ungemischten Farben das *Minimal* oder die ironisch gebrochenen *Big*

---

94 Denis, zit. nach Haftmann, 20. Jahrhundert, S. 50.
95 Man Ray, Katalog, S. 35.
96 Vgl. Kandinsky, Über das Geistige, S. 338ff., sowie Formfrage, S. 127ff.

Paintings (z. B. 1965) von Roy Lichtenstein, die wiederum aus den pastosen Pinselstrichen des abstrakten Expressionismus simple Siebdruck-Farbkleckse machen. Weder stellen sie etwas dar, noch wollen sie etwas ausdrücken; sie dulden keine Substitution, vielmehr präsentieren sie die Identität des Ästhetischen mit sich selbst – als Selbstreflexion, als die Evokation reiner Präsenz, als Materialität, *Aisthesis* oder bloße Marke, als *Graphem*. Deshalb konnte Magritte unter die Zeichnung einer Pfeife den Satz schreiben: *Ceci n'est pas une pipe* (1928-29): Das Bild ist kein Zeichen eines anderen, höchstens Zeichen seiner selbst oder Zeichen, das anzeigt, keines zu sein. Im Medium des Paradoxons erstattet es der Kunst die Autarkie oder »Souveränität« des Ästhetischen zurück, die ihr gegenüber der Sprache und der Schrift einen eigenen Raum zuweist, der weder vom Gesetz der Repräsentation noch von der Ordnung der Signifikanten beherrscht wird, die ihm vorschriebe, was es zu sein hat. Jasper Johns wird diese Paradoxie mit *Flag* (1955) noch verdoppeln: Amerikanische Flagge, die ihre tachistische Malweise ausstellt, die gleichwohl als gemalte ihre Emblematik nicht verleugnet, die mithin als Bild ihren Status als nationales Symbol behält, vor dem sich salutieren ließe. Umgekehrt versuchte Kurt Schwitters in seine Assemblagen die Dinge selbst hineinzukleben, um den Schnitt zwischen Kunst und Wirklichkeit überhaupt zu tilgen – wie Duchamp das Ding, ein Urinal, zur Kunst deklarierte und es unter den persiflierenden Titel *Fountain* (1913) als »Ready-made« ins Museum stellte: Das Niedrigste, verklärt mit der Aura des Höchsten.

Das alles ist bekannt. Entscheidend ist dabei jedoch die immanente Radikalisierung, durch die sich Kunst schrittweise zu dem kehrt, woraus sie gemacht ist. Sie wird sezierend – wie die analytische Wissenschaftstheorie, die nicht länger die Ontologie der Wirklichkeit oder die Bedingungen ihrer Erkenntnis untersucht, sondern die Sprache selbst, den Satz, der sie aussagt. Entsprechend zerlegt avantgardistische Malerei das Bild in die Mittel seiner Darstellung, erforscht die Bedingungen seiner Medialität, reduziert es auf die Elementarfiguren Kreis, Dreieck und Rechteck, gliedert es nach Bewegung und Wiederholung, nach Kontrastfarbe, Linie, Hintergrund und fügt diese zu Figuren abstrakter Harmonie. Der Beginn der Avantgarde fällt so zusammen mit der Analyse des Bildes als Bild, seiner Auflösung in seine konstitutiven Bestandteile, in Maß und Struktur seiner Komposition. Sie wird bei Kandinsky zum Magischen, bei Paul Klee zur Poetik aus Rhythmus und Klang, bei Moholy-Nagy zur stillen dreidimensionalen Szenerie aus vorbeigleitenden und einander durchdringenden Schemen. Schließlich beschränkt Mondrian das ganze Bild auf sein formales Ordnungsgefüge: auf Vertikale und Horizontale sowie die drei Grundfarben rot, gelb und blau auf weißem Grund und synthetisiert sie zu Entwürfen schlichter geometrischer Balance. Der Prozeß der Analyse endet mit den großen monochromen Leinwänden des abstrakten Expressionismus und des *Minimal*, der Präsenz der Farbe als mystischer Transzendenz bei Albers und Mark Rothko, als erhabener »Blöße« bei Barnett Newman, besonders in den polemisch gegen Mondrian gewendeten Spätwerken aus der Serie *Who's afraid of red, yellow and blue* (1966-70). Ähnliches gilt für Rauschenbergs *White Paintings* (1951) und Ad Reinhardts schweigende schwarze Tafeln. Sie setzen sich über ihren Schlußpunkt fort, als nichtendendes Ende in der unaufhörlichen Serie weißer Bilder bei Joe Baer (*Ohne Titel* 1969-71), als opake und undurchdringliche Schwärze in Richard Serras *Untitled* (1977), als aufquellende Materialität in Yves Kleins ultramarinblauen Schwamm-Reliefs und Gotthard Graubners Farbraumkörper als »Zone reiner Sensibilität« oder als Aussetzung jeglicher Farbgebung in Piero Manzonis *Achrome* (1960). »Die Unendlichkeit ist, strenggenommen, monochrom oder, besser noch, der Farbe entblößt«, heißt es bei Manzoni: »Für mich ist es die Frage, eine völlig weiße (oder besser völlig farblose, neutrale) Fläche zu geben, außerhalb aller gemalten Erscheinung [...]: ein Weiß, das keine Polarlandschaft, kein Assoziationsgegenstand, kein schönes Ding, keine Empfindung, kein Symbol oder sonst etwas ist: eine weiße Fläche, die eine weiße Fläche ist.«[97] Kandinsky wird früh in *Das Geistige in der Kunst* »Weiß« als »Nichtfarbe« charakterisieren, die, wie die Pausen in der Musik, ein »Schweigen [...] voll Möglichkeiten« bietet, während »Schwarz« »wie ein Nichts ohne Möglichkeit« wirkt.[98] Es ist diese Differenz, an der sich anschaulich, malerisch die Spaltung des »Nichts« in den Gegensatz von Leere und Fülle vollbringt.

Analog rekonstruierbar erscheint die ähnliche Auflösungsbewegung für die anderen Parameter ästhetischer Produktion: für

---

97 Manzoni, zit. nach Ruhrberg, 20. Jahrhundert, S. 206.
98 Kandinsky, Über das Geistige, S. 345.

Bild und Ding, schöpferischen Akt, Format, Signatur, Zeit und Dauer, Betrachter und Gegenstand, dazu die verschiedenen Relationen zwischen den Genres, zwischen Fotografie, Malerei und Skulptur, bildender Kunst, Tanz, Musik und Theater. Georges Braque, Picasso, Schwitters und die dadaistischen Collagisten werden altes Holz, Papierschnipsel, Zeitungsausschnitte und bloße Fundstücke zu Kompositionen montieren, bis in Rauschenbergs *Combine Paintings* neben gemalten Partien und Fotos auch eingebaute Dosen, Verkehrsschilder, Uhren und Kopfkissen auftauchen oder, wie in *Canyon* (1959), ein ausgestopfter Adler aus der Malerei herauszufliegen scheint. Daniel Spoerri wird Reste von Abendessen auf Tableaus einfrieren und Kienholz die Assemblage zu kompletten Inventars und Environments ausweiten, die der Betrachter begehen muß, um sie anzuschauen: Wohnzimmer mit dem verblichenen Interieur der Jahrhundertwende, die einen Geruch von Tod verströmen und worin die Zeit stillzustehen scheint. Nahezu sämtliche Künstler der Avantgarde experimentieren zudem mit alternativen Formen und Materialien, entrahmen Bilder, arbeiten mit Zufallsformaten oder benutzen Erde, Gummi, Stahl, Beton oder Asphalt. Hermann Nitsch und Otto Muehl malen mit Blut und Innereien, César, Chamberlain und Arman setzen Müll und verrottende Stoffe ein und schmieden Autowracks zu riesigen Altären des Abfalls und des Massenkonsums um. Gleichzeitig weisen sie die Normen der Komposition zurück, so bei Barnett Newman oder Frank Stella, wenn sie mit Prinzipien wie Kohärenz und Ordnung brechen, oder erweitern die begrenzte zweidimensionale Fläche zugunsten dreidimensionaler Raumobjekte und gemalter Plastiken wie in Claes Oldenburgs *Store* (1961-62). Hinzu treten Lacke bei Sigmar Polke, Strickereien bei Rosemarie Trockel, amorphe organische oder fließende Stoffe wie Fett, Honig und Wachs bei Beuys, oder es werden, im Gegenzug, künstliche Reproduktionsverfahren wie Fotografie, Siebdruck, Video oder Computer eingesetzt. Andere suspendieren alles, was sich überhaupt noch im Hinblick auf einen schlüssigen Ausdruck oder irgendeine authentische künstlerische Idee oder Intention auslegen ließe, sei es mittels »Abreibung« natürlicher, und das heißt nichtintentionaler Bewegungen wie in Yves Kleins *Cosmogonien* (1960): Schilf, Blätter, Grashalme, die in sanfter Wiegung des Windes und des Wassers auf der Leinwand innehalten. Ähnliches gilt für Hans Richters erratische

Produktionen des Unbewußten am Rande von Licht und Dunkelheit oder das aleatorische Spiel des Dadaismus als eine Kunst »ohne Ansicht«, sogar »ohne Kunst«: A-Kunst, die sich gleichgültig verhält gegenüber ihren ästhetischen Beschreibungen und Klassifikationen. Folglich verliert Kunst ihren Charakter »als« freie Schöpfung, als Gemachtes, als *techne* und büßt dadurch jegliche Abgrenzung zu Nicht-Kunst, zu Kitsch, zu Banalität oder industriell gefertigter Massenware ein – Duchamps *Ready-mades* als schlichte Poesien des Alltäglichen ohne Originalität wie ein Flaschentrockner, eine Schneeschaufel oder eine Schreibmaschinenhaube, versehen mit kryptischen Titeln wie *In advance of the broken arm* (1915) oder *Pliant... de voyage* (1916). »Ich wollte ja eigentlich keine Kunst machen«, konstatierte Duchamp ironisch, »als ich ein Fahrrad Rad mit der Gabel nach unten auf einen Schemel montierte, dachte ich dabei weder an ein Ready-made noch an irgend etwas anderes [...], ich wollte es nicht ausstellen und nicht beschreiben. Nichts dergleichen [...].«[99]

Die Indifferenz ist folglich absolut: Kein Bild, kein Sinn, kein Kommentar, keine bewußt getroffene Wahl, kein kreativer Akt, keine Position. Sie läßt den Kunstbegriff schwinden. Die *Ready-mades* spielen nicht nur mit dem Unerwarteten; sie setzen vielmehr den bildlich erweckten Zu-Fall der Entscheidung als Maß-Stab, als Kriterium des ästhetischen Aktes, das freilich nicht länger als Differenzprinzip, als »Maß« von Unterscheidung und Hierarchie fungiert, sondern jedesmal neu ein eigenes singuläres Universum aus Einzigartigkeit und Unwiederholbarkeit kreiert. Dann kann »alles und jedes« zur Kunst werden, während Kunst andererseits jegliche Authentizität einbüßt, ununterscheidbar wird von der Kopie, der Wiederholung, etwa wenn Warhol Marylin-Monroe-Porträts in Serie druckt, um das Ereignis in der Repetition untergehen zu lassen, oder umgekehrt Manzoni die ganze Erde auf einem umgedrehten Sockel zum »Denkmal« erhebt und Gilbert & George sich selbst für einen Augenblick zum Ausstellungsobjekt stilisieren, das beliebig begafft oder ignoriert werden kann. Desgleichen entstellen On Kawaras *date paintings* (1966) die Funktion der Signatur, die einst die Originalität des Werks wie die Autorität seines Autors verbürgte, indem sie nichts anderes enthalten als das Datum ihrer Entstehung. Die Identität

---

99 Duchamp in: S. Cabanne, Gespräche, S. 66.

von Bild und Datum durchkreuzt den Imperativ der Beglaubigung: Sein *factum est*, seine »Tatsache« ist – buchstäblich – sein »Datum«, seine numerische Notiz. Das Datum übernimmt nicht nur die Stellung der Unterschrift; es markiert zugleich den Augenblick der Fertigstellung, der mit dem Prozeß seiner Herstellung zusammenfällt. So vereitelt es die kontingente Reihe der Ziffern, dem Gemälde das zuzuschreiben, was der Name einst autorisierte: Sie täuscht eine Authentizität vor und vernichtet sie gerade dadurch um so nachhaltiger. Erneut ist ein Abschluß mit Warhols *Brillo Boxes* (1970) und dem sie konterkarierenden Remake *Not Warhol (85 Brillo Boxes 1970)* (1991) von Mike Bidlo erreicht, das die Wiederholung des Markenartikels durch die Wiederholung des Kunst-Artikels bloßstellt.

Arthur Danto hat insbesondere daran seine Überlegungen zur Philosophie der Kunst geknüpft: Die Ununterscheidbarkeit von Kunst gegenüber ihrem Außen, der Welt des Massenkonsums, der Trivialkultur, des Oberflächendesigns, der grellen Typologie der Boulevardblätter, wie sie Pop-Art vorführt, wirft die Frage auf, was diese zur Kunst macht, jene nicht.[100] Sie radikalisiert die Kunst der Avantgarde und treibt ihre philosophische Dimension auf die Spitze. Die Frage »Was ist Kunst?«, die nach Lyotard die verschiedenen Programmatiken der Moderne anleitete, entscheidet sich dann nicht länger im Sinnlichen: Kunst ist kein aisthetisches Phänomen, sondern ein artistisches, das nicht einmal vor dem Plagiat oder der Ideenlosigkeit zurückschreckt: »[I]ch bin [...] anti-kontemplativ, gegen Nuancen, gegen das ›von-der-Tyrannei-des-Rechtecks-wegwollen‹, gegen ›Bewegung und Licht‹, gegen ›Qualität in der Malerei‹, gegen ›Zen‹ und alle diese großartigen Ideen«,[101] heißt es ebenfalls bei Roy Lichtenstein.

Dies sind nur Beispiele. Doch dokumentieren sie die anhaltend destruktive Insistenz der Avantgarde-Kunst von der Jahrhundertwende bis zu den 60er, 70er Jahren des sich immer noch fortschreibenden 20. Jahrhunderts. Ausdrücklich sei hinzugefügt, daß die angezeigte Dramatik den gesamten Prozeß der Kultur tangiert. Sie gilt für die literarische Avantgarde – die Zerstückelung der Sprache, ihrer Syntax und Rhythmik in der Nachfolge Rimbauds und Lautréamonts, die Auflösung narrativer Struktu-

---

100 Vgl. Danto, Ende der Kunst, S. 16ff.
101 Lichtenstein, Interview, S. 7.

ren bei Joyce, Cortázar und Beckett, die Revolutionierung der Poesie durch die Gruppe Tel Quel oder die Zersplitterung des Ausdrucks in den zahlreichen Experimentaldichtungen der 60er Jahre, wie ebenfalls für die Neue Musik – den Übergang von der Tonalität zur Atonalität und die Gesetze der Zwölftontechnik bei Schönberg und Webern, die Ersetzung des Kompositorischen durch die Struktur im Serialismus, die sämtliche musikalischen Parameter einbezieht und anordnet, bis zur Unbestimmtheit von Aleatorik und *Event* bei Boulez und Cage, den »Würfeln« (*aleae*) des »Zu-Falls«. All diesen Projekten, Konzepten und Aktionen ist gemein, daß sie Kunst als Werkkunst umstürzen, sich von ihren konstitutiven Bedingungen lösen, ihren subjektiven Grund aussetzen und jegliche Bestimmung nach *poiesis*, Form, Dauer, Imagination und Signatur dementieren. Ihre Produktionen dispersieren, werden amorph und beginnen buchstäblich, über ihren Rand hinauszuwuchern, sich zu vervielfältigen oder derart mit Gewöhnlichem zu mischen, daß jede Distinktion gegenüber ihrem Anderen fehlgeht. Sie bedeuten nichts, geben nichts wieder, verweisen auf nichts: Sie werden zur Sache selbst, die ihre Botschaft zurückhält. Zuweilen scheint nicht einmal mehr klar, worin die jeweiligen ästhetischen Manifestationen eigentlich bestehen: In den Objekten selbst, der Art ihrer Präsentation oder Aufführung oder der schlichten Tatsache ihrer Existenz im Museum.

Der Gipfelpunkt ist zweifach erreicht, wenn einerseits Beuys seinen »erweiterten Kunstbegriff« einführt und »jeden« zum Künstler und »Gott und die Welt« zur Kunst erklärt, mithin Kunst an die Permanenz einer Lebenshaltung bindet:[102] Eine unablässige Arbeit der Übung (*askesis*), die ihre Stationen als Entwicklungsschritte unterwegs zu jener Erfüllung begreift, die einzig der Tod beschließt und die vom Scheitern ebenso gezeichnet sein kann wie vom Glücken;[103] andererseits durch Pop-Art, die sie in eine universelle Ästhetisierungsmaschine überführt, die die Welt als Warenwelt im Spiegel ihres Dekors multipliziert: Alles ist Pop, wir selbst sind Pop genauso wie der Autounfall, riesige, tränenvergießende Comicfiguren, Toastscheiben aus Gips, *Sex & Crime*, *Desaster & Glamour* oder Mickey Mouse, zwölf Meter

---

102 Vgl. etwa Beuys in: Beuys u. a., Gespräch, S. 109f., 115f., 120ff.; ebenso »Ich durchsuche Feldcharakter«, S. 1120.
103 Vgl. ders., in: Harlan, S. 17, 24f., 78.

hohe Reklameletttern, chromglänzende Stoßstangen, Pin-up Girls, *Campbell's Soup Can* (1968) oder die phantastische Welt der Spielautomaten, Coca-Cola und Kellogg's Cornflakes.[104] Doch fällt dann die vollständige Totalisierung des Kunstbegriffs mit seiner ebenso restlosen Negation zusammen. Kunst wird namenlos, behauptet sich als etwas anderes als Kunst, als dessen Gegenteil oder als ein unbestimmtes Drittes. Folglich kann die Geschichte der Avantgarde als Geschichte aus lauter Endpunkten erzählt werden, die zugleich Stationen von Übergängen markieren. Notwendig verfällt die Avantgarde der Selbstzerstörung, gerät damit an die Grenze ihrer selbsterzeugten Nichtigkeit und schreibt sich doch fort zu einem dauernden Nicht-Ende. Sie provoziert die selbst noch avantgardistische Gegenavantgarde und destruiert sie von neuem. »Die Avantgarde zerstört, entstellt die Vergangenheit«, heißt es bei Umberto Eco, »dann geht die Avantgarde weiter, zerstört die Figur, annulliert sie, gelangt zum Abstrakten, zum Informellen, zur weißen Leinwand, zur zerrissenen Leinwand, zur verbrannten Leinwand; in der Architektur ist das Ende die Minimalbedingung des Curtain Wall, das Bauwerk als glatte Stele, das reine Parallelepiped, in der Literatur die Zerstörung des Redeflusses à la Burroughs, bis hin zum Verstummen oder zur leeren Seite, in der Musik der Übergang von der Atonalität zum Lärm, zum bloßen Geräusch oder zum totalen Schweigen.«[105]

In diesem Sinne sind John Cages *4'33"* (1952),[106] das wiederholte Heben und Senken des Klavierdeckels, das in seiner Dreimaligkeit ans Ritual gemahnt und nichts hören oder vernehmen läßt, sondern zum Öffnen der Ohren für die räumliche Tiefe des Hintergrundes anregt, wie auch Rauschenbergs *Ausradierte de Kooning-Zeichnung* typische Produkte der Avantgarde: Kunst als ausgelöschte, als vernichtete, als durchgestrichene Kunst – wie Jörg Immendorfs *Hört auf zu malen* (1965). Malerei entsteht, um Malerei zu absorbieren, zu entwerten, aufzuheben und zu beerdigen, wie Arnulf Rainer polemisch hinzufügen wird. Fortwährend spricht die Moderne von letzten Bildern und bleibt dennoch wei-

---

104 Vgl. Mersch, Art & Pop.
105 Eco, Nachschrift, S. 78.
106 Noch radikaler geht Cage im zehn Jahre später erstellten Konzept *4'33" (No. 2)* (0'00") vor: ein Solo, das auf jede Weise von jedermann an jedem beliebigen Ort aufgeführt werden kann.

terhin von ihrem ausstehenden Abschluß beseelt. Daher die stereotype Rede von ihrer immer noch unvollendeten Verwirklichung. Adorno hat daraus das Pathos einer Verweigerung abgeleitet, das in ein striktes Bilderverbot mündet. Indessen hält sich Kunst am Leben, weil sie laufend ihre eigene Selbstaufhebung hintertreibt. Sie forciert ihre Agonie und perpetuiert dadurch umgekehrt ihre Produktion. So evoziert sie gerade im Augenblick ihrer Unmöglichkeit die Möglichkeit einer Fortsetzung. Kunst, als ihre beständige Selbstreflexion, ihre überstürzte Negation hört nicht auf zu existieren. In diesem Sinne bedeutet die Avantgarde die paradoxe Inszenierung eines Endes im Nicht-Ende und eines Nicht-Endes im Ende. Ihre zeitliche Fortdauer korreliert ihrem strukturellen Paradox. Genau diesen Schluß zieht auch Danto, wenn er die *Brillo Boxes* als »Kern der philosophischen Frage nach dem Wesen der Kunst« ausweist, in den nicht tiefer eingedrungen werden könne: »Kunst im Sinne einer fortschreitenden historischen Abfolge war nicht mehr möglich; die Erzählung war an ihr Ende gelangt. Doch war dies im Grunde eine befreiende Vorstellung [...]. Sie befreite den Künstler von der Aufgabe, die Geschichte fortzuschreiben. [...] Das bedeutet im Grunde, daß fortan alles Erdenkliche Kunst sein konnte, zumindest insofern, als sich nichts mehr von ihr ausschließen ließ. Es war ein Moment – ich würde sogar sagen, es war der Moment –, in dem die vollkommene künstlerische Freiheit Wirklichkeit geworden war.«[107] Das »Ende der Kunst« wäre, Umkehrung der Geschichte Hegels, nunmehr die Möglichkeit ihrer Endlosigkeit im gleich-gültigen Spiel der Posthistoire. Gleichwohl bleibt solche Auffassung, die die Beschreibbarkeit der Kunst, mithin ihr Ästhetisches, nicht ihr Artistisches trifft, der hegelschen Konstruktion weiterhin verpflichtet. Sie knüpft den Prozeß der Avantgarde einseitig an die Dynamik reflexiver Überschreitungen, nicht an den »Eigensinn« der Produktionen selbst.

Weit eher wäre dagegen von einem »anderen Anfang« zu sprechen, der zwar der Frage nach der Kunst nichts Neues mehr hinzufügt, wohl aber Kunst einen neuen Namen, eine andere Stellung erteilt, die sie nicht länger in ihre Tradition einbindet und nirgends an die Vollendung des Werkes, des Künstlers als »Werkmeisters« koppelt, sondern ins *Ereignen* zurückstellt. Weder be-

---

107 Danto, Ende der Kunst, S. 18, 22.

ansprucht das Ereignis für sich einen Ausnahmeraum noch verlangt es ein Ziel, sondern bildet einen Teil der Bewegung von Kultur, die sich nicht mehr von ihren Erzeugnissen oder Artefakten und Symbolen her begreifen läßt, sondern vom *ethos* des Artistischen als einer Performativität. Anders gewendet: Das Neue der Kunst des 20. Jahrhunderts sind nicht »neue Werke«, mythische, bisweilen ins Obskure gespreizte Objekte oder unverständliche, ins Waghalsige ausgreifende Manifestationen, *sondern die »Umkehr« in ihr Eigenstes: den Prozeß als die Grundlage ästhetischer Praxis*. Ihr Ort ist weder die Gestaltung noch der »Geist« oder die »Subjektivität«, auch nicht die Mnemosyne; vielmehr avanciert der Akt selbst, das Kontingente, die Singularität einer ästhetischen Aktion zur Stätte ihrer Wirkungen, die selbst geschichtslos werden.

Der Wechsel, der damit angezeigt ist, ähnelt jener Transformation, die Foucault als Positionswechsel vom »universellen« zum »spezifischen« Intellektuellen gekennzeichnet hat: An die Stelle des »Genies«, des »Sängers der Ewigkeit«, der Werke schuf, um der Welt eine gültige Interpretation aufzuerlegen, trete der »Stratege«, der Taktiker der Freiheit, der sein persönliches Gewicht in die Waagschale der aktuellen gesellschaftlichen Kämpfe legt, um in den Auseinandersetzungen um die Macht seine besonderen Kompetenzen einzubringen, ohne sich im geringsten darum zu scheren, ob das, was er tut, vor dem Gerichtshof der Kulturgeschichte oder ihren ästhetischen Ansprüchen Gnade findet oder nicht: »Gegenwärtig erleben wir den Tod des großen Schriftstellers.«[108] Die Kunst erscheint dann nicht länger als »universelles Medium« und der Künstler als »Ausnahmeerscheinung«, als Geweihter, der mit dem Wundmal des Heiligen versehen als Vernichter oder Überschreiter einer untergehenden Periode auftritt; vielmehr arbeitet er allein am »Exemplarischen«, am »Vorläufigen«. Sein Anspruch beschränkt sich folglich auf die jeweiligen Orte und Zeiten, die seine Aktionen aufnehmen, auf die Streuung, die Heteronomie und Pluralität seiner Praxen, die ihren Sinn ausschließlich aus deren Relativität beziehen. Was dann zählt, sind weder »Werke« noch »Gedächtnisse«, auch nicht die »Wahrheit« oder dauerhafte Werte, sondern einzig die konsequente Verzeitlichung der ästhetischen Arbeit zu »Eingriffen«, zur Konstitution

---

108 Vgl. Foucault, Staub, S. 65, sowie S. 62 f.

von »Erfahrungen«, seien diese persönlicher, politischer, gesellschaftlicher oder kultureller Art. Entsprechend wird der Künstler zum »Beweger«, zum »Schamanen« oder »Revolutionär«, der eine »Ethik der Praxis« verkörpert, die sich an die Relativität des Augenblicks vergibt, um Anderes zu stiften. Er entwirft sich nicht nur im Politischen, worauf Foucault abhebt, sondern zugleich im Religiösen, in einer wiedergefundenen Spiritualität, deren Suche die gesamte Avantgarde als Unterströmung begleitet: als Askese der Wahrnehmung, der Aufmerksamkeit als Ur-Sprungsschicht der *Aisthesis* wie bei Barnett Newman, Cage oder Rauschenberg, oder die Exerzitien des Dämonischen und des Wahnsinns als Durchgang einer Wandlung in eine nichtmaterialistische, nichtökonomische und nichttechnische Gesellschaft wie im frühen Happening, bei Beuys, Nam June Paik oder dem Wiener Aktionismus. Bisweilen gleicht dabei der Künstler dem Priester, dem Märtyrer, der das Opfer leiblicher Verletzung auf sich nimmt, sich aussetzt und manchmal bis an den gefahrvollen Rand des Exhibitionismus oder der Selbstverstümmelung geht wie bei Günter Brus, Marina Abramovic oder Valie Export.[109] Doch ist ihr Gang einer »Reise« am Rande von Scham und Tabu verwandt, den Hans-Peter Dürr als »Grenzgang« und »Traumfahrt« zwischen Zivilisation und Wildnis beschrieben hat, die stets vom Tod gezeichnet bleiben.[110] Nicht das Symbolische ist dabei wesentlich, sondern das, was *singulär geschieht*.

VII.

Gewiß lassen sich so die großflächigen Farbtafeln Barnett Newmans wie *Vir Heroicus Sublimis* (1950/51) oder *Midnight Blue* (1970) und andere als Endpunkte einer Destruktionsbewegung entziffern: Sie unterminieren Kunst als Darstellung, als Form, als Komposition. Dennoch bilden sie lediglich vorläufige Stationen, weil sie durchweg noch der Norm des Gestalterischen und Kompositorischen gehorchen, die sie negieren. Zwar wendet sich Newman ausdrücklich gegen die symmetrische Bildaufteilung Mondrians, die Strenge des Diagramms, die die Bildlichkeit ins

---

109 Vgl. auch Fischer-Lichte, Entgrenzungen des Körpers, bes. S. 19f.
110 Dürr, Traumzeit, bes. S. 139ff.

Schema einer mathematischen *perfectio* fügt und Schönheit ausschließlich nach dem klassischen Maß der Geometrie definiert; *gleichwohl bleibt er im Bild.* Zugleich handelt es sich bei seinen Bildern um Ereignisse anderer Art. Sie gehen nicht in ihrer reinen Destruktivität auf, sondern schlagen buchstäblich an der Leere der Bildlichkeit um und bringen deren Materialität »als Fülle« zur Erscheinung. Weder Darstellung noch selbstreferentielles Symbol, »exemplifizieren« sie nicht »Röte« oder »tiefes Blau«; vielmehr präsentieren sie diese in ihrer unmittelbaren Gegenwart. Sie entziehen dem Bildlichen so weit sein Symbolisches, daß sich dessen andere Seite enthüllt: *Sich-Zeigen* als Modus von Präsenz, das die Darstellung ebenso verhüllt, wie es ihr stets mitgängig bleibt.

Der Umstand verdient genauere Beachtung. Denn als Abbildungen repräsentieren Bilder, haben einen Inhalt, sagen etwas aus oder teilen etwas mit: ein Genre, eine Szene, eine Ordnung oder das Bild »als« Träger von Farbe, Hintergrund und Linien etc. Gleichzeitig zeigen sie sich. Im selben Maße signifizieren sie eine Figur, wie sie deren Gestalt oder Ausdruck manifestieren, sogar die Art ihrer Komposition, ihre Herstellungsweise, ihr Erscheinen. Kein Bild kann umhin, sein Dargestelltes ebenso zu modellieren wie auszustellen: *Zu ihm gehört die Duplizität von Sagen und Zeigen als genuine Duplizität des Medialen.*[111] Beide erweisen sich in ihrer medialen Modalität als disparat: Präsenz bedeutet kein Symbolisches, sondern ein im Symbolischen Mitgängiges. Es läßt sich sowenig ausschließen wie aufweisen. Bilder haben darin ihre prekäre Struktur: Ihnen inhäriert ein affirmatives Moment. Sie dulden, soweit sie Zeigen, keine Negation. Selbst wo sie zu denunzieren oder zu verbergen trachten, demonstrieren sie noch das Denunzierte, das Verborgene, geben es eigens preis. Das gilt sogar für die Verneinung des Bildlichen selbst, seine Dekomposition oder Durchstreichung wie in Richard Hamiltons *My Marilyn* (1964), einer Auswahl von Bildproben des Idols durch dessen buchstäbliche Kreuzigung: Immer zeigt sich zuletzt noch ein Bild, seine Zertrümmerung, seine Fetzen, die Asche. Es ist diese Nichtnegierbarkeit des Zeigens, die an Barnett Newmans Gemälden hervortritt. Als destruktives Projekt perhorreszieren sie jegliches Kompositorische, Formale oder Handwerkliche – *aber als performatives Projekt offenbaren sie dadurch um so eindring-*

---

111 Zur Duplizität von Sagen und Zeigen vgl. Mersch, Was sich zeigt.

licher die nirgends zu tilgende Materialität der Bildlichkeit, ihre strukturelle *Affirmativität*.

Dem Modus des Zeigens kommt dabei eine doppelte Kontur zu, wie noch die Spaltung zwischen »etwas Zeigen« und »Sich-Zeigen« bezeugt. Denn jede Ostension oder Geste zeigt sich im Zeigegeschehen selbst mit, ohne wiederum auf sich selbst aufmerksam machen zu können. Sie bleibt im Rücken jeder spezifisch deiktischen Operation, hält sich unter Entzug. Newmans Bilder können aus dieser Dopplung verstanden werden: Gegenwärtigkeit des Entzugs und Entzug als Gegenwärtigkeit – *praesentia in absentia* wie *absentia in praesentia*. Deswegen handelt es sich im eigentlichen Sinne um »transzendentale Erfahrungen«. Auch von ihnen gibt es keine Verneinung; jede Verneinung wäre vielmehr schon ihre Bestätigung: Sie bilden die Bedingung der Möglichkeit des Medialen selbst, freilich so, daß sie aus diesem »herausstehen«. Mithin erweisen sich Newmans Gemälde als Ekstasen: Sie treten hervor, sie bedrängen und ziehen in Bann. »Das Bild, das wir hervorbringen, ist so einleuchtend, wirklich und konkret wie eine Offenbarung«,[112] schreibt Newman in seinem grundlegenden Aufsatz *Das Erhabene jetzt*. In dieser Offenbarung liegt die von Newman selbst in Anspruch genommene Sublimität, auf die Lyotard in seiner Deutung immer wieder hingewiesen und die Imdahl als »Überwältigung durch das Erhabene« beschrieben hat: Sie besteht darin, »daß der Sehende dem Zu-Sehenden unausweichlich ausgeliefert ist«.[113] Dazu gehört die Desorientierung des Betrachters genauso wie die Unüberschaubarkeit des Ganzen: Sie dienen der Evokation des »Daß« (*quod*). Das »Daß«, die *Ex-sistenz*, geht allein der Wahrnehmung, dem Sehen auf – einem Sehen freilich, das »Schauen« ist (*contemplatio*), nicht Fixieren. Es verlangt nach Askese, nach Beschränkung auf die Leere des Sichtbaren als der gleichzeitigen Fülle des Ereignens im ursprünglichen Sinne von *Aisthesis*: Gewahrung schlichter Anwesenheit als Gewahrung von Alterität, das heißt Begegnenlassen dessen, was sich als ein Zuvorkommendes von sich her zeigt und seine Annahme sowenig einklagt, wie es sich abweisen läßt. Seine Erfahrung läßt sich weder herbeizitieren noch diskursiv einholen: Sie entspringt der Einlassung ins jeweils Entgegenkommende.

112 Vgl. Newman, Erhabene jetzt, S. 701.
113 Imdahl, Kunst der Moderne, S. 248.

Newmans Bilder erweisen sich folglich als kontemplative Übungen, wie James Turells Installationen, die sie gleichzeitig fortführen und übersteigen: Licht, das sich in ein unbestimmtes Feld ausgießt, oder Öffnungen im Raum zum Himmel hin, um sich ganz dem schlichten Anblick der vorbeiziehenden Wolken oder der aufziehenden Sterne zu widmen. Jede solcher Übungen ist eine Praxis. Sie fordert die Performativität ihres Vollzugs.

So wird das Moment vollzogener »ästhetischer Erfahrung« wichtig: als *contemplatio caeli* oder Meditation, wie sie die romantische Ästhetik beschwor, allerdings radikalisiert zum Ereignis einer Entgrenzung und Entsetzung (*transposition*), das der Betrachter gleich einer »Fahrt« auf sich nehmen muß. Es setzt die Zerstörung des Werkes voraus. Fraglich ist schon, ob Newmans Bilder oder Turells Projekte überhaupt schlüssig als »Werke« anzusprechen sind. Denn das Werk ist immer etwas Statisches, ein Objekt, es partizipiert an der Ontologie des Dings; *die ästhetische Erfahrung vollzieht sich hingegen als Geschehen, als Prozeß. Dem Gegensatz ist der Transit vom Symbolischen zum Performativen immanent.* Er läßt die Aura erneut ereignen. Das gilt schon für die Kunst des Dadaismus. Entgegen der These Benjamins liegt die Besonderheit der Kunst des 20. Jahrhunderts keineswegs in ihrer durchgängigen »Entauratisierung«. Als Resultat der »technischen Reproduzierbarkeit«, im näheren der technischen Iteration, glichen sich die »Werke«, so Benjamin vor allem mit Bezug auf den Dadaismus, der Reproduktion an, machten sich selbst »technikförmig«. Die Äußerung verkennt indes die revolutionäre Pointe dadaistischer Kunst, entlarvt zuletzt den Kulturkonservativen: »Auf die merkantile Verwertbarkeit ihrer Kunstwerke legten die Dadaisten viel weniger Gewicht als auf ihre Unverwertbarkeit [...]. Diese Unverwertbarkeit suchten sie nicht zum wenigsten durch eine grundsätzliche Entwürdigung ihres Materials zu erreichen. Ihre Gedichte sind Wortsalat, sie enthalten obszöne Wendungen und allen nur vorstellbaren Abfall der Sprache. Nicht anders ihre Gemälde, denen sie Knöpfe oder Fahrscheine aufmontierten. Was sie mit solchen Mitteln erreichen, ist eine rücksichtslose Vernichtung der Aura ihrer Hervorbringungen, denen sie mit den Mitteln der Produktion das Brandmal einer Reproduktion aufdrücken. Es ist unmöglich, vor einem Bilde von Arp oder einem Gedicht August Stramms sich wie vor einem Bilde Derains oder einem Gedicht Rilkes Zeit zur Sammlung und

Stellungnahme zu lassen.«[114] Der ästhetischen Produktion wird ein normatives Richtmaß auferlegt, das sich am bildungsbürgerlichen Kunstbegriff orientiert und »echte Kunst« gegen ihre Destruktion ausspielt. Hingegen suchte gerade die Material- und Zufallskunst des Dadaismus die Aura aus der *Aisthesis* zu retten. Material und Zufall sind die Strategien dieser Rettung. Sie entdecken das Ereignis als *Ekstasis* und Ankunft eines »Zu-Kommenden«, das der Annahme ohne Wahl bedarf. Vor allem der Zufall avanciert so zur Quelle einer auratischen Erfahrung, die nicht der Differenz zwischen unverwechselbarem Original und technischer Reproduktion entspringt, wie sie für Benjamins These leitend ist. Denn das Spiel des Zufalls schließt der Kunst jene Dimensionen von Einzigartigkeit und Unverfügbarkeit gleichsam an einem anderen Ort, dem Ort des Anderen, wieder auf, die sie vordem eingebüßt hat.

Der Zufall entgrenzt zudem das Repertoire klassischer Dichotomien, das die künstlerische Praxis ordnete. Demgegenüber verbleibt die »aisthetische Kunst« des abstrakten Expressionismus, des *Minimal* und der *Optical Art* noch im Hof überlieferter Kunstauffassung. Insbesondere hält sie die Grenze zwischen Produzent und Rezipient aufrecht. Sie erweist sich damit ihrer Struktur nach als autoritär, indem sie als »Lehre« funktioniert. Zwar erscheinen die Bilder Newmans und die Installationen Turells nicht als Objekte, sondern gleichsam als auratische oder atmosphärische Räume; doch handelt es sich um Geschehnisse, die sich *von außen* an den Betrachter wenden, um sich ihm aufzuerlegen. Der Künstler bleibt darin der Inszenator, der Magier einer anderen Wahrnehmung, zu der er mit präzisen Regeln anleitet oder hinführt: Er gleicht einem »Erzieher« von Intensität und Aufmerksamkeit, dem »Meister« des Augen-Blicks. Zudem treten Newman, ebenso wie Rothko, Ad Reinhardt oder Turell, fast vollständig hinter die Erscheinungen ihrer Kunst zurück. Ihre Bilder und Installationen verbergen ihr Technisches, ihr Gemachtes, den Akt der Herstellung. Dagegen haben sich in den 50er und 60er Jahren eine Reihe alternativer Praktiken etabliert, die sowohl die Dichotomie zwischen Artist und Publikum aufzuheben als auch die gestische Struktur der Malerei, die Spontaneität der Gebärde zu exponieren versucht haben. Durchweg knüpften sie an

---

114 Benjamin, Kunstwerk, S. 43.

die Experimente des Dadaismus und Surrealismus an – an die Verwendung nichtintentionaler Strukturen, seien diese »automatisch« oder »aleatorisch« erzeugt. Buchstäblich errichten sie ein Universum jenseits von Kausalität und Notwendigkeit, mithin auch fernab von Herrschaft und Wollen. Sie schreiben *sich* ins Bild ein, als unwillkürlichen Akt oder absichtslose Ordnung, deren Spuren weder getilgt noch gelöscht werden können. Denn was »zu-fällt«, duldet keine Einflußnahme, höchstens »Hinnahme«. Weder Ergebnis eines schöpferischen Prozesses noch einer Symbolisierung, entzieht sich der Zufall jeglicher Kontrolle, Kodierung oder Interpretation. Was derart geschieht, klagt seine Anerkennung ein, unabhängig von allen Richtlinien des Geschmacks oder Prinzipien einer Wahrheit. Sie impliziert vielmehr die rückhaltlose Akzeptanz der Kontingenz des Ereignens.

Kontingenz bedeutet »Grundlosigkeit«; ihr inhäriert zugleich die Zurückweisung von Technik und Medium. An deren Stelle tritt ein Geschehen, das nicht nach seinem Urheber oder Täter befragt werden kann, sondern danach, was es auslöst oder situativ ermöglicht. Frühe Zeugnisse solcher Verfahren legen die Gruppe Zero und das amerikanische *Action-Painting* ab. *Mit ihnen beginnt die Archäologie der Ästhetik des Performativen.* Nicht das Ergebnis, das Bild und seine Aktionsspuren zählen, vielmehr die Performativität des Malaktes selbst – obsessiv bei Jackson Pollock, theatralisch bei Georges Mathieu, behutsam in die minimale Geste subtiler Bildeinschreibungen aufgelöst bei Cy Twombly. Nicht etwas wird dabei thematisch, nicht einmal das Bild als Bild, sondern die reine Körperlichkeit der Gebärde. So macht sich die Produktion von Kunst erfahrbar, bei Pollock exzentrisch, bei Mathieu eruptiv und bei Twombly als kalkulierte Verdichtung. Das Bild wird zum Nicht-Bild, zur »Arena« (Rosenberg), auf der etwas passiert, was nicht vorhersehbar ist, wobei nicht selten der ganze Körper in Anspruch genommen wird, sich erschöpft oder sich disziplinieren muß. Roland Barthes hat entsprechend die Analyse der Kunst Twomblys der Sprache des Theaters entlehnt. Die Leinwand gleiche einer offenen Szene, die unterschiedliche Ereignistypen zulasse: »eine Tatsache (*pragma*), einen Zufall (*tyche*), einen Ausgang (*telos*), eine Überraschung (*apodeston*) und eine Handlung (*drama*)«.[115] Damit einher geht ein Primat der Ge-

---

115 Barthes, Der entgegenkommende und der stumpfe Sinn, S. 187.

sten und Aktionen: Die Farben werden, nicht selten inszeniert vor großem Publikum, auf eine aufgestellte Leinwand gespritzt, geschleudert, geworfen oder in groben Zügen auf ihr verteilt. Pollock arbeitet auf dem Boden; er läßt die Farben auf eine liegende Leinwand »tröpfeln« (drip), wobei sich die Farbfäden durchdringen und verdichten, so daß plastische Bahnen entstehen. Subtiler geht Twombly vor; es gibt sanfte Berührungen, verwischte Schriftzüge wie von »ungelenker Kinderhand«, wie Barthes treffend bemerkt, aber auch Kratzer, Verschmierungen und Verwischungen, die wiederum andere Abdrücke hinterlassen.[116] »Etwas« erzeugt sich dabei selbst, eine Konfiguration von Malen, die Harold Rosenberg treffend als »Events« bezeichnete:[117] Ereignisse, von denen allein Spuren und »Protokolle« bleiben – Malskripte oder »Grapheme«, die z. B. in Mathieus kalligraphisch anmutenden Formationen zuweilen sehr handfest zum Vorschein kommen.

Die Grundlage von Kunst bildet jetzt der Akt, die Handlung: Einfache Vorgänge, die sich durch Verben notieren lassen, die wiederum Ereignisse beschreiben. *Nichts anderes bedeutet Performativität. Das Performative betrifft den Vollzug, seine Zeitlichkeit, das Ereignis der Setzung.* Als Möglichkeit von Kunst wird es in der Folge zu unterschiedlichen Aktionsarten und Experimenten diversifizieren, die zum Teil noch die avantgardistische Destruktionsarbeit fortsetzen, zum Teil aber bereits in direkte »performative Projekte« übergehen – Projekte, die sich allein im Prozeß, im Vollbringen einer Wirkung oder eines Ereignisses erschöpfen. Sie nehmen gigantische Ausmaße an oder gleichen in ihrer Schlichtheit japanischen Haikus. Als Bruce Nauman Anfang der 60er Jahre ein leerstehendes Lebensmittelgeschäft anmietete, um sich tagelang allein auf einem Stuhl im Schaufenster zu präsentieren, stellte er sich nicht nur eine Frage über Kunst – das wäre ein avantgardistisches Projekt –, sondern er inszenierte sich als Künstler, der über Kunst nachdachte und somit Kunst als Denken über Kunst vollzog – ein performatives Projekt. Die Selbstpräsentation impliziert hier gleichzeitig eine Selbstaussetzung: Kunst als Denken ist nichts, was sich durch Bilder und Objekte öffentlich sichtbar machen ließe, sondern ein Prozeß, der im

---

116 Ebd., S. 165 ff.
117 Rosenberg, American Action Painters, S. 342.

Denken geschieht und eben darum nur durch den gezeigt werden kann, der denkt. Und wenn Yves Klein für seine *Anthropometrien* (1960-61) feste Anweisungen zur Einfärbung der Körper seiner Modelle gab, um sie als Lebensspuren auf Leinwände zu projizieren, so thematisierte er nicht nur das Verhältnis von Bild und Abbild oder von Künstler und Modell neu – wiederum ein avantgardistisches Projekt –, sondern er zelebrierte deren Reflexion in Form einer öffentlichen Aufführung, die sie allererst als solche erfahrbar machte – abermals ein performatives Unternehmen. Nicht die Symbolisierung der Differenz ist entscheidend, sondern umgekehrt ihre Kluft als Ort einer Möglichkeit von ästhetischen Erfahrung. Dasselbe gilt für eine Reihe von bis in die äußerste Konzentration zugespitzten »Action-Minimals« wie Cages Tacet 4'33", das zwischen »negativer Musik« und »Event« interferiert und wie ein Koan funktioniert, oder für George Brechts *Word event* mit der Aufschrift »exit« von 1961, die das Publikum zum Verlassen des Raumes aufforderte: Das Ereignis ist das Ende des Ereignisses. Terry Atkinsons und Michael Baldwins »Textpiece« *Print* (1966) konfrontierte außerdem die Besucher einer Ausstellung mit Fragen wie »Is this piece of paper an art work?«, deren Beantwortung sie in nicht minder paradoxe Verlegenheiten verwickelte, wie Jaspers Johns *Flag*, diesmal freilich akzentuiert im Performativen. Denn als ausgesprochene oder ausgestellte Frage bildet sie einen »performativen Akt«, der deren Beantwortung auf der Ebene der Semantik provoziert, die freilich »als« Stellungnahme nicht weniger eine performative Handlung darstellt – und sei es ihre Abwehr als Unsinn. Doch dann hat man nicht nur Stellung zu einer Frage bezogen, sondern sich zugleich verhalten. Und die Art der Verhaltensweise entscheidet wiederum darüber, ob Kunst »ist« oder nicht – sie statuiert ein Faktum.

Sämtlich operieren diese Aktionen noch auf der Schwelle zwischen avantgardistischer und performativer Artistik. Jene destruiert Kunst als »Werk«, als symbolisches Format, diese inszeniert sie als Handlung, als Ereignis. *Die Ästhetik des Performativen markiert so einen »Sprung« ins Andere, den Sprung vom »Werk« zum »Ereignis«.* Als Negationen atmen derartige Aktionen den revolutionären Geist der Avantgarde, deren experimentelle Rigorosität sie fortsetzen; als »Vollzüge« und »Setzungen« überschreiten sie sie. Spätestens seit Ende der 50er und den frühen 60er Jahren avancieren sie zu einem internationalen Phänomen, in Japan vertreten durch die Gruppe Gutai, in Frankreich durch die Situationisten und das Informell, in Österreich durch den Wiener Aktionismus und in Deutschland und den USA durch die breit gefächerte Happening- & Fluxus-Bewegung. Endgültig durchgeschlagen sind sie mit der Event-Kunst, der Performance, Konzept-Art, Installation und der Medienkunst unserer Tage – aber auch mit den subversiven Praktiken des Graffiti und jenen konkreten »Sozialarbeiten«, die sich im Anschluß an Beuys' »erweiterten Kunstbegriff« als Kontext- oder Social-Art verstehen und dabei ganze Straßenzüge oder Stadtviertel in ihre Prozesse einbeziehen.[118]

Wiewohl sie unabhängig voneinander entstanden, beziehen sie sich doch wechselseitig aufeinander. Cage organisierte 1952 im Eßsaal des Black Mountain College zusammen mit Rauschenberg, David Tudor, Merce Cunningham und anderen ein erstes multimediales Happening, das auf dem Prinzip radikaler Singularität und Simultaneität fußte – ein multiples Geschehen, in das Teilnehmer wie Gäste gleichermaßen involviert waren und in dem sie einer Situation systematischer Unüberschaubarkeit ausgesetzt wurden. Allan Kaprow, der zusammen mit George Brecht und anderen in Cages Klasse an der New Yorker School of Social Research saß, gestaltete darüber hinaus das Prinzip des Happenings zum Environment mit theatralen Mitteln um, das feste Aktionssequenzen vorsah, während Nam June Paik mit erklärter Widmung an John Cage spontane Einzelaktionen ohne Notat und Partitur durchführte, die mit Elementen des Schocks, der direkten physischen Attacke oder der Selbstverletzung arbeiteten. So mischte er 1960 im Rahmen des Contre-Festivals in Köln Vietnam-Geheul von Kindern und Frauen mit Beethovens Neunter, knatternden Motorrädern, Ventilatoren und dem Geräusch eines umstürzenden Klaviers, um zum Schluß eine Fensterscheibe einzuschlagen, blutend davonzulaufen und von einer Telefonzelle aus das völlig erstarrte Publikum über das Ende der »Show« zu

---

118 Seit den 90er Jahren kursiert zudem das Wort von der »Dienstleistungskunst«, das freilich darin verwirrend bleibt, daß solche Aktionen nicht die Dienstleistungsgesellschaft zu verdoppeln versuchen, sondern bloßzustellen, indem sie den Sinn des Sozialen aus dem einfachen »Dienst« als Handlung rekonstruieren: Die Hilfestellung beim Hinübertragen einer Kiste an einen anderen Ort, die Herstellung und Verteilung von Speisen etc.

informieren.[119] Beuys experimentierte zur gleichen Zeit mit ähnlichen Mitteln. Zum Teil gemeinsam mit Paik, Vostell und anderen organisierte er ausladende Großinszenierungen wie in der Aula der Aachener TH oder dem *24-Stunden-Happening* in der Wuppertaler Galerie Parnaß (1965), die die Teilnehmer in restlose Verständnislosigkeit stürzten – oder sie auf eine Reise buchstäblicher Er-Fahrung schickten wie Vostells *in ulm, um ulm und um ulm herum* (1964), ein »Reisehappening« zu 24 »verwischten« Wirklichkeitsausschnitten an 24 Stellen der Stadt Ulm und ihrer Umgebung: »VORGÄNGE DIE IM LEBEN GRAUENHAFT UND FURCHTBAR SIND HABEN OFT EINE FASZINIERENDE ÄSTHETISCHE AUSSTRAHLUNG OBWOHL DER INHALT ODER DIE FOLGEN DES EREIGNISSES ABZULEHNEN SIND DIE HAPPENINGS MACHEN DIESEN ALPTRAUM BEWUSST UND SCHÄRFEN DAS BEWUSSTSEIN FÜR DIESE UNERKLÄRBARKEITEN UND DEN ZUFALL.«[120]

Unterdessen eskalieren die verschiedenen Aktionen, deren Vielfalt hier nur angerissen werden kann, zu den unterschiedlichsten Radikalitäten. Sie teilen zwischen Europa und den USA das noch unerforschte Gebiet der Ästhetik des Performativen in *Ekstasis* und *Askesis*, auch wenn die Trennungslinie zwischen ihnen nicht scharf verläuft. Das Ekstatische europäischer Aktionskunst schließt, vermittelt über Bataille und Artaud, vor allem an Nietzsches Begriff des Dionysischen an, entfesselt anarchische Begierden und die Lust am gesellschaftlichen Umsturz aus dem Geist des Marxismus. Sie agiert vornehmlich als Sozialkritik. Das Ästhetische und das Politische werden nicht mehr getrennt, vielleicht am entschiedensten in Beuys' »Büro für direkte Demokratie« auf der *documenta 5*.[121] Nicht selten entsteht dabei eine Melange aus Selbstbefreiung und theatraler Reritualisierung einer verklärten Archaik wie in Hermann Nitschs *Orgien Mysterien Theater*, den Schlachtungen auf offener Bühne, die Akteure und Zuschauer gleichermaßen in eine »Gemeinde« einbinden, indem

---

119 Berichte nach Bauermeister, Helms, 60er Jahre, S. 143, 136; sowie Cage, Vögel, S. 210.
120 Vostell, o. T., 9. 2. 1966, nach: Dreher, Performance Art, S. 99.
121 Vgl. Beuys, »Ich durchsuche Feldcharakter«, S. 1120; ferner Aufzeichnungen von der *documenta 5* (1972) in: Bodemann-Ritter (Hg.), Joseph Beuys.

sie quasi-religiösen Exzessen beiwohnen. Zuweilen geraten solche Inszenierungen zum unverhohlenen Terror wie in Peter Weibels *Kriegskunstfeldzug* (1969), der das Publikum während einer Vorführung von Industriefilmen so lange mit Feuerwerkskörpern, Leuchtkugeln und Heulern beschoß, bis es die Türen aufriß und aus dem stinkenden und qualmenden Saal ins Freie floh – direkte Konfrontation mit dem durch die alltägliche Berichterstattung abstrakt gewordenen Skandal des Vietnamkrieges mittels Tumult, Anschlag und potentieller Gefährdung.

Hingegen beschritt das Asketische der amerikanischen Event-Kunst den Weg nach Osten, suchte die Überwindung des Politischen, des Willens zur Veränderung der Welt durch Übungen einer »Gelassenheit«, die Heidegger unter Rückgriff auf Meister Eckhardt in einem durchaus verwandten Sinne als »Offenheit für das Geheimnis« bezeichnet hatte.[122] Die Konsequenz war Kulturkritik. Das Ästhetische zersprengt nicht die Ordnung des Sozialen, die Gesellschaftlichkeit der Dinge, sondern die Ordnungen des Symbolischen, jene Dichotomien und Grundunterscheidungen, die die Systeme des Denkens, Fühlens und Handelns regieren. Entsprechend heißt ihr Credo »Gewaltlosigkeit«, in der Kunst gerade in dem Maße zu wirken beginnt, wie sie verschwindet. So mündeten etwa Cages *Empty Words* in stundenlangen Lesungen zuletzt in lauter einzelne Laute und Stillen, die sich in der beginnenden Morgendämmerung und bei geöffneten Portalen des Vortragssaals langsam mit den Klängen der erwachenden Natur mischten. *Was geschieht, ist einzig, gleichwertig und ohne Vorzug*. Es verlangt einen anderen Zugang als die Frage nach seiner Absicht und der Antwort ihrer Deutung, nämlich eine Transformation der Einstellung selbst, die nichts auszeichnet, sondern Teilhabe sucht. Sie kann nicht länger nach Begriffen der Produktion oder Konsumption beschrieben werden: *(Es) gibt (sich)* und fordert Preisgabe an das jeweils Sich-Zeigende, gleichgültig, *was* (sich) dabei zeigt. »Ich habe nie einen miserablen Ton gehört, nicht einen! Ich habe nie einen Ton gehört, der mich an Dekadenz oder Verwesung erinnert«,[123] heißt es in den Gesprächen Cages mit Daniel Charles. Jeder Ausschluß eines Tones, eines Geräuschs oder auch nur einer Stille impliziert bereits eine

---

122 Heidegger, Gelassenheit, S. 25. Cage bezieht sich ebenfalls auf Eckhardt; vgl. Vögel, S. 306.
123 Cage, ebd., S. 303.

Entscheidung, eine Unter-Scheidung, mithin eine Restriktion, die auf der Anwendung willkürlicher Kriterien fußt und eine Gewalt setzt. Demgegenüber verlangt Hingabe herrschaftslose Annahme. Sie wäre jene Haltung, die sich nicht nur offenhält für das, was im Ereignis jeweils zur Erscheinung kommt, sondern gleichzeitig für das, was es zum Vollzug bringt oder anrichtet – kurz, ein Sichöffnen für die Erfahrung intensiver Präsenz.

Als *Askesis* oder *Ekstasis*, als kontemplative Übung oder exzentrische Überschreitung entspringt das performative Ereignis folglich der doppelten Erfahrung des *thaumaton* und *tremendum*, die auf ihre Weise an den Ur-Sprung des »Daß« (*quod*) und die Fraglichkeit des »Geschieht-es?« (Lyotard) rühren. Beide, gleichermaßen als Mittel der Besinnung und der Übergänglichkeit des Denkens wie des Lebens, hatte Platon im *Theaitetos* an den Anfang von Philosophie gestellt: Erstaunen oder Erschrekken, die zur Um-Kehr zwingen und damit auch zur Einkehr in die Reflexion. Sie bedeuten ein Sichaussetzen ins Unerwartete. Sichaussetzen erfordert, sich ent-setzen (*transponare*) zu lassen. Es impliziert, mit etwas konfrontiert zu sein, was man weder gemacht hat, noch worüber man verfügt – was anders ist, als was man kennt, das darum angreift oder an die Substanz geht, manchmal sogar verletzt. Es wäre Er-Fahrung im Sinne existentieller Passage. Derrida hat daran erinnert, daß das Wort »Erfahrung« von »Reise« herkommt: Ein Wegführen vom Vertrauten in ein Außen, ein Anderes, das sich ungewollt aufdrängt, sich einmischt, beunruhigt und die Begriffe, Deutungen und Bilder in Bewegung bringt – eine buchstäbliche Abtrennung und Loslösung von Bindungen, die nach Nietzsche den Mysterien verwandt sind.[124] »Damit es Kunst giebt, damit es irgend ein ästhetisches Thun und Schauen giebt, dazu ist eine physiologische Vorbedingung unumgänglich: der Rausch.«[125] Der Rausch ist die Negation, der Umsturz aller Zeichen und Ver-Bindlichkeiten des Sozialen. Deshalb hatte Allan Kaprow das Prinzip des Happenings am Un-Fall orientiert. Ein Unfall stößt zu, unterbricht den Zeitlauf, verwirrt die Sinne, bringt aus der Fassung. Er ist das Ereignis der Fassungslosigkeit *par excellence*. Darin besteht die Radikalität ästhetischer Performationen. »Radikal« heißt: An-die-Wurzeln-gehen. Es

---

124 Derrida, Dichtung, o. S.
125 Nietzsche, Götzen-Dämmerung, S. 111.

sind die Wurzeln jenes existentiellen und leiblichen Ausgesetztseins, das vor dem Denken kommt und woran die Sprache nicht heranreicht. Die ästhetischen »Radikalitäten« vollziehen dabei ihre »ent-setzliche« Liminarität im Zwischenreich einer Ausnahme, die im Ungewissen, im Niemandsland des Un-geheuren mündet. Sie bieten eine Chance zur Transition. Diese geschieht einzig dadurch, daß sie auf sich genommen wird. Der von Dadaismus und Surrealismus ersehnte Ausgleich von Kunst und Leben fände hier seine eigentliche Ortschaft, seine Erfüllung, freilich auf anderem, nie erträumtem Boden. Die Ordnungen des Diskurses zu verwirren, sie aus ihrer Bahn, ihrer begrifflichen Klammerung zu lösen, sie quer zu ihren Wegen zu bringen, um ihnen andere Richtungen zu weisen: Das wäre das Ereignis intensiver Präsenz, das die Leere des Sinns allererst supponiert.

VIII.

Angezeigt ist damit ein Paradigmenwechsel. Kunst verschiebt sich, wird zur Praxis, zum evolutiven Prozeß, zum Akt, zum einmaligen Geschehnis. Ein ganzes Kompendium von Kategorien – Subjektivität, *poiesis*, Imagination, Symbolisierung, Originalität und Form –, das die Fundamente der traditionellen Kunst strukturierte, stürzt um und verliert seine Gültigkeit. *An seine Stelle treten andere Evidenzen: Performanz, Ekstasis, Wirkung, Ereignis und Aura.* Dort der Gegenstand, das Werk, die Dauer und die Geschlossenheit, hier das Flüchtige, die »Bricolage«, das Risiko, die Situierung im Augenblick, die »Konfiguration der Präsenz im *hic et nunc*«.[126] Nicht länger figurieren als Modell Sprache und Text, sondern Vollzug und Ereignen. Am Grunde der Geschichte avantgardistischer Kunst schreibt sich eine andere Geschichte, ein Sprung oder Umschlag, der tentativ mit ebenso undeutlichen wie vagen Ausdrücken wie »Transavantgarde« oder »Postmoderne« umschrieben worden ist, die freilich ihren Sinn erst im Übergang zum Performativen erhalten.[127] Er erweist sich als Schlüssel für die ästhetischen Praktiken der vergangenen 50 Jahre: Kunst

---

126 Charles, Zeitspielräume, S. 25.
127 Im Übergang vom Kreis der Legitimation zum Performativen hat auch Lyotard das Kennzeichen der Postmoderne gesehen, vgl. Das postmoderne Wissen, 140ff.

wechselt in ein anderes Land, einen anderen Bezirk, der nicht mehr das Gebiet der Bedeutung, *sondern Wiederherstellung des Ekstatischen im Praktischen ist.*

Die apostrophierte Wende[128] betrifft nicht so sehr die Ästhetik als Theorie der Kunst; sie bewohnt vor allem die Artistik als deren Praktik. Die historische Diskontinuität könnte nicht schärfer ausfallen: Es gibt nichts Bleibendes mehr, nichts, worin sich Kunst verkörperte, nichts, woran der Beschauer sich wenden und worauf er zurückkommen könnte: Kein Bild, kein Objekt, kein Medium, auch wenn diese weiter »im Spiel« bleiben. Vielmehr schließt, was *sich* schafft, seine eigene Vernichtung, seine Endlichkeit, sein Verlöschen mit ein. Und trotzdem lassen sich beide »Epochen«, wiewohl unvergleichbar, nicht strikt voneinander scheiden. Es handelt sich um divergente Strömungen, um Umstürze, die unterschiedliche Zentren und Schichten aufweisen; doch existieren durchaus Überschneidungen und Übertritte. Im Performativen findet sich Werkhaftes, ebenso wie im Werk Performatives: Die Geste der Herstellung, Wirkung als Ereignis, *technai* und Instrumente der Inszenierung, Rahmen. Zum Werk gehört immer der Schaffensprozeß wie zu den performativen Ereignissen die Produktion. Werke müssen vollzogen werden, sie fußen auf Akten – doch so, daß sie diese gerade im Abschluß ihrer Vollkommenheit verbergen. Sie wurzeln nicht in Ereignissen, sondern in der *Intentionalität von Arbeiten*, die ihren Materialien Formen zu entreißen suchen, um sie mit Inhalten zu füllen – auch wenn dabei immer Absichtsloses geschieht.[129] Entsprechend beziehen die Akte der Performanz, die in sie eingehen, ihre Legitimität aus der Einheit der Formen im Symbolischen. Eine Handlung, ein Linienzug, ein Pinselstrich oder das Arrangement von Materialien hat nur Berechtigung, wenn es der Hervorbringung einer Gestalt, einer Bedeutung dient. Die Identifizierbarkeit der Werke verdankt sich der Dauer, der Wiederholbarkeit: Ihnen ist ihr Zeichencharakter immanent. Sie halten sich in Distanz, nötigen zum Abstand, verharren an ihrem Platz und bieten sich ihrem Beschauer immer wieder neu und anders dar. *Demgegenüber kommt den Ereignissen ausschließlich eine temporäre Existenz zu.*

---

128 Von einem »performative turn« spricht insb. Fischer-Lichte, Vom »Text« zur »Performance«.

129 Auf die Differenz zwischen Arbeit und Performativität hat jüngst auch Derrida aufmerksam gemacht; vgl. ders., Universität, S. 37 ff., bes. 41.

Sie verbrauchen sich im Augenblick ihres Vollzugs. Daher erfüllen sie sich nicht in der Setzung von Gestalten, sondern verflüchtigen sich in Momenten ihres Erscheinens. Sie verschwenden sich an die Singularität ihres Ereignens. *Ihre Grundlage bildet folglich nicht der Raum, sondern die Zeit.* Treffend spricht deshalb Daniel Charles von »Zeitspielräumen«.[130]

Zwischen Werkästhetik und Ereignisästhetik bezieht so Kunst eine völlig neue Position. Ihre Disparität läßt sich aus dem Gegensatz von Räumlichkeit und Zeitlichkeit herleiten. Gewiß kommt auch Werken eine zeitliche Dimension zu; auch für sie gelten die Merkmale der »wesenhaften Singularität« und Nichtwiederholbarkeit.[131] Betont wurden ebenfalls der Charakter des Entgegenkommenden, des Anspringenden, die Strukturen des Mysteriums, die Rätsel der Andersheit, die den spezifischen Zauber der Bildlichkeit ausmachen. Dennoch besetzen beide – Werke und Ereignisse – unterschiedliche ästhetische Plätze, und ihre Differenz einebnen zu wollen hieße, sie systematisch unter die falsche Kategorie zu stellen. *Denn Werkästhetik untersteht durchweg einer Ontologie des Dings.* Ihr Zentrum bildet der Gegenstand, das Objekt, das definierte Artefakt, seine »Ab-Grenzung« gegenüber dem Betrachter, mithin auch die Demarkation, die es zwischen sich und seinen Zuschauer schiebt und die erst die Bedingung seiner Wahrnehmbarkeit ausmacht. Hingegen kristallisieren sich die performativen Ereignisse »jenseits der dinglichen Gegenständlichkeit«; sie entziehen sich »identifizierbaren Werksetzungen«,[132] spielen ungreifbar in der Mitte zwischen Situation, Szene und Teilnahme. Das Eigentliche von Ereigniskunst besteht mithin in ihrer Unteilbarkeit, ihrer In-Differenz, der Umwendung technischer und poietischer Kreisläufe zur aisthetischen Widerfahrnis, der Verkehrung des Intentionalen ins Nichtintentionale. *Ihre Kennzeichen sind konsequente Verzeitlichung und Verendlichung.* Nichts vollendet sich oder kommt zum Abschluß. Weder das Produkt noch das hergestellte Resultat sind entscheidend, sondern einzig der Zu-Fall, das Spiel – dasjenige, was ungewollt

---

130 Charles, Zeitspielräume, S. 7 ff., 80 ff.
131 Bubner, Ästhetische Erfahrung, S. 60.
132 Sowa, Einführung, S. 9. Sowa bezieht sich ebenfalls auf das Ereignis-Denken Heideggers; allerdings markiert er nirgends die wesentliche Differenz zwischen Wahrheitsereignis und Ereignis der *Aisthesis*. Letzteres ist für die Konstitution einer Ästhetik des Performativen entscheidend.

und damit unvorhersehbar auftaucht und einbricht und ebenso unvorhersehbar wieder verschwindet. Performative Kunst nimmt, wie Daniel Charles mit Bezug auf Cage ausgeführt hat, »eine radikale Relativität auf sich«: »[A]m Nichtsein bemißt sich geradezu die Widerruflichkeit der Existenz.«[133] Dem ist die Opposition von Raum und Zeit als ästhetisches Konstituens immanent.

Die Zeit verweigert sich jedoch ihrer begrifflichen Vereinnahmung. *Sie ist im Modus von Sprache einzig als Differenz, als Kluft oder Riß faßbar.* Der Augen-Blick, in Worte gekleidet, läßt sich nur als Lücke, als Spalt beschreiben. Dann wäre Zeit »nichts«, was sich festhalten oder determinieren, was sich erzeugen oder kontrollieren ließe: *Sie hat keine Substanz.* Weder kommen ihr benennbare Eigenschaften zu noch läßt sie sich »beobachten«, auch wenn die Schrift, das Maß oder die diskreten Ordnungen der Zahl sie unablässig zu beherrschen trachten. *Buchstäblich »ist« sie – im Sinne eines »Seins« – Nichts.* Ihr »Nichts« aber öffnet, läßt geschehen. Die Zeit erscheint so als Bedingung, *daß* geschieht. »Daß« (*quod*) es Ereignisse »gibt«, die »Gabe« des Ereignens selbst, hängt also nicht so sehr an deren räumlicher Einteilung oder Markierung, den jeweiligen Schnitten und Zäsuren, die ihren Rhythmus, ihren Fortgang skandieren und ihre Augen-Blicke unterscheiden, sondern ausschließlich an der Negativität des Zeitlichen: *Sein nihil lenkt die Aufmerksamkeit auf den Moment des Erscheinens.* Nicht die Verfahren der Schneidung oder Mensurierung sind daher maßgeblich, sondern dasjenige, wozu die Kluft der Zeit aufschließt, *was sie ermöglicht.* Das heißt, bevor die Zeit eine Bestimmung hat, geschieht sie, »gibt« sie Sein als Ereignis frei. Anders ausgedrückt: *Zeit »gibt«; sie »ist« Gabe, ihr »Geben« Ereignen.* Es geht nicht darum, wie Derrida in *Falschgeld* interpretiert,[134] Zeit zu geben – als die Paradoxalität der »Gabe« schlechthin; vielmehr ist, im Sinne Heideggers, dessen Aufsatz *Zeit und Sein* Derrida in seiner Auslegung merkwürdig verkürzt, die Zeit selbst das Gebende, Er-Öffnende, mithin Bedingung der Möglichkeit des Ereignisses. *Weder der Künstler noch die Kunst oder das Medium geben, sondern allein das Offene der Zeit, die frei-gibt.* Deswegen kann die ästhetische Verzeitlichung als Basis

---

133 Charles, Musik und Vergessen, S. 97.
134 Derrida, Falschgeld, S. 15 ff., 49 ff.

performativer Praktiken auch nicht das Produkt einer medialen Operation sein; sie verwehrt sich dem Medium und den Prozessen der Mediatisierung. Vielmehr bezeichnet die Zeit ein Amediales, das sich aller Arbeit der Kodierung oder Verschriftlichung versperrt, insofern sie selbst noch deren Bedingung bezeichnet. Folglich sind es nicht wiederum Medien, die öffnen; *sie strukturieren und kodifizieren das Offene – aber das Offene selbst »gibt sich«, »zeigt sich« als Ereignis.*

Die Unterscheidung, die so auftaucht, verläuft zwischen den Medien der Inszenierung als *technai*, Setzung, Kontrolle und Hierarchie einerseits und dem Ge-Setz, dem »Geschenk« der Zeit andererseits. Die Ästhetik des Performativen steht nicht so sehr unter dem Verdikt von Rahmung und Intentionalität als vielmehr dem der Zeit und dem aus der Zeit »Zu-Fallenden«. Man könnte sagen: Jede Mediatisierung unterhält zum »Nichts« der Zeit eine prekäre Beziehung. Sie verwandelt sie in »etwas«, in »Rauschen«, in das Hintergrundgeräusch ihres »Kanals«. Dem Nichts als dem Offenen den Vorrang einräumen bedeutet dagegen, dem Ereignis den Platz des Schöpferischen zuzugestehen – heißt, nicht »Etwas« zu privilegieren, *sondern in jedem Augen-Blick die absolute Einzigkeit des Werdens entdecken.*

Der Unterschied läßt sich exemplarisch an den inversen Zeitauffassungen verdeutlichen, wie sie Werkästhetik und Ereignisästhetik organisieren. Werkkunst sucht das Zeitliche zu repräsentieren, das für Ereigniskunst das ebenso Unbestimmte wie Unbestimmbare bleibt, kraft dessen »es« überhaupt (etwas) »gibt«. Die Zeit wird dann nicht länger von der Darstellung her begriffen, sondern jegliches Repräsentierte oder Darstellbare ergibt sich allererst von ihr her. Mithin erfolgt eine Wendung oder Umkehrung, insofern sich die künstlerischen Szenarien ihrer Differenz allererst verdanken. Die Ordnungen der Verkörperung oder des Ausdrucks setzen bereits die Auszeichnung des Mediums, des Symbolischen voraus, so daß sich die Zeit durch etwas bestimmt, was nicht Zeit ist, ein anderes, woran sie sich manifestiert oder äußert und also auch »äußerlich« wird – sei es durch die räumliche Organisation des Bildes oder durch Taktstrich und Rhythmus in den Systemen von Dichtung und Komposition. Demgegenüber heißt die Zeit geschehen zu lassen, ein Nichtauszeichenbares, Indifferentes ereignen zu lassen: *Ereignis, das, von der Zeit her, je einzig zu-fällt.* Verlangt sind dazu keine ausgefeilten Regien der Verzeitlichung, wie sie der klassische Tanz, das Theater oder die Komposition entwickelt haben, sondern lediglich die kontingente Setzung eines Anfangs- und Schlußpunktes – einer Spanne, die wiederum »nichts« bedeutet, vielmehr die Kontingenz der Zeit bezeichnet, innerhalb deren »etwas« passieren kann oder auch nicht. Sie sieht ab von jeglicher Disposition oder Herrschaft und damit auch von jeder *techne*, jeder *poiesis* und entsprechend vom »Werk«, von der Gestaltung: *Übergang zum »Nicht-Werk«, zum Geschehnis, zur Performanz reiner »Ereignung«*.[135]

Die *Ex-sistenz*weise ästhetischer Performanz ist folglich die Singularität des Augen-Blicks, in dem geschieht. »Die Singularität gehört zu einer anderen Dimension als jene der Bezeichnung, der Manifestation oder der Bedeutung«,[136] bemerkt Deleuze. Sie bleibt unwiederbringlich. Auch darin unterscheiden sich »Ereignisse« von »Werken«: Letzere sind Symbolisierungen, die als Monumente ihrer selbst überdauern, wohingegen das Ereignis in eine einmalige und unwiederholbare Gegenwart ver-setzt, die im nächsten Moment schon wieder verloschen ist. Das heißt – weiteres Kriterium jenseits der Kunst der Moderne – performative Kunst fügt sich nicht deren Strukturen von Destruktion und Selbstreferenz. Sie sucht nicht einer Vergangenheit zu entkommen, nichts abzubauen oder zu verwerfen; sie bezieht sich nicht auf sich selbst *als* Kunst, sie zelebriert *Ek-stasis*. Ihr maßgeblicher Zug besteht dann in der *Positivität der Präsenz*: »Daß« (*quod*) geschieht, vor dem, »was« (*quid*) geschieht. Dem »Was« (*quid*) kommt das »Daß« (*quod*) zuvor; es geht ihm (als) Kraft, (als) Intensität, (als) Wirksamkeit voraus, deren »Als« und »Etwas« noch eingeklammert oder durchgestrichen werden müssen. Entsprechend bekundet sich in performativer Kunst ein unwiderrufliches Begehren nach Gegenwärtigkeit, nach der Übernahme des »Daß« (*quod*), die auf »nichts« verweisen als auf den Tod. Die Ästhetik des Performativen bezeichnet weniger eine Artistik des Textes, des Skripts oder der »Spur« als vielmehr der sinnlichen Präsentation, des »Schocks der Gegenwart«.[137] Jenseits von Destruktion und Reflexion vollzieht sie die Rückkehr zu den Quellen des Äs-

---

135 Vgl. dazu auch Mersch, Ereignis und Aura; sowie Tyche und Kairos.
136 Deleuze, Logik des Sinns, S. 76.
137 Vgl. Charles, Zeitspielräume, S. 64 ff.

thetischen als dem Aisthetischen: *Erscheinen im Sinne des Verbums, des »Auftauchens« selbst* – jener »Blöße« des Sich-Zeigens, die auf ähnliche Weise Barnett Newman aus der »Leere« der Abbildlichkeit als »Fülle« der Materialität der Farbe auszustellen versucht hat, die freilich hier, jenseits des Mediums und der Räumlichkeit des Bildes, als praktische Ereignisse einer Ankunft erfahrbar werden. Was dort durchweg noch statisch blieb, wird damit in einen direkten zeitlichen Austrag gebracht, in seinen *kairos*. Folglich wird die »Fülle« des Ereignens nicht von der Verneinung, der Askese einer Leere her erschlossen, sondern vom »Nichts« der Zeit her, worin »Sein« zum Eigenen wird: »Nichts« im Sinne des Gebenden, das jegliches Ge-Gebene in der Einzigartigkeit seiner Erscheinung hervorbringen läßt. Jeder Augenblick ist ein Anfang, ein fortwährender Ursprung.[138] *Eben dies bedeutet Ereignung als Gebung, als Öffnung*: Setzung eines Anderen, das außerhalb der Bedeutung, der symbolischen Ordnung steht und das in der Wahrnehmung begegnet.

Nicht das Ereignis als »dieses«, als besonderes Geschehnis ist daher von Belang, auch nicht die verschiedenen Szenarien, Handlungen und Materialitäten, die im einzelnen aufgewendet werden, um ihm zur Geburt zu verhelfen, sondern allein seine Aktualität, sein Kommen. Deshalb, vermerkt Lévinas, sei die »szenische Wirklichkeit [...] immer als Spiel verstanden worden. Als Wirklichkeit hinterläßt sie keine Spuren. Das Nichts, das ihr vorhergeht, ist dem gleich, das ihr folgt. Ihre Ereignisse haben keine echte Zeit. Das Spiel hat keine Geschichte. Es ist jene paradoxe Existenz, die sich nicht im Haben verlängert. Der Augenblick des Spiels ist, aber ihm liegt nichts an sich selbst. Er unterhält nicht zu sich eine Beziehung des Besitzes. Er hat nichts, hinterläßt nichts nach seinem Verschwinden.«[139] So bleibt ein »Kommendes« entscheidend: Das Ereignis des Spiels »ist« dessen »Ankunft«; *(es) zeigt (sich), gibt (sich) »als« Kommendes*, ohne bereits ein »Ist«, ein »Es« oder ein »Sich« zu »sein«. Sein temporärer Modus ist entsprechend das *Futur*, allerdings eines, das eben ankommt: Es ergibt sich als ein gerade Zukommendes, als Zuvorkommen oder Entgegenkommen im eigentlichen Sinne von Gabe, die nicht besessen, sondern nur empfangen werden kann. Das, was kommt,

---

138 Vgl. auch Lévinas, Sein zum Seienden, S. 18 ff. u. 89 ff.
139 Ebd., S. 29.

kommt dabei stets nur als ein Künftiges – *es kommt auf uns zu*, als An-Kunft, Zu-Kunft, die ebenso plötzlich wie unerwartet einbricht und, wie der *kairos*, auch verfehlt werden oder unbeachtet vorübergehen kann. »Was uns besuchen, ›uns heimzusuchen‹ kommt, meldet sich sehr häufig unerbeten«, schreibt George Steiner: »Selbst wo eine gewisse Bereitschaft vorhanden ist, wie im Konzertsaal, im Museum, im Moment ausgewählter Lektüre, findet der Eintritt in unser Selbst meist nicht vermittels eines Willensaktes statt. Der Prozeß des Eindringens [...] setzt unwillkürlich und am Anfang oftmals unbemerkt ein.«[140] Das heißt, »Kommen« nennt seine Möglichkeit selbst; es kommt unscheinbar wie das Unerwartete, Befremdliche und erweist sich gerade darin als Möglichkeit einer »Offenbarung«, worin sich das Mysterium des Sich-Zeigens einstellt – nicht im theologischen Sinne, sondern als aisthetisches Erscheinen, worin uns *Ex-sistenz* selbst, die *Ekstasis* der Welt als Alterität, als ein Nichtgemachtes, Unverfügbares streift.

Die spezifische Insistenz performativer Ereignisse, ihre »Ungeheuerlichkeit« besteht dann darin, im Zeitalter der Transzendenzlosigkeit noch einmal für solche »Erfahrungen« sensibel zu machen. Vielleicht gehört dies zu den Grundbedingungen aller Kunst, doch muß sie jede Epoche neu finden und formulieren, ihr eine eigene Sphäre zuweisen. Sie wäre heute keine des Werkes mehr, sondern der Performativität. Im Akt, der schlichten Gebärdung, dem ebenso spontanen wie nirgends zu antizipierenden Erwachen – sei es als Manifestation von Stille und Dunkelheit oder als Erzeugung eines Tones am Rande der Hörbarkeit –: jedesmal enthüllt sich die *Ekstasis* der *Ex-sistenz* als ein sowenig Konstruierbares wie Symbolisierbares. Im traditionellen Kunstwerk korrespondiert ihr die Aura: Sie ist durch seine Reproduktion, seine Verdopplung, durch die Einebnung von Original und Kopie untergegangen. Dagegen revitalisiert performative Kunst sie in Augen-Blicken der Widerfahrnis als der Gewahrung einer Fremdheit, einer Andersheit. So verbindet sich das Ekstatische mit dem Auratischen, freilich im Sinne einer »Reauratisierung«, die Kunst zurückschließt an die entgrenzenden Momente der Entsetzung (*transpostion*), der Entrückung, die im »Gegen« der Gegenwart und im »Ex-« oder »Ek-« der *Ex-sistenz* und der *Ekstasis* die

---

140 Steiner, Gegenwart, S, 236.

Wurzel des Seins aus dem Außen, dem Anderen einer Begegnung erfahren lassen.[141]

In der Epoche universeller Mediatisierung, der Multi- und Intermedialität, der Ära entfesselter *techne* bieten dafür offenbar das Bild, das Werk als Medium oder die überlieferten Techniken der Darstellung keine angemessenen Folien mehr. Statt dessen bedürfen die Momente einer Reauratisierung des Rückgangs auf jene Reservate des Hier-und-Jetzt, des Einzigen und Unwiederholbaren, die sich medialem Zugriff sperren: Rückzüge auf die Widerspenstigkeit des Körpers, der leiblichen Irritation, der Entdeckung elementarer Empfindungen wie Intimität, Gewalt oder Verletzbarkeit, die Erfahrungen sozialer Bindung oder die nirgends zu beherrschende Unfüglichkeit des Anderen – jene unbestimmten Zwischenzonen, worin die Zeichen durcheinandergeraten, sich durchdringen, wo Dissonanzen entstehen und die Mächte des Symbolischen zu Flackern beginnen: Bloßstellung der eigenen Nacktheit, Aussetzung der Willkür des Publikums, Zufügung von Schmerz und Wunden. Gerade *Body-Art* und die *feministische Performance* leben von solchen Grenzgängen, von der Erschütterung des Vertrauten. Sie bescheren keine spektakulären Momente, keine Ausnahmeerfahrungen, keine exklusive Einsicht oder Niegesehenes – ganz im Gegensatz zur Esoterik, die deswegen ihr Geheimnis hütet, das zu erkennen ausschließlich Eingeweihten vorbehalten bleibt, weil sie keines besitzt und sein Ausbleiben verbergen muß. Vielmehr öffnen die performativen Künste die Beziehung zu etwas höchst Einfachem und Naheliegendem: Schlichte Würde des Ge-Gebenseins, wovon Lévinas gesagt hat, daß es »ohne Intention, ohne In-den-Blick-nehmen«, »[o]hne Namen, ohne Situation, ohne Titel« da ist und aufschließt für die »Neuheit [...] des absolut Verschiedenen«, des »Anderen, nicht Repräsentierbaren, nicht Faßbaren, das heißt eines Unendlichen, das mich vorlädt – indem es die Repräsentation [...] zerreißt«.[142] Die Gewahrung der »Gabe« des Seienden wie ebenso das Gebären des Neuen, Anderen bedarf solcher Risse; sie leiten

---

141 Ebenfalls hat Heidegger Existenz als *Ekstasis* interpretiert; aber diese Verbindung gilt nur für das »Dasein«, das heißt für dasjenige Wesen, das in das »Nichts« der Zeit hineinsteht und frei ist, sich zu deuten. Statt dessen gilt hier die Verbindung von *Ex-sistenz* und *Ekstasis* für jegliches Seiende, das anders ist, das als Andersheit entgegensteht.
142 Lévinas, Zwischen uns, S. 161 u. 165.

über vom »Was« (*quid*) zum »Daß« (*quod*), vom Bestimmten zum Unbestimmten, vom Eigenen zum Ereignen der Alterität, woraus sich immerwährende Inspiration schöpft – und woraus ebenfalls jenes »andere« Ereignis des Anderen, das Ereignis von Veränderung entspringen kann.

IX.

Die Ästhetik des Performativen tritt damit aus den angestammten Orten des Artistischen heraus. Sie verläßt das Atelier, das Museum, die für die klassische Moderne reservierten Ausstellungshallen; sie geht auf die Straße, in die öffentlichen Räume. Performationen bilden keine Narrationen, sowenig wie Ereignisse Metaphern oder Botschaften sind. Sie transportieren keine Mission, keine versteckten Anspielungen oder verborgenen Gehalte – sie durchkreuzen die symbolischen Ordnungen, sprengen sie. Ihre »Ästhetik« verbietet folglich das Schema der Erzählung. Weder gehorcht sie einer theatralen Kodierung noch der Forderung durchgängiger Lesbarkeit. Das Ereignis läßt sich nicht inszenieren, es entsteht gleichsam aus der Mitte der Texte, Zeichen und Szenarien.

Entsprechend lassen sich *Performances*, *Happenings* oder Aktionen auch nicht als kulturelle Symbolisierungen dechiffrieren, selbst wenn sie auf vielfache Weise mit ihnen verwoben sind. Zwar beruhen viele Aufführungen auf den komplexen Registern tradierter Praktiken. Sie setzen symbolisch konnotierte Materialien ein, arbeiten mit reglementierten Abläufen oder eingeübten Techniken der Improvisation; sie rufen Orte, Kontexte und Medien auf, assoziieren überlieferte Accessoires, schaffen Atmosphären. Es gibt »Partituren« und »Skripte«, bestehend aus Skizzen, Reflexionen und Notaten, die Listen verwendeter Gegenstände oder Bewegungsfiguren, Modulationen und Choreographien enthalten. Hinzu kommen Verfahren begehbarer Installationen und des *Surroundings*, des Bühnenbilds, der Requisite sowie Maske und Kostüm. Bisweilen sind mehrfache Proben, eine genaue Einstudierung der Gesten und Zeitrasterung sowie eine umfassende Regie der Töne, Farben, Lichter und Gerüche vonnöten. Zwar widersetzen sie sich bewußt ihrer Dokumentierung, brechen mit den Regeln der Aufzeichnung und Wiederholung – und verfügen doch über ein ausgeklügeltes System medialer Reproduktionen, über die sie sich gleichzeitig vermitteln und finanzieren. Dazu gehören technische Medien wie Fotografie, Video oder Tonband, zunehmend auch der Computer – sie kommen desto mehr zum Einsatz, je flüchtiger sich die Performationen gerieren. Gleichzeitig haben sie Anteil an öffentlichen Zurschaustellungen, auch wenn sie für ihre Vorführungen bevorzugt alte Fabrikhallen, dunkle Hinterzimmer oder verwahrloste Innenhöfe wählen; sie reorganisieren sich über den Markt, den offiziellen Kunstbetrieb, und beliefern die Rubriken der Kunstkritik. Kurz, performative Kunst unterliegt einem kalkulierten Umgang mit Materialien und Semiosen, sie beerbt die Instrumente des Theaters wie die Institutionen der Kunst. Selbst die extremste Aleatorik beruht noch auf konzeptionellen Überlegungen, Prospekten und Anweisungen ihrer Durchführung: Cages *Music of Changes* (1951), obwohl ausschließlich aus Zufällen erzeugt, gehört zu den bestnotierten »Stücken« der Musikgeschichte des 20. Jahrhunderts. *Und doch geht das Ereignis nirgends in ihnen auf.* »Gewiß ist das Ereignis weder Substanz noch Akzidens, weder Qualität noch Prozeß«, schreibt Foucault – »[u]nd dennoch ist es keineswegs immateriell, da es immer auf der Ebene der Materialität wirksam ist, Effekt ist; es hat seinen Ort und besteht in der Beziehung, der Koexistenz, der Streuung, der Überschneidung, der Anhäufung, der Selektion materieller Elemente.«[143] Als Ereignis bildet es weder deren Summe noch deren Funktion: Es folgt nicht der Kombination der eingesetzten Mittel, *sondern es bricht aus deren Mitte hervor*. Es geschieht – buchstäblich – »zwischen« ihnen. *Keine Struktur erfüllt je das Ereignis*: Wie sehr sich deshalb auch die Ästhetik des Performativen auf Symbole und Materialitäten beruft – stets bleibt das Ereignis anderes als das Mediale und das Symbolische oder die von diesen ins Spiel gebrachten Semiosen.

Es käme daher einer Verfehlung gleich, etwa Cages Kompositionen auf die textuelle Arbeit ihrer Überlieferung oder die Befragung der Mantik des I Ging zu verkürzen – genausowenig wie sich die Aktionen von Beuys auf sein biographisches Vokabular aus Fett, Filz, Honig oder Kupfer und Ton reduzieren lassen oder Hermann Nitschs »psychophysische« Mysterienspiele in Zitat und Wiederholung religiöser Insignien wie Blut, Fleisch und den

---

143 Foucault, Ordnung des Diskurses, S. 39.

Stationen des Kreuzgangs aufgehen. Sämtlich dienen ihre Mittel der Eröffnung einer theatralen Matrix, der Einräumung, Kartographierung und Verteilung von Plätzen, Szenen, Akteuren und Zuschauern – gleichwohl entzieht sich das Ereignis der Totalität des symbolischen Feldes. Stets geschieht es woanders; erscheint (als) Anderes: Es hebt sich vom Symbolischen ab. Das Ereignis geschieht (als) dessen Überschreitung: Es verfügt von sich her über Zeiten, Räume, Dynamiken und Zufälle. Es gleicht so der Verfügung eines Unverfügbaren. Darum läßt es sich sowenig in seine Bestandteile zerlegen wie auf eine Textur, einen Ursprung oder eine Ordnung zurückführen. Es erweist sich als irreduzibel: Es sprengt die Erwartungen, es läßt sich nicht konzeptuieren. Als Spiel eröffnet es den Zu-Fall, mithin dasjenige, was als »Los« nur »zu-fallen« kann, ohne gewählt zu sein; als praktische Intervention impliziert es den Eingriff, der Konsequenzen zeitigt, die prinzipiell nicht vorhersehbar sind; als Szene schlägt es in Fesseln und löst Wirkungen aus, die auf einem anderen Schauplatz geschehen, als die In-szenierung des Dramas selbst. Es wirkt, wie Susan Sontag schreibt, »durch die Schaffung eines asymmetrischen Netzes von Überraschungen ohne Klimax und Endpunkt«.[144]

Mit anderen Worten: *Das Ereignis, wiewohl ein Gemachtes, ist doch kein Machbares. Geplant, ist es gleichwohl nichts Planbares; konstruiert, ist es dennoch nichts Konstruierbares. Es schafft sich, vollbringt sich.*[145] Stets entfesselt es eine Turbulenz, einen nicht domestizierbaren Schwindel, der im Rücken der Akteure anderes auslöst, als diese je beabsichtigt haben oder womit sie auch nur gerechnet hätten. Deswegen nannte Heidegger das Ereignis »unausmeßbar« und »unerrechenbar«.[146] Woanders als der Wille der Beteiligten, werden diese durch es eher geformt, als daß sie es selbst formten. Impliziert ist auf diese Weise eine *strukturelle Differenz zwischen Konzeption und Geschehnis*. Sie löst jene konstitutiven Dichotomien auf, die Kunst seit je beherrschten und die noch bis zur klassischen Avantgarde gültig blieben: Trennung zwischen Produktion und Rezeption, zwischen Künstler und Publikum, zwischen dem »Werk« und seiner Deutung. Es waren diese Distinktionen, die Kunst von Nicht-Kunst schieden und dem

---

144 Sontag, Antikunst, S. 312.
145 Vgl. Mersch, Geplant aber nicht planbar.
146 Heidegger, Beiträge, S. 7.

»Werk« seine Identität sicherten. Sie werden mit der Kunst des Performativen hinfällig. Das Ereignis derangiert sie. Nicht der Künstler schafft, sondern das Ereignis gewinnt seine Manifestation jenseits aller Autorschaft:[147] »wenn der künstler untergeht fängt die kunst zu schwimmen an«.[148]

Wenn so beispielsweise Cages *HPSCHD* (1967/69) – ein ausschließlich aus Zufallsoperationen beruhendes Multimedia für sieben Cembali, 51 Tonbänder, 58 Lautsprecher, diverse Dias und Filme – ein ebenso unbestimmtes wie dichtes Knäuel aus Geräusch-, Ton-, Wort- und Bildfäden webt, das alle Gattungsbestimmungen sprengt, dann kann nicht länger von einem Bewußtsein als Mitte ausgegangen werden, das das Geschehen in seiner Gesamtheit zu kontrollieren oder aufzunehmen vermag. Nicht nur bleibt, was geschieht, in jedem Augenblick unvorhersehbar, sondern auch als Ganzes von keinem Ort aus totalisierbar. Zu vieles passiert gleichzeitig, als daß es unter einen einheitlichen Eindruck zu stellen wäre, so daß sich stets nur ein kleiner Ausschnitt und eine sich ständig wandelnde Gegenwart gewahren lassen. Es nimmt von unterschiedlichen Plätzen aus jeweils andere Gesichter und Gestalten an. Das Ereignis verschließt sich seiner Vereinnahmung; weder fügt es sich einer einheitlichen Perspektive noch bildet es ein deutbares Zeichen: Es läßt sich auch nicht verkörpern.

Und wenn darüber hinaus Robert Wilson in *the CIVIL warS* (1984) – ein auf zwölf bis vierundzwanzig Stunden angelegtes Spektakel aus 5 Akten und 16 Szenen, das in Teilen in Frankreich, Holland, Japan, den USA, Italien und Deutschland aufgeführt wurde – den Zuschauer mit einem Feuerwerk aus Sound, Video, Film, szenischem Drama, Tanz, Pantomime und Musik konfrontiert, gerät zudem systematisch die Fähigkeit zu Wahrnehmung und Interpretation in die Krise. Weder Figuren noch Rollen oder Dialoge stehen im Mittelpunkt des Geschehens, sondern allein die Unbestimmtheit des Schauplatzes, die Eröffnung einer ebenso diffusen wie chaotischen Situation, die Stimmen, Körper und Bewegungen wie freigesetzte Partikel aufeinanderprallen lassen: »Ich fange mit dem Bühnenbild an.«[149] Tatsächlich haben Wilsons Produktionen nichts mit herkömmlichen Theaterstücken ge-

---

147 Vgl. auch Ingold, Nach dem Autor fragen; Bianchi, Kunst ohne Werk, S. 68 ff.
148 Hoerle, Dilettanten, S. 200.
149 Wilson in: Kostelanetz, Imaginations, S. 136.

mein, auch nicht mit dem romantischen Ideal des »Gesamtkunstwerks«, trotz ihrer Präsentation im Theater; vielmehr bringen sie eine Reihe unzusammenhängender Objekte und Handlungen in Stellung, gleichsam um deren gemeinsamen »Klang« zu erproben: »Es gibt einen additiven Prozeß, mit Schichten und Zonen von Aktivitäten und Bildern und Zeit. Man sieht etwas auf der Bühne geschehen und dann etwas unterhalb der Bühne.«[150] Man könnte Wilsons Stücke, von denen Richard Kostellanetz gesagt hat, daß sie in ihrer Extravaganz auf keiner Theaterbühne anzutreffen seien, mit Assemblagen aus rudimentären Vorgängen und Materialien vergleichen:[151] Ihre Elemente stehen in keiner erkennbaren Relation zueinander. Dem entspricht Susan Sontags »Technik des radikalen Nebeneinander«, die sie primär für die *Events* des *New Yorker Happening* reklamierte: »Das Primäre im Happening sind die Materialien und ihre Modulationen [...]«.[152] Wilsons Theater erweist sich hiervon, wie vom Theater Artauds, inspiriert: Der Opulenz der barocken Oper verpflichtet, gemahnen seine Stücke an riesige Montagen oder *trompes d'œils*, deren Magie nicht im »Spiegel der Welt« oder dem *theatrum mundi* besteht, sondern in der »Fülle«, die buchstäblich im Sinnlichen überquillt. So wird das Publikum in ein Geschehen verwickelt, das sich im Zwischenraum heterogener Zeichenordnungen ereignet, deren Funktionieren Wilson unterbricht, um ihr jeweilig Aisthetisches freizusetzen. Was dann zählt, ist einzig die Steigerung der Wahrnehmungsintensität, die das Technische oder Kalkulierbare beständig zum Narren hält. Hinzu kommt die extreme Langsamkeit der Bewegungen. Sie rehabilitiert die unter dem Form- und Inhaltsdiktat der klassischen Ästhetik verdrängten Materialität,[153] offenbart deren spezifische Erotik, um, wie Susan Sontag wiederum in *Against Interpretation* betont,[154] das Spiel der Zeichen und ihre lesbaren Bedeutungen zu unterminieren. Nicht länger auf der Ebene der Analyse beschreibbar, ist Wilsons Theater darum, wie es Heiner Müller ausgedrückt hat, vor allem eines »der Erfahrung, nicht des Diskurses«.[155]

150 Ebd., S. 148.
151 Kostelanetz, Imaginations, S. 142.
152 Sontag, Antikunst, S. 313.
153 Vgl. dazu Pfister: Meta-Theater; ferner: Wilson, »the CIVIL. warS«.
154 Vgl. Sontag, Antikunst, S. 11-22.
155 Müller, Interview.

Der De-Skription, der »Schreibung« des Ereignisses ist folglich eine prinzipielle Unterbestimmtheit, eine Unschärfe und Unvollständigkeit zu eigen. Performative Kunst duldet keine Synthese, keinen ganzheitlichen Blick oder keine verbindende Erzählung. Sie besorgt eine Dezentrierung der Sinne, die dem Gewohnheitsrecht auf Vollständigkeit, dem Anspruch auf Übersicht und Verständlichkeit abschwört. Sie gewährt folglich nur partielle Ausschnitte und Perspektiven, zersplittert deren Beschreibbarkeit und etabliert ein überall unsicheres Feld zwischen dem Wahrnehmbaren und Nichtwahrnehmbaren. Stets bleibt so eine Differenz, ein Widerspruch zwischen Diskurs und Ereignis: Kein Bericht und keine Erzählung erscheinen zutreffend oder erschöpfend: Sie umkreisen lediglich das Ereignis. Es klafft in deren Mitte als Lücke oder leerer Raum. Das ist ablesbar anhand verschiedener Zeugenberichte: sie differieren, als handele es sich um unterschiedliche Aktionen. Solange man vom Text ausgeht, im Diskurs verharrt, die Interpretation der Zeichen privilegiert oder die Linien der Schrift verfolgt, die diese nach sich ziehen, erscheint das Ereignis als »Leere«, als Leerstelle; es verbirgt sich gleichsam als deren Nabel, als die dunkle Stätte der Undarstellbarkeit. Doch sobald man sich vom Text löst und die Skripte verläßt, sobald man sich auf die Wahrnehmung im Sinne von *Aisthesis* einläßt, auf das Entgegenkommende, das Ekstatische, wandelt es sich zur »Fülle«, zum Überschuß, zur »Gabe«, die der Beglaubigung durch den Text, des Symbolischen nicht bedarf, weil das Zeichen, die »Zeichnung« und Unterscheidung erst aus ihnen hervorgeht.[156]

Mehr noch: Das Ereignis erweist sich als selbst unteilbar. Es macht aus Kunst einen kollektiven Akt. Strenggenommen verschwindet dann ebenso die Rolle des Künstlers als eines Werkmeisters wie des Betrachters oder Hörers als Rezipienten: »Auf den Künstler kommt es nicht mehr an.«[157] Eingebunden in ein gemeinsames Geschehen gibt es nicht Zuhörer oder Zuschauer, sondern nur mehr Akteure: Das Ereignis verwandelt sie in Mitwisser oder Verschworene – auch wenn sich die meisten Happening- und Fluxus-Künstler über die lähmende Passivität und den Voy-

---

156 Zwischen dieser Spanne liegt der Unterschied zwischen dem Ereignisdenken Lyotards und dem Ereignisbegriff Derridas; vgl. dazu Mersch, Das Entgegenkommende.
157 Beuys, in: Beuys u. a., Gespräch, S. 121.

eurismus der Teilnehmer beklagten. So hängt alles davon ab, ob und wie die Partizipianten gegebenen Anweisungen Folge leisten oder nicht; manchmal gibt es auch überhaupt keine Regeln, so daß Ratlosigkeit und Verwirrung entstehen, bisweilen wird das Publikum kurzerhand aus der Veranstaltung herauskatapultiert und drückt sich am Schaufenster die Nasen ein. Was dann geschieht, beruht ausschließlich auf der Beziehung der Ausführenden zueinander, ihrer zufälligen Anzahl, ihren Bewegungen, ihrem Lärm oder ihrer Empörung: *In performativer Kunst gibt es nur Beteiligte. Gemeinsam betreten sie die Bühne des Ereignisses*: »There is thus no separation of audience and play.«[158] Viel eher, als daß ein Werk dem Betrachter als »Gegen-Stand« gegenüberträte und ihm etwas »sagte«, sind im performativen Geschehen Kunst und Öffentlichkeit aufeinander bezogen. Sie bringen sich im Ereignis wechselseitig hervor. Performative Kunst erlaubt deshalb keine einsame oder »monologische« Beziehung: Ihre Vollzugsform ist die Inter-Aktion.

Das bedeutet auch, daß sie keine Gleichgültigkeit zuläßt. Anders formuliert: Das Ereignis zwingt zu seiner Anerkenntnis, unabhängig davon, ob sich die Beteiligten dem Geschehen zu stellen oder ihm zu fliehen trachten. Es nötigt zur Re-Aktion, noch bevor es verstanden oder begriffen worden ist: *Es ersucht Antwort*. Seit alters her ist der *kairos* mit der Wiedererinnerung und dem *déjà-vu* assoziiert worden, womit aber die Plötzlichkeit der Einsicht als ein je schon Erkanntes oder Gewußtes abgetan worden ist. Die Idee der *Anamnese*, der »Wiedererinnerung«, die das Denken seit Platon bestimmt, birgt die Weigerung, das Unvorhersehbare, Unbekannte oder Fremde anzunehmen. Demgegenüber beruht die Struktur der »Rezeption« in performativen Künsten diesseits aller Distanznahme oder Hermeneutik auf der Unausweichlichkeit des Respons. Im Sprung vom »Werk« zum »Ereignis« ist insofern der Sprung von der Intentionalität zur Responsivität inbegriffen. Jenseits aller Absichten des Künstlers und der Subjektivität des Zuschauers dementiert das Ereignis deren Souveränität. Beide müssen vielmehr ihre spezifische Resonanz erst finden; sie müssen ihren Bezug eigens herstellen. Buchstäblich agieren sie im Weglosen – ohne die Chance einer Objektivierung, einer gültigen Ansicht oder richtigen Deutung oder auch

---

158 Kaprow, in: Dreher, Performance Art, S. 94.

des Ausstiegs. Es gibt keine Nicht-Teilnahme, kein Nichtverhalten zum Ereignis: Man kann nicht umhin, etwas zu tun, zu antworten. Auch das Nichthandeln bedeutet in diesem Sinne noch eine Handlung, eine Antwort; selbst wenn man ausweicht oder sich verweigert, hat man sich schon eingebracht und Stellung bezogen. Abwehr und Ignoranz sind darum so sehr Entscheidungen wie Verdrängung und wütender Protest: Sie beruhen noch auf einer Reaktion und haben insofern bereits eine Position, ein Verhältnis eingenommen.

Die Spezifik des Antwortens bedeutet daher immer schon eine *ethische Tat*. Das wird besonders deutlich an solchen Aktionen, die Opfergängen gleichen oder Scham und Peinlichkeit bis an den Rand existentieller Selbstgefährdung und Tabubrüche ausreizen. Nichteingriff gerät dann zur Komplizenschaft, Rückzug zur Unterstützung. Jede *reactio* ist schon *actio*: *Darin enthüllt sich die genuin moralische Dimension der Ästhetik des Performativen.* Sie fußt weniger auf einer rein ästhetischen Beziehung, auch wenn ihre Fundamente im Aisthetischen liegen, als vielmehr auf einer wesentlich praktischen. Das unterscheidet sie von der reinen *Aisthesis* des abstrakten Expressionismus oder des *Minimal*: Diese verbleiben allein in der *contemplatio*, der Meditation, während jene die Wahrnehmung zu einer *Ethik der Responsivität* wendet. Das bezeichnet ihre eigentliche Herausforderung, ihr immenses provokatives Potential. Jenseits des »offenen Kunstwerks« (Eco) oder fragmentarischer Interpretation impliziert sie die rückhaltlose Einlassung in ein Geschehen, das man weder gemacht noch eigens gewählt hat – das es allein zu *ver-antworten* gilt. Sie konfrontiert somit auf eine tiefe und rigorose Weise mit der Indifferenz von Ethik und Ästhetik. Sie straft die Ideologie des Ästhetischen, des *l'art pour l'art*, und die Verantwortungslosigkeit des Schöpferischen Lügen. Statt dessen bietet sie von neuem die Möglichkeit einer Restitution jener verlorenen Einheit, die Wissen, Geheimnis, *Aisthesis* und moralische Erfahrung in der Gewahrung des Ereignisses und dem Akt elementarer Responsivität noch einmal zusammenführt.

Man hat indessen gegen die Exponierung des Augen-Blicks und des Ereignisses gerade den Verlust an Kommunikativität, an Sozialität und Verbindlichkeit eingewandt. Die Kritik verkennt allerdings deren maßgebliche Dimension: Sich-Zeigen im Sinne der Erfahrung von *Ekstasis*, von *Ek-sistenz*, mithin die Gewahrung von Alterität geht dem Sozialen vorweg. Sie ermöglicht allererst die Öffnung zur Frage nach dem Sich-nicht-Fügenden, dem Numinosen in der Bedeutung des »Unantastbaren«, des Unverfügbaren *als Bedingung der Möglichkeit des Politischen, der Gerechtigkeit und sozialer Beziehung.* Kunst geschieht, qua Ereignis, in diesem Spannungsfeld. Die Ethik performativer Ästhetik beruht daher nicht auf der Sanktionierung einer Norm, sondern in der Herstellung einer Sensibilität, die allererst die Hingabe an ein Anderes, das vorgeht, zuläßt – an jene Alterität, die das Subjekt entmächtigt und seine Ansprüche und seinen Willen zurücktreten läßt. Sie berührt sich als solche mit dem Ritus, dem Religiösen.

X.

Heißt das, daß sich Ästhetik und Artistik ins Unerhörte zurückziehen, daß sie jenen magischen Raum betreten, der einst der Initiation vorbehalten war?[159] Zumindest vermag Ereigniskunst das zurückzugewinnen, was Benjamin ins Religiöse, in den Kultus verlegte und einer ein für allemal verlorenen Vergangenheit zurechnete: ihre Aura.[160] Als absolute Singularität verweigert sie sich jeglicher Wiederholung. Darin liegt wohl ihr schärfster Gegensatz zum Werk: Dieses gleicht dem Monument, das seine zeitlose Identität in den Kanon kultureller Erinnerung einschreibt, jene setzt im Ereignis der Norm der Kontinuität das Diskontinuum der Zeit entgegen. Wert, der Vergänglichkeit entrissen und dauerhaft konserviert zu werden, bilden Werke Zeugnisse einer sich verewigenden Kultur. Demgegenüber schließen Ereignisse ihre eigene Negation mit ein: Sie zelebrieren für einen Moment ihre unwiederbringliche Einzigartigkeit.

Als absolut einmaliger und einzigartiger Augenblick aber vermag Kunst wieder jene Würde zu erlangen, die sie gemäß der Diagnose Benjamins verlor. So besorgt die Singularität des Ereignisses in ihrer unverwechselbaren und nichtreplizierbaren Präsenz die

---

159 So spricht Danto von einer »disturbatorischen Kunst«, die das Wagnis unternehme, »der Kunst etwas von der magischen Kraft zurückzugeben, deren Austreibung erfolgte, als die Kunst zur *Kunst* wurde«. Vgl. Entmündigung, S. 162.
160 Vgl. Benjamin, Kunstwerk, S. 19f.

Möglichkeit einer »Reauratisierung« *im* Zeitalter technischer Reproduzierbarkeit. Allerdings bietet sie lediglich eine Bedingung, ein Kriterium, keine Notwendigkeit, weil das Singuläre mit der Sphäre des Auratischen nicht zusammenfällt. Für den »Sprung« in die Aura, ins Ekstatische aber gibt es keine Garantie, keine Anleitung, bestenfalls bleibt nur selbst ein Ereignen. Die Ästhetik des Performativen bezeugt darin ihre Haltlosigkeit, ihre Zirkularität. Das Ereignis von *Ekstasis*, das Hervortreten des »Daß«, der *Exsistenz* selbst kann ebenso ausbleiben, die Widerfahrnis von Alterität als Ankunft der Aura scheitern. Die Kluft fällt mit der Scheidung von Kunst und Belanglosigkeit zusammen. An ihr manifestiert sich die Fragilität der performativen Aktionen.

Die Diagnose Benjamins wäre also zu modifizieren. Sie tangiert jene Kunst, die im Werk aufgeht und sich ins Symbolische stellt. Sie büßt durch ihre Reproduktion ihre Einmaligkeit, ihr Auratisches ein. Hingegen widersetzt sich performative Kunst, indem sie sich jeglicher Iterabilität verweigert, der Verwandlung ins Zeichen, einer Symbolisierung. Jede Wiederholung entwertet das Ereignis, tilgt seine Effekte, macht aus ihm ein anderes Ereignis, zuweilen sogar eine Absurdität. Große geschichtliche Tatsachen, hatte Karl Marx unter Anspielung auf Hegel gesagt, ereignen sich stets zweimal: »das eine Mal als Tragödie, das andere Mal als Farce«.[161] Als anläßlich des 20. Jahrestages von Happening-Aktionen 1989 einige *Performances* von Beuys, Vostell u. a. in Köln »nachgespielt« wurden, reagierte das vormals empörte Publikum diesmal erheitert. Nichts Spektakuläres oder Provozierendes haftete ihnen mehr an: Man war gefaßt, man wußte, was geschehen würde, man hatte seine Lektionen gelernt – und: man hatte sich verändert.

Daraus folgt freilich eine höchst prekäre Lage. Denn die Rettung der Aura schlägt ins Aporetische zurück, wo sich Kunst zwischen Singularität und Wiederholung zerreibt. Als absolut einmalig und unwiederholbar bleibt das Ereignis erinnerungslos: Es löscht sein eigenes Gedächtnis mit aus. Dann läßt es sich sowenig dokumentieren wie festhalten: Es fügt sich keiner Tradierbarkeit. Kulturelle Praxis zersplittert fortan ins Punktuelle: Sie verliert ihr Band, ihren erzählbaren Faden. Sie bringt sich damit gleichzeitig um die Möglichkeit von Kohärenz. So birgt der Transfer vom

---

161 Marx, Der 18te Brumaire, S. 115.

Symbolischen zum Performativen, vom »Werk« zum »Ereignis« das Zerbersten einer Einheit. Was bleibt, sind nur mehr Spuren, unlesbare Chiffren einer zerrissenen kulturellen Identität. Etwas geschah einmal: Es ist vorbei.

Um hingegen geschichtlich zu werden, bedürfen Akte gerade jener Reproduktionen, die ihrem Wesen widersprechen. Sie rauben ihnen ihre singuläre Präsenz und verpuppen sie erneut ins Werk- und Zeichenhafte. Als Aufzeichnungen, seien es Vorstudien, Skizzen, Fotografien oder auch nur verstreute Relikte und zufällige Hinterlassenschaften, restituieren sie, was die Ästhetik des Performativen verneint, und beugen diese, gleichsam wider Willen, in den Schoß einer überlebten Tradition zurück. Dem Museum einverleibt, in Ausstellungen präsentiert und durch Film-, Video- oder Tonbandaufnahmen verfügbar gemacht, gewinnen sie jenen Status des Symbolischen und Werkhaften zurück, den sie zu überschreiten trachteten. Sie gleichen Trophäen, Reliquien oder Grabbeilagen. Dann verlieren sie, im »Paradox des Archivs« befangen, ihre Einmaligkeit, den Bann, in den sie einst zu ziehen vermochten. Kaum mehr lösen sie eigene Erfahrungen aus, sie bleiben vielmehr stumpf, leblos, bestenfalls ein Fetisch. So vermochten die über einen Zeitraum von fast 25 Jahren erstellten Pläne und Handzeichnungen von Christos *Wrapped Reichstag* (1971-95) sowenig wie seine Internetpräsentation oder die zahlreichen Foto- und Fernsehreportagen auch nur annähernd einen Eindruck davon zu vermitteln, wie die Monumentalität des verhüllten Gebäudes sich in seine Umgebung im Spiel des Lichts und der Schatten einpaßte: Weder die Maskierung und Demaskierung eines demokratischen Symbols noch, wie in den *New Yorker Gesprächen* mit Sylvère Lotringer nahegelegt wird, die Destruktion und Verschiebung der architektonischen Proportionen des Wallot-Baus oder – gleichsam als Emblem eines Endes der Geschichte – die Bedeckung des historischen Gebäudes mit einem blicklosen Leichentuch[162] entsprachen dem Ereignis, sondern die Transformation des Stoffs zur Leinwand und des Geländes zur Bühne, auf der die Millionen von Besuchern das Objekt auf ihre Weise in ein kollektives Fest der Kunst verwandelten. Zur Konzeption der Aktion gehörte die begrenzte Zeitspanne der Verhüllung, die, trotz aller Bitten des Berliner Magistrats, strikt

---

162 Vgl. Lotringer, Gespräche, S. 260f.

eingehalten wurde: Jede Verlängerung hätte sie zur touristischen Attraktion verkommen lassen und ihren Entwurf unterhöhlen können. Dagegen bewahren die zahlreichen Beschreibungen, signierten Abbildungen und Publikationen allenfalls ein Gewesenes, dessen Gedächtnis zur persönlichen Fiktion jener erstarrt, die ihm beigewohnt haben. Zurück bleibt lediglich eine unüberbrückbare Differenz, eine Kluft zwischen Ereignis und Geschichtlichkeit, zwischen Singularität und Dauer – ein Riß, der die Ästhetik des Performativen in ihrem Innersten trifft.

Dieser Riß ist Merkmal eines Dilemmas. Er ist zugleich das Siegel der »Postmoderne« und ihres Verhältnisses zur Zeitlichkeit. Was unter ihrem Titel firmiert, erweist sich als gleichbedeutend mit einer Erosion des Zeitverhältnisses, mit der Verwerfung von Geschichte unter dem Fetisch obsessiver Mediatisierung und Wiederholung. Kunst, sofern sie ihrer Entauratisierung zu entgehen versucht, wird performativ und sucht ihre Aura in der Einmaligkeit des Ereignisses zurückzuerobern. Umgekehrt bedarf sie, um sich darin öffentlich und überlieferbar zu machen, eben wieder jener Reproduktionsmedien, deren sie entsagt. Das überlieferte Ereignis aber bildet eine bereits verlorene Gegenwart; ihm eignet eine wesentliche Abwesenheit. *Kunst, als Ereignis, läßt sich nicht bewahren, und was bewahrt wird, ist nicht Kunst.* Vielmehr wird durch den Prozeß der Überlieferung das Überlieferte selbst ausgehöhlt.

Das hatte bereits Benjamin geahnt: »Die Echtheit einer Sache ist der Inbegriff alles vom Ursprung her an ihr Tradierbaren, von ihrer materiellen Dauer bis zu ihrer geschichtlichen Zeugenschaft. Da die letztere auf der ersteren fundiert ist, so gerät in der Reproduktion, wo die erstere sich dem Menschen entzogen hat, auch die letztere: die geschichtliche Zeugenschaft der Sache ins Wanken.«[163] Nachhaltig verändert sich damit der Bezug zur Historie und den Instanzen ihres Gedächtnisses. Das Geschichtliche wird, wie Kultur, überhaupt mythologisch. Dem korrespondiert eine Wut des Auflesens, die Bergung jedes noch so nebensächlichen Details: Sie bekunden keine Leidenschaft für die Geschichte, sondern bestätigen um so eindringlicher deren Verschwinden. Entsprechend entdeckt sich in bezug aufs Ästhetische eine nach zwei Seiten verschränkte Dialektik, die den Zustand des Kultu-

---

163 Benjamin, Kunstwerk, S. 15.

rellen selbst spiegelt: Die Reauratisierung der Kunst durch das Ereignis, die allein unter der Diktatur des Mediums ihr Ästhetisches wahrt, bedingt gleichzeitig den Verlust von Geschichtlichkeit, wohingegen ihre geschichtliche Tradierung den erneuten Verlust der Aura und mithin die »Entkunstung der Kunst« (Adorno) besorgt. Kunst steht heute überall unter dieser Signatur. Sie definiert deren spezifische Ver-Antwortung. Kunst ist nur »Kunst«, wo sie sich dieser zu stellen wagt; andernfalls verbleibt sie unterhalb ihrer möglichen Stellung.

IV. Aisthesis, Ekstasis, Askesis
Überlegungen zur Ethik ästhetischer Performanz

>»Wir haben die Kunst noch nicht erreicht.«
>
> *Josef Beuys*

>»If you celebrate it is art, if not is not.«
>
> *John Cage*

1. Performativität und Verbum

Performative Kunst ist Kunst ohne Werk. Sie geschieht – »mitten in der Kunst«.¹ Sie erschöpft sich im einmaligen Akt, der schlichten Geste, der singulären Handlung, im Ereignis. Sie löst die Selbstreflexion der Avantgarde, das System von Kunst als Metakunst ab. An deren Stelle rückt der offene Prozeß, das Projekt, der Augenblick, treten die temporäre Installation, die Aktionskunst, die Performance sowie Concept- und Context-Art. Kunst wird zur Zelebration der reinen Leere und Fülle. Sie erscheint als Meisterin des Nichts; ihr Metier ist die Evokation von »Wirksamkeit«.²

Allerdings weist der Begriff des Performativen Konjunkturen auf, die seinen Gebrauch verwirren. Abzugrenzen wäre er insbesondere von seiner Verwendung in der Sprachphilosophie. Wie Kunst nicht in Sprache aufgeht, so unterscheiden sich ebenfalls Kunst-Akte von Sprach-Akten, vor allem deshalb, weil es Kunst – jenseits von Text und Sprache – vornehmlich ums Zeigen geht. Hingegen gehört der Terminus des Performativen innerhalb der Sprachphilosophie zur Bedeutungstheorie; er nimmt dort den Platz des Frege-Husserlschen Modus-Problems ein, das auf der Ebene des Praktischen, der Handlung präzisiert wird. Damit fällt jedoch das Gewicht auf den Sinn und seine Konstitution, das heißt die Bestimmung des Performativen gehorcht ausschließlich dessen Fokus. Entsprechend wird der Begriff seiner eigenständigen Dimension beraubt. Verdeckt wird, was ihm genuin zu-

---

1 Vgl. Bianchi, Was ist (Kunst)?, S. 60.
2 Vgl. Jullien, Wirksamkeit.

kommt: die Faktizität des Praktischen, seine Einzigartigkeit. Jenseits des Intentionalen, auch des Textuellen und der Dekontextuierung und Rekontextuierung der Zeichen ist damit das Moment von *Setzung* markiert – »Setzung« in der Bedeutung einmaliger Statuierung. Der Vollzug von Handlungen, Akten oder Aktionen impliziert darum vor allem dies: Etwas wird in die Welt gesetzt, erhält eine Stellung, einen Ort. Zur Handlung kommt so ihre Performanz nicht als ein zweites hinzu, sondern Handlungen statuieren sich im Vollzug. Der Vollzug geschieht. Praktiken bezeichnen also nicht nur etwas Symbolisches; sie müssen auch *materialiter* aus- und aufgeführt werden. Sie gewinnen dadurch ihre Aktualität, ihre unverwechselbare Präsenz. Handlungen vollziehen sich, ohne daß schon vorentschieden ist, *was* jeweils mit ihnen gesetzt wird, *was sich vollzieht*. Am Performativen zu betonen wäre folglich das Ereignis der Setzung, die Tatsache, *daß geschieht*. Zwar inhäriert dem Ausdruck, daß Handlungen oder Praxen intentional vollzogen sein mögen, gleichwohl kommt ihnen qua Setzung ein Ereignischarakter zu, der ihr »Daß« (*quod*), nicht das »Was« oder »Wie« (*quid*) unterstreicht. Dem Daß im Sinne des Faktums der *Ex-sistenz*, des Aus-sich-Herausstehenden oder Ekstatischen eignet dabei ein Überschuß, ein *Surplus*. Es bekundet eine Differenz zwischen Intentionalität und Performativität qua Setzung, qua Ereignis.

Die Differenz kennzeichnet ein Entgehendes oder Unverfügbares, das den Konnex zwischen Performanz und Bedeutung lokkert, das bezeugt, daß wir unsere Handlungen und ihre Setzungen nicht in der Hand haben, daß etwas am Handeln einzig bleibt. Gleichzeitig ist damit ein Aspekt von Unwiederholbarkeit und Nichtmarkierbarkeit bezeichnet. Er deutet auf einen Riß zwischen intentionalem Akt und performativer Setzung hin. Er beinhaltet, daß das Gesetzte sich vom Beabsichtigten ablöst, ein Eigenleben führt. Er bedeutet zugleich, daß wir als Akteure unserer Praxen durch das Ereignis ihrer Setzung »entmächtigt« werden. Mithin kann das Performative auch nicht in einer Regel oder einer wie immer bestimmten Konventionalität aufgehen; es untersteht einer prinzipiellen Anomie. Die Handlungen werden durch diese Anomie zerschnitten. Darin enthüllt sich ihre besondere ethische Brisanz. Eine Schwelle betreten, eine Grenze überschreiten heißt, schon eine Irreversibilität einschließen, die bereits mit dem Augenblick des »Daß« der Setzung gegeben ist – und keine Normierung vermag sie nachträglich aufzuhalten. Das bedeutet auch: Vom performativen Standpunkt, dem Gesichtspunkt des Ereignens, sind wir je schon ins Ethische gestellt, so daß es schlechterdings keinen Freiraum, keine Ausnahme, keine Unterbrechung und keine Flucht gibt. Die Ästhetik des Performativen bringt diesen unbedingten Zusammenhang ans Licht; sie erfordert auf neue Weise einen Brückenschlag zwischen Ethik und Ästhetik.

Ein weiteres kommt hinzu. Denn die Performation einer Handlung beinhaltet nicht nur ihren Vollzug, sondern ebenso ihre Vorführung, ihre Präsentation. Sie stellt sich in ihrem Ereignen selbst aus. Dem Ereignis der Setzung kommt daher der Charakter eines Sich-Zeigens zu. Das ist besonders für die Ästhetik relevant. Dann wären unter »performativer Kunst« solche Praktiken und Prozesse zu verstehen, die sich in ihrem Sich-Zeigen explizit machen. Entsprechend werden die Vollzüge selbst zu ästhetischen Mitteln. Dabei erscheint der Ausdruck »Sich-Zeigen« doppelt konnotiert. *Einerseits* weist er eine nichtintentionale Kontur auf: Was sich zeigt, ist weder gewollt noch »motiviert«; vielmehr stellt es sich ein, zuweilen im Rücken der Akteure. Etwas ist gesagt, ein Werk hervorgebracht, eine Aktion durchgeführt; aber was immer sie zu bedeuten vorgeben oder welche Effekte sie induzieren, stets weisen sie auf sich zurück, enthüllen sich in ihrem Erscheinen. Sich-Zeigen meint in diesem Sinne das, was man die *Ekstasis* der Praxis nennen könnte. *Zum zweiten* handelt es sich dabei nicht mehr um einen Sinn oder um etwas Symbolisches, mithin auch nichts, was sich entziffern oder »lesen« ließe, sondern um (etwas), das nicht als ein Etwas angesprochen werden kann, was diesen aber unterliegt oder mitgängig bleibt. Das heißt, *Ekstasis* verweist auf *Ex-sistenz*. Im Sich-Zeigen offenbart sich das Faktum des »Daß« (*quod*) in seiner Faktizität. Dann geht durch die Performanz von Handlungen ein grundlegender Chiasmus. Er läßt sich als Differenz zwischen »Sagen« und »Zeigen« markieren. Er bewirkt, daß die Performationen unablässig durch ihr Ereignen durchkreuzt werden.

Die Kunst des Performativen umfaßt also Praktiken, die die Momente der Gesetztheit, des *Daß geschieht*, des Ereignens, der Singularität, der Materialität und Unumkehrbarkeit aufscheinen lassen. Dies kann auf unterschiedliche Weise geschehen: Dadurch, daß ihr Setzungscharakter exponiert wird, das bloße *factum est* des Vollzugs oder die *Ekstasis* der Handlung selbst, ihre Entwendung und Unfüglichkeit, die Entmächtigung der Subjekte, der Chiasmus. Mal wird so die Seite der *actio*, der Inszenierung betont, die die performative Kraft, den Eingriff, den Akt der Störung und Transformation gleichwie die Arbeit des Rhetorischen, die Strategien der »Dislozierung« (Derrida) der Zeichen und Orte in den Vordergrund rückt, oder aber die Seite der *passio*, der Widerfahrung, die das Aisthetische, die Aura berührt. Dabei handelt es sich nicht um Gegensätze oder Alternativen, sondern um Tendenzen. Immer geht es jedoch um ein Werkloses, ein Ereignen, das die Frage seiner Beschreibbarkeit aufwirft. Denn Ereignisse sind keine »Körper«, wie Gilles Deleuze gesagt hat; sie haben es nicht mit einer Substanz oder mit »Dingzuständen« zu tun, auch nicht mit Eigenschaften oder einer Form; vielmehr existieren sie allein als »Zwischen«, als Leerstelle inmitten der Konfiguration von Elementen oder als Bruch in der Zeit. Als Sprache rufen sie keine Nomen, sondern Verben auf. Entsprechend spricht Deleuze vom »reinen Werden«: »Platon forderte uns auf, zwei Dimensionen zu unterscheiden: 1) Jene der begrenzten und mit Maß versehenen Dinge, der feststehenden Qualitäten […], die […] immer ein Innehalten als Unbeweglichkeiten voraussetzen […]. Und 2) dann jene eines reinen, maßlosen Werdens, eines wirklichen und haltlosen Verrückt-Werdens.«[3] Als Nie-Feststehendes und Feststellbares verwehrt sich das Ereignis der Bestimmung, hält sich unter Entzug, entweicht der *stasis*, dem »Stand«, und damit auch der sprachlichen Fixierung; es »besteht« nur als »Un-Beständiges«, als Außer-sich, als *Ek-stasis*.[4] Darum unterhält es auch eine prekäre Beziehung zum Begriff, zum Namen, weil die Sprache, das Zeichen es festschreibt: Sie verwandeln das Werden in Still-Stände und machen aus dem Geschehen ein Faktum, einen Gegenstand, ein *aliquid*. Das Problem des Begriffs ist seine Identität, seine Iterabilität; kein Prädikat trifft daher das Ereignis, weil ihm im Ereignen keinerlei Gleichheit, keine Wiederholbarkeit zukommt. Es sperrt sich folglich der Aussag-

---

3 Deleuze, Logik des Sinns, S. 15.
4 Deleuze spricht dagegen von »Insistenz«, ebd., S. 20, 41. Der Unterschied besteht darin, daß Deleuze vom Medium, von der Sprache ausgeht und das Ereignis als dasjenige beschreibt, das ihrer Mitte entspringt: Es geschieht auf der Ebene struktularer Effekte. Dagegen meint der Terminus hier kein *Ent*springen, sondern ein *Heraus*springen, das zugleich *an*springt: Alterität, die angeht, berührt oder bedrängt und sich darin als ein Anderes des Mediums, der Sprache erweist.

barkeit – es läßt verstummen oder zwingt zu mehr oder weniger unpassenden Metaphern und Katachresen.[5]

Dagegen rauben Verben den Begriffen ihr Statisches und verflüssigen ihre Identität in Richtung eines Nichtidentischen: Sie entwischen dem Ort, der Räumlichkeit. Was sie beschreiben, bezeichnet kein Sein, kein Beständiges, sondern eine Zeitlichkeit: Verwehen. Die Sprache verzweifelt hier, weil sie anzuzeigen sucht, was nicht unter die Struktur eines »Sprechens-über« fällt: Verläufe, Plötzlichkeiten, Unvorhergesehenes. Sie lassen sich nicht auf der Ebene von Merkmalen und Eigenschaften diskutieren: »In den Körpern, in der Tiefe der Körper gibt es Mischungen: Ein Körper dringt in einen anderen ein und koexistiert mit ihm wie ein Weintropfen im Meer oder das Feuer im Eisen«, setzt Deleuze hinzu: »Ein Körper hebt sich von einem anderen ab wie die Flüssigkeit von einem Gefäß. Allgemein bestimmen die Mischungen Quantitäts- und Qualitätszustände von Dingen: die Dimensionen einer Gesamtheit oder eben das Rotglühende des Eisens, das Grün eines Baumes. Was wir aber mit ›wachsen‹, ›verkleinern‹, ›erröten‹, ›zu grünen beginnen‹, ›schneiden‹, ›zerschnitten sein‹ usw. sagen wollen, ist von ganz anderer Art: überhaupt keine Dingzustände oder Mischungen in der Tiefe der Körper, sondern unkörperliche Ereignisse auf der Oberfläche.«[6]

In diesem Sinne wäre das Performative generell an Verben zu binden. Das gilt genauso für die Sprachphilosophie: Sprechakte werden in ihrem performativen Anteil auf Verben in der ersten Person singular indikativ zurückgeführt: Ich behaupte, ich warne, ich flehe, ich bitte, ich suche zu verstehen zu geben, zu erklären oder mich zu entschuldigen. Handlungen sind Tätigkeiten; Sprechen erweist sich als eine Praxis, die Setzungen vornimmt, eingreift oder Grenzen überschreitet. Austin reduzierte die Untersuchung der Sprechakte überhaupt auf eine Liste von Verben, denen nicht nur unterschiedliche Gebrauchsweisen korrespondieren,

---

5 Keineswegs ist es so, wie Deleuze unterstellt, daß es »zu den Ereignissen [gehört], durch zumindest mögliche Sätze ausgedrückt zu werden oder ausdrückbar zu sein, ausgesagt zu werden oder aussagbar zu sein« – dies gilt eben nur unter der Bedingung, daß »das Ereignis« der »Sinn selbst [ist]«; vgl. ebd., S. 29, 37, 41. Daher rühren auch die anderen Schlußfolgerungen, wie die, daß das Ereignis »das [ist], was sich gerade ereignet hat, und das, was sich gleich ereignen wird, doch niemals das, was sich ereignet«; ebd., S. 24.
6 Ebd., S. 21.

sondern mit denen etwas getan oder bewirkt wird:[7] Sie induzieren Realitäten oder Effekte in der Welt. Die Transformation vom Nomen zum Verb bricht dabei mit der überlieferten Ontologie, die die Grundlage gleichermaßen für die Ästhetik bis zur frühen Moderne und der klassischen Avantgarde bildet; sie verschiebt sie von der Ding- zur Prozeßanalyse. Entsprechend hat Lévinas darauf hingewiesen, daß die Sprache nur dann als »ein System von Zeichen« verstanden werden kann, »wenn das Wort allein Nomen wäre«:[8] »Die Sprache als Gesagtes kann aufgefaßt werden als ein Nominalsystem, das Seiendes identifiziert, und folglich als ein Zeichensystem, das die Seienden verdoppelt, das Substanzen, Geschehnisse und Beziehungen durch Substantive oder durch andere, von Substantiven abgeleitete Teile der Rede bezeichnet – kurz, das bezeichnet. Indessen läßt sich die Sprache auch und mit gleichem Recht als Verb in der prädikativen Aussage auffassen, in der die Substanzen sich auflösen in Seinsweisen, in Weisen der Zeitigung.«[9] Einzig als Signifikation bliebe sie auf Ontologie und Wahrheit verpflichtet; als »Auswuchs des Verbes«[10] aber falle sie mit dem Ereignishaften selbst zusammen. Sie bezeichnete dann nicht Seiendes, sondern »ereignete« es als Ausdruck eines Geschehnisses – ein Verfahren, das Lévinas ausdrücklich mit dem Ästhetischen in Verbindung bringt. Kunst, die wie bei Schwitters sich auf die Zurschaustellung von Materialitäten kapriziert, die wie bei der Gruppe Zero auf Wirkungen im Sichtbaren setzt oder wie bei Robert Filliou und James Lee Byars sich auf die einfache Gebärde beschränkt, die wie bei Beuys, Vostell und dem Wiener Aktionismus komplexe dionysische Szenarien entwirft oder wie bei Cage sich auf die Askese des Zu-Falls zurückzieht, ist von dieser Art. Desgleichen gilt von Marina Abramovic, Chris Burden oder Günter Brus, die die körperlichen Preisgaben bis zur Peinlichkeit, zur Gewalt oder Selbstverstümmelung ausreizen, oder von Nam June Paiks und Bill Violas abgründigen Poetiken der Medien. Sie gehorchen nicht der Ontologie des Werkes, sondern existieren allein durch in Verben ausdrückbaren Manifestationen und Flüchtigkeiten.

---

7 Austin, Sprachakte, S. 74 ff., 86 ff.
8 Lévinas, Jenseits des Seins, S. 88.
9 Ebd., S. 99, 100
10 Ebd., S. 88.

2. Archäologien des Performativen 1:
Der Dadaismus

Der Moderne kann ein dreifacher Ur-Sprung zugemessen werden: *Erstens* ästhetischer Konstruktivismus oder Formalismus, *zweitens* Dadaismus und *drittens* Surrealismus. So läßt sich die Geschichte der Avantgarde aus der Figur eines Dreiecks entziffern: Konstruktivismus, Dadaismus und Surrealismus bilden die drei Seiten einer Konstellation, auf die sich sämtliche nachfolgenden Projekte beriefen und aus denen sie ihre spezifische Kraft und Dynamik bezogen. Der Konstruktivismus steht dabei für das analytische Programm der Moderne: Selbstthematisierung von Kunst *als* Kunst, Zerlegung des Bildes in seine Grundelemente, Auflösung von Raum und Orientierung sowie Dekomposition der Figur und dergleichen. Die frühe Avantgarde geriert sich als Metakunst, sie reflektiert die Beziehungen zwischen Form und Materie, zwischen Zeichen und Referenz, zwischen Bild, Skulptur, Text und Ding, schließlich die Differenz von Kunst und Nicht-Kunst. Sie mündet in das, was sich als eine »Destruktion« des Ästhetischen mit den Mitteln von *Selbstreferenz* und *Paradoxie* bezeichnen läßt. Gegen sie rückt sie eine Ästhetik der Struktur, der idealen Geometrie, der reinen Form, Farbe und Abstraktion.

Davon sind Dadaismus und Surrealismus zu unterscheiden. Sie bilden vor allem die Referenzpunkte für die späteren Aktionen, Performances und Happenings sowie für Environments, Installationen und Conzept-Art. Sie führen damit auf das, was sich als »Archäologie des Performativen« bezeichnen läßt. Im Gegensatz zum Konstruktivismus setzen sie anders an, beschränken sich nicht auf den Innenraum der Kunst, sondern entgrenzen sie in ihr Außen, machen aus Kunst etwas anderes als Kunst, werden zu Antikunst oder suchen Übergänge zu einem »anderen Anfang«. Hierher gehört die eigentliche Provokation der Avantgarde, ihr revolutionärer Gestus, ihr Angriff auf die Institutionen der Kunst, ihre Geschichtsnegation und entsprechend ihre Vorbildlosigkeit, ihre »Atopie«. Entsprechend kennen Dadaismus und Surrealismus keine Vorläuferschaft, sondern nur Nachzügler. Sie sind gleichsam sich selbst vorweg. Ihr Medium ist daher die Selbst-Setzung, die Proklamation, der pathetische Auftritt in

Form von »Manifesten« oder rhetorischen Akklamationen. Sie gehören unmittelbar zu ihrem Programm, finden sich bereits in Marinettis *Erstem Futuristischen Manifest* von 1909, das der Kunst rücksichtslos »den Krieg« erklärt.[11] »Der große Krieg, der große Krieg in der Kunst!« steht noch 1921 in dem Aufruf *Wir* von António Ferro.[12] Von Anbeginn an inszenieren die avantgardistischen Bewegungen ihre Radikalität, proklamieren sich als Fort- und Überschritt, als Vorgriff ins Übermorgen. Der Avantgardismus trägt so bereits genuin performative Züge. Und gerade weil ihm seine Legitimität, seine historische Berechtigung noch fehlt, muß er das Neue, das Andere *setzen*. In einem Akt instantiiert er zugleich sich selbst wie seine Notwendigkeit; seine Geltung ist mehr Absicht als Durchführung, mehr Theater als Umsturz. Das Gebaren seiner Antritte, die großen Gesten sind folglich Symptome einer Verlegenheit, einer Nichtankunft: Der Ausstieg aus der Geschichte geschieht zunächst auf dem Terrain der Literatur, nicht durch die Objekte oder Bilder, das heißt durch die Kunst selbst. Unterstrichen wird so die spezifische Differenz zwischen Diskurs und Artistik: Diese bleibt hinter dessen Ansprüchen zurück. Die Malerei des Futurismus unterschreitet seine Forderung, während seine Proklamationen »Regeln für eine neue Akademie« formulieren, die wiederum die Rigorosität ihrer Schöpfungen konterkarieren. Erst die Dadaisten entzündeten wahre Feuerwerke von Manifesten und Anti-Manifesten, die in ihren Provokationen, ihrer Mischung aus »Narrenspiel« und »Gladiatorengeste«, wie Hugo Ball schrieb, ersten Happenings glichen und darin die Identität von Programmatik und Artistik vollzogen: »Dada ist weder eine literarische Schule noch eine ästhetische Doktrin. [...] Dada ärgert sich über die, die ›KUNST‹, ›SCHÖNHEIT‹, ›WAHRHEIT‹ mit Großbuchstaben schreiben und aus ihnen dem Menschen überlegene Wesen machen. [...] Dada entkleidet uns der dicken Dreckschicht, die sich seit einigen Jahrhunderten auf uns gelegt hat. Dada zerstört und begnügt sich damit. Dada möge uns helfen, mit allem Schluß zu machen.«[13]

Bewußt dem Unsinn, dem Nicht-Sinn zugewandt, setzen die Texte des Dadaismus zu »Gegensetzungen« an, zu Paradoxa, die, anders als die vorangehenden Manifeste des Futurismus und Su-

11 Marinetti, Manifest, S. 5.
12 Ferro, Wir, S. 266.
13 Dermée, Was ist Dada!, S. 193f.

prematismus, Elemente der Kunstproduktion selbst darstellen. Ihre aggressive Polemik wendet Kunst in die direkte Performation, die plötzliche Revolte, die keinen Widerspruch scheut: »Ich schreibe ein Manifest und will nichts, trotzdem sage ich gewisse Dinge und bin aus Prinzip gegen Manifeste, wie ich auch gegen Prinzipien bin [...]. Ich schreibe dieses Manifest, um zu zeigen, daß man mit einem einzigen frischen Sprung entgegengesetzte Handlungen gleichzeitig begehen kann; ich bin gegen die Handlung; für den fortgesetzten Widerspruch, für die Bejahung und bin weder für noch gegen und erkläre nicht.«[14] Darum »bedeutet [Dada] nichts«; es ist »ein Wort, das die Ideen hetzt«, eine destruktive Kraft, die Tristan Tzara als »vergnügliche Maschine« apostrophiert, die weder »etwas« intendiert noch ein Ziel hat, sondern sich feiert.[15] Der ästhetische »Manifestatismus« Dadas bildet dann selbst schon eine Grenze zur Kunst, überschreitet sie, wird Aktion, Spektakel und anti-bürgerliche Revolte, die jeden Begriff von Ästhetik zu verwirren trachtet. Sein buchstäblicher Nonsens bedeutet ihre performative Selbstaufhebung. Ihr künstlerischer Sinn ist die Verweigerung der Frage nach dem Sinn: »Jedes Erzeugnis des Ekels, das Negation der Familie zu werden vermag, ist Dada; Protest mit den Fäusten, seines ganzen Wesens in Zerstörungshandlung: Dada [...]; Vernichtung der Logik, Tanz der Ohnmächtigen der Schöpfung: Dada; jeder Hierarchie und sozialen Formel [...]: Dada; jeder Gegenstand, alle Gegenstände, die Gefühle der Dunkelheiten; die Erscheinungen und der genaue Stoß paralleler Linien sind Kampfesmittel: Dada; Vernichtung des Gedächtnisses: Dada; Vernichtung der Archäologie: Dada; Vernichtung der Propheten: Dada; Vernichtung der Zukunft: Dada [...]. Freiheit: Dada, Dada, Dada, aufheulen der verkrampften Farben, Verschlingung der Gegensätze und aller Widersprüche, der Grotesken und der Inkonsequenzen: Das Leben.«[16]

Was immer also der Ausdruck »DADA« meint, ob Hugo Ball, Richard Hülsenbeck, Raoul Haussmann oder Tristan Tzara auf ihn verfielen, welche Vorgeschichte als authentisch gelten kann:[17] seine Genese und die Verschlungenheit seiner etymologischen

---

14 Tzara, Manifest 1918, S. 150.
15 Ebd., S. 148, 153.
16 Ebd., S. 155.
17 Zur Dunkelheit der Geschichte des Ausdrucks vgl. Richter, DADA, S. 30, Hülsenbeck, En avant, S. 4, Ball, Flucht, S. 296.

Herleitung gehören selbst schon zu den Mythologemen einer Bewegung, die ihre kollektive Geburt in Zürich, Berlin, Paris und New York fast gleichzeitig feierte und darin von Anfang an ihre Internationalität bewies. Keineswegs bleibt sie auf die Attitüde der Rebellion, eines lärmenden Nihilismus beschränkt; ihr Affront ist Anstoß. Keineswegs geht es demnach um »Extravaganzen und Kruditäten«, wie Benjamin notierte, aus deren »Barbarismen« er die Chiffren einer Verfallszeit las;[18] vielmehr bilden sie die Larven und Masken einer generellen Kritik von Gesellschaft und Moral im Zeichen des Ersten Weltkrieges, die weit über die Grenzen des Ästhetischen hinausreichte und ein anderes Ethos der Kunst anstrebte. »Wer von Dada nur seine possenhafte Phantastik beschreibt und nicht sein Wesen, nicht in seine überzeitliche Realität eindringt«, schrieb Jean Arp, »wird von Dada ein wertloses Bruchstück geben.«[19] »Dada hatte keine einheitlichen formalen Kennzeichen wie andere Stile«, heißt es ähnlich bei Hans Richter: »Aber es hatte eine neue künstlerische Ethik.«[20]

Deren Mittel sind die Anarchien der Boshaftigkeit, die zersetzende Kraft des Gelächters,[21] eine Art ästhetischer Karneval, wie er aus Nietzsches *Fröhlicher Wissenschaft* entgegenschallt und wie ihm Bachtin in *Rabelais und seine Welt* ein theoretisches Denkmal setzte: Inversionen der Verhältnisse, die das Gesetz und die überlieferte Ordnung umstülpen – nicht um deren vermeintlich eherne Werte noch durch ihre Kritik zu würdigen, sondern um zu sie ignorieren, zu zersetzen und von sich zu stoßen, indem sie sie verlachen: »Inzwischen haben wir uns besser besonnen. Wir glauben heute kein Wort mehr von dem Allen.«[22] Man hat das Lachen als die Rache des Ohnmächtigen bezeichnet; dagegen geriert sich Dada als kultivierter Unglaube: »Dada siebt alles durch ein neues Netz. Dada ist jene Bitterkeit, die ihr Lachen auf alles prallen läßt, was in unserer Sprache, in unserem Gehirn und unserer Gewohnheit bisher gemacht, bestätigt und vergessen wurde.«[23] Scheinbar Produkt eines verschärften Dilettantismus, einer Clowneske, die sich über alle Konventionen hinwegzuset-

---

18 Benjamin, Kunstwerk, S. 42f.
19 Arp, Traum, S. 20.
20 Richter, DADA, S. 8.
21 Ebd., S. 66ff.
22 Nietzsche, Götzen-Dämmerung, S. 90.
23 Varèse u. a., Dada, S. 225.

zen wagt, verkündet der Dadaismus den »Bruitismus«, das »primitivste Verhältnis zur umgebenden Wirklichkeit«,[24] das Chaos, den »Ohne-Sinn«, wie Jean Arp betonte, das heißt den Bruch mit Technik und Rationalität: »Dada ist ohne Sinn wie die Natur. Dada ist für die Natur und gegen die Kunst. Dada ist unmittelbar wie die Natur und versucht jedem Ding seinen wesentlichen Platz zu geben. Dada ist moralisch wie die Natur.«[25]

Im Dadaismus lediglich eine Reaktion auf die Krise des Ersten Weltkriegs sehen, wie es vielfach geschieht, greift deshalb zu kurz.[26] Statt dessen beruft sich sein Credo nicht länger auf ein Symbolisches, auf die Verdopplung des Spiels der Bedeutungen durch die systematische Produktion von Un-Sinn, sondern auf das »Andere« des Sinns, die aus dem Reich der Zeichen exilierte Materialität:[27] »Dada will die Benutzung des neuen Materials in der Malerei.«[28] Der Stoff bleibt stumm, spricht nicht, verfügt über keine besonderen Signifikanzen, es sei denn, sie werden ihm beigelegt: »Der neue Künstler protestiert: er malt nicht mehr / symbolische und illusionistische Reproduktion /, sondern er schafft unmittelbar in Stein, Holz, Eisen, Zinn Blöcke zu Lokomotivorganismen, die durch den klaren Wind des Augenblicks nach allen Seiten gedreht werden können.«[29] Er kombiniert »Klingeln, Trommeln, Kuhglocken, Schläge auf den Tisch oder auf leeren Kisten«[30] zu körperlichen Klangcollagen aus ungeschlachten Ereignissen, die Hugo Ball und Kurt Schwitters zu jenen Lautgedichten inspirierten, die die »Rauheit«, das »Fleisch« der Stimme in ihrer Blöße zum Vorschein zu bringen trachteten.[31] Gleiches gilt für Schwitters' »Merzbilder« – Materialreliefe aus Fundstücken aus der Gosse, gesammelt an einem Tag, verdichtet zu Assemblagen, Gelegenheitsbildern und kompletten Dachsbauten. Nicht die Technik, das Klebebild, die aus vielen filigranen Elementen wie Zeitungsschnipsel, Draht, Fahrkarten oder Baumrinden ver-

---

24 Tzara u. a., Manifest, S. 146.
25 Arp, Traum, S. 50; auch: Richter, DADA, S. 28, 36.
26 Vgl. z. B. Liede, Dichtung als Spiel, S. 216ff.
27 Vgl. Hofmann, Moderne Kunst, S. 489f. Zur Grundlegung einer Ästhetik der Materialität vgl. Mersch, Was sich zeigt; zur Symbolisierung des Materials um die Jahrhundertwende: ders., Deutsche Materialästhetik.
28 Tzara u. a., Manifest, S. 147.
29 Tzara, Manifest 1918, S. 151.
30 Richter, DADA, S. 17.
31 Vgl. Mersch, Jenseits von Schrift.

fugten Collagen, die Einbeziehung von Fotos, ihre Übermalung sind maßgeblich, sondern die Sperrigkeit der Materialien selbst, ihr Gegensätzliches oder Störendes, die zuweilen wie Fremdkörper herausragen, ihre ebenso grobe wie amorphe Präsenz, die im Bild eine eigene Wucht, eine Exzentrik erzeugen. Sie bilden den entscheidenden ästhetischen Beitrag des Dadaismus, wie er in der Pop-Art Rauschenbergs und im Environment seine legitime Fortsetzung fand.[32]

Am Material haftet freilich ein Ungemachtes, ein Unverfügbares: Verblichene Färbung des Papiers, Struktur und Oberfläche von Gestein, die spezifische Maserung von Holz sowie Grade seines Verfalls, seiner Fäulnis. Aus demselben Grund hatte Max Ernst mit dem Prinzip der »Frottage« gearbeitet: Abzeichnung unwillkürlicher Spuren und Linien, die ihre Schreibung einer absichtslosen Gegenwart verdanken. Sie setzen der *techne*, der künstlerischen Arbeit Widerstände entgegen; sie lassen sich nicht erfinden, höchstens vorfinden. Ihre Gewahrung erfordert Hinnahme. Ihr ist ein Ethos der *Aisthesis* immanent. Es fordert, in jeglichem Be-Gegnenden die Einzigartigkeit eines Antlitzes zu erblicken. Am Fundstück spielt zudem der Zufall mit. Seine Entdeckung markiert das »eigentliche Zentralerlebnis von Dada«, seinen schöpferischen »Kompaß«, wie Hans Richter vermerkt.[33] Er erkennt in ihm das »Wunder« (*thaumaton*) des »Da«, der Plötzlichkeit unvorhergesehener Gegenwärtigkeit.[34] An ihm expliziert sich das implizite ethische Projekt des Dadaismus.

Tatsächlich nimmt der Zufall im Dadaismus eine vielfache Prägung an – als Verknüpfung von Disparatem, als Ereignistableaus oder als Zufallsdichtungen, die bestürzende Verbindungen des Unvereinbaren inszenieren, von denen Tristan Tzara gesagt hat, sie seien voll »unverstandener Sensibilität«.[35] Allerdings hatten bereits vor 1918 andere unabhängig von der dadaistischen Bewegung mit Zufallsprinzipien operiert, allem voran Marcel Duchamp mit seinem *Erratum musical* von 1913 und seinen *Trois stoppages étalon* von 1913/14, die er rückblickend sogar als sein »wichtigstes Werk« bezeichnete.[36] Drei jeweils einen Meter lange,

---

32 Vgl. Orchard, Beredsamkeit des Abfalls.
33 Richter, DADA, S. 52.
34 Ders., Gegen ohne für Dada, S. 168, 169.
35 Tzara, 7 DADA Manifeste, S. 44.
36 Vgl. Holeczek, Mengden (Hg.), Zufall als Prinzip, S. 28.

aus einer Höhe von einem Meter herabgefallene und sich kräuselnde Bindfäden, festgehalten auf einer blauen Leinwand hinter Glas, später aufbewahrt in der *Grünen Schachtel* (1934), bilden sie zugleich eine Parodie des Pariser Urmeters – Variationen seiner räumlichen Struktur, die sich gleich einer wissenschaftlichen Versuchsanleitung durch ihre Krümmung zu einer neuen topologischen Ordnung fügen: Zu-Fall als Maß-Stab, der dem rationalen Kriterium des Urmeters entgegengesetzt wird.[37] »Dieses Experiment machte ich 1913, um Formen einzufangen und zu konservieren, die ich durch den Zufall erhalten hatte, durch meinen Zufall. Gleichzeitig wurde die Längeneinheit: ein Meter von einer geraden Linie in eine kurvige Linie umgewandelt, ohne daß er tatsächlich seine Identität (als) der Meter verloren hätte, und warf so einen paraphysikalischen Zweifel auf das Konzept, daß eine gerade Linie die kürzeste Strecke von einem Punkt zum anderen ist.«[38] Insbesondere ergibt die dreimalige Wiederholung des Wurfs, die an die Ordnung des Ritus gemahnt, drei unterschiedliche »Bilder« als Augen-Blicke oder Momente einer selbst unwiederholbaren Singularität: Nicht der Zufall ist symbolisch, bestenfalls sein Gebrauch. Er kommt ohne Verabredung oder Einwand, er stellt sich ein, unabhängig davon, ob er gewollt oder angenommen wird. Er birgt darum auch keine Negation oder Zerstörung, sondern ist produktives Prinzip, das an die Stelle des untergegangenen Künstlers als Autor rückt.[39] Er avanciert so zum »anderen Autor«, der den Ort der Kunst jenseits aller Subjektivität und Intentionalität definiert. Nichts anderes nennt die vielbeschworene Formel von der »Einheit von Kunst und Leben«,[40] die bereits auf den Jugendstil zurückgeht und in der sich sämtliche nachfolgenden Avantgardismen trafen, die gleichwohl hier ihre durchschlagendste Manifestation fand: Weder meint sie die Ästhetisierung des Lebens noch die Überführung von Kunst in den

---

37 Vgl. Spies, Es gibt eine Antwort.
38 Duchamp, zit. nach Holeczek, Mengden (Hg.), Zufall als Prinzip, S. 29.
39 Dies gilt auch für das Prinzip des *Ready-made*. Für seine Wahl spielen Zufallsentscheidung eine entscheidende Rolle; sie dienen der Ausschließung jeglichen Geschmacksurteils: »Es ist ja ungemein schwierig, so ein Objekt auszuwählen, weil man es meist nach zwei Wochen liebgewinnt oder plötzlich satt hat [...]. Die Auswahl eines Readymade muß also von der visuellen Indifferenz und von dem völligen Fehlen eines guten oder schlechten Geschmacks ausgehen.« Duchamp, in: Cabanne, S. 67.
40 Vgl. Janco, Kunst will, S. 162.

Alltag, sondern eine Identität von Ethik und Ästhetik, wie sie die »Askese« des Zufalls stiftet. Er führt in den Nicht-Ausdruck augenblicklicher Gegenwart, in das anspielungslose Auftauchen des »Daß« (*quod*) und lehrt so die Kunst die Anerkennung der bloßen *Ex-sistenz*, die nichts tut, außer sie »willkommen« zu heißen.[41]

Bezeichnenderweise beglaubigt sich die Findung des Zu-Falls durch eine Anekdote, die Hans Richter kolportiert[42] – ein mystifikatorisches Narrativ, das den Platz einer Parabel einnimmt, deren fiktive Elemente freilich eine komplette Philosophie des Zu-Falls enthüllen. Nach vergeblichen Bemühungen einer Komposition zerriß Jean Arp sein mißratenes »Werk«, um in der Auflesung der zufällig am Boden verstreuten Fetzen endlich die gelungene »Fügung« zu finden. Es handelt sich nicht, wie Richter nahelegt, um eine »Synchronizität« oder Koinzidenz, jene sinnhaften Strukturen jenseits von Kausalität, in der nach C. G. Jung das Unbewußte seine eigene rätselhafte Textur als Thema einer »anderen« Ordnung jenseits von Determination und Rationalität redupliziert.[43] Vielmehr versammelt die Erzählung die einzelnen Stufen eines transformatorischen Geschehens, die den asketischen Übungen eines Aufstiegs zu »höherer« Ordnung gleichen: *Erstens* die Zerreißung des Werkes als Akt avantgardistischer Destruktion und Selbstbefreiung; *zweitens* der Zufall als Ausbruch aus den Fesseln der Subjektivität durch die Prinzipien der Willenlosigkeit und Unvernunft; und *drittens* die Wendung von der Intentionalität zur Nichtintentionalität durch die Hinnahme der »Gunst des Augenblicks«, die der Plötzlichkeit einer Um-Kehrung bedarf. Die ersten beiden Stufen sind negativer Art, die letzte positiver. Zu ihr gehört der »Sprung« von der *actio* zu jener verwandelten Haltung, die sich der Differenz von *actio* und *passio* nicht mehr fügt: Gewahrung (*aisthesis*) als Gewährung der »Gabe« des unvoreingenommen Ge-Gebenen. Die Erfahrung des Zufalls wäre dann gleichbedeutend mit der Derangierung des Künstlers als Schaffendem: Er steigt zum Aufnehmenden, zum Empfangenden (*aisthetikos*) auf. Der Zu-Fall avanciert so zum

---

41 Vgl. Arp, Traum, S. 75.
42 Richter, DADA, S. 52.
43 Jung, Richard Wilhelm, S. 66; ferner Peat, Synchronizität. Richter bezieht sich auf Jung und verleiht dem Zufallsprinzip einen rationalitätskritischen Impetus; vgl. ders., DADA, S. 57.

Meister der Sensibilität. Sein Zauber »ist Teil [...] der unfaßlichen Ordnung, welche Natur regiert«, wie Jean Arp herausstreicht.[44] »Das ›Gesetz des Zufalls‹, welches alle Gesetze in sich begreift und uns umfaßt wie der Urgrund, aus dem alles Leben steigt, kann nur unter völliger Hingabe an das Unbewußte erlebt werden. [...] Wir versuchten uns demütig der ›reinen Wirklichkeit‹ zu nähern.«[45]

Entscheidend ist so der Wechsel in eine andere Ordnung als Ordnung des Anderen, des Ge-Gebenen als eines Zu-Kommenden. Sie rührt – ganz im Gegensatz zur Polemik Benjamins – an Aura und Gelassenheit. Ihnen entspringt das *Ethos von Aisthesis*, zu dem die Lehre des Zu-Falls allererst hinführt. »Es handelte sich darum«, heißt es entsprechend bei Hans Richter, »die ursprüngliche Magie des Kunstwerkes wiederherzustellen und zu jener ursprünglichen Unmittelbarkeit zurückzufinden, die uns auf dem Wege über die Klassik der Lessing, Winckelmann und Goethe verlorengegangen war. Indem wir das Unbewußte, das im Zufall enthalten ist, direkt anriefen, suchten wir dem Kunstwerk Teile des Numinosen zurückzugeben, dessen Ausdruck Kunst seit Urzeiten gewesen ist.«[46] Weniger geht es dabei allerdings um die Anrufung eines Heiligen, des Bezirks eines »Unvordenklichen« im Gewand des Ästhetischen, als vielmehr um jene Passage, die von der Setzung zum Ereignis führt. Sie ist der Meditation, der *contemplatio* verwandt. Der Antagonismus von »Kunst« und »Antikunst«, wie ihn Richter exponiert, impliziert den Überschritt vom Wollen zum Nicht-Wollen, zur Haltung des Nichteingriffs, zur Bereitschaft für die Einlassung in das, was sich zeigt. Sie verwandelt Kunst in eine Praxis der »Einübung«, der *Askesis*, die in jedem Zukommenden die Spur des Anderen entdeckt: Jenes, das sich nicht in Besitz nehmen, unter eine Kategorie zwingen oder der »Zeichnung« des Mediums, der »Sprache« der Form unterwerfen läßt. *Aisthesis* und *Askesis* gehören damit zusammen. Sie zeitigen Momente eines Umschlags, an dem das rationale Weltbild des europäischen Denkens kippt: *Umsturz und Verwandlung des Bezugs zu Begegnung und Seinlassung des Anderen, Ungemachten und Unverfügbaren*, wie es ebenso die Kunst

---

44 Arp, Traum, S. 52.
45 Ebd., S. 74. Der Ausdruck »Unbewußtes« fungiert hier nicht als psychoanalytischer Begriff, sondern verweist auf ein Nichtintentionales.
46 Richter, DADA, S. 59.

des Zen erlaubt: *kairos* einer ebenso aisthetischen wie ethischen Erfahrung der Gabe der *Ex-sistenz* als Ereignis.[47]

3. Archäologien des Performativen 2: Der Surrealismus

Demgegenüber hat der Surrealismus einen alternativen Weg eingeschlagen, der gleichwohl in eine verwandte Richtung führt: Poetik der Zeichen, die nicht den Sprung aus dem Symbolischen wagen, der Zerstreuung seiner Ordnung, sondern dessen immanente Verschiebung, seine Metonymie suchen. Kunst geht nicht in der Praxis *aisthetischer Askesis* auf; sie wird, gemäß der Ästhetik Heideggers, Blanchots und des späteren Strukturalismus zu Dichtung. Sie operiert im Rhetorischen. Ihre Arbeit bedeutet folglich eine Prozedur des Medialen, nicht des Amedialen, auch wenn sie mit der *écriture automatique*, dem »reinen psychischen Automatismus«[48] ähnliche Verfahren wie der Dadaismus benutzt. Doch differiert beider Evokationen des Zufalls; sie haben andere Wurzeln, andere Ziele. Der surrealistische Zufall dient nicht der Vorbereitung auf die Ankunft des Ereignisses, sondern der Vervielfältigung und Streuung des Sinns. Sein Vorbild ist die psychoanalytische Technik der »Assoziation«,[49] allerdings mehr in ihrer Lacanschen Version, dem eigentlichen Surrealisten der Psychoanalyse: Ausschaltung des Bewußtseins bei freier Schreibung (*écriture*) signifikanter Ketten aus den Labyrinthen des Unbewußten. Dessen Ordnung ist Sprache, freilich keine, die etwas sagte und darin der Logik der Rationalität gehorchte, sondern eine, die sich durch die unwillkürlichen Verknüpfungen libidinöser Markierungen zeigte – denn es gibt »schlechterdings keinen Anspruch«, wie Lacan sich ausdrückt, »der nicht irgendwie durch die Engführungen des Signifikanten hindurchmüßte.«[50] Entsprechend funktioniert die Sprache des Unbewußten nicht als Diskurs, sondern als eine Rhetorik der Übertragung, deren Figura-

---

47 Nicht zufällig lassen die romanischen Sprachen dieses Spiel der Assoziation, der Verbindung von »Gabe« und »Präsenz« zu: »présent«.
48 Breton, Manifeste, S. 26.
49 Ebd., S. 15.
50 Lacan, Drängen des Buchstabens, bes. S. 41 ff.; sowie Subversion des Subjekts, S. 173 f. u. Poes »Der entwendete Brief«.

tionen sich der Duplizität von Metapher und Metonymie verdanken. Der Surrealismus sucht dann keine Steigerung des Unsinns, kein Sinn-Anderes, das den Effekten des Symbolischen entkommt, sondern den *Wider-Sinn*: Überzeichnung des Sinns bis an die Barrieren des Sinnlosen, um die etablierten Bedeutungsnetze in Bewegung zu versetzen und der »Kontrolle durch die Vernunft«[51] zu entziehen. *Ihre theatrale Form ist das Paradox*: Es reformuliert das Prinzip der Imagination auf dem Feld der Sprache. Breton ruft ihre Souveränität in den *Surrealistischen Manifesten* im Namen des Menschen, dem »entschiedenen Träumer« aus, um ihr erneut zu »ihren alten Rechten« zu verhelfen: »Schöpferin neuer Formen, fähig also, alle Strukturen der Welt, offenbare oder nicht, in sich zu begreifen.«[52]

Vor allem Man Ray, Magritte und Max Ernst haben systematisch solche Paradoxa als Stilmittel des »Unlösbaren« eingesetzt und zu katachretischen Bild- und Objekt-Manövern ausgearbeitet, die die »Zaubergewebe des Unwahrscheinlichen« und »Wunderbaren« zu offenbaren trachten.[53] Dabei geht es nicht um einen Taumel der Orientierungslosigkeit. Der Widerspruch bezeichnet keinen vergnüglichen Selbstzweck, kein unverbindliches Vexierspiel, das der Wahrnehmung Rätsel aufgibt; vielmehr rührt der Surrealismus an die Praktiken der Subversion, der Störung, die im Inneren des Symbolischen eine Haltlosigkeit installieren, um es ins Ereignis der Differenz, des Unter-Schieds zu bringen. Performativität beruht hier auf solcherlei Akten des Differierens: Sie sucht die festgefügten Bande zwischen Zeichen und Gegenständen zu zerreißen. Dann treten sie gegeneinander an, verselbständigen sich und behaupten ihre jeweils eigenen Gewichte. Die Poetik des Surrealismus ist so vor allem eine des »frei flottierenden Signifikanten«, ein Tanz beweglicher Bilder, Dinge und Worte.

Die Prozedur kann exemplarisch anhand von Magrittes Bildrätseln wie *La clef des songes* (1927-30), die Serie *Ceci n'est pas une pipe* (1928-1966) oder *Le masque vide* (1928) und *L'usage de parole* (1927-28) demonstriert werden.[54] Die Sequenzen reflektieren nicht nur Probleme des Mimetischen und des Zeichens als

---

51 Breton, Manifeste, S. 26.
52 Ebd., S. 11, 15 u. 132.
53 Vgl. ebd., S. 19f.
54 Vgl. Schiebler, Die Kunsttheorie Magrittes; Lüdeking, Die Wörter und die Bilder, S. 58ff.; Böhme, Theorie des Bildes, S. 47ff.

spezifisch ästhetisches Instrument, sondern stellen überhaupt die Frage nach der Beziehung zwischen Bild und Welt, Sprache und Wirklichkeit. So werden nach der Manier eines *Orbis pictus* Gegenstände und Namen miteinander konfrontiert, freilich auf eine verwirrende Weise, indem die konventionellen Beziehungen durchbrochen werden. Überall spielt Magritte mit Piktogrammen, deren Abbildungen durch die unterlegte Textur gleichsam verraten werden. Die Tafeln scheinen auf diese Weise das Verfahren der Illustration zu karikieren. Die Darstellungen, die mit der Geste des Definitorischen daherkommen und einem Lehrbuch oder Lexikon entnommen sein könnten, dementieren zugleich das System der Namensgebung und entlarven es eben dadurch als Dressur. In dem kleinen surrealistischen Essay *Les Mots et les Images*, der 1929 in der Zeitschrift *Le Révolution surréaliste* erschien, multipliziert Magritte zudem die inszenierte Un-Ordnung, indem er die semiologischen Medien Wort und Bild gleichsam zu einem Kampf antreten läßt. Weder subordiniert die Schrift das Bild noch dominiert dieses den Text, vielmehr »begegnen« sie einander im Status prinzipieller Gleichrangigkeit: »Ein Gegenstand begegnet (*rencontre*) seinem Bild, ein Gegenstand begegnet (*rencontre*) seinem Namen. Es kommt vor, daß Bild und Name dieses Gegenstandes sich begegnen (*se rencontrent*).«[55] Die Begegnung ist Vorkommnis – *occurance* –; sie ereignet sich. Signalisiert ist auf diese Weise ein zufälliges Zusammentreffen ohne Primat nach der Art der Saussureschen »Assoziation« von Signifikant und Signifikat: Ihre Verbindung erweist sich als »unmotiviert«.[56] Ebensowenig besteht zwischen Diskurs und Malerei eine Komplizenschaft; vielmehr gehen sie getrennte Wege, die nur gelegentlich zusammenlaufen, ohne »sich verabredet zu haben«, wie Jean Cocteau mit Bezug auf die Arbeiten De Chiricos bemerkte:[57] Okkasionalität, die einzig durch das Tableau verbürgt wird, auf dem sie geschieht.

Das heißt zugleich: Das Spiel der Bedeutungen gehorcht weder einer sozialen Norm noch einer sie generierenden Regel. Dekuvriert wird vielmehr seine prinzipielle Grundlosigkeit, die stets auch andere Möglichkeiten zuläßt. Die Worte und die Bilder

55 Magritte, Die Wörter und die Bilder, S. 43.
56 Saussure, Linguistik und Semiologie, S. 337ff., 422; ders., Sprachwissenschaft, S. 79.
57 Cocteau, De Chirico, S. 175.

funktionieren folglich disparat: Sie berühren und überschneiden einander wie Nähmaschine und Spazierstock auf dem Seziertisch, um sich in immer neue Paarungen fortzupflanzen: »Die erste weisse Zeitung / des Zufalls / Wird das Rot sein.«[58] Der Prozeß der Signifikation gleicht dann dem unerschöpflichen Verfahren der Metaphernbildung: Sprache und Bild gestatten durch Dislokation des Gesagten und Gezeigten permanente Überschreibungen, die dem ähneln, was Lacan als »Transposition« bezeichnete: Umbesetzung eines Tableaus von Relationen und Variation ihrer Orte, die ebenso Katastrophen wie Befreiungen auszulösen vermögen – denn in beiden lauert der Wahnsinn als Paralyse wie auch die Möglichkeit einer Produktivität. Der Kraft der Phantasie sind demnach keine Grenzen gesetzt. Die Repräsentation herrscht an der Oberfläche, in deren Tiefe sich eine Poetik der Bilder entfacht, die keiner verborgenen oder geheimen Textur gleicht, wie Freud die Träume und ihre Verschlüsselungen deutete, sondern eine Leere aufdeckt: *Arbitrarität des Symbolischen, die eine Autarkie der Zeichen impliziert.* Genau dies hatte auch Magritte in seiner Schrift über die Wörter und die Bilder angedeutet: »Ein Gegenstand hängt nicht so sehr an seinem Namen, daß man für ihn nicht einen anderen finden könnte, der besser zu ihm paßte«; dazu abgebildet ein Laubblatt, versehen mit dem Hinweis »Le canon«.[59] Der Abschnitt variiert das Thema der Arbitrarität, der Selbständigkeit zweier Genres, deren Elemente ihre jeweils eigene Sprache sprechen, die zuweilen wie unvereinbare Blöcke nebeneinanderstehen, zuweilen auch aneinandergeraten und sich vermengen können. Alles kommt nur auf die Beziehungen zwischen ihnen an: Es geht nicht um die Worte und die Dinge im einzelnen, sondern allein um die Relationen der Zeichen zueinander und die Ordnung der Klassifikation, die sie dem Realen vorgeben.

Entsprechend markieren die ästhetischen Paradoxa Magrittes das Extrem eines Umsturzes. Sie invertieren jene Ordnung des Symbolischen, die ihre Geltung allein den überlieferten Konventionen des Sozialen verdankt und die sie durch die »sanfte« Revolte der Poesie außer Kraft setzen: Losgelassene »Ordnung der Dinge« – wie denn auch die Lektüre des gleichnamigen Buches von Michel Foucault, das deren historische Relativität aufzeigt

---

58 Breton, Manifeste, S. 40.
59 Magritte, Die Wörter und die Bilder, S. 43.

und für Magritte den Anlaß gab, dem Autor einige Drucke seiner Arbeiten zuzusenden.[60] Surrealismus und strukturale Semiologie kreuzen damit ihre Wege: *Die Autarkie des Symbolischen beschwört die Autonomie des Poetischen*, wie sie Julia Kristeva für die literarische Avantgarde der Moderne, vor allem am Beispiel Mallarmés, Lautréaments, Artauds oder James Joyce' aufgewiesen hat. Das »Reale« erweist sich nicht minder als eine Chimäre als das »Imaginäre«, wenn darunter die freie Einbildungskraft des Subjekts verstanden wird, das seine Inspirationen aus seinem Innern schöpft; sie sind vielmehr Wirkungen des Symbolischen selbst, »Luftgebilde« (Barthes), die ihren Grund nicht in einem »Außen« oder einer »Ähnlichkeit« finden, sondern in der Differenz, die sie zu lauter Verweisungen und Verweisungen von Verweisungen forttragen. »Nimmt man das austauschbare Ding auf der einen Seite [...], auf der anderen die co-systematischen Terme, bietet das keine Verwandtschaft«, denn »das sprachliche/linguistische Zeichen [ist] von seiner Natur her beliebig«,[61] hatte im selben Sinne Saussure notiert. Der Punkt wird im *Cours de linguistique générale* als »erster Grundsatz« einer Theorie des sprachlichen Zeichens ausgewiesen, der deutlich macht, daß die Zeichen zu ihrem Anderen einzig in der Beziehung anderer Zeichen stehen. Sie genießen damit eine Freiheit, die die Frage ihrer Verbürgung nicht mehr zuläßt. Keinesfalls darf dies jedoch mit der souveränen Geste einer »freien Wahl der Person« verwechselt werden – auch Magritte legt solches nicht nahe –; vielmehr meint der Ausdruck »frei« lediglich frei »im Verhältnis zum Bezeichneten«, womit die Zeichen »in Wirklichkeit keinerlei natürliche Zusammengehörigkeit« besitzen.[62] Anders ausgedrückt: Die Zuordnungen zwischen Zeichen und Welt können auf keine andere Weise garantiert werden als durch ihre fortgesetzte Interpretation: »Das ist unser Glaubensbekenntnis«, betonte Saussure: »In der Linguistik verneinen wir im Prinzip, daß es gegebene Gegenstände gebe.«[63]

Die Auffassungen Saussures und Magrittes konvergieren folglich am Ort der Kontingenz des Symbolischen. Beide steuern da-

---

60 Vgl. Briefe Magrittes an Foucault, in: Foucault, Pfeife, S. 55 ff., sowie Foucaults Untersuchungen ebd.
61 Saussure, Linguistik und Semiologie, S. 402 f.
62 Ders., Sprachwissenschaft, S. 80.
63 Ders., Linguistik und Semiologie, S. 301.

mit von entgegengesetzten Enden her auf dasselbe Ziel zu: Sprache als genuine Poetologie. Saussure geht es um die Analyse ihres »Systems«, in dem die Zeichen durch willkürliche »Schnitte« konstituiert werden und ihre Anordnungen durch die Register »syntagmatischer« und »assoziativer« Verkettungen ebenso begrenzt werden wie sich fortschreiben.[64] Magritte geht es umgekehrt um die Öffnung dieser Ketten, ihre Frei-Setzung, um noch die entlegensten Verbindungen zuzulassen und so der Überraschung eine Ortschaft zu verleihen. Gegen die nüchterne Sachlichkeit der wissenschaftlichen Vernunft, die die Luftwege der Phantasie abzuschnüren droht, hat der Surrealismus darum die Traumproduktion der Montage gesetzt: Schneidung und Kombination von Texturen unbekannter Herkunft, deren bizarre Szenarien einer Welt zu entstammen scheinen, die buchstäblich zu Träumen anfängt.[65] »So träumt man nicht, keiner träumt so«, hatte dagegen Adorno dem Surrealismus vorgehalten.[66] Doch ging es diesem keineswegs um die Imitation nächtlicher Wunschproduktionen, sondern um die Forcierung der Kräfte des Poetischen, die in den Strukturen selbst liegen. Weder bildet der Surrealismus einen Hyper- noch einen Hypo-Realismus, sondern vielmehr eine semiologische Ästhetik, die die Ordnungen des Symbolischen zu entgrenzen trachtet. Treffend resümiert deshalb Benjamin, daß »Laut und Bild und Bild und Laut mit automatischer Exaktheit derart glücklich ineinandergriffen, daß für den Groschen ›Sinn‹ kein Spalt mehr übrigblieb [...]: ›Nach Ihnen, liebste Sprache.‹ Die hat den Vortritt.«[67]

Ganz bleibt dabei der Surrealismus auf der Seite der Ästhetik –

---

64 Vgl. ders., Sprachwissenschaft, S. 147ff.
65 »*Rappel à L'ordre*« lautete eine Schrift mit Aufsätzen Cocteaus, die 1926 in Paris erschien: Ruf zur Ordnung, der zugleich ein Ruf zur Unordnung war, ein Appell an die Ästhetik der An-Archie. »Wir leben noch unter der Herrschaft der Logik«, heißt es ähnlich im *Ersten Surrealistischen Manifest* Bretons. »Unnötig hinzuzufügen, daß auch der logischen Erfahrung Grenzen gezogen wurden. Sie windet sich in einem Käfig, und es wird immer schwieriger, sie entweichen zu lassen. [...] Unter dem Banner der Zivilisation, unter dem Vorwand des Fortschritts ist es gelungen, alles aus dem Geiste zu verbannen, was zu Recht oder Unrecht als Aberglaube, als Hirngespinst gilt, und jede Art der Wahrheitssuche zu verurteilen, die nicht der gebräuchlichen entspricht. [...] Ich fordere, daß man schweigt, wenn man nicht mehr fühlt.« Manifeste, S. 15f.
66 Adorno, Surrealismus, S. 102.
67 Benjamin, Sürrealismus, S. 296f.

nicht zu verstehen als einer *Aisthesis*, sondern als einer medialen Artistik, die den Ausbruch im Innern der semiotischen Systeme probt. Er statuiert auf diese Weise mit den Mitteln des Ästhetischen Exempel einer artistischen Utopie, die tief in die Strukturierung des Sozialen und dessen Veränderungen hineinreichen. Seine Poetik ist Sprengung. Ihre phantasmagorischen Abenteuer treffen den Konventionalismus der Zeichen, ihr Regime, die sich des Wunsches bemächtigen und sein Begehren fesseln. Sie fußen auf »Abrichtung« (Wittgenstein), auf der Gewalt von Inskriptionen. Dagegen destabilisieren die magischen Kräfte des Poetischen deren Macht und untergraben ihre Legitimität. Ihre gelösten Signifikanten tanzen aus der Reihe. Das »Ereignis« der Erschütterung beruht auf solchen Momenten destituierender »Loslösung«. Sie bringen die Ordnung des Symbolischen ins Wanken. Die Ästhetik des Surrealismus bezeugt darin ihre revolutionäre Potenz. *Ihr performatives Ethos erweist sich als wesentlich politisch. Ihr Thema ist Freiheit. Doch stellt sie damit das Thema des Performativen ganz unter die Macht der Aktion.*

4. Schamane und Seher: Beuys

Nahezu sämtliche performativen Strömungen der Kunst des 20. Jahrhunderts beziehen ihre Impulse aus dem Zusammenspiel von Surrealismus und Dadaismus.[68] Mark Rothko beruft sich auf das Erlebnis der New Yorker Surrealismus-Ausstellung genauso wie Allan Kaprow und die Kunst des Happenings.[69] Rauschenberg schließt sich, wie Kienholz und die *Arte povera*, an die dadaistische Assemblage an, während Pop-Art Duchamps Readymades beerbt. Auf die dadaistischen Provokationen folgen die verschiedenen Fluxus-Aktionen, wie umgekehrt der Wiener Aktionismus und Performance-Art an die poetische Rebellion des Surrealismus erinnern. Sie proben ebenso den gesellschaftlichen Umsturz aus dem Geist der Kunst wie die Radikalisierung des Ästhetischen zur *Aisthesis*. Im ersten Falle operieren sie entschieden dionysisch, im letzten asketisch. *Sie teilen das Feld des Ästhe-*

---

68 Dies bestreitet keineswegs die Bedeutung des Konstruktivismus. Soweit er in den abstrakten Expressionismus und die Leere der Bildlichkeit mündet, liegt seine Stellung vornehmlich in der Restitution *reiner Aisthesis*.
69 Vgl. Sontag, Antikunst, S. 314ff.

tischen – wie die antike Postsokratik – in Kynik und Kyrenaik, in stoische Reserve und epikureische Lust, auch wenn sich ihre Potentiale unablässig mischen. Dabei handelt es sich um abstrakte Typisierungen – Klassifikationen, die ein Ungeschiedenes analytisch durchschneiden, um entlang der Schnittlinien unterschiedliche Tendenzen sichtbar zu machen, die die spezifische Dynamik der Nachkriegskunst determinieren. »Dadaismus« und »Surrealismus« wie »Kynik« und »Kyrenaik« fungieren so als Topoi, nicht als Stile. Sie verkörpern disparate Ethiken der Ästhetik, die in den Gesamtprozeß der Kunst eingehen und eigenwillige Synthesen diesseits und jenseits der Avantgarde erzeugen: Als Reauratisierung und Sehnsucht nach einer neuen Spiritualität, als ästhetischer Utopismus oder visionäre Geste, als direkte politische Aktion oder als Eingriff in die Ordnungen der Zeichen. Man könnte entsprechend von »Kräften« sprechen, die die ästhetischen Praktiken seither durchfurchen, an denen sie ebenso teilnehmen, wie diese sie auf mehr oder weniger intensive Weise modifiziert haben.

Ihnen lassen sich gleichermaßen – nicht minder typologisch – Geographien zuordnen, in denen sich unterschiedliche Geschichten spiegeln. So hat der »Kynismus Dadas« stärker auf die Anarchien der amerikanischen Avantgarde der 50er und 60er Jahre eingewirkt, während die »surrealistische Kyrenaik« vornehmlich für die verspätete Exzentrik der europäischen Aktionskunst der 60er und 70er Jahre verantwortlich war. Dort blühten die spekulativen Phantasmen des Asiatischen, das *ex oriente lux* im Gewand von Zen, dem Heil der Wüste und den Koans der Stille, die bei *sich* anfingen, um das Ganze zu transformieren – hier dominierte demgegenüber das Dämonische, die Ungeduld des gesellschaftlichen Umsturzes, die, aus dem besonderen Verhältnis Europas zur Tradition, seinem stets träumenden Blick nach Vorwärts, die Vergangenheit insgesamt zu überwerfen suchte – die folglich auch beim Ganzen begann, um das Einzelne zu überwinden. Erstere finalisierte eine Kritik des Denkens und seines »Willens zum Wissen« auf der Suche nach einem »anderen Anfang« (Heidegger); letztere eine Kritik der Macht durch die Bildungskraft der künstlerischen Produktivität: »Die Phantasie an die Macht«. Die Kynik Dadas gerierte sich darum vornehmlich rationalitätskritisch, die surrealistische Kyrenaik entschieden politisch. Beide dokumentieren somit eine veränderte Position zur Geschichtlichkeit, zur Grenzerfahrung von Kunst. Ihre Differenz wird zum Hof der Möglichkeit eines Anderen insgesamt: Einerseits als zurückschauender Vorblick, der die gesamte Historie als Fundus anerkennt und dessen Affekte um so aggressiver und kompromißloser ausfallen, je dichter, widerständiger und klebriger sich diese erweist; andererseits als Desinteresse, als Verweigerung, die der Kunst von vornherein eine mystische, eine religiöse Stellung einräumt.

Beide Wege bis zum Äußersten gegangen zu sein, sie vermittelt und gegeneinander »aufgehoben« zu haben, ist das Verdienst der beiden exemplarischen Antipoden Beuys und Cage. Wie kaum andere haben sie das Gesicht der Kunst der noch immer unvollendeten Ära geprägt.[70] In ihnen konvergiert die Unruhe des Zeitalters ebenso wie in den Philosophien Adornos und Heideggers. Beuys' Emphase gilt dabei vor allem der *Arbeit*, dem elementaren Be-Wirken, der »Evolution« des Menschen durch die Kunst. Er hat so dem überlieferten Kunstbegriff seine Grundlage entzogen und Kunst bis ins Bodenlose, zur buchstäblichen Gleich-Gültigkeit zu seinem Anderen hin entgrenzt und aus ihr ein Handeln, eine andauernde Praxis der Selbststeigerung gemacht. Hauptimpuls bildet nicht die Revolte, die Erneuerung des Kunstbegriffs, sondern die Neudefinition des Künstlers, die Frage nach seiner Rolle in der Gesellschaft, dem »Phantom Kultur«. Es handelt sich dabei nicht um eine neuerliche Steigerung von Ausdrucksmitteln, die Einbeziehung neuer Materialien und Sujets, sondern um die Um-Schreibung des Ästhetischen von der *techne* und *poiesis*, die sich der Stoffe bedient, zum *Tätigsein*, der Bildung im Umgang mit Anderem als einem Gegenüber. Beuys' »erweiterter Kunstbegriff« hat diese Bedeutung. Er impliziert gerade nicht – darin liegt das Schiefe, die Unschärfe seines Ausdrucks – die Ausdehnung der Kunst auf andere, unentdeckte Bereiche, gleichsam als eine Eroberung noch ungenutzter Ressourcen; er lädt auch nicht dazu ein, das Verständnis von Kunst um eine weitere Drehung zu zentrifugieren, vielmehr geht es im Wortsinne um dessen »Radikalisierung« – *seine* »*Wendung« ins Prinzip der Gestaltung selbst*. Das Tragende ist folglich die *creatio*, der Prozeß der Kreativität. Im

---

70 Wollte man ein vollständiges personales Bild der Epoche zeichnen, müßte als Dritter Warhol hinzutreten; vgl. auch Mersch, Art & Pop. Hier interessiert freilich lediglich der Bezug zum Performativen, zu Kunst als »Ereignis«.

Künstlerischen entfaltet sich nach Beuys das anthropologische Fundament der Gattung, ihre eigentliche »Wurzel«. Weder das Ökonomische im Sinne des *homo faber* noch das Politische, die Vernunft oder das Symbolische in den Bedeutungen des *zoon politikon* (Aristoteles), *animal rationale* (Descartes) oder *animal symbolicum* (Cassirer) bestimmen den Menschen; vielmehr schafft dieser sich selbst als *homo creator*, als das universell schöpferische Wesen, das freilich noch seiner Selbstentfaltung harrt: »[D]er Knotenpunkt ist unser Arbeitsbegriff. Der hängt zusammen mit dem Kunstbegriff.«[71]

Kunst, als »Anthropologem«, avanciert so zum »Ausgangspunkt aller weitergehenden Produktion in jedem Arbeitsfeld«, zur »Ur-« oder »Basisproduktion« schlechthin.[72] Beuys' Kunstbegriff verkörpert damit ein humanistisches Ideal: »In der Mitte steht der Anthropos.«[73] Schon das Denken wird zum »skulpturalen Prozeß«, wie es in den Werkstattgesprächen *Was ist Kunst?* heißt: »[V]orausgesetzt [ist] immer, daß man den Begriff der Skulptur oder der Kunst so stark erweitern will, daß man auf diesen anthropologischen Punkt kommt, wo Denken bereits eine Kreation [...], also plastischer Vorgang ist.«[74] Das läßt sich nach beiden Seiten lesen: Kunst ist sowohl Denken als auch das Denken Kunst. Zu ihr gehören nicht nur die Idee, die Vorstellung, das Experiment, sondern ebenso die Bewußtwerdung, die allseitige Forschung, die Gestaltung der Welt: »Mein Begriff von Plastik ist sehr universell.«[75] Folglich existiert auch keine Trennung mehr zwischen dem Ästhetischen und dem Nichtästhetischen, dem Sozialen, Wissenschaftlichen und Artistischen, vielmehr ist der »erweiterte Kunstbegriff« Ausdrucksform des gesamten Lebens: »Wenn Du ein waches Auge hast für das Menschliche, kannst Du sehen, daß jeder Mensch ein Künstler ist.«[76] Das impliziert keine Forcierung der künstlerischen Arbeit, keine ins Beliebige gesteigerte Produktivität, auch keine uferlose Freisetzung des Spiels der Einbildungskräfte ohne Grenzen oder Maßstäbe, die aus der

---

71 Beuys, in: Harlan, Was ist Kunst?, S. 33. Insbesondere spricht Beuys vom »Creator-Prinzip«; in: Bodemann-Ritter (Hg.), Josef Beuys, S. 67.
72 Ebd., S. 14f.
73 Ders., in: Beuys u. a., Ein Gespräch, S. 100.
74 Ders., in: Harlan, Was ist Kunst?, S. 23 u. 81.
75 Ders., in: Bodemann-Ritter (Hg.), Josef Beuys, S. 86.
76 Ders., in: Beuys u. a., Ein Gespräch, S. 109; auch S. 115f.

Kunst eine entfesselte Maschine narzißtischer Selbstdarstellung machte[77] – dies gilt für die Epigonen von Beuys –, sondern die beharrliche Entwicklung jener verborgenen Kräfte des Schöpferischen, die allererst die Veredlung des Menschen besorgt: »[I]ch muß ja die Dinge bestimmen, von einem Schöpferischen her.«[78] Mit anderen Worten: Aus Kunst wird ein ganzheitliches Geschehen, ein Vorgang der »Plastizität« in der allgemeinsten Bedeutung des Ausdrucks. Das ästhetische Projekt ist folglich »Gestaltungsaufgabe im Ganzen«,[79] Befreiung der »Fähigkeit aller Menschen«[80] – Kunst also »eine Art von Freiheitswissenschaft«.[81]

Entsprechend begreift Beuys das Künstlerische nicht im Bezug auf sein Produkt, sein Resultat, sei es ein »Werk«, ein Monument oder auch eine Aktion, eine Handlung, sondern als Permanenz einer Selbstverwirklichung, als Tätigsein im Goethesche Sinne.[82] Das Zentrum bildet also nicht die künstlerische Leistung der *inventio*, das Hervorgebrachte, *sondern die Kunst insgesamt erscheint als Werk. Das heißt auch: Sie gewinnt einen existentiellen Sinn.* Sie bleibt wesentlich unabgeschlossen. Ihr Glaubensbekenntnis ist der Weg, die Suche, die lebenslange Bemühung. Die Radikalisierung läßt sich anhand des eigenen biographischen Fortgangs von Beuys verfolgen. Beuys begann mit Zeichnungen, ging dann über zum Objekt, zum umfassenden Environment, um schließlich beim Ideal einer konzertierten politischen und artistischen Aktion zu münden. Nicht die einzelnen Stationen, ihre jeweiligen Vorhaben, ihr Glücken oder Scheitern interessieren dabei, sondern die Sorgfalt der Anstrengungen, ihre beständige »Übung« (*askesis*):[83] »Wenn sich das nicht durch mein ganzes Leben hindurchzieht, diese Arbeit an dieser Bildung von Kriterien oder Richtkräften, an der Sache, dann wird das nicht gelingen [...]. Das heißt [...], ich muß mich immer wieder vorbereiten [...] und muß mich in meinem ganzen Leben so verhalten, daß kein

---

77 Einfach etwas machen denunziert Beuys vielmehr als »Erbrochenes«; vgl. ders., in: Harlan, Was ist Kunst?, S. 16.
78 Ders., in: Bodemann-Ritter (Hg.), Josef Beuys, S. 28.
79 Ders., in: Harlan, Was ist Kunst?, S. 30.
80 Vgl. ders., in: Beuys u. a., Ein Gespräch, S. 120, 122, 130.
81 Ders., in: Harlan, Was ist Kunst?, S. 15.
82 Tatsächlich beruft sich Beuys mehr auf Rudolf Steiner, z. B. in Bodemann-Ritter (Hg.), Josef Beuys, S. 9, 56, 61, 68.
83 Von Übung spricht Beuys immer wieder; vgl. etwa ders., in: Harlan, Was ist Kunst?, S. 17, 25, 79.

einziger Augenblick nicht der Vorbereitung angehört.«[84] Im Anspruch absolut, handelt es sich gleichwohl um eine Aufgabe, die sich nirgends genügt. Sie kulminiert nicht in einem Ideal, einer Vollkommenheit oder künstlerischen Wahrheit; sie befindet sich vielmehr beständig unterwegs, duldet kein Nachlassen ihrer Intensität, kein Anhalten und keinen versäumten Moment. Immer wieder rekurriert Beuys deshalb in seinen Aktionen auf den Archetypus des Wanderers: Der »erweiterte Kunstbegriff« ist noch nicht angekommen, er »nomadisiert«, er scheut seine Ankunft, weil diese seine Absicht, seine Produktivität nur schmälerte: Er wiegte in die Illusion eines Abschlusses, einer endlich geschlossenen Form. Dennoch ist damit kein Elitismus verbunden, wie Beuys immer wieder vorgehalten wurde. Der Anspruch beinhaltet nichts Außerordentliches: »Es ist nichts Besonderes, sondern das ist die ganz normale Situation, wie sie eigentlich sein sollte. Es ist also das Alleralltäglichste, von dem ich spreche. Ich spreche nicht von einer exzeptionellen Situation [...]. Es gibt kaum eine Tätigkeit [...], die außerhalb dieser Frage sich vollzieht.«[85] Das bedeutet auch, Kunst wird »gewöhnlich«, »alltäglich«, aber nicht, indem sich das Künstlerische zum Alltag nivelliert, sondern indem sich der Alltag zur Artistik verklärt.[86]

Das bedeutet aber: Kunst macht sich nicht durch etwas Bestimmtes vernehmlich; sie zeigt sich durch ihren handelnden Vollzug. Die Totalität des Anspruchs erstreckt sich über das Persönliche hinaus auf sämtliche Gebiete des Gesellschaftlichen. Sie ist gleichzeitig politische Tat – Arbeit am Sozialen, die Beuys auch als »wichtigste Kunst« bezeichnete: »Es muß zu einem Bündnis all derjenigen Kräfte kommen, die wirklich wollen, daß es zu einer Integrität, zum inneren Ethos eines sozialen Ganzen kommt, wo der Begriff der Kunst die Menschen in ihrem Zentrum aufrichtet.«[87] »[N]ur der Künstler, im anthropologischen Sinne, ist fähig, den gesamten sozialen Organismus umzugestalten.«[88] Insbesondere spricht er von einer »sozialen Plastik«, begreift sie als »Energieträger«,[89] als »konkretes Kapital«. Der Begriff kehrt die Ver-

---

84 Ebd., S. 17.
85 Ebd., S. 24 f.
86 Vgl. dazu auch Bürger, Allegorie und Avantgarde, S. 202 ff.
87 Beuys, in: Beuys u. a., Ein Gespräch, S. 153, sowie S. 116.
88 Ebd., S. 125.
89 Ebd., S. 106, sowie ders., in: Harlan, Was ist Kunst?, S. 26 und S. 79: »Ich

hältnisse um: »Es ist nicht wahr, Geld, Kapital kann nicht Wirtschaftswert sein, sondern Kapital ist Menschenwürde und Kreativität.«[90] Nicht die reine Quantität, das ökonomische System der Produktion, des Warentauschs, der Distribution und Konsumption bilden die Basis der menschlichen Kultur, sondern der »plastische Prozeß« als Stofferhaltung und Stoffumwandlung, als Materialausstellung und »Geheimnis« – sie bezeichnen ihr wahres »Haupt«, ihre »Spitze«, ihren eigentlichen »Gipfel« (*capital*), das ebenso entscheidende wie »entschiedene« Fundament eines qualitativen Wachstums. In dem Maße hingegen, wie Quantifizierungsprozesse auf »Optimierungsprozesse« reduziert werden, auf das »additive Weiterwuchern«, korrelieren sie einer Beschleunigung der Stoffzirkulation, ihres Verbrauchs und folglich auch ihrer Verschwendung. Der durchgreifenden Kapitalisierung der Gesellschaft wirft darum Beuys eine innere Destruktivität vor, einen Nihilismus, *dem er die Kunst als »Plastik« und den Künstler als »Therapeuten«, als Schamanen und Künder eines evolutionären Sprungs der Menschheit entgegenhält.*[91] So wird Kunst zur rettenden Gestalt, zur Figur der Erlösung, die das Ästhetische mit dem Politischen verknüpft: »Die Kunst und nichts als die Kunst! Sie ist die große Ermöglicherin des Lebens [...], das große Stimulans des Lebens«, heißt es ähnlich bei Nietzsche: »Die Kunst als einzig überlegene Gegenkraft gegen allen Willen zur Verneinung des Lebens«.[92]

Gleichwohl entspringt dieser artistische Utopismus keiner Schwärmerei, die die Marxsche Gesellschaftsanalyse noch durch eine ästhetische zu überbieten trachtete, sondern überall einer elementaren Sensibilisierungsstrategie, deren Grundlage die Dignität des künstlerischen Schaffens als Nobilitierung der Dinge und ihres Stofflichen darstellt. Akribisch achtete Beuys auf das Materielle, auf seine Verbindung oder Trennung, seine besondere Präsenz – oft verwoben mit biographischen Elementen, die seine Arbeiten in ein Privatinventar von Symbolen verwandeln, das esoterisch bleibt und sich der Entzifferung weitgehend verwei-

---

habe nur ein ziemliches Mißtrauen gegenüber dem Begriff ›Kunstwerk‹. [...] ich spreche nur von Kunst.«
90 Ebd., S. 34; auch ders., in: Beuys u. a., Ein Gespräch, S. 109, 120, 130.
91 Ders., in: Harlan, Was ist Kunst?, S. 28, 83 ff.; ders., in: Bodemann-Ritter (Hg.), Josef Beuys, S. 69f.
92 Nietzsche, KSA Bd. 13, S. 521.

gert. Seine Arbeiten gleichen individuellen Mythologien, die über ihr eigenes Alphabet verfügen und dem Stofflichen Allegorien auferlegen. Doch ist entscheidend, daß die *creatio* nicht im klassischen Sinne als Formprozeß verstanden wird, der dem Material als dem Naturhaften, dem Anderen des Menschen seinen Willen und seine Bedeutungen oktroyiert; vielmehr geht es um die Entbergung dessen inhärenter Potenzen. Ein Stück Schellingscher Ästhetik macht sich darin bemerkbar: *Creatio* heißt nicht »Machen«, *poiesis*; sie ist nicht aristotelisch zu verstehen, sofern sie sich der Differenz zwischen *physis* und *techne*, der Verwandlung des Stoffs durch die Gestalt und entsprechend der Transformation des Natürlichen in ein Menschliches, Technisches verdankt – denn stets unterstellt diese noch, wie durchgängig in der Geschichte der Ästhetik, die Entwertung, die Depravation, die Zerstörung des Materials. Vielmehr waltet nach Beuys im Stofflichen selbst ein gestalterisches Prinzip, das er durch dessen Kombination und Zusammenstellung zur Entfaltung kommen läßt – bis es gleichsam von selbst »spricht«.[93] Mit Sprache ist indessen kein Symbolisches gemeint, sondern ein *Sich-Zeigen*. Weit über die Anerkennung der »Materialgerechtigkeit« des Werkbundes und der frühen Avantgarde hinaus erstattet er so dem Material seine verletzten Rechte zurück: »jeder Mensch vollzieht permanent materielle Prozesse«.[94] Diese sind Vorbedingung für das, was der »erweiterte Kunstbegriff« exponiert: Er macht seinen Anfang bei der spezifischen Materialerfahrung, den »Substanzprozessen«, ihren Kräftekonstellationen, ihren Polaritäten und Verfilzungen, dem Austausch von Wärme und Kälte oder der Entstehung des Kristallinen als höherstufigem Ordnungszustand. So geht es um die Konzentration auf das Einfache, die Auslotung des Unvereinbaren, um die Symbiosen aus Kupfer und Eisen in bezug auf ihre elektrische Ladung, um den Kreislauf von Fett und Honig für die Ernährung, wobei sich Beuys in der verwendeten Materialskala keinerlei Grenzen auferlegt. Nirgends handelt es sich um eine Domestizierung von Kräften, um einen aggressiven Eingriff, einen Schnitt, wie Ulrich Rückriem ihn am unbearbeiteten Stein sichtbar zu machen versucht, sondern eher um die behutsame Berührung, um Schichtung und Fügung, um die Sichtbarmachung

---

93 Vgl. Beuys, in: Harlan, Was ist Kunst?, S. 37f., 81ff.
94 Ebd., S. 27.

von Lebensabläufen, um »Metamorphosen« bis zu Verfall und Auflösung, den Endstadien der »Substanzen«. Man könnte sagen: die Plastik Beuys' rückt die Materialität erneut in ihre Geltung, betont ihr Eigenstes, ihre *Ekstasis*. Dabei bedeutet das »Eigenste« nicht das Wesen oder dessen immanente Eigenschaften, sondern ihr Ereignenlassen.

Allerdings beläßt es Beuys nicht dabei. Sein Begriff der »universellen Plastik« schließt Materialprozesse ein, doch geht es ihm überall noch um deren Verwandlung, deren Transformation. Beuys behandelt den Stoff alchimistisch. Er sucht ihn in seine innere Steigerung, seine Transzendenz, seinen eigentlichen Umschlagspunkt (*krisis*) zu bringen. So versöhnt er dadaistische mit surrealistischen Verfahren: Die *Ekstasis* des Materials wird dem Prinzip der Evolution unterworfen. Es dreht sich nicht mehr um die Frage des Ausbruchs aus der Ordnung der Zeichen durch die Poetik des Spiels, nicht darum, ihr Gesetz durch die *écriture automatique*, die Vervielfältigung der Relationen zu stören und aufzusprengen, sondern um deren Wachstum. Durch die Stoffprozesse hindurch wird der Anspruch auf das Menschliche, das Soziale ausgeweitet, um aus der Konstellation des Ganzen – Stoffen wie Menschen – allererst jenen »Organismus« zu machen, der sie noch nicht ist. Beuys partizipiert damit sowohl am utopischen Projekt der Avantgarde als auch an den Idealen von Renaissance und Klassik. Er sucht deren gesamte Geschichte zu umspannen, gleichsam ihr »Bestes« herauszuarbeiten. Erfordert ist dazu ein Ethos der fortwährenden Selbststeigerung. Überall orientiert sich Beuys noch am Grundbestand der europäischen Tradition, dem Willen zur Vertiefung, zur Reflexion, der im Kern ein ebenso christliches wie marxistisches und nietzscheanisches Pathos wahrt: Bildung als Stufengang, als Überstieg zu einer weiteren Entwicklungsstufe, zur nächsten Periode der Menschheit, der Gestaltung einer neuen, höheren Kultur, dem »Übermenschen«. Arbeit und Kreation sind folglich Begriffe, die noch das »Mehr-werden‹, das Stärker-werden-Wollen« einschließen, die das »›Besser‹ und ›Schneller‹ und ›Öfter‹« verklären, die »Vermehrung des Machtgefühls«, wie Nietzsche sagt.[95]

Ihre performative Emphase huldigt der Existenzform perennierender Selbstentfaltung, deren Grundlage die Negation, die

---

[95] Nietzsche, KSA Bd. 13, S. 261.

Kasteiung, die Reinigung ebenso bilden wie die Überhöhung und Verklärung. Ihre mythischen Figuren waren seit je das Opfer, der Märtyrer oder der Meister und der Heilige. *Buchstäblich erfordern sie ein Dasein auf der Schwelle.* Dies schließt den Heroismus des Bruchs ein, mit dem sich der Künstler, als Grenzgänger, bekleidet. Er wagt die Tabuverletzung, den stellvertretenden Kampf, den Schritt in ein gleichermaßen Unwegsames wie Unbekanntes. Im Namen der Kunst widersetzt er sich der normierenden Kraft der Ordnung: Darin liegt seine Tugend. Sie beruht auf der Weigerung, das Gesetz, seinen Legalismus anzuerkennen, um ihm die Gesetzlosigkeit der Kunst entgegenzuhalten. *So fungiert Kunst zuletzt als Kritik der Macht*, freilich nicht diskursiv, sondern als Praxis einer Entnormierung oder »Entunterwerfung« (Foucault), die ihre besondere Würde aus der Aufrichtigkeit des Kampfes, der *parrhesia* empfängt.[96]

Der Ansatz ist so das Wagnis eines Widerstandes und einer selbstauferlegten Askese, die ihren Anfang bei sich macht:[97] Stellvertretender Gang am Rande der Gesellschaft, der freilich im Unbestimmten läßt, was der Künstler sein kann und wohin ihn seine Reise trägt. Doch unterhält jeder artistische Grenzgang eine problematische Beziehung zu Entgrenzung und Grenzsetzung. Jede Evolution, jeder Fortschritt setzt eine Verschiebung von Grenzen, eine Überschreitung voraus. Sie bedeutet die Ausweitung der Randzone, das Hinausschreiten ins buchstäblich Un-geheure, das ebenso die Chance zu einer Erfahrung birgt wie auch die Möglichkeit des Identitätsverlustes, der Katastrophe. Ihr Wagnis impliziert das gleichzeitige Abenteuer des Sturzes aus den Kategorien, den sinngebenden Strukturen wie die Konfrontation mit dem Nichts. Es kann als Abenteuer – wie die Kunst von Beuys – lediglich auf sich genommen werden. Notwendig eignet ihm darum das Prekäre der Einsamkeit und des kriterienlosen Übergangs – das Paradox, ein *Ethos* vorbilden und sanktionieren zu müssen, dessen Geltung auf keine Weise verbürgt werden kann. Seine Verbindlichkeit ergibt sich allein durch die Tat – das Gesetz

---

96 Zur Ethik der *parrhesia* bei Foucault vgl. Mersch, Anderes Denken.
97 »Aber derjenige, der wirklich entschlossen ist, die Verantwortung zu übernehmen und etwas zu tun, muß ja erst noch die Revolution in sich vollziehen, das heißt er muß die Schwelle seiner Denkgewohnheiten überschreiten, um zu neuen Möglichkeiten zu gelangen.« Vgl. Beuys in: Beuys u. a., Ein Gespräch, S. 154.

der Setzung. Der Widerspruch ist dem Paradox des Neuen verwandt, dessen Prädizierung stets noch der Rekursion auf das Alte bedarf, was es bereits hinter sich gelassen hat. Es muß schon aus dem hervorgetreten sein, was es bindet, und sich der Sprache, des Ausdrucks bedienen, die es zugleich festhält. Die Unverständlichkeit des Neuen ist der Verständnislosigkeit des Grenzgangs konform: Wie dieses muß er erst durch den Gang auf den Weg gebracht und *aus sich* gesetzt werden – ohne Möglichkeit zu wissen und ohne Legitimität.

Darin enthüllt sich eine prinzipielle Crux: Die Passage des Künstlers bleibt exklusiv. Der Grenzgang konzipiert ihn als Ausnahme – als Schamane, als Seher. Doch setzt eben dies schon die Distanz zum Anderen voraus. Die Radikalität des kompromißlosen Widerstandes gelingt nur durch die Exkludierung, durch eine nicht durch die Verhältnisse korrumpierbare Kreativität. Ihr Preis ist die Inszenierung einer Hierarchie: Der Künstler muß seinen Maßstab aus sich schöpfen. Er stellt sich damit heraus und negiert das Gesellschaftliche, das ihn gleichwohl trägt. So erweist sich die Logik der Selbstentfaltung tendenziell mit Gewalt verschwistert. Beuys performative Ethik der Ästhetik findet darin ihre unüberwindliche Grenze. Sie ist prinzipieller Natur, liegt in der Struktur ihres Entwurfs, der ausschließlich ans Subjektive, den »Willen zur Kunst« gebunden bleibt. Sie entspringt einem tieferliegenden Zwiespalt, der das Dilemma markiert: *der Spannung zwischen humanistischem Ideal und Terror*. Sie offenbart ihr genuin tragisches Moment.

Denn jeder Schritt über eine Schwelle hinaus, jeder Stoß in eine andere Richtung hat den Bruch schon vollzogen und sich den Rückweg, die Umkehr versperrt. Eine Grenze betreten heißt, sie gewahren, sie bewußt machen und sie als solche zu setzen. Die Setzung ist bereits »Über-Setzung«. Ihr wohnt daher, und sei sie noch so dringlich, eine Schuld inne: *Schuld des Seins* (*Ex-sistenz*) wie auch des Handelns und der Praxis, weil sich ein einmal Gesetztes nie wieder rückgängig machen läßt. Man muß der Unentschlagbarkeit dieser Schuld eingedenk bleiben: Bereits dem Akt inhäriert eine Unwiderruflichkeit, eine Nichtnegierbarkeit, weil seinem Ereignis, seiner Präsenz ein affirmatives Moment angehört. Das Faktum der Existenz duldet sowenig eine Verneinung, wie seine Umdeutung oder Überschreibung: Im Vollzug der Setzung bekundet sich eine schmerzliche Irreversibilität. Deshalb hatte Benjamin notiert, daß die »höchste Kategorie der Weltgeschichte [...] die Schuld« sei:[98] Bei allem, was getan oder gemacht werden kann, übt der Mensch Gewalt. Aus diesem Grunde gibt es keine Aufrichtung oder Evolution oder eine revolutionäre Tat, die nicht gleichzeitig eine Form von Gewaltsamkeit einbehielte, woran sich ihre ethische Brisanz entzündete. Gewiß kann man weder etwas verändern noch erwirken, ohne zu überschreiten oder das Gewesene hinter sich zu lassen; *doch gleichzeitig gibt es auch keine Transformation ohne Deformation, keine Verwandlung ohne Entstellung.* Sie zeugen von einem Unverfügbaren, das sich der Arbeit der Selbstentwicklung widersetzt und ihren Reflexionen und Absichten entgegenstellt. Sie bürden der Emphase unendlicher Metamorphose die Last einer Alterität auf.

»Schuld« und »Gewalt« sind freilich Begriffe, die allein in bezug auf den Anderen Sinn haben. Das *Ethos* ästhetischer Selbstbildung, wie es im Schamanismus des Künstlers seine Erfüllung findet, erfährt daran seine generelle Beschränkung. Es kann sich als notwendig erweisen, als unabdingbar; und doch haftet der Exzentrizität, dem Exzeß die praktische Aporie an, daß sie ein Gewaltverhältnis nur einzureißen vermögen durch die Setzung einer weiteren Gewaltsamkeit. Ihnen haftet damit das Tragische an, daß jedes Projekt, jeder Vorwurf einer *actio*, einer Handlung eine unausweichliche Ungerechtigkeit einschließt.

Ethik – als Praxis, als Utopie oder Politik der Überschreitung – ist nur möglich aufgrund dieser Ungerechtigkeit. Beuys verwandelt Kunst dieser Ethik an. Er stilisiert sie zu einer Kritik der Macht, die als Kritik selbst ermächtigend ist. Sie erhebt dadurch für sich selbst Anspruch auf Macht. Sie bleibt in sie verwickelt. Daraus folgt nicht ihre Illegitimität, wohl aber ihre Paradoxie, ihre chronische Unlösbarkeit. Das gilt sowohl für die großartigen wissenschaftlichen und technischen Revolutionen als auch für die Innovationen der Kunst. Sie vollziehen die grundlose Sanktionierung einer Norm wie die grundlose Tat ihrer Verwerfung. Sie schreiben deshalb deren immanente Machtförmigkeit fort. Abendländisch bleiben sie, vom Anspruch des Willens, der *techne* durchsetzt, notwendig tragisch. *Ihre Gestalt der Ethik ist allein das Paradox, die Tragödie.* Nirgends bergen sie eine Erlösung, weil sie stets mit der Macht verquickt bleiben, die sie bekämpfen

---

98 Benjamin, Passagenwerk, S. 92.

oder zu bemeistern trachten. Durch die Techniken der Politik, durch die Vernunft, die Ästhetisierung des Lebens oder die Artistik der Existenz suchen sie deren Begehren zu bändigen und bleiben doch von ihr affiziert. Die »Tugend des Grenzgangs« beruht so auf Strategien einer anhaltenden *Askesis*, die demselben »technischen« Dispositiv angehören wie die Macht der Normierung, der sie zu entkommen sucht. Ihr eignet dasselbe Phantasma der Verfügbarkeit.

5. Das Nichts, die Zeit und die Fülle: Cage

Cage hat dagegen am Anspruch auf Verfügbarkeit selbst angesetzt. Er hat damit von vornherein dem Verlangen der Macht, sei es als Beherrschung und Kontrolle des Materials, sei es als Pädagogik der Rezeption, widersprochen. Im Rückgang auf Duchamp und die dadaistischen Mirakel des Zu-Falls hat er den Austritt aus der Tradition der abendländischen Ästhetik propagiert. Er bedeutet nicht nur einen Austritt aus der Geschichte ihrer Überlieferung, sondern ebenso ihre Wendung in ein Anderes, das nicht länger unter die Kategorie des Ästhetischen gesetzt werden kann, das nicht einmal als Kunst rangiert: Enthaltung von jeglichem Eingriff, mithin auch von jeder Gestaltung und Produktion, von allen Prinzipien des Plastischen, der Kreation, der Formung des Menschen gleichwie des Sozialen: »[W]as ich suche, ist das Öffnen von allem, was möglich ist und für alles, was möglich ist.«[99] Es bedeutet den Übertritt von der Produktion, der *poiesis* zum Schweigen, zur Stille, die öffnet. Ihr ist der Übertritt von der Ästhetik im Sinne einer *techne* zur *Aisthesis* gemäß.

Cages Haltung kontrapunktiert damit den »erweiterten Kunstbegriff« von Beuys, auch wenn er sich unterirdisch auf vielfache Weise mit ihm verbündet. Cage übt die *Haltung einer Nichthaltung* aus. Sie steht von Anfang an auf der Seite der Aura, der An- und Aufnahme des Ge-Gebenen. Weit eher als ums Schaffen oder die Selbstentfaltung des Subjekts und seiner ästhetischen Kräfte geht es ihm um die Entdeckung des Punktes der Entspringung, des Anderen als eines Begegnenden. Darum beginnt Cage auch nicht mit einem Begriff des Menschen, einem hu-

---

99 Cage, Vögel, S. 180.

manistischen Ideal oder einer anthropologischen Sehnsucht, und sei sie noch so idealistisch gefaßt – dem *homo creator* und dem Willen zur Entwicklung, zur Selbstübersteigung, zur Transzendenz; vielmehr beginnt er mit dem, was ihnen noch vorhergeht, was deren Möglichkeit oder Unmöglichkeit allererst bedingt: *Zeit*. Cages »Kunst« beschränkt sich einzig darauf: Eröffnung von Zeitlichkeit. Sie ist im eigentlichen Sinne Zeit-Kunst und sonst »nichts«. Sie ist »nichts«, weil sie nicht »Kunst« ist, sondern »Zeitigung«, und sie ist »Kunst«, weil sie darauf beruht, das Zeitliche selbst aufzuschließen. Deswegen führt Cage nach Robert Ashley die Definition von Kunst überhaupt auf die »De-*finition*«, die »Grenzsetzung« der Zeit zurück, und zwar so, daß sie diese nicht länger vom Ton, vom Klanglichen oder dem jeweils Erscheinenden her bestimmt, sondern umgekehrt als Riß, als Differenz offenbart, die das Erscheinen als Ereignis ermöglicht.[100] Mithin erfolgt eine Umkehrung, insofern das Ästhetische – in diesem Falle das Musikalische, das Geschehen des Klangs – zu etwas wird, das sich der Kluft der Zeitlichkeit allererst verdankt, um sich zu ereignen. Durchweg gehorchte die Kunst der Vergangenheit bis hin zur klassischen Avantgarde der Ordnung der Darstellung. Cage tritt aus ihr heraus, insofern seine Kunst des Ereignens nichts darstellt oder zum Ausdruck bringt. Darstellung, Repräsentation oder Ausdruck setzen noch die Auszeichnung des Mediums, der Inszenierung, der Intentionalität des Künstlers, des Symbolischen voraus; *das Ereignis läßt das Nichtausgezeichnete, Indifferente geschehen.*

Der Unterschied wird am Verhältnis zur Zeitlichkeit manifest. In der Ordnung der Darstellung, der Repräsentation erscheint sie durch ein Anderes, das sie repräsentiert, eines, das nicht Zeit ist, sondern wodurch sie sich äußert und woran sie sich bemißt: die räumliche Organisation des Bildes, Taktstrich und Rhythmus im tonalen System der Komposition, Bewegung und Szene im Theater. Cage setzt hingegen das Zeitliche als Leere, die durch einen zufälligen »Schnitt«, die bloße Markierung einer Dauer bestimmt ist, die als Spanne, als Rahmen jene Differenz manifestiert, der das Ereignis der »Gabe« entspringt. Indem der Rahmen selbst noch von Stück zu Stück variiert und durch immer neue Strategien des »Zu-Falls« ersetzt wird, wird er ebenso unablässig verschoben

---

100 Ashley, in: Cage, S. 51f.

wie »als« Rahmung destruiert. Er hinterläßt einzig seine Spur in der A-Signifikanz seiner Setzung. Selbst kontingent, bleibt er »als« Unter-Schied ohne jede Relevanz, sondern Spalt oder Öffnung, dessen Fenster freigibt. So bietet er zunächst nichts als die bloße Möglichkeit einer Ankunft – Zeit-Raum, in dem gleichviel passieren kann wie auch »nichts«: Ton oder Klang und Geräusch und Stille. Er ist gleichermaßen »Zeit-Gabe«, weil weder der Künstler noch die Kunst oder ein Medium gibt, sondern allein das Offene, das Unbestimmte, das sich zeigt. Man kann nicht sagen, daß hier die Zeit selbst zum Medium erhoben wird, weil das Mediale stets noch dem Kreis der *techne* angehört, die Zeit als das Offene aber keiner Technik, sondern ausschließlich dem Ge-Setz des Zu-Falls. Die Unterscheidung, die so auftaucht, verläuft zwischen *techne*, *poiesis*, Herstellung und damit auch Wille, Kontrolle und Hierarchie einerseits und Zu-Fall als »Ge-Setz«, als Nicht-Wille andererseits. Entsprechend erlaubt die Umkehrung der Zeitlichkeit das Absehen von jeder Struktur der Medialität und gestattet den Sprung zum »Nicht-Werk«, zum Geschehnis, zum Vollzug reinen Ereignens.

Gleichwohl bleibt eine *erste Setzung, ein erstes Performativ*: Kein Anfang ist zu machen ohne Rückgriff auf schon Bestehendes, auf die Vielfalt der Geschichte, auf kulturelle Formate, Institutionen des Gedächtnisses oder persönliche Vorlieben und Entscheidungen: Der Anfang ist eine »Beginnlosigkeit«.[101] Cage hebt mit einer Reihe von Wahlen an, zu denen die Art des Zufalls gehört, die Modi seiner Erzeugung, die Favorisierung des altchinesischen I Ging, ferner die Entscheidung für bestimmte Materialien und Instrumentierungen – das präparierte Klavier, Percussion, Radios, das Repertoire klassischer Opern oder Texte wie Thoreaus *Walden* oder James Joyce' *Finnegans Wake*. Den Anfang macht also eine komplexe Struktur: Cages Kompositionsweise erweist sich als vielfach ineinander verwobenes Spiel aus Setzungen und Zufällen. Man hat deshalb von einer »determinierten Indeterminiertheit«[102] gesprochen – eine Formulierung, die das Potential des Paradoxes verfehlt, dem sich Cage zu stellen wagt. Denn nirgends tangiert das erste Performativ das »Was« (*quid*) des Ereignens – jenes »Was geschieht«, auf das das Mediale

---

101 Strauss, Beginnlosigkeit.
102 In dieses Paradox sucht auch Charles Cage zu verwickeln, in: Cage, Vögel, S. 177ff.

oder die Darstellung kapriziert bleiben –, sondern allein das »Daß geschieht« (*quod*), die Möglichkeit des Hervortretens selbst: *Ek-sistenz* als *Ekstasis*. Man kann den »Zu-Fall« nicht darstellen, sowenig wie die Zeit oder das Ereignis; man kann nur evozieren, *daß (es) gibt*, daß geschieht. Vorweg geht immer die Entscheidung, die Setzung, die aus dem Zu-Fall eine Setzung, ein »Gesetz« macht; doch einmal gesetzt, ereignet er die Unbestimmtheit des »Was geschieht« (*quid*). Das Neue der Ästhetik Cages, ihre Rigorosität beruht auf dieser Beschränkung auf das »Daß«, dem Ereignis der Setzung, das den Raum eines Transitorischen stiftet, wodurch allererst die radikale Indeterminiertheit des »Was geschieht« (*quid*) zum Vorschein gelangt.

Das Erste, was auf diese Weise durchbrochen wird, ist die elementare Teilung zwischen Klang und Stille, die die überlieferte Ordnung des Musikalischen regierte: Differenz zwischen Ton und Pause, zwischen Seiendem und Nichtseiendem, die zugleich die Ordnung des abendländischen Diskurses determinierte. Vielmehr erscheint, was geschieht, indifferent: Gleich-Gültigkeit zwischen Geräusch und Stille wie ebensowohl zwischen Sein (Existenz) und Nichts. Aus dieser Differenz leiten sich gleichermaßen auch die anderen elementaren Dichotomien ab: Trennung zwischen Klang und Geräusch, dem Gestalteten und Chaotischen, der Form und Materie wie überhaupt zwischen dem Komponierten und dem Nichtkomponierten oder dem Ästhetischen und dem Anästhetischen. Nicht die einzelnen Noten der *Music of Changes* (1951) sind ausgelost, so daß der Präsenz der Vorrang erteilt wird, sondern *beide*, Töne *und* Stillen sind durch den Zufall terminiert, mithin äquivalent. Ähnliches gilt für Textkompositionen wie *Mureau (Mu[sic Tho]reau)* (1971) oder *Empty Words* (1973/74), die Zeilen, Satzpartikel oder bloße Laute und Stillen von jeweils unterschiedlicher Länge beinhalten. Eingeebnet wird auf diese Weise jegliche Hierarchie einer Mediatisierung, die bereits von Anfang an und vor jeder Repräsentation Seiendes gegen Nichtseiendes, Anwesendes gegenüber der Leere ausgezeichnet hat, weil kein Medium die Darstellung von »Nichts« erlaubt. Statt dessen beharrt Cage auf deren Gleichursprünglichkeit, die gestattet, beide gleichermaßen als Ereignen zum Vorschein kommen zu lassen. Und da Kunst, das Artistische sich stets auf der Seite von »Etwas«, der Formung des Materials, der *techne* oder des Mediums befindet, impliziert ihre Indifferenz zugleich die Aufhebung des Formprinzips, mithin die Suspendierung des Kunstbegriffs selbst. Cage entdifferenziert so nicht nur die Systeme der traditionellen Ästhetik, er entgrenzt auch die klassischen Ontologien einschließlich deren Kritik. »[N]othing takes place but sounds: those that are notated and those that are not. Those that are not notated appear in the written music as silences, opening the door of the music to the sounds that happen to be in the environment.«[103]

Immer wieder hat Cage betont, daß die Stille eigentlich nicht existiert:[104] Es handelt sich nicht um ein *nihil*, eine Absenz, die sich als Abwesenheit von »Etwas« verstünde; vielmehr erscheint das Schweigen voller Klänge und Geräusche. Es ist nicht ein Nicht-Sein, sondern Fülle, die das Ereignis des Seins erst preisgibt. Dann kann von ihm in einem verschobenen Sinne das gleiche gesagt werden, was Heidegger vom Sein sagt: *(Es) »gibt« Seiendes im Sinne der »Gabe«: (Es) gibt sich.* Ebenso hat Heidegger die Stille, das Schweigen hervorgehoben: Sie nehmen in seiner Philosophie einen besonderen Rang ein, geraten ihr zum Ur-Sprung des Denkens gleichwie der Sprache selbst. Bei Cage enthüllt sich dabei jedoch, anders als bei Heidegger, das einfache Hervortreten des Sinnlichen, die Rückkehr zur *Aisthesis* als Grundlage des Sich-Zeigens. Was Heidegger als »Dichtung« auf der Ebene der Sprache, ihrer ursprünglichen Metaphorizität beläßt, bezieht Cage auf die Einfachheit von Wahrnehmungen in der Bedeutung der »Aufnahme« des Ge-Gebenen, der Gebung oder Begegnung mit Anderem, dem nicht schon antwortend das Wort, sondern gleichsam nur der Hauch (*aura*) des Atems geliehen wird. Das läßt sich besonders an *Empty Words* exemplifizieren: Der monumentalen Performance Wort für Wort oder Laut für Laut lauschen zu wollen, um die Hermeneutik seiner dürftigen Poesie zu enträtseln, hieße nicht zuzuhören. Interpretation bedeutet Verfehlung: Das Achten auf die Struktur der Signifikanz und ihrer Vernetzung tilgt die Aufmerksamkeit für die spezifische Musikalität der Signifikanten, die »Performanz der Stimme«, das »Fleisch« ihres Klangs.[105] Buchstäblich operieren Cages Sprachstücke »jenseits des Zeichens«;[106] »Nullpunkt der Sprache«,[107]

103 Cage, Silence, S. 8.
104 Ebd., S. 13 f.
105 Vgl. Mersch, Jenseits von Schrift.
106 Ders., Jenseits des Zeichens.
107 Vgl. Charles, Cage, S. 113; auch: 113 ff.; 139 ff.

wie Daniel Charles gesagt hat, der das Wort als Laut, den Laut als Stimme, die Stimme als Körper hervorbringt. Überhaupt besteht die historische Irritation darin, die Erwartungen der Rezeption und die begrifflichen Register der Kunstkritik mit komplett Sinnlosem zu traktieren und dadurch *ad absurdum* zu führen: »Wie Sie wissen«, antwortet Cage im Gespräch mit Richard Kostelanetz, »gibt es Leute, die sind farbenblind. Also muß es Leute geben, die einfach überhaupt kein Interesse an Klang haben, die hinsichtlich der Sprache für alles unempfänglich sind, was über ›Bedeutung‹ hinausgeht. [...] Wenn man zuhört, sollte man für all die verschiedenen Eigentümlichkeiten von Klang und Musik aufmerksam sein, die es gibt, denn wir haben es mit einer komplexen Situation zu tun, mit dem Übergang von Sprache zu Musik und von Literatur zu Musik.«[108] Der Übergang setzt die Leere des Bedeutens voraus, die zugleich die Fülle des Klangs freiläßt: »[I]ch möchte mit meinem Titel auf die Bedeutungsleere anspielen, die für musikalische Klänge charakteristisch ist [...]. Daß Worte, wenn sie von einem musikalischen Standpunkt aus betrachtet werden, alle leer sind.«[109]

Die Exposition der Stille als Leere, die zugleich Fülle ist, öffnet dabei den Raum des Nichtintentionalen, des Ungemachten (*a-techne*). Das Andere des Klangs, die Geräusche der Umgebung, die von überall herkommenden Töne entziehen sich ihrer Mediatisierung: Sie bilden ein Amediales. Die Beziehung ist indirekt. Es mögen Naturgeräusche erklingen oder der untergründige Klangteppich einer Stadt mitsamt seines chaotischen Stimmengewirrs – sie sind nicht das Produkt einer Setzung, einer Rahmung; sie »passieren« in der doppelten Bedeutung des Wortes »Passage«. Nicht das Medium »gibt«; *(sie) geben sich.* »In der Musik sollte es uns genügen, unsere Ohren zu öffnen. Musikalisch gesehen kann alles in ein Ohr eindringen, das für alle Töne offen ist. Nicht nur die Musik, die wir schön finden, sondern auch die Musik, die das Leben ist«, sagt Cage in den Gesprächen mit Daniel Charles: »Man kann [...] verstehen, daß in einem bestimmten Sinne die Musik aufgegeben werden muß, damit das so ist. Oder zumindest, was wir Musik nennen. [...] Und deshalb spreche ich in der Tat [...] von ›Nicht-Musik‹ [...]. Wenn wir akzeptieren, all das

---

108 Cage in: Kostelanetz, American Imaginations, S. 75.
109 Ebd., S. 61.

außer acht zu lassen, was sich ›Musik‹ nennt, würde das ganze Leben zu Musik!«[110] »Es gibt« demnach das spezifische Timbre der Instrumente, Klangfetzen aus Radios, Klaviermusik. Und »(es) gibt« das »Dazwischen«, die Pausen, die anderes vernehmen lassen: Geschrei, den Geräuschpegel der Straße, Regen, aufheulenden Sturm – jenes Andere, das unwillkürlich geschieht, das sich zeigt, ohne herbeigerufen zu sein oder kontrolliert und konserviert werden zu können. *(Es) gibt sich als Gabe der Zeit, des Zu-Falls.* Gleich, wie der Rahmen gesetzt oder das Zeitliche skandiert wird: Der Zu-Fall der Stille als »Nichts«, das die »Fülle« ist, gewährt das Ereignen. Er wendet die Aufmerksamkeit hin zu dem, daß geschieht (*quod*). Es wird damit nicht zum Objekt einer Darstellung: *Vielmehr bricht es, gleichsam indirekt, aus den Szenarien des Zufalls als dessen Anderes hervor.* Es erfüllt sich, »wenn einfach Töne zufällig sich ereignen. Es gibt nichts Delikateres.«[111] Darum heißt es weiter: »Anstatt über das ›Spiel der Zeit‹ zu sprechen, würde ich es vorziehen zu sagen, daß das Ereignis zählt und das, was geschieht, mit einem *Zelebrieren* und nicht mit einem Spiel zu vergleichen ist. [...] Nicht wir sind diejenigen, die zelebrieren, sondern *das, was geschieht*, vollbringt die Zelebration.«[112]

Das unterscheidet schließlich das Verfahren Cages von der politischen Poetik des Surrealismus oder der evolutiven Praktik von Beuys: Es entbindet sich jeglicher Intervention. Ebenfalls unterscheidet es sich von den verschiedenen konstruktivistischen oder dekonstruktivistischen Manövern: Diese fußen auf performativen Strategien der Distinktion oder Verwirrung, der Scheidung und »Dislozierung« bestehender Differenzen. Sie operieren im Rhetorischen. Und ausdrücklich beginnt die Logik Spencer-Browns mit der Anweisung »Triff eine Unterscheidung«;[113] sie postuliert das Gebot der Setzung als primären intentionalen Akt. Ebenso ausdrücklich handelt es sich bei den dekonstruktiven Unternehmungen Derridas, Judith Butlers oder Jonathan Cullers um explizit performative Einsätze, um »Eingriffe«. Statt dessen geht es Cage nicht um die Performierung von Unter-Schieden, um deren Prozessierung und Vervielfältigung, auch nicht um ihre De-

---

110 Ders., Vögel, S. 65.
111 Ebd., S. 255.
112 Ebd., S. 268.
113 Spencer-Brown, Gesetze der Form, S. 3.

stabilisierung, sondern um das Ereignis der Differenz, das dem »Ge-Setz« des »Zu-Falls« allererst entspringt. Das bedeutet: »Es« – als »Ereignis« – setzt sich, fällt zu, springt in seinem »Daß« (*quod*) hervor. Daß etwas ist und nicht Nichts – das meint jene undarstellbare Abgründigkeit der *Ex-sistenz*, worin das Denken seit je sein beunruhigendes Trauma erlitt und das zur »Grundstimmung« des Philosophischen schlechthin gehört, dem *thaumaton* und dem *tremendum*, der »Angst«, die, wie Heidegger sagt, allererst empfänglich macht für das »Hineingehaltensein in das Nichts«, woraus Sein sich ereignet.[114] Wieder und wieder kommt Heidegger auf die gleiche Formel zurück, nicht nur um aus ihr die spezifische Insistenz der Irritation zu lesen, die der Kunst zu eigen ist, sondern um Sein selbst als Ereignis zu denken: »Ereignis als Er-eignung, Ent-scheidung, Ent-gegnung, Ent-setzung, Entzug, Einfachheit, Einzigkeit, Einsamkeit.«[115] Zwar fehlt der Kunst Cages jedes düstere Pathos – sie entbehrt der existentiellen Tiefgründigkeit, der Emphase einer Kritik der Metaphysik; vielmehr spielt sie in der heiteren Gewährung dessen, was der Zu-Fall jeweils bringt oder ankommen läßt: Gewährung als Lust einer Hingabe, die nichts begehrt oder zurückweist, die »sein-läßt«. Und doch wohnen beide, die Ästhetik Cages und die Philosophie Heideggers, in enger Nachbarschaft, insofern dort die Indifferenz von Ton und Stille den Klang als das Andere des Nichts ereignen läßt, wie es hier gleichfalls um die Entgegennahme eines Anderen, Begegnenden geht, dem es »sinnend« zu ent-sprechen gilt. Die Verwandtschaft ist struktureller Art, nicht inhaltlicher: Sowenig wie es Cage um das Ereignis der Wahrheit (*aletheia*) als Sprache geht, sowenig beschränkt sich Heidegger aufs sinnliche Erlebnis, aufs Aisthetische. Doch exponieren beide die »Stille«, das »Nichts« als die maßgebende Quelle des Ereignens, als den unverwechselbaren Augen-Blick einer Singularität, einer Nichtwiederholbarkeit. Eben dies bedeutet Hervorspringenlassen des »Daß« (*quod*): Wendung des Bezugs, des »Blicks« auf die Einzigartigkeit und Unverfügbarkeit der *Ex-sistenz*. Die Zufälligkeit des »Was geschieht« (*quid*) läßt sie in ihrem jeweiligen »Daß« (*quod*), ihrem einmaligen Ereignen ankommen: »Jeder Augenblick ist absolut, lebendig und bedeutsam«, wie es in Cages *Silence*

---

114 Heidegger, Was ist Metaphysik, S. 35.
115 Ders., Beiträge, S. 471.

heißt: »Stare steigen von einem Feld auf und machen dabei ein Geräusch: köstlich ohne gleichen.«[116]

Der *kairos* des Zu-Falls räumt solchen Augenblicken allererst einen Platz ein und erteilt auf diese Weise dem Ereignis des Seins (*Ex-sistenz*) einen Ort. Er läßt es frei. Freilassen heißt »zulassen«. Der Zu-Fall wäre dann die Weise, jenes unvorhersehbar Begegnende zuzulassen, das nicht schon präformiert wäre durch eine Form oder Differenz, die sich auch keiner Bezeichnung fügt, sondern sich zeigt in der Einfachheit seiner Blöße:[117] Zuvorkommendes, das bereits da ist, bevor Kunst, Sprache oder Musik existiert: »Meine Musik besteht im Grunde darin, das erscheinen zu lassen, was Musik ist, noch bevor es überhaupt Musik gibt. [...] Es ist ein Bezug auf das Nichts, das sich in allen Dingen befindet.«[118] Ihn nennt Cage eine »Einladung« zur »Würde«.[119] Sie konfrontiert mit dem Auftauchen einer ur-sprünglichen *Gravitas*: Gravität des Seins (*Ex-sistenz*), die erneut dessen Gewicht, dessen Gravitation enthüllt, wie sie zuvor bereits das *nihil* des Dadaismus heraufzubeschwören suchte und die durch die Exerzitien des Zen-Buddhismus bestätigt werden: »Über, unter und um euch ist alles augenblicklich«, lautet eine Sentenz aus den Lehren des Zen-Meisters Huang-po: »Keine Form! Von Gedanken-Augenblick zu Gedanken-Augenblick – keine Tätigkeit! – Das ist Buddha-Sein!«[120]

Entscheidend ist allerdings, daß der Wiedergewinnung der *Gravitas* eine elementare ethische Kraft innewohnt. Sie zwingt zur Disziplin einer Hinnahme, zur Askese einer »Akzeptanz«, wie Cage formuliert. Auch wenn er sich dabei vorzugsweise auf

---

116 »Each moment is absolute, alive an significant. Blackbirds rise from a field making sound delicious beyond compare.« Cage, Silence, S. 113 (dt. S. 13). An anderer Stelle heißt es schärfer: »Jeder Augenblick ist [...] immer auch eine Wiedergeburt«; Vögel, S. 45.
117 So wird die Radikalität von 4'33" verfehlt, wenn man es nach Art eines Vexierspiels liest, als »negative Musik« (wie Metzger, John Cage, S. 5ff.), deren Stille das Erklingen von Tönen verweigert, um sich einem Anderen, den Geräuschen des Hintergrundes zu öffnen. Dann horcht man allein darauf, was sich an Fremdem beim Hören identifizieren läßt, und unterliegt weiterhin dem Schema von Identität und Differenz. Statt dessen wird nicht Musik negiert, sondern das Musikalische, das heißt der Fokus der Konstruktion, der Komposition mit ihren Hierarchien.
118 Cage, Vögel, S. 286, 306.
119 Ebd., S. 256.
120 Huang-po, Zen, S. 53.

die Spiritualität des Zen beruft, geht es ihm nirgends um dessen Propagierung oder Verbreitung – gewissermaßen um eine Brücke zwischen Avantgarde und Mystik, um eine Verbindung des Ältesten mit dem Jüngsten, eine Synthesis aus Orakel und Destruktion. Vielmehr gleicht die Verwendung des I Ging als Zufallsparameter einem formellen mathematischen Algorithmus, einer Maschine, weshalb Cage zur Vereinfachung seiner Arbeit seit den späten 60er Jahren eine von Ed Kobrin programmierte Computer-Version benutzte. Es kommt dabei allein auf die Anerkennung des Zu-Falls als eines von anderswo Herkommenden an, das nicht erwirkt oder geschaffen ist, das der *techne*, dem Medium und damit der Machtförmigkeit widersteht. Der Statuierung seines Gesetzes auf der Seite der Produktion korrespondiert so auf der Seite der Rezeption eine Einübung (*askesis*) in seinen Gehorsam. Nichts anderes bedeutet Disziplin: Sie schließt im Unterschied zu Beuys gerade die Arbeit, das Ringen aus. Vielmehr bildet das Zufallsprinzip buchstäblich eine übergeordnete Doktrin, die nicht zu Entscheidung freisteht, sondern so unerbittlich wie eine Regel funktioniert, der unbedingt gefolgt werden muß – zum Preis der Aufgabe jeglicher Ästhetik des Geschmacks, der Form oder des Ausdrucks. Ihrer Unerbittlichkeit gehorchen heißt, sich bis zur äußersten Konsequenz jenem Anderen überlassen, das (sich) zeigt, (sich) gibt, ohne den kategorialen Systemen des Denkens und seiner Zuschreibungen subordiniert zu sein. Das impliziert keine willenlose Unterwerfung, keine autoritäre »Hörigkeit«, sondern, in der Konnotation, die auch für Heidegger wichtig war, ein »Gehören« in das, was als Unverfügbares oder Nichtgemachtes entgegenkommt. Gleichzeitig verweist der Ausdruck auf die Sinnlichkeit des Ohres, das anders als das Auge stets an Zeitlichkeit und Ereignis teilhat. Was es gewahrt, widerfährt ihm als Augenblick, der flüchtig verklingt statt fixiert oder »überschaut« werden zu können. Dabei heißt »Hören« – diesmal im Gegensatz zu Heidegger – nicht schon »Verstehen«, sondern zuerst: Entgegennehmen, Empfangen. Es gemahnt an die »Passibilität« der *Aisthesis*. Der Kunst Cages ist diese Übergänglichkeit von der Ästhetik zur *Aisthesis* überall immanent. Ihr inhäriert somit ein ausgezeichneter Bezug zum Anderen, zur Alterität, die in Bann zieht, die angeht, anspricht, anrührt oder – wiederum – je einmalig und unberechenbar zu-fällt.

Es wäre abermals ein Mißverständnis, wollte man solchen »Gehorsam« dem Schema einer Intentionalität zuordnen und von einer willentlichen Überantwortung an die Willenlosigkeit sprechen, um dem Anliegen Cages das Paradox einer nicht zu tilgenden Willenssetzung nachzuweisen. Der vermeintliche Widerspruch erscheint so unvermeidlich wie irrelevant, weil er bestenfalls auf die Notwendigkeit des »Sprungs« hinweist, der von dem, was jeweils gewollt oder intendiert werden kann, umspringt zu dem, was widerfährt, mithin zum Fall, zum Vorkommnis, zum Geschehnis selbst, das nicht gewollt, sondern nur begrüßt oder willkommen geheißen werden kann. Auf analoge Weise hat Heidegger von einem »Sprung« gesprochen, freilich überspringend über die Kluft des »Unter-Schieds« zwischen dem »ersten Anfang« der Metaphysik und einem noch ausstehenden Denken des »anderen Anfangs« – dem Denken des Ereignisses. Das Denken der Metaphysik gehört in den Kreis der Vorstellung, der Identifizierung, der Synthesis, die das *Zusammen*gehören betont – das Ereignisdenken aber dem Zusammen*gehören*, der Gehörigkeit, der Einlassung, die, wie es in *Identität und Differenz* heißt, ein »Sichabsetzen« vom Intentionalen erfordert, ohne bereits ein Vorbild, eine Methode, das heißt auch einen vorgezeichneten »Weg« zu kennen. Das bedeutet: Der Sprung entzieht sich jeder Begründung oder Anleitung, sogar der Einübung (*askesis*); er gelingt einzig selbst als Ereignis einer Loslassung: »Dieses Sichabsetzen ist ein Satz im Sinne eines Sprunges. Er springt ab, nämlich weg aus der geläufigen Vorstellung vom Menschen als dem animal rationale, das in der Neuzeit zum Subjekt für seine Objekte geworden ist. [...] Wohin springt der Sprung [...]? Springt er ab in einen Abgrund? Ja, solange wir den Sprung nur vorstellen [...]. Nein, insofern wir springen und uns loslassen. Wohin? Dahin, wohin wir schon eingelassen sind: In das Gehören.«[121] Ausdrücklich diskutiert Heidegger die Unerläßlichkeit der Paradoxie dieses Sprungs. Denn verlangt sei, wie es im Gespräch zur *Erörterung der Gelassenheit* heißt, ein Wollen des Nicht-Wollens, das zwar stets noch ein Wollen bleibt und sich damit fortwährend selbst verstellt; gleichwohl bedarf es des Durchgangs durch die Paradoxie, gleichsam seines »Durchrisses«, um an seiner Grenze die Umkehrung der eigenen Position zu erfahren.[122]

121 Heidegger, Identität und Differenz, S. 20.
122 Ders., Gelassenheit, S. 30ff.

Zu solchem immer auch ethischem Durchgang leitet gleichfalls die Ereigniskunst Cages hin, allerdings auf der Ebene des Aisthetischen. Sie kann insofern als eine »Asketik der Empfänglichkeit im Hören« charakterisiert werden. *Beinhaltet ist auf diese Weise eine Neubestimmung der Fundamente des Ethischen selbst.* Ihre Wurzeln liegen im »*Um-Sprung*« *der Aufmerksamkeit*: Sprung von der *actio* des Willens, der Herstellung (*poiesis*) oder den Techniken des Kompositorischen zu dem, was weder als *actio* noch *passio* angesprochen werden kann: Wechsel vom Zuhören oder Hinhören zum Gehören, von der Wahrnehmung zum Gewahren, zum Aufnehmen und Entgegennehmen eines Anderen, Sich-Zeigenden, Sichgebenden – kurz: zur aisthetischen *contemplatio*, die nirgends gesucht oder intendiert und performiert werden kann, die vielmehr ungreifbar geschieht: Ereignis als »singulare tantum«,[123] auf das das Ge-Setz des Zu-Falls vorbereitet und wohin seine vielen geringen, unscheinbaren, behutsamen Augenblicke erst hinführen: Sprung, der »plötzlich« und »brückenlos« geschieht –

> »plötzlich in diesem mühsamen Nirgends, plötzlich
> die unsägliche Stelle, wo sich das reine Zuwenig
> unbegreiflich verwandelt –, umspringt
> in jenes leere Zuviel.
> Wo die vielstellige Rechnung
> zahlenlos aufgeht.«[124]

6. Ethik des Performativen: Ereignis und Responsivität

Jedem Bild, jeder Schaffung eines Objekts, jedem Akt oder jeder auch noch so unscheinbaren Handlung kommt bereits ein performativer Zug zu. Dies gilt für die Kunst genauso wie für die Literatur, für den Text, die Theorie oder den Diskurs. Es trifft ebenso auf das Geben eines Zeichens zu, auf die einfache Gebärde, den Handschlag, die gezogene Linie oder Schleifspuren, die sich ins Material eingravieren.[125] Insofern nimmt die Kategorie des Performativen einen universellen Status ein. Unter seinem Blick ver-

---

123 Ders., Identität und Differenz, S. 25.
124 Rilke, 5. Duineser Elegie, S. 460.
125 Vgl. Mersch, Ereignis der Setzung.

ändert sich sowohl der theoretische Zugriff auf die Sprache als auch auf Ästhetik und Kultur.[126] Er enthüllt an ihnen den Aktcharakter, das Vollzugsereignis, die Momente der Setzung, wie sie in Äußerungen, der Prägung einer Marke, der Plazierung eines Kunstwerks oder Inszenierungen von Herrschaft zum Ausdruck kommen. Notwendig scheint alles Ästhetische wie Artistische oder Soziale mit seinem Ereignen verwoben, gleichgültig, ob es sich dabei um eine bewußte Handlung, eine poietischen Bearbeitung des Stoffs, das Szenario einer politischen Intervention oder die gelassene Gewährung eines Fremden oder Entgegenkommenden handelt. Überall haben wir es mit Akten der Aneignung, der Einlassung, der Aufnahme oder der Responsivität zu tun. Sie müssen vollzogen werden. Dabei stellt sich die Weise ihres Vollzugs im Vollzug selbst aus, gibt sich preis, zeigt sich. Dieses Ereignen eines Sich-Zeigens haben wir »das Performative« genannt.

Jeder ästhetischen Arbeit, jedem Projekt, sogar jedem Werk gehört dieser Charakter des Performativen an: Sie erweisen sich sämtlich als Setzungen. Kunst, wie jede Praxis, ist durch solche Setzungen determiniert: Werkkunst nicht anders als die Ästhetik des Ereignisses. Und doch treten diese zumeist nicht eigens hervor, werden, besonders im Rahmen des Werkhaften, durch die Ideale der Vollendung und der geschlossenen Form gerade verhüllt. Das gilt auch da, wo das Werk in Serie gestellt oder fragmentarisiert wird: Es dominiert, selbst als Zersplittertes, noch die Gestalt, die Unmöglichkeit ihrer Schließung. Die Ästhetik des Performativen bringt demgegenüber ausdrücklich die Unabdingbarkeit von Setzungen zu Bewußtsein. Es handelt sich nicht um die Ausstellung der Form *als* Form, sondern um die *Ausstellung als Ausstellung*, das heißt das Sich-Zeigen ihrer Setzung. Es macht deren Ereignen explizit – sei es als Abzeichnung eines kühnen Sprungs durch Papier (Shimamoto), als Abdruck eines Schemens auf einer Leinwand (Klein), als subtile Spur einer Verwischung (Twombly), als Protokoll einer Malhandlung (Pollock), als das Skandalöse eines Verdrängt-Dämonischen (Nitsch), als tägliche Verrichtung (Beuys) oder als Klang der Stille (Cage). Nicht was dabei im einzelnen zum Vorschein gelangt, ist relevant, sondern *daß geschieht*. Das Eigentliche ist mithin Zeitlichkeit. Jedes Ereig-

---

126 Vgl. programmatisch Fischer-Lichte, Ästhetik des Performativen; Weg zu einer performativen Kultur.

nen braucht Zeit, egal ob es sich um ein Denken, ein Tun, eine Betrachtung oder eine Vorführung handelt. Als zeitliche Geschehnisse verweisen diese auf ein Unverfügbares. Sie zeitigen sich, schreiben sich fort, entziehen sich ihrem Ereignen. Das Performative gründet folglich in der Lücke, die zwischen den Setzungen, ihren Ereignissen klafft: Es ent-springt dem Horizont ihres Risses. Wie zur Sprache nicht nur die Zeichen und ihre Gebrauchsweisen gehören, sondern genauso der Abstand, der Unterschied zwischen den einzelnen Sätzen – jenes Nichts, das sie trennt und woraus sie ihr Entstehen haben –, so gehört zu jeder Praxis, auch der Kunst, die Einzigartigkeit ihres Auftauchens, wodurch sie sich setzt und »ab-setzt« und ihre spezifische »Wirksamkeit« entfaltet. Stets verschränkt sich darum beides: *Jede Setzung ist Anschluß, Fort-Setzung wie auch Ab-Setzung und Unterbrechung.* Sie hat ihren Ort im Kontext und tritt zugleich aus ihm heraus.

Insbesondere kommt dem, was sich zeigt, keine deiktische Funktion zu. Ihm haftet nicht notwendig etwas Theatrales an. Es handelt sich *per se* nicht um Fingerzeige oder Hinweise, auch dann nicht, wenn diese als solche ausdrücklich vorgetragen werden. Vielmehr geht es um das, was im Rücken bleibt, jenes Beiläufige und Unwillkürliche, das mitgängig bleibt und sich einmischt, ohne gewollt zu sein – *das mithin weniger offenbart, was eine Handlung ist oder bedeutet, als vielmehr, welche Effekte sie induziert, wie sie ihre Spuren einzeichnet oder in die Welt eingreift, sie verändert.* Mehrfach ist bereits auf die »unfügliche« Rolle der Materialität, der Körperlichkeit angespielt worden: Sie bilden etwas Sperriges, Widerständiges, das die Setzungen grundiert, ohne von ihnen »gewollt« zu sein oder sich kontrollieren zu lassen. Als Grundierungen werden sie vielmehr »gebraucht« oder »verbraucht« und so als solche verfehlt. Der Körper, die Materialität markieren mithin Momente jener Andersheit, die entgeht und das Ereignen der Setzung stiftet.

Ähnliches gilt für die Vollzüge selbst. Wir haben es mit *zwei* Momenten zu tun, an denen sich der Bezug auf *Präsenz*, auf *Existenz* entzündet: die Materialität *und* die Setzung. Sie gehören zu den Unbestimmtheiten, den Unverfügbarkeiten des Performativen. Jedes Zeigen, Vorführen oder Ausstellen geschieht aus einem Kontext heraus; aber *die Weise, wie* sie mit ihm brechen, ihn verschieben oder aus ihm heraustreten, befindet sich jenseits der

Souveränität von Setzungen: Es widerfährt ihnen. Ihr Ereignischarakter beruht auf solchen Widerfahrnissen. Dies offenbart sich besonders an der *Unbeherrschtheit und Unbeherrschbarkeit ihrer Konsequenzen*: Kein Kontext ist je ausmeßbar und berechenbar, wie Derrida betont hat. Vollzüge zeitigen daher Effekte, die sich außerhalb des Wirkungskreises der *techne* bewegen, die sich der Macht ihrer Kalkulation entziehen. Womöglich fußt die Wirkung von Setzungen auf präzisen Vorhersagen, auf der sorgfältigen Abwägung von Folgen – gleichwohl verletzen sie, hinterlassen ihre Male im Material, graben sich auf ebenso unfügliche wie unverfügbare Weise ins Reale ein. Sie ist der Abdruck einer Irreversibilität. Die Enge des Performativitätsbegriffs, wie ihn Austin und Searle für die Sprachphilosophie exponiert haben, verkennt dies. Dabei kommt es nicht so sehr darauf an, die Markierung oder »Bahnung«, das »Erinnerbare« im Sinne der Schriftkonzeption Derridas festzuhalten, sondern das *Ereignen* einer unwiderruflichen Transformation. Darin liegt die eminent ethische wie politische Brisanz des Performativen. Noch die geringste Tat bewahrt in den Dingen ihre unauslöschliche Spur, ihr Unwesen, ihre Überraschung. Die Geschichte nimmt sie auf, wie sie sie gleichermaßen als Erinnerung, als erzählbare Geschichte verbirgt. Aber (etwas) ist geschehen, das nicht die Kontur eines Etwas hat, das sich der Leugnung oder Tilgung widersetzt, wie schon Aristoteles bemerkt hat – denn »Gegenstand der Willenswahl oder des Vorsatzes kann kein Vergangenes sein, wie sich denn niemand zum Vorsatz macht, Ilium zerstört zu haben; man überlegt oder beratschlagt ja auch nicht über Vergangenes, sondern über Zukünftiges und Mögliches; Vergangenes aber kann unmöglich nicht geschehen sein, weshalb Agathon treffend sagt: ›Denn dies allein, sogar der Gottheit bleibt versagt, Ungeschehen zu machen, was einmal geschehen ist.‹«[127] Deswegen sprechen wir auch von Performativität als einem Ereignen, statt von einer *actio*, einem Wollen. Was geschieht, liegt in niemandes Reichweite oder Macht. *Unabhängig davon, was jeweils gewollt war oder auch erahnt wurde, statuiert sich ein Ereignis und inskribiert seine Unrevidierbarkeit in den Körper der Geschichte.*

Der Hervorhebung des Performativen eignet damit ein elementar ethischer Bezug. Die Betonung bedeutet das Bedenken

---

127 Aristoteles, Nikomachische Ethik, VI 2 1139b.

der Spur, der Zeichnung einer konstitutionellen Irreversibilität. Sie verleiht der ethischen Dimension eine nicht minder universelle Kontur als dem Performativen selbst. Sie hat für Denken, Sprache wie für die Kunst und jegliches Handeln überhaupt etwas Unausweichliches. Der Aspekt der Performativität birgt daher einen veränderten Zugang zur Ethik. Er verleiht ihr ein neues Gewicht. Danach wirft jeder Text eine ethische Problematik auf, weil schon der Text *Tat* ist – desgleichen jedes Bild, jede Geste, jedes Argument und jegliche Wahl oder Entscheidung. Die Unausweichlichkeit des Ethischen gilt für das Verbot genauso wie für die Grenzüberschreitung, den Tabubruch. Der Rigorismus dieser Konsequenz liegt in der Maßgabe der performativen Universalität. Seine Unerbittlichkeit ist absolut: »Es läßt sich kein Lebensgebiet in der Zukunft mehr befreien von diesem Begriff«, heißt es auch bei Beuys.[128] Deshalb gibt es keine Aufteilung der Territorien, keine Trennung zwischen dem Theoretischen und dem Praktischen, keinen ethikfreien Raum, schon gar nicht den anarchischen Freiraum der Kunst. Noch die Theorie des Ethischen ist praktisch, soweit sie gesetzt, vertreten und begründet oder durchgesetzt werden muß. So fällt ihr *als* Diskurs ein performatives Gewicht zu, das von Neuem die ethische Frage stellt – denn es ist nicht gleichgültig, ob wir mit den besten Gründen ein moralisches Problem aufwerfen und zu lösen oder auszusetzen trachten, oder welche Bedeutungen wir ihm zumessen, ja nicht einmal, zu welchem Zeitpunkt wir es behandeln. So folgt noch eine »Ethik« der Ethik, wie das Praktische laufend die Problematik der Setzung verdoppelt, ohne je anzukommen oder sich zu vollenden. Immer bleibt es seine Antwort schuldig. Dem Gesichtspunkt des Performativen wohnt daher ein unheimlicher Zug inne. Seine Unheimlichkeit ist Ausdruck seiner Unfüglichkeit – der Tatsache, daß er sich vollständiger Beherrschung verweigert.

Wir haben dies am Beispiel von Beuys »das Tragische« genannt. Es läßt sich jetzt präziser fassen. Denn das Tragische beruht nicht so sehr darauf, daß keine Setzung je über sich verfügen kann, auch nicht auf dem Paradox, daß die Bekämpfung der Macht selbst Macht gebiert, sondern vor allem darauf, daß jede Kontrolle des Performativen sein Dämonisches, seine Unheimlichkeit fortzeugt. Sie wiegt in der Illusion, sich seiner gleichzeitig bemächti-

---

[128] Beuys, in: Bodemann-Ritter (Hg.), Josef Beuys, S. 20.

gen wie ihm entkommen zu können. Dann mündet das Ereignis beherrschen zu wollen ebenso unweigerlich in die Tragödie, wie der Anspruch auf Herrschaft sie verleugnet. Das eigentlich Tragische ist dann nicht das Paradox, das sich auf diese Weise weiterschreibt, sondern die Täuschung über die Vergeblichkeit seiner Lösung. Das eigentlich Tragische des Abendlandes wäre folglich die Verdrängung des Tragischen durch die *techne*. Sie kettet das Ethische an den *polemos*, an die Unendlichkeit der Schuld.

Wäre demnach die genannte »Unheimlichkeit des Performativen« unausweichlich? Es scheint, daß wir vom Anspruch der Schuld umschlossen sind, daß ihre Unerbittlichkeit kein Entrinnen zuläßt. Das gilt freilich nur so lange, wie wir von der »Machtständigkeit« (Heidegger) der *techne* besessen bleiben. Deren Umkehrung bedarf aber des Sprungs, der »Flexion«. Dem entspricht die Wegscheide zwischen Surrealismus und Dadaismus. An letzterem zeichnet sich eine Orientierung ab, deren Linie vielleicht am konsequentesten Cage weiterverfolgt hat. Statt der Aneignung und Umwandlung des Ereignisses durch die Arbeit führt die Ereigniskunst von Cage auf die Anerkenntnis ihrer Unmöglichkeit. *Jenseits einer Ethik der Evolution oder »Re-Volution«, wie sie Beuys verkörperte, sucht sie den Übergang zu einer Ethik des Antwortens, die die Figuren des Eingriffs und der Macht schon gewendet hat.* Sie löst deren Tragisches nicht, wohl aber überspringt sie es auf ein anderes hin. Kunst restituiert derart die elementare Erfahrung des Religiösen. Sie konfrontiert mit dem Anderen, das begegnet, anblickt und angeht und darin den eigenen Blick entmächtigt. Keineswegs bedarf es unserer Hinwendung, *vielmehr bedürfen wir seines Zuspruchs.* Damit ist eine primäre Asymmetrie ausgedrückt. Denn das Verhältnis zum Anderen ist nicht reziprok. Die Ethik des Antwortens bleibt von dieser Asymmetrie durchzogen; sie ist eine Ethik der Differenz, statt der Identität, Gleichheit oder Reziprozität. Sie gründet auf einem fundamentalen Riß, einer nicht zu überbrückenden Kluft. Sie kommt von dieser Kluft her und erneuert auf diese Weise den Sinn für das Geheimnis.

Anders ausgedrückt: Es gibt den Weg der Herrschaft, des Politischen, der das ethische Problem durch seine Bemeisterung zu bewältigen trachtet – und damit verschärft. Und es gibt den Weg der »Verwandlung des Bezugs« – der Passage von der Tat, der bewußten Setzung, zur »Responsivität« und damit auch zur »Responsibilität«. Die Alternative korrespondiert mit der Differenz zwischen Macht und Ver-Antwortung. Sie sind einander entgegengesetzt. Die Macht lernt nicht die Ver-Antwortung, wie die Ver-Antwortung machtlos bleibt. Und sofern die Macht jedes Mysterium ausschließt, hat sie bereits mit der genuinen ethischen Ver-Antwortung gebrochen. Sie hat die Herrschaft, die Kontrolle des »Was« (*quid*) vor die schlichte Akzeptanz des »Daß« (*quod*), der *Ex-sistenz* gestellt. Demgegenüber setzt die Ver-Antwortung die Überschreitung der Macht in ein Anderes und auf ein Anderes zu voraus. Sie schließt damit die »Wendung des Bezugs« mit ein. »Responsivität« als »Responsibilität« ist solche Wendung immanent. Nicht *wir* halten das Andere in der Hand, *es hält uns*, stellt uns unter seinen Vorrang, bemächtigt sich unser und nötigt zur Antwort, trägt uns folglich die Bezugsweise des Antwortens auf. Die Ethik der Responsivität beinhaltet dann zugleich eine Ethik der *religio*, der Bindung, deren Kern ein Mystisches darstellt: Augenblick der Gewahrung ekstatischer *Ex-sistenz*, die zu-fällt, angeht und darin jeden Anspruch auf Gewalt bereits »vertiert« hat. Erfordert ist dazu keine Initiation, keine Offenbarung im christlich-jüdisch-islamischen Sinne, sondern allein die Rückwendung auf die Schlichtheit des Ereignens selbst, *sein einfaches Zuvorkommen*. Es akzeptieren heißt, die fundamentale Abhängigkeit oder Nicht-Reziprozität schon anerkannt haben, in die Anderes stellt und uns immer schon gestellt hat. Und das bedeutet keine Ohnmacht oder den Verzicht auf Macht – dies wäre ein Diskurs des Opfers, der noch demselben Zirkel angehörte und ihn aufrechterhielte –, sondern die Gewährung ursprünglicher Begegnung, mit einem Wort: *Resonanz*.

Die von uns anvisierte Ethik des Performativen mündet somit in die Einübung (*askesis*) in solche Resonanz oder Empfänglichkeit. *Sie bändigt die Unheimlichkeit des Performativen durch die Askese des Antwortens.* Sie tritt auf diese Weise aus dem Zirkel des Tragischen heraus. *Dabei gehören Responsivität und Responsibilität, Antwort und Ver-Antwortung zusammen.* Denn Ver-Antwortung meint hier anderes als die Verantwortung der Tat, die die Folgen einer Handlung abschätzt und auf sich nimmt. Sie ist nicht das Resultat eines Bewußtseins- oder Willensaktes, sondern sie geht deren Möglichkeit voraus. Wir sind nicht nur für unsere Absichten verantwortlich, sondern auch für das Unwillkürliche, das Nichtgewollte, weil wir immer schon in einen elementaren Bezug zum Anderen gestellt und gerufen sind. Ver-Antwortung bedeutet deshalb das Eingedenken dessen, daß existieren ursprünglich »Antworten-müssen« heißt. Die Nötigung ist mit dem ersten Augenblick gegeben, da Anderes begegnet, das heißt (sich) zeigt, (sich) gibt, mithin die »Gabe« des Ge-Gebenen überhaupt erscheint. Sie enthält zugleich: (Etwas) geht voraus, kommt zuvor – kein »Etwas« oder Seiendes, sondern Anderes im Sinne von Andersheit schlechthin. Und dies bedeutet nicht wiederum die Passivität von bloßer Hinnahme, *was* geschieht (*quid*), sondern die An- und Aufnahme, daß geschieht (*quod*), die »Hin-Gabe« an sein Ereignen und damit das *Achten auf*, die *Achtung für* das Ereignis.

Es gehört zu der Grundkonstellationen abendländischer Metaphysik und den aus ihr hervorgehenden Ethiken, sich dieser Achtung verweigert zu haben. Indem sie durchweg das »Was« (*quid*) privilegiert, läßt sie das »Daß« (*quod*) als nichtig erscheinen. *Ihr inhäriert die Miß-Achtung von Ex-sistenz*. Besteht nicht darin das Verhängnis, die moralische Katastrophe, daß der eigentlich »gebende« Bezugspunkt der *Ex-sistenz* negiert oder zumindest für ethisch neutral erklärt wird, um ihm stets das Symbolische, den Willen, die Macht und die *techne* entgegenzuhalten? Maßgeblich wäre dagegen, jenseits der Sanktionierung der Norm oder des Gesetzes der *Ex-sistenz* als *Zuvorkommen*, als »Gabe« im Sinne des Unmachbaren, des Nichtbemächtigbaren ihren Status zurückzuerstatten und ihr jene Dignität wiederzugeben, die sie verdient. *Kunst vermag solches zu lehren*. Vorauszusetzen wäre allerdings jene Wahrnehmung von Alterität, die das Zuvorkommen ihrer »Gabe« durch die Erfahrung der »Aura« restituiert, wofür die *Ästhetik des Performativen als einer Aisthetik des Ereignens* gerade Sorge zu tragen sucht. Sie erwiese sich so als Lehrmeisterin der geforderten Einübung (*askesis*) in die Resonanz. Doch besteht die Schwierigkeit darin, daß solche Resonanz, sofern sie vom Anderen ergeht, notwendig unterbestimmt bleibt. Ihre Möglichkeit beruht auf einer Sensibilität oder Empfänglichkeit, deren »Worauf« sich der Identifizierung entzieht, das folglich nicht fixiert, in Augenschein genommen oder klassifiziert werden kann, das in seiner Indetermination und seinem zeitlichen Noch-Nicht gleichwohl ergriffen sein muß, um beantwortet werden zu können.

Jede Antwort enthält dieses Unzureichende. Sie trägt Züge eines Unzugänglichen. Sie kann nicht »ent-sprechen«. Darin enthüllt sich der tiefgreifende Abstand zum Versuch Heideggers, gegen den »ersten Anfang« der Metaphysik einen »anderen Anfang« zu etablieren, der die Unerläßlichkeit des Antwortens gleichzeitig an das Ereignis der Wahrheit (*aletheia*) koppelt. *Statt dessen können wir zwar nicht umhin zu antworten, wir wissen aber nie, worauf wir antworten.* Die Struktur der Responsivität erweist sich als in dieses Rätsel, diese Differenz oder Haltlosigkeit hineingestellt. Ihre Rätselhaftigkeit ist Zeichen ihres Entmächtigtseins. Anders ausgedrückt: Der Ver-Antwortung eignet mit ihrer Unabdingbarkeit zugleich ihre eigene Unzulänglichkeit. Darin bekundet sich ihr Prekäres. Darauf hat auch Derrida von Lévinas her hingewiesen, wobei seine Verwendung des Ausdrucks »Verantwortung« den Terminus der Responsivität immer schon mitdenkt: »Man muß unaufhörlich daran erinnern, daß eine gewisse Unverantwortlichkeit sich überall einschleicht, wo Verantwortung verlangt wird, ohne daß hinreichend auf den Begriff gebracht und thematisch gedacht worden ist, was Verantwortung heißt [...]. Woraus zu schließen wäre, daß die Thematisierung des Begriffs Verantwortung nicht nur stets unzureichend ist, vielmehr dies stets sein wird, weil sie es sein muß.«[129] Allerdings bemißt sich dieses scheinbare Paradox noch am Kriterium einer Vollkommenheit oder Identität, mit der der Primat des Anderen im Antworten bereits gebrochen hat. Die recht verstandene Ver-Antwortung erfordert das Festhalten an jener Differenz, die dessen Vorrang immer schon einschließt und die Performativität des Antwortens allererst konstituiert. Darum handelt es sich nicht eigentlich um eine Paradoxie, sondern um eine Unbestimmtheit, die der Differenz entspringt und sie laufend durchlöchert. Sie bezeichnet keinen Mangel, sondern das Wagnis, die Zurückhaltung des Antwortens.

Anders als zum Problem der Macht, ihrer Tragödie, gehört so zur Struktur der Responsivität das Mysterium. Sie ist durchsetzt mit der Tugend der Machtlosigkeit. Darin liegt ihr Geheimnis, ihre Nähe zur Religiosität. Rudolf Otto hatte das *faszinans* des Numinosen im Paradox gesehen.[130] Das Religiöse, vom Phänomen des Heiligen aus betrachtet, bedeutet somit das Insichstehen im Paradoxen, das das Tragische umkehrt. Denn wie dem Tragi-

---

129 Derrida, Den Tod geben, S. 354f.
130 Otto, Das Heilige, S. 10, 12 und bes. 34ff.

schen eigen ist, seine Paradoxalität dadurch unablässig wieder hervorzubringen, daß es dem Widerspruch auszuweichen, ihn zu verleugnen oder zu beherrschen sucht, besteht die Schwierigkeit des Antwortens gerade darin, *seine unüberwindliche Unbestimmtheit auf sich zu nehmen*. Das verlangt zu akzeptieren, daß wir dem Anderen, dem Zuvorkommenden wie Zukommenden nirgends gerecht werden können – daß wir stets vor der Grenze stehen. Es gibt demnach keinen adäquaten Respons, bestenfalls vorläufige, provisorische Antworten im Ungewissen, Versuche, die das *thaumaton* ebenso in sich einschließen wie das *tremendum*: Das Staunen angesichts der Unbegreiflichkeit des Anderen und das Grauen angesichts der Unausdeutbarkeit seines Ereignens. Die Ethik der Ästhetik, die sich so aus dem Vor-Wurf des Performativen ergibt, erfordert diese doppelte Wachheit. Nichts anderes bedeutet es, Augenblicke des Mysteriums in transzendenzloser Zeit erneut zu entzünden.

Literatur

Adorno, Theodor W., *Ästhetische Theorie*, Frankfurt/M. 1970.
–, *Negative Dialektik*, Gesammelte Schriften Bd. 6, Frankfurt/M. 1973.
–, *Philosophie der neuen Musik*, Frankfurt/M. 1978.
–, »Rückblickend auf den Surrealismus«, in: ders., *Versuch das Endspiel zu verstehen*, Frankfurt/M. 1972, S. 101-106.
Adorno, Theodor W./Horkheimer, Max, *Dialektik der Aufklärung*, Frankfurt/M. 1969.
Anonymus, »Das ›älteste Systemprogramm des dt. Idealismus‹« (1796-97), in: C. Jamme, H. Schneider (Hg.), *Mythologie der Vernunft*, Frankfurt/M. 1984.
Aristoteles, *Metaphysik*; nach: *Die Lehrschriften*, übers. v. S. Gohlke, Paderborn, 2. Aufl. 1991.
–, *De anima II*, in: *Die Lehrschriften*, hg. v. S. Gohlke, Paderborn, 2. Aufl. 1953.
–, *Peri hermeneias*, in: *Werke*, hg. v. H. Flashar, Bd. 1, Tl. II, Berlin 1994.
–, *Nikomachische Ethik*, hg. v. G. Bien, Hamburg 1972.
Arp, Hans, *Unsern täglichen Traum*, Zürich 1995.
Asholt, Wolfgang/Fähnders, Walter (Hg.), *Manifeste und Proklamationen der europäischen Avantgarde*, Stuttgart 1995.
Austin, John L.: *Zur Theorie der Sprachakte* (How to do things with words), Stuttgart 1972.

Ball, Hugo, *Die Flucht aus der Zeit*, hg. v. Bernd Echte, Zürich 1992.
Barthes, Roland, »Die Augenmetapher«, in: H. Galles (Hg.), *Strukturalismus als interpretatives Verfahren*, Darmstadt/Neuwied 1972, S. 25-34.
–, *Lektion*, Frankfurt/M. 1980.
–, *Elemente der Semiologie*, Frankfurt/M., 2. Aufl 1981.
–, *Die helle Kammer*, Frankfurt/M. 1989.
–, *Der entgegenkommende und der stumpfe Sinn*, Frankfurt/M. 1990.
Baudrillard, Jean, »Requiem für die Medien«, in: ders., *Kool Killer*, Berlin 1978, S. 83-118.
–, »Kool Killer oder der Aufstand der Zeichen«, in: ders., *Kool Killer*, Berlin 1978, S. 19-38.
–, »Videowelt und fratales Subjekt«, in: Karlheinz Barck u. a. (Hg.), *Aisthesis, Wahrnehmung heute oder Perspektiven einer anderen Ästhetik*, Leipzig, 6. Aufl. 1998, S. 252-264.
–, *Agonie des Realen*, Berlin 1978.
–, »Demokratie, Menschenrechte, Markt, Liberalismus…«, in: *Frankfurter Rundschau*, 19. 12. 2001, S. 21.
Baumgarten, Alexander Gottlieb, *Theoretische Ästhetik*, Hamburg 1983.
Beaukamp, Eduard, *Das Dilemma der Avantgarde*, Frankfurt/M. 1976.

Becker, Oskar, *Dasein und Dawesen. Philosophische Aufsätze*, Pfullingen 1963.
Benjamin, Walter, *Das Kunstwerk im Zeitalter seiner technischen Reproduzierbarkeit*, Frankfurt/M. 9. Auflage 1976.
–, *Charles Baudelaire. Ein Lyriker im Zeitalter des Hochkapitalismus*, in: *Gesammelte Schriften* I.2, Frankfurt/M. 1974, S. 509-690.
–, *Briefe. Gesammelte Schriften* I.3, Frankfurt/M. 1974.
–, »Über das mimetische Vermögen«, in: *Gesammelte Schriften* Bd. II/1, Frankfurt/M. 1977, S. 210-213.
–, »Der Sürrealismus. Die letzte Momentaufnahme der europäischen Intelligenz«, in: ders., *Gesammelte Schriften* II/1, Frankfurt/M. 1977, S. 295-310.
–, *Das Passagenwerk*, 2 Bde., *Gesammelte Schriften*, V.1 und V.2, Frankfurt/M. 1982.
–, »Berliner Kindheit um Neunzehnhundert«; in: ders., *Gesammelte Schriften*, IV.1, Frankfurt/M. 1991 (Darin: »Das Telephon«, S. 242 f.).
–, *Allegorien kultureller Erfahrung*, Leipzig 1990.
Bentham, Jeremy, »Panopticon; or, the Inspection-House«, in: *The Works of Jeremy Bentham*, hg. V. J. Bowring, New York 1962, Vol. 4, S. 37-172.
Berger, John, *Sehen. Das Bild der Welt in der Bilderwelt*, Reinbek bei Hamburg 1974.
Beuys, Josef: *Zeichnungen*. Katalog zur Ausstellung Nationalgalerie Berlin, München 1979.
–, »›Ich durchsuche Feldcharakter‹«, in: *Kunst/Theorie im 20. Jahrhundert*, 2 Bde., Bd. 2, Ostfildern-Ruit 1998, S. 1119 f.
Beuys/Kounellis/Kiefer/Cucchi, *Ein Gespräch*, Zürich, 4. Aufl. 1994.
Bianchi, Paolo, »Kunst ohne Werk – aber mit Wirkung«, in: *Kunst ohne Werk/Ästhetik ohne Absicht. Kunstforum International*, Bd. 152, hg. v. Paolo Bianchi (Okt. 2000), S. 67-81.
–, »Was ist (Kunst)?«, in: *Kunst ohne Werk/Ästhetik ohne Absicht. Kunstforum International*, Bd. 152, hg. v. Paolo Bianchi (Okt. 2000), S. 56-60.
Blumenberg, Hans, *Die Genesis der kopernikanischen Welt*, 3 Bde., Frankfurt/M., 2. Aufl. 1989.
Bodemann-Ritter, Clara (Hg.), *Joseph Beuys, Jeder Mensch ist ein Künstler*, Berlin 1997.
Boehm, Gottfried, »Bildsinn und Sinnesorgane«, in: Jürgen Stöhr (Hg.), *Ästhetische Erfahrung heute*, Köln 1996, S. 148-165.
Böhme, Gernot, *Platons theoretische Philosophie*, Stuttgart 2000.
–, *Atmosphäre*, Frankfurt/M. 1995.
–, *Am Ende des Baconschen Zeitalters*, Frankfurt/M. 1993.
–, »Technisierung der Wahrnehmung. Zur Technik- und Kulturgeschichte der Wahrnehmung«; in: Jost Halfmann (Hg.), *Technische Zivilisation*, Opladen 1998, S. 31-47.
–, *Kants »Kritik der Urteilskraft« in neuer Sicht*, Frankfurt/M. 1999.

–, *Theorie des Bildes*, München 1999.
–, *Aisthetik. Vorlesungen über Ästhetik als allgemeine Wahrnehmungslehre*, München 2001.
Bohrer, Karl Heinz, *Plötzlichkeit*, Frankfurt/M. 1981.
–, *Das absolute Präsens*, Frankfurt/M. 1994.
–, »Die Ästhetik am Ausgang ihrer Unmündigkeit«, in: *Merkur* 44 (1990).
Brecht, Bertolt, *Arbeitsjournal*, Frankfurt/M. 1974.
Breton, André, *Die Manifeste des Surrealismus*, Reinbek bei Hamburg 1977.
Buber, Martin, »Zwiegespräche«, in: ders., *Das dialogische Prinzip*, Heidelberg 1973, S. 137-196.
Bubner, Rüdiger, *Ästhetische Erfahrung*, Frankfurt/M. 1989.
Bürger, Peter, *Theorie der Avantgarde*, Frankfurt/M., 4. Aufl. 1982.
–, »Der Alltag, die Allegorie und die Avantgarde«, in: Christa und Peter Bürger (Hg.), Alltag, Allegorie und Avantgarde, Frankfurt/M. 1987, S. 196-212.

Cabanne, Pierre, *Gespräche mit Marcel Duchamp*. Spiegelschrift 10, Köln 1972.
Calvino, Italo, *Sechs Vorschläge für das nächste Jahrtausend*, München/Wien 1991.
Canetti, Elias, *Masse und Macht*, Frankfurt/M. 1981.
Cage, John, *Für die Vögel. Gespräch mit Daniel Charles*, Berlin 1984.
–, *Silence. Lectures and Writings*, London 1971.
–, *Silence*, Frankfurt/M. 1987.
–, *Katalog*, Edition Peters 1962.
Cassirer, Ernst: *Philosophie der symbolischen Formen*, Bd. 1, Darmstadt, 9. Aufl. 1988.
–, *Philosophie der symbolischen Formen*, Bd. 3, Darmstadt, 9. Aufl. 1990.
–, *Zur Logik der Kulturwissenschaften*, Darmstadt, 6. Aufl. 1994.
–, *Metaphysik der symbolischen Formen. Nachgelassene Schriften und Texte*, Bd. 1, Hamburg 1995.
–, *Symbol, Technik, Sprache*, Hamburg 1995.
–, *Versuch über den Menschen. Eine Einführung in die Philosophie der Kultur*, Frankfurt/M., 2. Aufl. 1990.
Celan, Paul, »Der Meridian«, in: *Ausgewahälte Gedichte. Zwei Reden*, Frankfurt/M. 1996, S. 131-148.
Charles, Daniel, *Zeitspielräume. Performance, Musik, Ästhetik*, Berlin 1989.
–, *Musik und Vergessen*, Berlin 1984.
–, *John Cage oder Die Musik ist los*, Berlin 1979.
Cioran, Emile, *Die verfehlte Schöpfung*, Frankfurt/M. 1979.
Cocteau, Jean, *Kinder der Nacht*, Werkausgabe in 12 Bden, Bd. 3, Frankfurt/M. 1988.

–, »Die geliebte Stimme«, in: ders., *Gedichte, Stücke*, Berlin, 2. Aufl. 1978, S. 207-226.
–, »Über De Chirico«, in: ders., *Prosa*, Berlin, 2. Aufl. 1978.

Danto, Arthur, *Die Verklärung des Gewöhnlichen*, Frankfurt/M. 1984.
–, *Kunst nach dem Ende der Kunst*, München 1996.
–, *Die philosophische Entmündigung der Kunst*, München 1993.
Deleuze, Gilles, *Das Zeit-Bild*, Frankfurt/M. 1991.
–, *Logik des Sinns*, Frankfurt/M. 1993.
Dermée, Paul, »Was ist Dada!«, in: Asholt/Fähnders (Hg.), *Manifeste und Proklamationen der europäischen Avantgarde*, Stuttgart 1995, S. 193f.
Derrida, Jacques, *Die Schrift und die Differenz*, Frankfurt/M. 1972.
–, *Grammatologie*, Frankfurt/M. 1974.
–, *Die Stimme und das Phänomen*, Frankfurt/M. 1979.
–, »Die Stile Nietzsches«, in: W. Hamacher (Hg.), *Nietzsche aus Frankreich*, Frankfurt/M. Berlin 1986, S. 129-168.
–, *Husserls Weg in die Geschichte am Leitfaden der Geometrie*, München 1987.
–, »Semiologie und Grammatologie«, in: Peter Engelmann (Hg.), *Postmoderne und Dekonstruktion*, Stuttgart 1990, S. 140-164.
–, *Gesetzeskraft*, Frankfurt/M. 1991.
–, *Die Wahrheit in der Malerei*, Wien 1992.
–, *Falschgeld*, München 1993.
–, »Den Tod geben«, in: A. Haverkamp (Hg.), *Gewalt und Gerechtigkeit. Derrida-Benjamin*, Frankfurt/M. 1994, S. 331-445.
–, *Dissemination*, Wien 1995.
–, »Punktierungen – die Zeit der These«, in: H.-P. Gondeck (Hg.), *Einsätze des Denkens*, Frankfurt/M. 1997, S. 19-39.
–, *Die unbedingte Universität*, Frankfurt/M. 2001.
–, *Randgänge der Philosophie*, Wien, 2. überarb. Aufl. 1999.
–, »Qu'est-ce que la poésie«, in: *Poésie* 50, Paris 1989; dt. »Was ist Dichtung«, Berlin o. J., o. S.
Dotzler, Bernhard J., *Papiermaschinen. Versuch über Communication & Control in Literatur und Technik*, Berlin 1996.
Dreher, *Thomas Performance Art nach 1945*, München 2001.
Dreyfus, Hubert L., *Was Computer nicht können. Die Grenzen künstlicher Intelligenz*, Frankfurt/M. 1989.
Dürr, Hans-Peter, *Traumzeit*, Frankfurt/M. 1978.
Dummett, Michael, *Ursprünge der analytischen Philosophie*, Frankfurt/M. 1988.

Eco, Umberto, *Vier moralische Schriften*, München/Wien 1998.
–, *Die Grenzen der Interpretation*, München/Wien 1992.
–, *Nachschrift zum »Namen der Rose«*, München/Wien, 6. Aufl. 1985.

Fellmann, Ferdinand, *Phänomenologie als ästhetische Theorie*, Freiburg/München 1989.

Ferro, António, »Wir«, in: Asholt/Fähnders (Hg.), *Manifeste und Proklamationen der europäischen Avantgarde*, Stuttgart 1995, S. 265-267.

Feyerabend, Paul, *Wider den Methodenzwang. Skizze einer anarchistischen Erkenntnistheorie*, Frankfurt/M. 1976.

Fischer-Lichte, Erika, »Auf dem Weg zu einer performativen Kultur«, in: *Paragrana. Zeitschrift für historische Anthropologie* 7 (1998), S. 13-29.

–, »Entgrenzung des Körpers. Über das Verhältnis von Wirkungsästhetik und Körpertheorie«, in: dies. (Hg.), *Körperinszenierungen*, Tübingen 2000, S. 19-34.

–, »Vom ›Text‹ zur ›Performance‹. Der ›performative Turn‹ in den Kulturwissenschaften«, in: *Kunst ohne Werk/Ästhetik ohne Absicht. Kunstforum International*, Bd. 152, hg. v. Paolo Bianchi (Okt. 2000), S. 61-63.

–, »Für eine Ästhetik des Performativen«, in: Jörg Huber (Hg.), *Kultur-Analysen, Interventionen* 16, Zürich 2001, S. 21-43.

Flusser, Vilém, *Die Schrift. Hat Schreiben Zukunft?*, Göttingen, 2. Aufl. 1989

–, *Medienkultur*, Frankfurt/M. 1997.

Foucault, Michel, »Der maskierte Philosoph«, in: Karlheinz Barck u. a. (Hg.), *Aisthesis. Wahrnehmung heute oder Perspektiven einer anderen Ästhetik*, Leipzig, 6. Aufl. 1998, S. 5-13.

–, *Die Ordnung der Dinge*, Frankfurt/M. 1971.

–, *Überwachen und Strafen. Die Geburt des Gefängnisses*, Frankfurt/M. 1994.

–, *Der Staub und die Wolke*, Bremen 1982.

–, *Die Ordnung des Diskurses*, München 1974.

–, *Dies ist keine Pfeife*, München 1997.

Frank, Manfred/Zanetti, Véronique, Kommentar zu: Immanuel Kant, *Schriften zur Ästhetik und Naturphilosophie*, Frankfurt/M. 1996.

Frege, Gottlob, *Grundlagen der Arithmetik*, Hamburg 1986.

Freud, Sigmund, *Die Traumdeutung*, Frankfurt/M. 1961.

Gadamer, Hans-Georg, *Wahrheit und Methode*, Tübingen 1960.

–, *Heideggers Wege*, Tübingen 1983.

–, »›Gibt es Materie?‹ Eine Studie zur Begriffsbildung in Philosophie und Wissenschaft«, in: *Gesammelte Werke* Bd. 6, Tübingen 1987, S. 201-217.

Gamm, Gerhart, »Technik als Medium. Grundlinien einer Philosophie der Technik«, in: M. Hauskeller/Ch. Rehmann-Sutter/G. Schiemann (Hg.), *Naturerkenntnis und Natursein*, Frankfurt/M. 1998, S. 94-106.

Gawoll, H. J., »Gedächtnis und Andersheit I: Geschichte des Aufbewahrens«, in: *Archiv für Begriffsgeschichte* 30 (1986/87), S. 44-69.

–, »Gedächtnis und Andersheit II: Das Sein und die Differenzen. Heidegger, Lévinas und Derrida«, in: *Archiv für Begriffsgeschichte* 32 (1989), S. 269-296.

Geertz, Clifford, *Dichte Beschreibung. Beiträge zum Verstehen kultureller Systeme*, Frankfurt/M. 1987.
Goethe, Johann Wolfgang von, *Schriften zur Kunst*, 2 Bde, München 1962.
Goodman, Nelson, *Weisen der Welterzeugung*, Frankfurt/M. 1990.
–, *Sprachen der Kunst*, Frankfurt/M. 1995.
Gumbrecht, Hans-Ulrich/Pfeiffer, K. Ludwig (Hg.), *Materialität der Kommunikation*, Frankfurt/M. 1988.

Haftmann, Werner, *Malerei des 20. Jahrhunderts*, München, 4. Aufl. 1965.
Halfmann, Jost (Hg.), *Technische Zivilisation*, Opladen 1998.
Handke, Peter, *Versuch über die Müdigkeit*, Frankfurt/M., 4. Aufl. 1990.
Haraway, Donna, »Anspruchsloser Zeuge@Zweites Jahrtausend. FrauMann© trifft OncoMouse™. Leviathan und die vier Jots: Die Tatsachen verdrehen«, in: Elvira Scheich (Hg.), *Vermittelte Weiblichkeit. Feministische Wissenschafts- und Gesellschaftstheorie*, Hamburg 1996, S. 347-389.
Harlan, Volker, *Was ist Kunst? Werkstattgespräch mit Beuys*, Stuttgart, 2. Aufl. 1987.
Hegel, Georg Wilhelm Friedrich, *Vorlesungen zur Ästhetik*, in: *Werke in 20 Bden*, Bde 13-15, Frankfurt/M. 1970.
Heidegger, Martin, *Der Ursprung des Kunstwerkes*, Stuttgart 1960.
–, *Was ist Metaphysik*, Frankfurt/M., 9. Aufl. 1965.
–, *Vom Wesen des Grundes*, Frankfurt/M., 5. Aufl. 1965.
–, *Zeit und Sein*, Tübingen 1969.
–, »Die Zeit des Weltbildes«, in: ders., *Holzwege*, Frankfurt/M., 5. Aufl. 1972, S. 69-104.
–, *Kant und das Problem der Metaphysik*, Frankfurt, 4. Aufl. 1973.
–, *Unterwegs zur Sprache*, Pfullingen, 5. Aufl. 1975.
–, *Grundprobleme der Phänomenologie*, Gesamtausgabe Bd. 24, Frankfurt/M. 1975.
–, *Identität und Differenz*, Pfullingen, 6. Aufl. 1978.
–, *Die Technik und die Kehre*, Pfullingen, 4. Aufl. 1978.
–, »Was heißt Denken?«, in: ders., *Vorträge und Aufsätze*, Pfullingen, 4. Aufl. 1978, S. 123-137.
–, *Gelassenheit*, Pfullingen, 6. Aufl. 1979.
–, *Grundfragen der Philosophie*. Gesamtausgabe Bd. 45, Frankfurt/M. 1984.
–, *Der Satz vom Grund*, Pfullingen, 6. Aufl. 1986.
–, *Beiträge zur Philosophie (Vom Ereignis)*. Gesamtausgabe Bd. 65, Frankfurt/M. 1989.
–, *Metaphysik und Nihilismus*, Gesamtausgabe Bd. 67, Frankfurt/M 1996.
Heider, Fritz, »Ding und Medium«, in: *Symposium* 1 (1926), S. 109-157.
Herzogenrath, Wulf/Lueg, Gabriele (Hg.), *Die 60er Jahre. Kölns Weg zur Kunstmetropole. Vom Happening zum Kunstmarkt*. Köln: Kölnischer Kunstverein 1986.

Hoerle, Hans, »Dilettanten erhebt euch; Manifest von 1920«, in: Asholt/ Fähnders (Hg.), *Manifeste und Proklamationen der europäischen Avantgarde*, Stuttgart 1995, S. 200.
Holeczek, Bernhard/Mengden, Lida von (Hg.), *Zufall. Spielwelt, Methode und System in der Kunst des 20. Jahrhunderts*, Heidelberg 1992.
Huang-po, *Der Geist des Zen*, Frankfurt/M. 1997.
Hülsenbeck, Richard, *En avant Dada*, Hannover 1920.
Husserl, Edmund, *Logische Untersuchungen*, Bd. II,2, Tübingen 1968.
–, *Erfahrung und Urteil. Untersuchungen zur Genealogie der Logik*, hg. v. L. Landgrebe, Hamburg, 3. Aufl. 1964.
–, *Texte zur Phänomenologie des inneren Zeitbewußtseins*, Hamburg 1985.

Imdahl, Max, *Zur Kunst der Moderne*, Frankfurt/M. 1996.
–, »Ikonik. Bilder und ihre Anschauung«, in: Gottfried Boehm (Hg.), *Was ist ein Bild?*, S. 300-324.
Ingold, Felix Philipp, »Nach dem Autor fragen«, in: *Neue Zürcher Zeitung*, 21./22. 9. 1991, S. 69.

Jakobson, Roman, »Zwei Seiten der Sprache und zwei Typen aphasischer Störungen«, in: ders., *Aufsätze zur Linguistik und Poetik*, Frankfurt/ Berlin/Wien 1979, S. 117-141.
Janco, Marcel, »Die Kunst will und muß zum Leben zurückkehren«, in: Asholt/Fähnders (Hg.), *Manifeste und Proklamationen der europäischen Avantgarde*, Stuttgart 1995, S. 162.
Jonas, Hans, »Homo pictor: Von der Freiheit des Bildens«, in: Gottfried Boehm (Hg.), *Was ist ein Bild?*, München 1994, 105-124.
Jullien, François, *Über die Wirksamkeit*, Berlin 1999.
Jung, Carl Gustav, »Zum Gedächtnis Richard Wilhelms«, in: ders., *Über das Phänomen des Geistes in Kunst und Wissenschaft*, Gesammelte Werke Bd. 15, Olten/Freiburg 1971.

Kandinsky, Wassily, »Über das Geistige in der Kunst«, in: *Der Blaue Reiter. Dokumente einer geistigen Bewegung*, hg. v. A. Hüneke, Leipzig 1986, S. 338 ff.
–, »Über die Formfrage«, in: *Der Blaue Reiter. Dokumente einer geistigen Bewegung*, hg. v. A. Hüneke, Leipzig 1986, S. 127 ff.
Kant, Immanuel, *Kritik der reinen Vernunft*, Hamburg 1956.
–, *Kritik der Urteilskraft*, in: *Werke in 12 Bden*, Bde IX, X, Wiesbaden 1957.
–, *Anthropologie in pragmatischer Hinsicht*, Hamburg 1980.
–, »Aus den Reflexionen zur Ästhetik«, in: *Materialien zur »Kritik der Urteilskraft«*, hg. v. J. Kulenkampff, Frankfurt/M. 1974.
Kittler, Friedrich A., *Aufschreibesysteme 1800, 1900*. München, 3. überarb. Aufl. 1995.
–, »Fiktion und Simulation«, in: Barck, Gente u. a. (Hg.), *Aisthesis, Wahr-*

nehmung heute oder Perspektiven einer anderen Ästhetik, Leipzig, 6. Aufl. 1998, S. 196-213.
–, »Hardware, das unbekannte Wesen«, in: Sybille Krämer (Hg.), *Medien, Computer, Realität*, Frankfurt/M., 2. Aufl. 2000, S. 119-132.
Klotz, Heinrich, *Kunst im 20. Jahrhundert*, München, 2. Aufl. 1999.
Kostelanetz, Richard, *American Imaginations*, Berlin 1983.
Krämer, Sybille, *Symbolische Maschinen. Die Geschichte der Formalisierung in historischem Abriß*, Darmstadt 1988.
–, »Zentralperspektive, Kalkül, Virtuelle Realität: Sieben Thesen über die Weltbildimplikationen symbolischer Formen«, in: Gianni Vattimo/Wolfgang Welsch (Hg.), *Medien-Welten Wirklichkeiten*, München 1998, S. 27-37.
–, »Das Medium als Spur und als Apparat«, in: dies. (Hg.), *Medien, Computer, Realität*, Frankfurt/M., 2. Aufl. 2000, S. 73-94.
Kristeva, Julia, *Die Revolution der poetischen Sprache*, Frankfurt/M. 1978.
Kubler, George, *Die Form der Zeit. Anmerkungen zur Geschichte der Dinge*, Frankfurt/M. 1982.

Lacan, Jacques, »Das Seminar über E. A. Poes ›Der entwendete Brief‹«, in: *Schriften I*, Frankfurt/M. 1975, S. 7-70.
–, »Funktion und Feld des Sprechens und der Sprache in der Psychoanalyse«, in: *Schriften I*, Frankfurt/M. 1975, S. 71-169.
–, »Das Drängen des Buchstabens im Unbewußten oder die Vernunft seit Freud«, in: *Schriften II*, Olten 1975, S. 17-55.
–, »Subversion des Subjekts und Dialektik des Begehrens im Freudschen Unbewußten«, in: *Schriften II*, Olten 1975, S. 167-204.
–, *Die Grundbegriffe der Psychoanalyse*, Seminar XI, Olten 1978.
Langenmeier, Arnica-Verena (Hg.), *Das Verschwinden der Dinge*, München 1993.
Langer, Susanne K., *Philosophie auf neuem Wege. Das Symbol im Denken, im Ritus und in der Kunst*, Frankfurt/M. 1984.
Latour, Bruno, *Wir sind nie modern gewesen. Versuch einer symmetrischen Anthropologie*, Frankfurt/M. 1998.
–, *Das Parlament der Dinge. Für eine politische Ökologie*, Frankfurt/M. 2001.
Lenz, Jakob Michael Reinhold, *Philosophische Vorlesung für empfindsame Seelen*. Faksimiledruck der Ausgabe Frankfurt/Leipzig 1780, St. Ingbert 1994.
Leonardo da Vinci, *Gemälde und Schriften*, hg. u. komm. v. André Chastel, München o. J.
–, *Tagebücher und Aufzeichnungen*, Leipzig 1940.
Lévinas, Emmanuel, *Totalität und Unendlichkeit*, Freiburg/München, 2. Aufl. 1993.

–, *Die Spur des Anderen. Untersuchungen zur Phänomenologie und Sozialphilosophie*, Freiburg/München, 2. Aufl. 1987.
–, *Jenseits des Seins oder anders als Sein geschieht*, München, 2. Aufl. 1998.
–, *Vom Sein zum Seienden*, Freiburg/München 1997.
–, *Zwischen uns. Versuche über das Denken an den Anderen*, München/Wien 1995.
Liede, Alfred, *Dichtung als Spiel. Studien zur Unsinnspoesie an den Grenzen der Sprache*, Berlin/New York 1992.
Lichtenberg, Georg Christoph, *Sudelbücher*. Schriften und Briefe 1, München 1968.
Lichtenstein, Roy, »Interview 1963«, in: Roy Lichtenstein, *Katalog*, Herfort 1969.
Longinus, *Peri Hypsous. Vom Erhabenen*, Darmstadt, 2. Aufl. 1983.
Lotringer, Sylvère, *New Yorker Gespräche*, Berlin 1983.
Lüdeking, Karlheinz, »Die Wörter und die Bilder und die Dinge«, in: *René Magritte*, Katalog München/New York 1996, S. 58-72.
Luhmann, Niklas, *Die Kunst der Gesellschaft*, Frankfurt/M. 1995.
Lyotard, Jean-François, »Das Erhabene und die Avantgarde«, in: *Merkur* 38 (1984), S. 151-164.
–, *Der Widerstreit*, München, 2. Aufl. 1989.
–, *Das postmoderne Wissen*, Graz/Wien 1986.
–, Beantwortung der Frage: »Was ist postmodern?«, in: Peter Engelmann (Hg.), *Postmoderne und Dekonstruktion*, Stuttgart 1990, S. 33-48.
–, »Der Augenblick, Newman«, in: ders., *Philosophie und Malerei im Zeitalter ihres Experimentierens*, Berlin 1986, S. 7-23.
–, *Analytik des Erhabenen. Kant-Lektionen*, München 1994.
–, »Die Aufklärung, das Erhabene, Philosophie, Ästhetik«, in: ders. u. a., *Immaterialitäten und Postmoderne*, Berlin 1985, S. 91-102.

Magritte, René, »Die Wörter und die Bilder«, in: *Sämtliche Schriften*, hg. v. André Blavier, Frankfurt/Berlin/Wien 1985.
Manthey, Jürgen, *Wenn Blicke zeugen könnten*, München/Wien 1983.
Marinetti, Filippo T., »Erstes Manifest des Futurismus«, in: Asholt/Fähnders (Hg.), *Manifeste und Proklamationen der europäischen Avantgarde*, Stuttgart 1995, S. 4-7.
–, »Zweites Manifest des Futurismus«, in: Asholt/Fähnders (Hg.), *Manifeste und Proklamationen der europäischen Avantgarde*, Stuttgart 1995, S. 7-11.
Marquard, Odo, *Aesthetica und Anaesthetica. Philosophische Überlegungen*, Paderborn 1989.
Marx, Karl, »Der 18te Brumaire des Louis Napoleon«, in: *MEW* Bd. 8, Berlin 1973.
–, *Das Kapital*, 3 Bde., Frankfurt/Berlin/Wien, 4. Aufl. 1972.
McLuhan, Marshall, *Die magischen Kanäle*, Düsseldorf/Wien 1968.

Menke, Christoph, *Die Souveränität der Kunst*, Frankfurt/M. 1991.

Merleau-Ponty, Maurice, *Phänomenologie der Wahrnehmung*, Berlin 1974.

Mersch, Dieter, »Jenseits des Zeichens. Einige sprachphilosophische Reflexionen zu John Cages Textkompositionen«, in: *Musiktexte. Zeitschrift für Neue Musik* 15 (1986), S. 18-22.

–, »Digitalität und nichtdiskursives Denken«, in: ders./ J.C. Nyíri (Hg.), *Computer, Kultur, Geschichte*, Wien 1991, S. 109-126.

–, »Geplant aber nicht planbar. Ereignis statt Werk: Plädoyer für eine Ästhetik performativer Kunst«, in: *Frankfurter Rundschau*, 29.4.1997.

–, »Art & Pop – Kein Thema mehr?«, in: *Ästhetik und Kommunikation* 29, Berlin 1998, S. 37-46.

–, »Das Sagbare und das Zeigbare. Wittgensteins frühe Theorie einer Duplizität im Symbolischen«, in: *Prima Philosophia* 12 (1999), S. 85-94.

–, »Anderes Denken. Michel Foucaults ›performativer Diskurs‹«, in: Hannelore Bublitz et. al (Hg.), *Das Wuchern der Diskurse. Perspektiven der Diskursanalyse Foucaults*, Frankfurt/New York 1999, S. 162-176.

–, »Ereignis und Aura. Radikale Transformation der Kunst vom Werkhaften zum Performativen«, in: *Kunst ohne Werk/Ästhetik ohne Absicht. Kunstforum International* 152, hg. v. Paolo Bianchi, Okt. 2000, S. 94-103.

–, »Tyche und Kairos. ›Ereignen‹ zwischen Herrschaft und Begegnenlassen«, in: *Kunst ohne Werk/Ästhetik ohne Absicht. Kunstforum International* Bd. 152, hg. v. Paolo Bianchi, Okt. 2000, S. 134-137.

–, »Jenseits von Schrift: Die Performativität der Stimme«, in: *Dialektik. Zeitschrift für Kulturwissenschaft*, Heft 2 (2000), S. 79-92.

–, »›Es gibt allerdings Unaussprechliches...‹. Wittgensteins Ethik des Zeigens«, in: Ulrich Arnswald/Anja Weiberg (Hg.), *Ethik, Religion und Mystik bei Wittgenstein*, Düsseldorf 2001.

–, *Was sich zeigt. Materialität, Präsenz, Ereignis*, München 2001.

–, »Aisthetik und Responsivität. Zum Verhältnis von medialer und amedialer Wahrnehmung«, in: Erika Fischer-Lichte/Christian Horn/Matthias Warstat (Hg.), *Wahrnehmung und Medialität*. Theatralität 3, Tübingen/Basel 2001, S. 273-299.

–, »Das Entgegenkommende und das Verspätete. Zwei Weisen, das Ereignis zu denken: Derrida und Lyotard«, in: D. Köveker/A. Niederberger (Hg.), *Lyotard im Widerstreit*, Berlin (im Erscheinen).

–, »Deutsche Materialästhetik«, in: *Die Lebensreform* (Katalog), hg. v. K. Buchholz u.a., Darmstadt (Institut Mathildenhöhe) 2001, S. 267-269.

–, »Das Ereignis der Setzung«, in: Christian Horn/Matthias Warstat/Erika Fischer-Lichte (Hg.), *Performativität und Ereignis*, Tübingen/Basel (im Erscheinen).

–, »Zeit, Aisthesis und Diskurs. Die Frage nach der Nichtkonstruierbarkeit kultureller Performanz«, in: Christoph Hubig/Elke Uhl (Hg.), *Kulturdynamik. Wandel der Kulturbegriffe* (im Erscheinen).

Metzger, Heinz-Klaus, »John Cage oder die freigelassene Musik«, in: *Musik-Konzepte*. Sonderband John Cage (1978), S. 5-18.

Millett, Kate, *Entmenschlicht*, Hamburg 1993.

Müller, Heiner, ZDF-Interview vom 27.1.1986.

Newman, Barnett, »Das Erhabene jetzt«, in: *Kunst/Theorie im 20. Jahrhundert*, Bd. 2, Ostfildern-Ruid 1998, S. 699-701.

Nietzsche, Friedrich, *Die Geburt der Tragödie*, in: *Kritische Studienausgabe* Bd. 1, München, Neuausgabe 1999.

–, *Götzen-Dämmerung*, in: *Kritische Studienausgabe*, Bd. 6, München, Neuausgabe 1999.

–, *Nachlaß 1887-1889*, Kritische Studienausgabe Bd. 13, Neuausgabe München 1999.

Nishida, Kitaro, *Über das Gute*, Frankfurt/M. 1989.

Oliva, Achille Bonito, *Im Labyrinth der Kunst*, Berlin 1982.

Orchard, Karin, »Die Beredsamkeit des Abfalls. Kurt Schwitters' Werk und Wirkung in Amerika«, in: Susanne Meyer-Büser/Karin Orchard, *Merz* (Katalog), Ostfildern-Ruid 2001, S. 280-289.

Otto, Rudolf, *Das Heilige*, München 1963.

Peat, F. David, *Synchronizität. Die verborgene Ordnung*, Bern, München/Wien 1989.

Peirce, Charles Sanders, *Schriften*, hg. v. Karl-Otto Apel, Bd. I: Frankfurt/M. 1967, Bd. II: Frankfurt/M. 1970.

–, *Phänomen und Logik der Zeichen*, Frankfurt/M. 1983.

Pfeiffer, K. Ludwig, *Das Mediale und das Imaginäre*, Frankfurt/M. 1999.

Pfister, Manfred, »Meta-Theater und Materialität. Zu Robert Wilsons ›the CIVIL warS‹«, in: Gumbrecht/Pfeiffer (Hg.), *Materialität der Kommunikation*, Frankfurt/M. 1988, S. 454-473.

Pollock, Jackson, in: *Kunst/Theorie im 20. Jahrhundert*, 2 Bde, Ostfildern-Ruit 1998.

Platon, *Theätet*, in: *Sämtliche Dialoge* Bd. IV, hg. v. O. Apelt, Hamburg 1998.

–, *Timaios*, in: *Sämtliche Dialoge* Bd. VI, hg. v. O. Apelt, Hamburg 1998.

Raulff, Ulrich, *Der unsichtbare Augenblick*, Göttingen, 2. Aufl. 2000.

Man Ray, *A Primer of die New Art of Two Dimensions*, unveröffentl. Manuskript 1916, zit nach: *Man Ray* (Katalog), Stuttgart 1998.

Reijen, Willem van, *Der Schwarzwald und Paris. Heidegger und Benjamin*, München 1998.

Reinhardt, Ad, »Kunst-als-Kunst«, in: *Kunst/Theorie im 20. Jahrhundert*, Bd. 2, Ostfildern-Ruid 1998, S. 994-997.

Richter, Hans, *Dada – Kunst und Antikunst*, Köln, 3. Aufl. 1973.

–, »Gegen ohne für Dada«, in: Asholt/Fähnders (Hg.), *Manifeste und Proklamationen der europäischen Avantgarde*, Stuttgart 1995, S. 168-169.

Rilke, Rainer Maria, *Werke in sechs Bänden*, Bd. 2, Frankfurt/M. 1980.

Rosenberg, Harold, »The American Action Painters«, in: Henry Geldzahler (Hg.), *New York Painting and Sculpture: 1940-1970*, New York: The Metropolitain Museum of Art 1969, S. 341-349.

Rötzer, Florian, *Französische Philosophen im Gespräch*, München 1986.

– (Hg.), *Digitaler Schein. Ästhetik der elektronischen Medien*, Frankfurt/M. 1991.

Ruhrberg, Karl, *Kunst des 20. Jahrhunderts*, Köln 1986.

Santaella, Lucia, »Der Computer als semiotisches Medium«, in: Winfried Nöth/Karin Wenz (Hg.), *Medientheorie und die digitalen Medien*, Kassel 1998.

Sarraute, Nathalie, *Aufmachen*, Köln 2000.

Saussure, Ferdinand de, *Linguistik und Semiologie*. Notizen aus dem Nachlaß, gesammelt, übers. und eingel. von Johannes Fehr, Frankfurt/M. 1997.

–, *Grundfragen der allgemeinen Sprachwissenschaft*, Berlin, 2. Aufl. 1967.

Scarry, Elaine, *Der Körper im Schmerz. Die Chiffren der Verletzung und die Erfindung der Kultur*, Frankfurt/M. 1992.

Schelling, Friedrich Wilhelm Josef, *Philosophie der Offenbarung* (1841/42, Paulus-Nachschrift), hg. v. M. Frank, Frankfurt/M. 1977.

–, *Philosophie der Kunst*, Darmstadt 1974.

–, *System des transzendentalen Idealismus* (1800), in: *Historisch-kritische Ausgabe*, Abt. 1, Bd. 3, Stuttgart 1988.

Schiebler, Ralf, *Die Kunsttheorie René Magrittes*, München 1981.

Schiller, Friedrich, *Über die ästhetische Erziehung*, 23. Brief, in: Gesammelte Werke in fünf Bänden, Bd. 5, Hamburg 1957.

Schiefelbusch, Wolfgang, *Geschichte der Eisenbahnreise. Zur Industrialisierung von Raum und Zeit im 19. Jahrhundert*, Frankfurt/München/Wien 1977.

Schlegel, Friedrich, »Ideen« (1800), in: *Schriften und Fragmente*, hg. u. eingel. v. E. Behler, Stuttgart 1956, S. 106-113.

Schmitz, Hermann, »Herkunft und Schicksal der Ästhetik«, in: H. Lützeler (Hg.), *Kulturwissenschaften. Festgabe für W. Perpeet zum 65. Geburtstag*, Bonn 1980.

Schopenhauer, Arthur, *Die Welt als Wille und Vorstellung*. Sämmtliche Werke Bd. 1 u. 2, Leipzig 1899.

Schubert, Hans-Joachim, *Demokratische Identität. Der soziologische Pragmatismus von Charles Horton Cooley*, Frankfurt/M. 1995.

Schulze, Holger, *Das aleatorische Spiel*, München 2000.
Schürmann, Eva, *Erscheinen und Wahrnehmen*, München 2000.
Schwemmer, Oswald, »Der Werkbegriff in der Philosophie der symbolischen Formen«, in: *Internationale Zeitschrift für Philosophie* 1992, S. 226-249.
Seel, Martin, *Ästhetik des Erscheinens*, München 2000.
–, »Medien der Realität und Realität der Medien«, in: Sybille Krämer (Hg.), *Medien, Computer, Realität*, Frankfurt/M., 2. Aufl. 2000, S. 244-268.
Seel, Martin/N. Luhmann, »Die Kunst der Gesellschaft«, in: *European Journal of Philosophy* 4 (1996), S. 390-393.
Serres, Michel, *Die fünf Sinne*, Frankfurt/M. 1993.
Sontag, Susan, Happenings: »Die Kunst des radikalen Nebeneinanders«, in: dies., *Kunst und Antikunst*, Frankfurt/M. 1982, S. 309-321.
–, »Gegen Interpretation«, in: dies., Kunst und Antikunst, Frankfurt/M. 1982, S. 11-22.
Sowa, Hubert, »Einführung«, in: Susanne de Ponte, *Ereignis und Wahrnehmung*, Baden Baden 1996.
Spencer-Brown, George, *Laws of Form/Gesetze der Form*, Lübeck 1997.
Spies, Werner, »Es gibt eine Antwort, die sich entzieht, Erinnerungen zum 100. Geburtstag von Marcel Duchamp«, in: *Frankfurter Allgemeine Zeitung*, 25.7.1987.
Staiger, Emil, *Die Kunst der Interpretation*, München 1977.
Stöhr, Johannes (Hg.), *Ästhetische Erfahrung heute*, Köln 1996.
Strauss, Botho, »Die Erde ein Kopf«. Rede zum Büchner-Preis 1989, in: *Die Zeit*, 27.10.1989, S. 65.
–, *Die Beginnlosigkeit*, München 1997.
Steiner, George, *Von realer Gegenwart*, München/Wien 1990.

Tholen, Christoph, »Platzverweis. Unmögliche Zwischenspiele von Mensch und Maschine«, in: Norbert Bolz/Friedrich Kittler/Christoph Tholen (Hg.), *Computer als Medium*, München 1994, S. 111-138.
Turkle, Sherry, *Leben im Netz. Identität in den Zeiten des Internet*, Reinbek bei Hamburg 1998.
Tzara, Tristan, *7 DADA Manifeste*, Hamburg, 2. Aufl. 1978.
–, »Manifest Dada 1918«, in: Asholt/Fähnders (Hg.), *Manifeste und Proklamationen der europäischen Avantgarde*, Stuttgart 1995, S. 149-155.
– u. a., »Dadaistisches Manifest 1918«, in: Asholt/Fähnders (Hg.), *Manifeste und Proklamationen der europäischen Avantgarde*, Stuttgart 1995, S. 145-147.

Varèse, Edgar u. a., »DADA hebt alles auf 1921«, in: Asholt/Fähnders (Hg.), *Manifeste und Proklamationen der europäischen Avantgarde*, Stuttgart 1995, S. 223-225.
Vattimo, Gianni, »Die Grenzen der Wirklichkeitsauflösung«, in: ders./

W. Welsch (Hg.), *Medien-Welten Wirklichkeiten*, München 1998, S. 15-26.

Virilio, Paul/Lotringer, Sylvère, *Der reine Krieg*, Berlin 1984.

–, *Ästhetik des Verschwindens*, Berlin 1986.

–, *Der negative Horizont*, München 1989.

–, »Verhaltensdesign: Vom Übermenschen zum überreizten Menschen – die technologische Zurüstung des Körpers«, in: Langenmeier, Arnica-Verena (Hg.), *Das Verschwinden der Dinge*, München 1993, S. 73-95.

–, »Der Film leitet ein neues Zeitalter der Menschheit ein«, in: Barck, Gente u. a. (Hg.), *Aisthesis, Wahrnehmung heute oder Perspektiven einer anderen Ästhetik*, Leipzig, 6. Aufl. 1998, S. 166-195.

–, »Das letzte Fahrzeug«, in: Barck, Gente u. a. (Hg.), *Aisthesis, Wahrnehmung heute oder Perspektiven einer anderen Ästhetik*, Leipzig, 6. Aufl. 1998, S. 265-276.

–, *Der rasende Stillstand*, Frankfurt/M. 1998.

–, »›Wenn die Zeit Geld ist, dann ist Geschwindigkeit Macht‹. Gespräch mit C. v. Barloewen«, in: *Frankfurter Rundschau*, 10. 1. 2001, S. 19.

Waldenfels, Bernhard, *Sinnesschwellen*. Studien zur Phänomenologie des Fremden 3, Frankfurt/M. 1999.

–, »Experimente mit der Wirklichkeit«, in: Sybille Krämer (Hg.), *Medien, Computer, Realität*, Frankfurt/M., 2. Aufl. 2000, S. 213-243.

Warnke, Martin (Hg.), *Bildersturm. Die Zerstörung des Kunstwerks*, Frankfurt/M. 1988.

Weibel, Peter, »Virtuelle Realität oder der Endo-Zugang zur Elektronik«, in: Florian Rötzer/Peter Weibel (Hg.), *Cyberspace. Zum medialen Gesamtkunstwerk*, München 1993, S. 15-46.

–, »Ära der Absenz«, in: U. Lehmann/P. Weibel (Hg.), *Ästhetik der Absenz*, München Berlin 1994, S. 10-26.

Wellershoff, Dieter, *Die Auflösung des Kunstbegriffs*, Frankfurt/M. 1976.

Wellmer, Albrecht, »Wahrheit, Schein, Versöhnung. Adornos ästhetische Rettung der Modernität«, in: Ludwig v. Friedeburg/Jürgen Habermas (Hg.), *Adorno-Konferenz 1983*, Frankfurt/M. 1983.

Welsch, Wolfgang, *Aisthesis. Grundzüge und Perspektiven der Aristotelischen Sinneslehre*, Stuttgart 1987.

–, »Eine Doppelfigur der Gegenwart: Virtualisierung und Revalidierung«, in: ders./Vattimo (Hg.), *Medien-Welten Wirklichkeiten*, München 1998, S. 229-248.

–, »Ästhetik und Anästhetik«, in: ders., *Ästhetisches Denken*, Stuttgart 1990, S. 9-40.

–, »Zur Aktualität ästhetischen Denkens«, in: ders., *Ästhetisches Denken*, Stuttgart 1990, S. 41-78.

Westkunst (Katalog), Köln 1981.

Wiener, Norbert, *Kybernetik*, Düsseldorf/Wien 1963.

Wilson, Robert, »Der Dritte Teil von ›the CIVIL warS‹«, Programmheft des Schauspiels Köln, 1984.
Wittgenstein, Ludwig, *Tractatus logico-philosophicus*, Frankfurt/M. 1989.
–, *Zettel*, in: Schriften Bd. 8, Frankfurt/M. 1984.
–, *Vorlesungen über die Philosophie der Psychologie 1946/47*, in: Schriften Bd. 7, Frankfurt/M. 1991.
Wols, »Aphorismen«, in: *Kunst/Theorie im 20. Jahrhundert*, 2 Bde, Bd. 2, Ostfildern-Ruit 1998.